KB070205

근대 도덕철학의 역사 ①

자율의 발명

나남
nanam

한국연구재단 학술명저번역총서
서양편 397

근대 도덕철학의 역사 ①
자율의 발명

2018년 8월 31일 발행
2018년 8월 31일 1쇄

지은이   제롬 B. 슈니윈드
옮긴이   김성호
발행자   趙相浩
발행처   (주)나남
주 소   10881 경기도 파주시 회동길 193
전 화   (031) 955-4601 (代)
F A X   (031) 955-4555
등 록   제 1-71호 (1979.5.12)
홈페이지 http://www.nanam.net
전자우편 post@nanam.net
인쇄인   유성근 (삼화인쇄주식회사)

ISBN 978-89-300-8932-6
ISBN 978-89-300-8215-0 (세트)

'한국연구재단 학술명저번역총서'는 우리 시대 기초학문의 부흥을 위해
한국연구재단과 (주)나남이 공동으로 펼치는 서양명저 번역간행사업입니다.

근대 도덕철학의 역사 ①

자율의 발명

제롬 B. 슈니윈드 지음

김성호 옮김

나남
nanam

The Invention of Autonomy
A History of Modern Moral Philosophy

옮긴이 머리말

이 책은 서양 근대 윤리학사를 다룬 가장 포괄적이고 체계적인 저술로 평가받는 슈니윈드의 《근대 도덕철학의 역사: 자율의 발명》(*The Invention of Autonomy*)을 우리말로 완역한 것이다. 오래전 서양 근대 윤리학과 관련된 자료를 검색하던 중 우연히 이 책을 발견했는데, 책이 무척 두꺼워 처음에는 근대 윤리학 원전들을 발췌하여 편집한 자료집 형태의 저술로 생각했다가 저자의 단독 저서인 것을 뒤늦게 깨닫고 깜짝 놀랐던 기억이 난다. 그 후 이 책이 한국연구재단의 명저번역지원사업의 대상도서로 선정된 것을 알고 반가운 마음으로 지원하여 선정되었다. 비록 무척 오랜 시간이 걸렸지만 이제 그 결과물을 이렇게 출판하게 된 것을 내심 기쁘게 생각한다.

이 책의 전반적 내용과 철학사적 의의에 관해서는 끝부분에 덧붙인 옮긴이 해제에서 밝혔으므로 여기서는 이 책의 장점과 미덕을 간단히 소개하려 한다.

이 책의 첫 번째 장점으로 무엇보다도 상세함을 꼽을 수 있다. 수많은 서평이 한결같이 칭찬하듯이 이 책은 근대 윤리학에 큰 업적을 남긴 유명한 철학자들뿐만 아니라 최소한의 기여라도 한 거의 모든 철학자를 빠짐없이 다룬다. 근대 윤리학에 나름대로 관심을 가지고 공부해 왔던 옮긴이도 이전에는 잘 알지 못했던 많은 인물들을 이 책을 통해서 처음 접하며 많은 것을 배웠다. 이 책에서는 예를 들면 샤롱, 컴벌랜드, 토마지우스, 허버트, 위치코트를 비롯한 케임브리지 플라톤주의자들, 니콜, 해링턴, 프라이스, 사드, 볼프, 크루지우스, 라메트리 등 다른 근대 윤리학 저술에서는 접하기 어려운 다양한 학자들의 윤리적 문제의식과 그에 대한 해결책이 제시된다. 더욱이 저자는 이들의 이론을 그저 호사가 수준에서 나열하거나 이차 자료에 의존해 단편적으로 언급한 것이 아니라 각 철학자의 원전을 철저히 분석하고 비판함으로써 이들이 제시한 이론의 핵심과 공과가 무엇인지를 명확히 드러낸다. 따라서 이 책을 통해 근대 윤리학에 대한 논의의 지평이 훨씬 넓어지리라고 확신한다.

이 책의 두 번째 장점은 논지의 일관성이다. "자율의 발명"이라는 제목에서도 암시되듯이 저자는 근대 윤리학 전반을 칸트의 자율 개념의 계기와 이에 이르는 과정이라는 일관된 관점에서 조망한다. 서양 근대의 문을 연 종교개혁 사상가들로부터 출발해 자연법 사상가들 그리고 완성주의자와 경험주의자를 비롯해 그 이후 등장한 수많은 철학자들의 도덕 이론을 다루면서, 저자는 이들의 사상을 인간이 절대자인 신의 의지로부터 점차 벗어나 자기규율로, 다시 자기규율에서 자율로 이르는 과정이라는 하나의 관점을 가지고 조망한다. 이런 일관된 관점을 제시하고 이에 따라 개별 철학자들을 해석, 평가하려는 시도는 이 책의 큰 미덕으로 생각된다.

세 번째 장점으로 도덕철학의 역사에 대한 관심을 환기시켰다는 점을 들 수 있다. 철학의 특징을 설명하면서 '수학의 역사는 수학이 아니고 천문학의 역사는 천문학이 아니지만 철학의 역사는 곧 철학'이라는 말을 자주 인용하는 것을 볼 수 있다. 저자는 이 책을 통해 윤리학의 역사 또한 현재의 윤리학이라는 점을 여실히 드러낸다. 이 책에서 논의된 다양한 윤리학 이론은 이미 몇 세기 전에 등장했다가 지금은 사라져 버린 낡은 이론들이 결코 아니다. 이들은 오늘날 우리에게도 여전히 큰 영향력을 발휘하며, 우리가 어떤 행위를 해야 하며 어떤 삶을 살아야 하는지 질문을 던질 때면 계속해서 유효한 충고를 제공한다. 이런 점에서 이 책은 윤리학의 역사를 향한 관심이 윤리학 자체에 대한 탐구에도 매우 중요하다는 사실을 보여 주는 성공적인 성과 중 하나라고 생각된다.

2010년 80세를 맞이한 슈니윈드는 이를 기념해 1963년부터 2009년 사이에 쓴 대표적 논문들을 모아 《도덕철학사 논문집》(*Essays on the History of Moral Philosophy*)으로 옥스퍼드대학교 출판부를 통해 펴냈다. 여기에 수록된 마지막 글 "60년 평생에 걸친 철학 연구"(Sixty Years of Philosophy in a Life) 제일 끝부분에서 슈니윈드는 자신이 평생 도덕철학의 역사를 주로 연구해 왔기 때문에 영미 철학의 주류로부터 소외된 느낌을 받았다고 고백한다. 하지만 최근 들어 역사 연구를 통해 주제에 접근하는 방식에 반대하는 학자들의 입지가 눈에 띄게 좁아졌다고 지적하며 이러한 분위기 변화에 자신이 작은 기여나마 했다고 생각할 수 있어 매우 행복하다고 말한다. 저자의 이런 고백처럼 이 책은 윤리학 분야에서, 아니 철학 전반에서 철학사 연구가 얼마나 중요한지, 이로부터 얼마나 큰 영감을 얻을 수 있는지 여실히 드러내는 훌륭한 모범이라고 생각된다.

오랜 기간에 걸쳐 방대한 분량의 책을 번역하다 보니 용어나 인용 방식을 통일하는 데 적지 않은 어려움을 겪었다. 출판을 앞두고 편집, 교정하는 과정에서 주의 깊게 수정했지만 여전히 부족한 부분이 있을 듯하여 미리 독자분들께 양해를 구한다. 특히 본문이나 각주 중에서 저자가 인용한 저서의 제목을 가능하면 우리말로 번역했지만 경우에 따라 번역하지 않은 부분도 있다. 예를 들면 어떤 철학자의 전집이나 발췌편집본을 인용하며 저자가 "Works", "Writings", "Selections" 등으로 약칭한 경우에는 혼동의 위험이 없는 한 번역하지 않고 그대로 두었다. 또한 단지 한두 차례 인용된, 널리 알려지지 않은 근대철학자들의 저서도 번역하지 않고 그대로 두었다. 번역하지 않는 편이 오히려 참고문헌에서 저서의 서지사항을 확인하는 데 도움이 되리라고 생각해서이다.

이 책을 번역하는 과정에서 도움을 주신 분들께 감사의 말씀을 올린다. 우선 이 책을 번역과제로 선정해 주신 한국연구재단의 모든 분들께 깊이 감사드린다. 재단의 지원이 없었다면 이 책이 우리말로 번역되기는 어려웠을 것이다. 또한 여러 차례의 심사과정에서 오역과 미숙한 표현을 바로잡아 주신 심사위원분들께도 고개 숙여 감사의 인사를 올린다. 예를 들어 옮긴이는 처음에 'self-governance'를 '자기규제'로 번역했는데 한 심사위원께서 '자기규율'로 수정해 주셨다. 이 책의 큰 주제인 '자율'과 관련하여 '자기규율'이라는 번역어가 더욱 적절함은 의심의 여지가 없다. 이 책을 번역하는 오랜 기간 동안 직접, 간접으로 큰 도움을 주신 여러 선후배와 동료 분들께도 깊은 감사의 말씀을 드린다. 일일이 이름을 밝히지는 않지만 책이 출판되면 꼭 찾아뵙고 책과 함께 감사의 인사를 올리려 한다. 그리고 옮긴이의 부족한 원고를 다듬어 이렇게 훌륭한 책으로 만들어 주신 나남출판사의 정지윤 선생님께도 깊이 감사드린다.

　마지막으로 이 책의 저자인 슈니윈드 교수께 깊은 존경과 더불어 감사의 말씀을 드린다. 우리말 번역본을 기준으로 참고문헌의 목록만도 60면이 넘는 방대한 자료를 검토해 이렇게 탁월한 저서를 펴낸 학문적 열정과 노력에 대해 진정으로 경의를 표하지 않을 수 없다. 앞서 언급한《논문집》중 저자의 저서 목록을 보면《근대 도덕철학의 역사: 자율의 발명》한국어 번역본의 출판이 예고되어 있다. 이미 2010년에 예고된 한국어 번역본을 이렇게 늦게 출판하게 되어 한편으로는 미안한 마음이지만 다른 한편으로는 그래도 이렇게 출판에 이르게 되어 다행이라는 생각도 든다. 슈니윈드의 저서가 영미권의 독자들에게 그러하였듯이 이 번역본이 우리나라 독자들께 근대 윤리학에 대한 관심을 불러일으키고, 더 나아가 이것이 윤리학 전반에 대한 관심으로 이어진다면 옮긴이로서는 더 이상 바랄 것이 없다.

2018년 6월
옮긴이 김 성 호

머리말

나는 칸트의 도덕철학에서 많은 부분을 제대로 이해할 수 없었기 때문에 연구를 시작했고 이 책까지 쓰게 되었다. 칸트가 도덕철학 탐구를 시작할 때 답하고자 했던 질문이 무엇이었는지 알게 된다면 그의 도덕철학을 더욱 잘 이해하게 되리라 생각했다. 이전에 시지윅 (Sidgwick) 을 다룬 저서를[1] 쓰면서 역사 연구에서 상당한 도움을 받았다. 나는 도덕철학사가 소크라테스(Socrates) 로부터 우리에게까지 이어지면서 아무 방해도 받지 않고 펼쳐진, 끊긴 데 없는 양탄자는 아니라고 생각하게 되었다. 따라서 시지윅이 소개한 특수한 문제들이 도덕철학사에 처음 등장하여 새로운 주제로서 다뤄진 시점이 언제인지 찾을 수 있을 것이라고 생각했다. 철학적 탐구를 통해

---

1) 〔옮긴이주〕《시지윅의 윤리학과 빅토리아 시대의 도덕철학》(*Sidgwick's Ethics and Victorian Moral Philosophy*, Oxford University Press, 1977).

시지윅이 무엇을 하고자 했는지를 알고 난 후, 나는 그를 더욱 잘 파악하게 되었다. 그리고 칸트에게도 이에 해당하는 부분이 있으리라고 생각했다. 이 책은 바로 그 부분을 발견하려 했던 시도의 결과물이다.

1976년 나는 슈무커(Josef Schmucker)가 쓴 《칸트 윤리학의 근원》(*Die Ursprünge der Ethik Kants*)을 읽었다. 이 책은 1961년에 출판되었지만 당시 이에 대해 영어로 쓴 서평은 전혀 없었다 — 지금까지도 전혀 없다.[2] 슈무커의 저서는 칸트 윤리학의 근원을 다룬 이전의 거의 모든 저술들을 대신할 정도로 뛰어났다. 나는 볼프(Wolff)와 크루지우스(Crusius)의 윤리학에 대한 슈무커의 연구로부터 일종의 영감을 받았으며, 지금까지도 그의 저서는 나에게 큰 도움을 준다. 하지만 슈무커조차도 내가 제기한 모든 질문에 답하지는 않았다. 그는 칸트 스스로 영향을 받았다고 인정한 이전 도덕철학자들이 어떤 계기에서 저술을 쓰게 되었는지에 대해서는 의도적으로 거의 또는 전혀 언급하지 않은 듯하다. 또한 슈무커는 이런 철학자들 사이에 근본적인 차이를 만들어 내는 근거를 명확히 제시하지 못했다. 나는 슈무커로부터 많은 것을 배웠지만 동시에 그가 제공한 것 이상을 원했다.

1981년 이 작업에 착수했을 때, 나는 칸트의 대답을 해명하는 질문을 찾기 위해 얼마나 도덕철학사를 거슬러 올라가야 할지 또는 어느 정도의 범위를 다루어야 할지 몰랐다. 이 작업을 시작하면서 이

---

2) 〔옮긴이주〕 확인한 바로는 현재까지도 이 책에 대한 영문 서평은 출판되지 않았다.

미 다른 많은 학자들이 연구의 대상으로 삼아 숱한 연구 업적을 남긴 수많은 철학자들을 다시 검토할 필요가 있다는 점은 분명했다. 얼마나 많은 철학자들을 논의해야 하는지를 일찍 깨달았더라면 아마 이 작업을 수행하지 않았을지도 모른다. 하지만 이 책의 개요를 완성하고 내 계획이 무모하다는 사실을 깨달았을 때는 이미 너무 늦어 그만둘 수 없었다. 수많은 철학자들의 주제를 다루면서 심각한 잘못을 저지르지 않기 위해 여러 전문가들의 저술에서 충분히 배우려고 노력했다. 하지만 그들의 관점에서 내가 잘못 생각했다고 지적할 만한 내용이 많으리라는 점 또한 부정하지 않는다.

홉스(Hobbes)는 "자신의 썩어 빠진 주장에 다른 사람의 지성으로 향기를 더해 사람들을 속이는 사기꾼들이 많다"고 말한다. 3) 이 책에도 수많은 인용문이 등장하는데 홉스가 말하는 그런 이유로 인용한 것은 결코 아니며 독자들도 그렇게 생각하지 않기를 바란다. 인용문들은 내가 다룬 철학자들을 설명하기 위한 논거로서 제시되었으며 또한 그들이 직접 자신의 생각을 표현한 언어를 독자들에게 보여 주기 위해 선택된 것이다. 과거의 사상을 배타적으로 현재 우리가 사용하는 용어로 표현하는 일은 피해야 한다. 우리는 과거 사상의 창시자들이 살았던 지적, 사회적, 정치적, 종교적 맥락 안에서 그리고 그들 자신이 사용했거나 사용했으리라 여겨지는 어휘를 통해서 그들의 사상을 이해해야 한다. 과거 사상을 당시의 창시자나 독자들이 본 대로 이해하려면 이런 노력이 반드시 필요하다. 나는

---

3) 〔옮긴이주〕이 인용문은 《리바이어던》의 제일 끝부분 "검토와 결론"(A Review and Conclusion)에 등장한다.

간트와 그 이전 철학자들의 도덕철학을 그들이 매우 중요하다고 여겼던 실천적 문제와 관련지어 제시하는 것 이상의 무언가를 하고 싶었다. 하지만 무언가를 더 하려면 이미 상당한 분량에 이른 이 책이 더 길어지고 나의 무지 또한 더 크게 드러나리라는 점을 깨달았다.

과거의 사상을 변별적 특수성에 비추어 파악하려는 시도에는 철학적이며 철학사적인 이유가 있다. 위대한 도덕철학은 본질적으로 철학 스스로의 내부에서 생겨난 관심으로부터 등장하지 않는다. 그것은 개인적, 사회적, 정치적, 종교적 삶과 연관된 진지한 문제들과 관련해 등장한다. 이런 문제들은 변화하기 마련이므로 과거에 등장한 어떤 도덕철학이 왜 그런 형태로 전개되었는지 충분히 이해하려면 그것의 맥락뿐만 아니라 그것이 사용하는 논증도 면밀히 검토해야 한다. 이런 변화가 이전 철학자들에게 어떤 영향을 미쳤는지를 일단 파악하기만 하면 우리에게 영향을 미치는 유사한 요소들 또한 명확히 이해할 수 있으리라 생각된다. 우리가 핵심 과제로 삼고자 하는 문제들의 역사성을 인식하면 우리는 이를 더욱 비판적으로 파악할 수 있는데, 이런 파악에 이르는 다른 어떤 방법도 없는 듯하다.

나는 이 작업을 시작할 때부터 이 연구의 초점을 칸트에게 맞추고자 했다. 도덕의 현대 철학적 의미를 이해하는 데 자율로서의 도덕이라는 칸트의 개념이 가장 좋은 출발점이라고 생각했기 때문이다. 이런 생각에는 지금도 변함이 없다. 나는 칸트의 몇몇 도덕적 신념들이 서로 조화를 이루기 어렵다는 점을 발견했다. 하지만 그의 통찰을 출발점으로 삼는 데 장애물이 되지는 않는다. 도덕에 관한 칸트의 몇몇 이론적인 견해는 더욱 큰 문제점을 드러낸다. 그러나 이는 현재 우리의 관심을 별로 끌지 못하는, 이전의 전통적인 논의 주

14

제에 답하려는 시도의 일부로 보인다. 따라서 역사적 연구는 칸트의 전반적인 견해에서 우리가 앞으로 나아가기 위해 활용할 수 있는 바를 분리하는 데 도움을 준다.

라이프니츠는 완전한 존재를 "가능한 한 가장 작은 책에 엄청나게 많은 양의 진리를 담는 저자에" 비유할 수 있다고 말한 바 있다. 이 책을 읽는 독자들은 내가 이런 탁월한 저자와는 매우 거리가 멀다고 생각할 것이다. 나는 이 책을 가능하면 정확하고 간결하게 쓰고자 노력했다. 하지만 안타깝게도 이 책이 라이프니츠가 말한 이상적인 책에 전혀 미치지 못했음을 인정하지 않을 수 없다. 나는 이 책을 씀으로써 칸트의 이론을, 그리고 오늘날 우리가 그것을 어떻게 활용할 수 있는지를 더욱 잘 이해하게 되었다. 나는 독자들도 도덕철학사를 더욱 잘 알게 되기를 바란다. 어쩌면 몇몇 독자들은 과거 도덕철학사에 대한 우리의 지식을 확장하려고 노력했던 학자들의 대열에 기꺼이 합류하려는 마음이 생길지도 모르겠다. 한 사람의 저자가 할 수 있는 일은 기껏해야 한 사람의 철학자가 제시한 사상 또는 그가 활동했던 시대의 여러 모습에 대한 우리의 이해를 조금 넓혀 주는 수준에 그친다. 우리 앞에 놓인 임무는 거대하므로 더 많은 사람들의 도움을 기대하고 또 이를 환영한다.

J. B. 슈니윈드

감사의 글

사상사 연구가 주는 즐거움 중의 하나는 내가 오랫동안 이어진 공동 작업의 한 부분을 담당한다는 느낌을 받는다는 사실이다. 원전의 편집자들, 주석가들 그리고 앞선 철학사가들의 저술이 없었다면 나는 이 책을 시작조차 못 했을 것인데 이들에 대한 감사를 단지 각주와 참고문헌에서 표시할 수밖에 없음을 아쉽게 생각한다. 하지만 오랫동안 도움을 준 기관과 친구, 동료들에게는 기꺼이 더욱 개인적인 감사의 말을 전하려 한다.

이 책 중 17장까지의 초고는 1992~1993년에 걸쳐 스탠퍼드대학의 행동과학 고등연구소에서 완성했다. 이 연구소와 전문가 수준의 직원들 그리고 다른 동료들은 연구를 위한 이상적인 환경을 제공했다. 내가 그곳에 머무르면서 연구하는 동안 멜런재단(Andrew W. Mellon Foundation)에서 재정지원을 해주었으며, 존스홉킨스대학은 안식년을 허락해 주었다. 이들의 관대한 조치에 깊이 감사한다.

또한 스탠퍼드대학 도서관이 방문 연구자인 나에게 베풀어 준 호의와 희귀서 소장실 직원들의 능숙한 도움에도 감사한다.

이 책의 나머지 부분은 1994년 존스 홉킨스대학에서 주어진 시간을 활용해 초고를 완성했다. 이전의 암스트롱(Lloyd Armstrong) 학장과 피셔(George Fisher) 학장에 뒤이어 크렌슨(Matthew Crenson) 학장과 내프(Stephen Knapp) 학장도 다양한 지원을 아끼지 않았다. 이들이 연구를 격려하는 존스 홉킨스대학의 전통을 이어 나간 것에 감사한다. 존스 홉킨스대학 도서관은 이 책을 저술하는 동안 계속해서 큰 도움을 주었다.

나는 국립인문학재단(National Endowment for the Humanities)이 지원한 1983년 여름 학회에서 처음으로 칸트 윤리학의 발전 과정을 추적해 보아야겠다고 생각했다. 그 후로 많은 대학과 학회에서 윤리학사를 강의했는데, 이 중 특히 중요한 것은 노트르담대학, 버지니아대학, 피츠버그대학, 샌디에이고대학, 프린스턴대학의 요청으로 행한 일련의 강의였다. 가버(Daniel Garber)가 주도한 국립인문학재단의 1988년 여름 학회, 로비슨(Wade Robison)이 주도한 1990년 학회를 통해 나는 내가 이전에 윤리학사를 연구하면서 생각했던 것보다 훨씬 포괄적인 방식으로 윤리학사에 접근할 수 있었다. 1987년 회페(Ottfried Höffe)가 주도해 지그리스빌에서 개최된 칸트 학회와 1989년 혼트(Iatvan Hont)와 뵈데커(Hans-Erich Bödecker)가 주도해 괴팅겐에서 개최된 푸펜도르프 학회에서는 이런 기회가 없었다면 만나지 못했을, 공통의 관심사를 지닌 여러 학자들과 토론할 수 있었다. 이들로부터, 또한 학회 참석자와 여러 친구들로부터 나는 많은 것을 배웠다. 이들의 도움으로 생각을 더욱 잘 정리할 수 있었고 이들의 논평도 무척 소중한 것이었다. 나의 최근 출판물들은 이런 모임에서 발표한 강의를 기초로 형성되었다. 이들에 포함되었던 생각이나 문구들, 또 어떤 경우에는 여러 면 전체를 이 책에 옮겨 싣고 참고문헌에 수록하였는데, 도움을 준 많은 사람들을 일일이 밝혀 감사하지 못하여 송구스럽다.

항상 그렇듯이 나는 학생들에게서 많은 것을 배운다. 존스 홉킨스 대학의 학부생들과 대학원생들은 이 책에서 제시된 내용을 다양한 형태의 강의에서 이미 들었고 또 이에 대해 끝없는 토론을 나누었다. 알았든 몰랐든 간에 그들은 나에게 이 책을 더욱 명확하고 정확하게 쓸 것을 강요한 셈이다. 만일 그 학생들이 없었더라면 이런 일은 결코 이루어지지 않았을 것이다. 특히 세 학생에게 감사를 표한다. 그라우(Chris Grau)는 이 책의 많은 부분을 읽고 통찰력 넘치는 논평을 해주었고 참고문헌 작성에도 많은 도움을 주었다. 맥커넬(Carolyn McConnell)은 참고문헌 중 1차 자료의 목록 작성을 도와주었다. 특히 브렌더(Natalie Brender)는 책의 여러 장들을 함께 논의하며 항상 기대에 어긋나지 않는 도움을 주었고, 지난 몇 년간 참고문헌과 다른 자료들을 완벽히 정리하여 이루 말할 수 없이 힘이 되어 주었다.

다른 학교의 학생들 또한 큰 도움이 되었다. 1985년 프린스턴대학 종교학과에서 개설한 윤리학사 세미나에 초청해 강의를 맡겨 준 스타우트(Jeffrey Stout)와 1992년 프린스턴대학 철학과에서 개설한 또 다른 세미나에 초청해 존 쿠퍼(John Cooper)에게 감사한다. 이두 세미나에 참가한 사람들은 유용한 비판을 많이 해주었다. 국립인문학재단이 지원한 1992년 여름 세미나 참가자들은 책의 기본 계획을 나와 더불어 평가해 주었는데, 이들의 비판과 제안은 이 책의 내용을 구성하는 데 큰 보탬이 되었다.

　너무나 많은 동료와 친구들이 오랜 기간에 걸쳐 나와 더불어 윤리학사의 여러 주제들을 토론해 왔는데 이들의 이름을 모두 나열하기는 어려울 지경이다. 삭스(David Sachs)는 이 책이 완성되기 전에 세상을 떠났지만 나의 초고에 대한 그의 논평은 항상 예리했으며 — 심지어 통렬할 때조차도 — 건설적이었고 큰 격려가 되었다. 쿠퍼는 프린스턴 연구소에서 함께하는 동안 이 책에 대한 나의 걱정을 끈기 있게 들어 주었으며, 많은 시간을 함께 보내면서 고대 사상에 관한 폭넓은 지식과 자신의 대단한 철학적 통찰력을 통해 큰 도움을 주었다. 나는 로티(Richard Rorty)와도 많은 대화를 나누었는데 칸트주의와 체계적인 도덕철학에 대한 그의 강력한 도전은 오랜 기간에 걸쳐 윤리학사에 대한 나의 접근 방식을 다시 생각하도록 하였다. 롤즈(John Rawls)의 저술과 격려는 오랫동안 나에게 영감을 주었다. 애덤스(Robert Adams), 애머릭스(Karl Ameriks), 비트너(Rüdiger Bittner), 브라운(Charlotte Brown), 컬리(Edwin Curley), 다월(Stephen Darwall), 에드워즈(Jeffrey Edwards), 플래스먼(Richard Flathman), 가이어(Paul Guyer), 하콘센(Knud Haakonssen), 허트(Jennifer Herdt), 허먼(Barbara Herman), 힐(Thomas E. Hill Jr.), 헌터(Ian Hunter), 코스가드(Christine Korsgaard), 크라스노프(Larry Krasnoff), 래리모어(Mark Larriore), 매킨타이어(Alasdair MacIntyre), 밀그램(Elijar Millgram), 오닐(Onora O'Neill), 포콕(John Pocock), 포그(Thomas Pogge), 리스(Andrews Reath), 자이들러(Michael Seidler), 지프(Ludwig Siep), 스키너(Quentin Skinner), 워커(Mack Walker), 울프(Susan Wolf)를 비롯한 여러 학자들과의 오랜 기간에 걸친 대화와 이들의 격려에서 나는 큰 도움을 받았다. 셰이버(Robert Shaver)는 많은 장들에 대한 논평을 보내 주었으며, 훌렛(Jay Hullett)은 자신의 오랜 출판 경험에 비추어 나의 현실적인 질문들에 친절히 답해 주었다. 인용출처를 확인하고 색인을 작성하는 까다로운 일을 맡아 준 그라우와 콜컷(Dan Callcut)에게 다시 한 번 감사한다. 맥도날드(Brian MacDonald)는 능숙하고 세심하게 이 책의 초고를 편집했다. 케임브리지대학교 출판부의 무어(Terence Moore)는 이 책의 진행에 관해 귀중한 충고를 아끼지 않았으며 끈기 있게 이 책의 완성을 기다려 주었다. 나는 이제 이 최종 결과가 내가 모든 사람들로부터 받은 이루 말할 수 없는 도움을 여실히 드러내기를 바랄 뿐이다.

끝으로 이 책을 쓰면서, 아니 다른 모든 것에서도, 내 아내 엘리자베스(Elizabeth Schneewind)에게 받은 수없는 도움은 그 어떤 말로도 다 표현할 수 없을 것이다.

J. B. 슈니윈드

근대 도덕철학의 역사 ①
자율의 발명

차례

옮긴이 머리말　5
머리말　11
감사의 글　17
인용과 생략형에 관하여　27

서 론

제1장　근대 도덕철학사의 여러 주제　31

　　　1. 도덕철학과 사회 변화　33
　　　2. 도덕과 자기규율　36
　　　3. 도덕과 종교　39
　　　4. 도덕, 인식론 그리고 도덕심리학　45
　　　5. 이 책의 구성　48

제1부　근대적 자연법의 등장과 쇠퇴

제2장　자연법: 주지주의에서 주의주의로　57

　　　1. 자연법 이론의 기원　58
　　　2. 아퀴나스의 자연법 도덕　61
　　　3. 주의주의에서 의지와 선　66
　　　4. 루터의 두 왕국　76
　　　5. 루터의 주의주의　83
　　　6. 칼뱅의 인간중심적 주의주의　88

23

제 3장 종교의 배제: 공화주의와 회의주의   99

　1. 비르투(virtù)와 교묘한 간계를 갖춘 군주   100

　2. 자기규율적인 공화정   105

　3. 되살아난 피론주의   109

　4. 몽테뉴: 회의주의와 신앙   114

　5. 몽테뉴의 검토 방법   120

　6. 몽테뉴적인 윤리학?   126

　7. 샤롱: 절충적 회의주의   131

　8. 전쟁과 도덕   140

제 4장 되살아난 자연법: 수아레스와 그로티우스   143

　1. 수아레스: 법에서 드러나는 의지와 지성   145

　2. 수아레스: 법과 그것의 공포(公布)   151

　3. 수아레스: 복종의 동기   156

　4. 그로티우스와 종교적 믿음   159

　5. 그로티우스의 문제의식   168

　6. "설령 우리가 인정한다 할지라도"   174

　7. 덕의 불충분함   178

　8. 권리와 공동체   183

제 5장 한계에 이른 그로티우스주의: 홉스   191

　1. 욕구와 대립   192

　2. 심리학에서 도덕으로   203

　3. 현실 도덕   212

　4. 홉스의 주의주의   217

제 6장 사랑의 도덕: 컴벌랜드   229

　1. 법칙으로서의 사랑   231

　2. 사랑의 법칙이 차지하는 지위   236

　3. 자기애에서 자비심으로   240

　4. 신, 법칙 그리고 의무   246

　　5. 이성적인 도덕　253

　　6. 무지와 복종　258

제7장 중도적인 종합: 푸펜도르프　263

　　1. 도덕적 실재들　266

　　2. 도덕적 선과 본성적 선　272

　　3. 자연법의 인식　277

　　4. 완전한 의무와 불완전한 의무　288

　　5. 법과 의무　293

　　6. 푸펜도르프의 주의주의가 지닌 중요성　302

제8장 근대적 자연법의 쇠퇴: 로크와 토마지우스　307

　　1. 로크와 그로티우스적인 문제의식　310

　　2. 도덕학의 여러 요소　313

　　3. 일종의 과학으로서의 도덕　320

　　4. 로크의 주의주의　324

　　5. 도덕에서 계시와 이성　329

　　6. 자연법에 관한 로크의 초기 저술　332

　　7. 정의와 사랑　337

　　8. 주의주의와 경험주의 도덕　339

　　9. 토마지우스: 주의주의의 거부　344

　　10. 의무와 충고　348

　　11. 법과 도덕의 분리　351

찾아보기　357

저자 및 옮긴이 약력　361

2권 차례 근대 도덕철학의 역사: 자율의 발명 ②

제2부 **완성주의와 합리성**
제9장 근대 완성주의의 근원
제10장 신에 이르는 길: Ⅰ. 케임브리지 플라톤주의자들
제11장 신에 이르는 길: Ⅱ. 스피노자와 말브랑슈
제12장 라이프니츠: 반혁명적인 완성주의

제3부 **스스로 전개되는 세계를 향해**
제13장 구원이 없는 도덕
제14장 덕의 회복
제15장 도덕의 엄격함: 클라크와 맨더빌
제16장 사랑의 한계: 허치슨과 버틀러
제17장 흄: 자연화한 덕
제18장 신이 없는 세계에 반대하는 이론들
제19장 자기애가 낳은 고귀한 결과

3권 차례 근대 도덕철학의 역사: 자율의 발명 ③

제4부 **자율과 신성한 질서**
제20장 완전성과 의지: 볼프와 크루지우스
제21장 종교, 도덕 그리고 개혁
제22장 자율의 발명
제23장 도덕철학사에서 칸트의 위치

결론
제24장 도덕철학사에 대한 이해: 피타고라스, 소크라테스 그리고 칸트

인용과 생략형에 관하여

참고문헌의 전반부에 해당하는 1차 자료들에서는 1800년 이전에 출판된 저술의 목록을 제시했다. 여기에는 내가 주로 논의한 철학자들의 저술뿐만 아니라 도덕철학사의 초기 업적에 속하는 수많은 저술이 포함되었다. 이런 저술을 인용하면서 이 목록에서 어떤 저자의 저술이 오직 한 권뿐일 경우에는 저자의 이름만 표시했고, 그렇지 않은 경우에는 저술 제목의 일부 또는 아래의 생략형을 표시했다. 1차 자료 끝부분에 제시한 자료집에서 인용할 경우에도 마찬가지로 편집자의 이름과 페이지를 표시했다.

1800년 이후에 출판된 주석가들과 역사가들의 저술을 인용하면서는 모든 경우에 저자의 이름과 출판연도를 표시했다. 내가 인용한 저술들의 목록은 참고문헌의 후반부에 해당하는 2차 자료에 등장한다. 때로 어떤 현대의 저술을 단 한 번만 부수적으로 인용하기도 했는데 이 경우에는 각주에서 상세한 서지사항을 밝혔다.

DJBP   그로티우스, 《전쟁과 평화의 법》(*De Jure Belli ac Pacis Libri Tres*). Trans. Francis W. Kelsey(1925), Oxford.

DJN   푸펜도르프(1672), 《자연법 및 국가의 법에 관하여》*(De Jure Na-turae et Gentium)*. Trans. C. H. Oldfather and W. A. Oldfather (1934), Oxford.

DJP   그로티우스(1604), 《전리품과 노획물 법에 관한 주석》*(De Jure Praedae Commentarius)*. Trans. Gwladys L. Williams and Walter H. Zeydel (1950), Oxford.

LCCorr 클라크와 라이프니츠, 《라이프니츠-클라크 편지》*(The Leibniz-Clarke Correspondence)*. Ed. Henry G. Alexander (1944), Manchester.

LE   칸트, 《윤리학 강의록》*(Lectures on Ethics)*. Ed. Peter Heath and J. B. Schneewind. Trans. Peter Heath (1997), Cambridge.

MM   칸트, 《도덕 형이상학》*(The Metaphysics of Morals)*. Trans. Mary Gregor (1991), Cambridge.

ST   아퀴나스, 《신학대전》*(Summa Theologia)*. Trans. Fathers of the English Dominican Province (1947), New York.

TP   칸트, 《이론철학, 1755~1770》*(Theoretical Philosophy, 1755 - 1770)*. Trans. and ed. David Walford and Ralf Meerbote (1992), Cambridge.

서 론

근대 도덕철학사의 여러 주제

칸트(Kant)는 자율로서의 도덕(*morality*)[1] 이라는 개념을 발명했다. 여기서 나는 발명(*invention*)이라는 개념을 칸트 자신이 초기 저술에서 언급한 의미에 따라 사용했다. 칸트는 다음과 같이 말한다. "라이프니츠(Leibniz)는 단지 모호한 표상만을 지니는 단순 실체를 생각해 낸 후 이를 **잠자는 단자**(*slumbering monad*)라고 불렀다. 그는 이 단자를 설명하지 않았으며 단지 발명했을 뿐이다. 왜냐하면 이 단자

---

1) 〔옮긴이주〕 '*moral*'과 '*morality*'를 엄밀히 구별해 사용하는 학자의 경우에는 번역어에서도 이를 구별하며 '도덕'과 '도덕성'으로 옮겨야 하겠지만 이 책 전반에 걸쳐 저자는 '*moral*'을 '도덕적'을 의미하는 형용사로만 사용하며 명사로는 사용하지 않는다. 따라서 저자의 '*morality*'라는 용어는 일일이 '도덕성'으로 번역하기보다는 '도덕'으로 옮기는 것이 더 자연스럽다. 따라서 여기서는 '*morality*'를 주로 '도덕'으로 번역하였다. 저자와는 달리 '도덕'과 '도덕성'을 분명히 구별해 사용한 예로는 안네마리 피퍼, 《현대윤리학 입문》, 진교훈·류지한 옮김(서울: 철학과 현실사, 1999): 31~33면 참조.

의 개념은 그에게 주어진 것이 아니라 오히려 그가 만들어 낸 것이기 때문이다. 2)

칸트가 파악했듯이 자율은 인과성과 반대되는 자유를 필요로 한다. 그리고 그는 본체계의 구성원인 우리가 그런 자유를 소유한다는 점을 분명히 보여 주는 "이성의 사실"이 도덕적 당위라는 독특한 경험을 통해서 우리에게 "주어진다"고 굳게 믿었다. 하지만 나와 같이 도덕적 당위의 경험이 이런 점을 보여 주지 않는다고 생각하는 독자들은 칸트가 제시한 자율의 개념을 설명이라기보다는 일종의 발명으로 생각할 듯하다. 3) 자유와 도덕의 관계에 대해 다른 견해를 지닌

---

2) 원문은 다음과 같다. "Leibniz dachte sich eine einfache Substanz, die nichts als dunkle Vorstellungen hätte, und nannte sie eine schlum-mernde Monade. Hier hatte er nicht diese Monade erklärt, sondern erdacht; denn der Begriff derselbe war ihn nicht gegeben, sondern von ihm erschaffen worden." *Gesammelte Schriften* 2. 277; *TP*, 249. 하지만 여기서의 번역은 나의 번역과는 조금 다르다. 또한 《순수이성비판》 (*Critique of Pure Reason*) A729=B757 참조. 〔이하 옮긴이의 첨가〕 이 인용문의 출처는 《자연신학과 도덕 원리의 명료성에 관한 연구》(*Untersuchung über die Deutlichkeit der Grundsätze der natürlichen Theologie und der Moral*, 1764) 이다. 그리고 '잠자는 단자'라는 라이프니츠의 표현은 그의 저서 《이성에 기초한 자연과 은총의 원리》(*Principes de la Nature et de la Grace fondés en Raison*), §4에 등장한다. 저자가 참조하라고 한 《순수이성비판》 A729=B757에는 정의(定義, *Definition*)와 해명(*Exposition*), 설명 (*Erklärung*) 사이의 구별에 관한 칸트의 주장이 제시된다.

3) 자율이라는 용어의 역사에 관한 간결하면서도 전문적인 개관은 Pohlmann (1971) 참조. 자율은 고대 그리스 사상에서 정치적인 의미의 개념으로 처음 등장했는데, 종교개혁 시기에는 종교적 논쟁에서 사용되기도 했다. 하지만 근대 초 이 개념은 정치적 논의에서 주로 사용되었다. 칸트는 자율에 더욱 폭넓은 의미를 부여하고, 이를 실천철학뿐만 아니라 이론철학에서도 사용한 최초의 철학자로 여겨져 왔다.

사람들은 이 책의 제목이 《자율의 발견》(*The Discovery of Autonomy*)이어야 한다고 생각할지도 모르겠다.

칸트의 도덕철학이 독창적이고 깊이가 있는 만큼이나 이해하기도 어렵나는 사실에 많은 사람들이 동의한다. 페이튼(Paton)과 베크(Beck)[4]로부터 현재에 이르는 체계적인 연구를 통해 칸트가 차지하는 위치에 관한 비판적인 이해는 크게 증진되었다. 이 책에서 나는 칸트의 도덕철학을 그 이전에 등장한 성과들, 특히 그것이 등장하는 계기를 제공했던 성과들과 관련해서 고찰함으로써 역사적 측면에서 칸트의 도덕철학에 관한 이해를 더욱 넓히려 한다.

1. 도덕철학과 사회 변화

칸트의 도덕철학이 등장하는 계기를 제공한 그 이전 도덕철학의 역사를 연구하는 데는 칸트 자신의 견해가 지닌 특별한 중요성을 넘어서는 더 이상의 근거들이 존재한다.

17세기와 18세기에 걸쳐 통용되었던 복종으로서의 도덕이라는 개념은 새로 등장한 자기규율(*self-governance*)로서의 도덕이라는 개념

---

4) 〔옮긴이주〕페이튼은 1930~1950년대, 베크는 1950~1980년대에 걸쳐 칸트 저술의 영어번역, 다양한 저서와 논문 등을 통해 영미권의 칸트 도덕철학 연구를 주도했던 대표적인 학자이다. 칸트의 도덕철학에 관한 이들의 중요한 저술로는 H. J. Paton(1946), *The Categorical Imperative: A Study in Kant's Moral Philosophy*, London: Hutchinson; L. W. Beck(1960), *A Commentary on Kant's Critique of Practical Reason*, Chicago: The University of Chicago Press 등을 들 수 있다.

으로부터 상당한 도전을 받게 되었다. 이전의 낡은 개념에 따르면 도덕은 우리가 신에게 복종할 때와 같은 복종의 측면에서 가장 잘 이해된다. 더욱이 우리는 대부분 다른 사람에게 복종해야만 하는 도덕적 위치에 놓여 있다. 우리 모두를 지배하는 신의 권위는 계시나 성직자를 통해서뿐만 아니라 이성에 의해서도 충분히 인식된다. 하지만 우리 모두가 동등하게 도덕이 요구하는 바를 스스로 파악할 능력을 지니지는 않는다. 설령 모두가 마음이나 양심에 새겨진 가장 기본적인 도덕법칙을 지닌다 할지라도, 대부분의 사람들은 특정한 경우에 무엇이 요구되는지에 관해 어떤 적절한 권위자로부터 가르침을 받을 필요가 있다. 또한 일상적으로 거의 모든 사람들은 도덕이 지시하는 바를 행해야 하는 근거가 무엇인지를 제대로 파악하지 못하므로 도덕적 명령의 실천을 충분히 보장하기 위해서는 보상의 제공과 더불어 처벌의 위협도 필요하다.

18세기 말에 등장한 새로운 관점은 모든 평범한 개인들이 자기규율의 도덕 안에서 함께 살 수 있는 동등한 능력을 지닌다는 믿음에 초점을 맞추고 있다. 이 견해에 따르면 우리 모두는 스스로 도덕이 요구하는 바를 파악할 수 있는 능력과, 또한 대체로 다른 사람들의 위협이나 보상이 없이도 그런 요구에 따라 행위하도록 우리 자신을 인도할 수 있는 능력을 동등하게 지닌다.[5] 이 두 논점은 폭넓게 받아들여지게 되었다 — 무척 폭넓게 받아들여져 당시의 도덕철학 대부분이 이를 전제로 삼아 논의를 시작할 정도였다. 이 두 논점은 일

---

5) Darwall(1995): 8면과 주 18). 여기서는 자기규율의 개념이 내가 사용한 것보다 좁은 의미로 사용된다.

상의 삶에서 우리와 함께 사는 사람들이 모두 존중하리라고 기대하는 도덕적 강제의 근거를 실제로 이해하고 인정할 수 있는 능력을 지닌다는 현실적인 가정을 제공한다. 간단히 말하면 우리는 그렇지 않다는 점이 명백히 밝혀진 경우를 제외하고는 대체로 사람들이 서로 동등하게 도덕적 행위자의 자격을 갖추고 있다고 가정한다. 현실적이고 중요한 많은 논점들에 기초해 현대의 도덕적 견해들은 17세기 초 폭넓게 받아들여진 바와 다른 양상을 보인다. 하지만 우리가 조건부로 동등한 도덕적 자격을 지닌다는 가정은 이전의 낡은 개념과 가장 깊고도 넓은 차이점을 보여 준다.

자기규율로서의 도덕 개념은 일종의 개념적 틀을 제공하는데 이는 우리 각자가 국가나 교회, 주변 동료 또는 우리보다 뛰어나거나 현명하다고 자랑하는 사람들의 간섭이 없이도 우리 스스로 자신의 행위를 결정한다고 정당하게 주장할 수 있는 사회적 공간에 적용된다. 복종으로서의 도덕이라는 낡은 개념은 이런 내용을 함축하지 않는다. 따라서 자기규율로서의 도덕 개념을 제시한 근대 초의 도덕철학은 개인과 사회 사이의 적절한 관계에 대한 서구의 자유주의적 시각이 등장하는 데 크게 기여했다. 이러한 삶의 방식은 여러 도덕철학자들의 노력이 없었더라면 결코 전개될 수 없었을 것이다.

근본적인 사회적 변화를 이끄는 데 도덕철학이 중요한 역할을 담당했다는 나의 주장이 놀랍게 보일지도 모르지만 사실 이는 별로 놀랄 만한 일이 아니다. 개인과 사회 사이의 관계에서 인간과 관련된 의미 있는 변화는 대부분 생물학적인 것이 아니다. 이 변화는 문화적이며 따라서 많은 사람들이 공유하는 어휘나 개념이 없이는 일어날 수 없다. 이는 삶의 도덕적, 정치적, 종교적 측면에 비추어 볼 때

분명한 사실이다. 이런 문제와 관련해서는 우리가 우리 자신을 어떤 존재라 생각하고 말할 수 있는 바가 곧 우리 자신을 형성한다. 17세기와 18세기의 철학적 논쟁들은 인간 본성을 개념화하는 새로운 방법을 제시하고 이에 관해 서로 논의하는 과정에서 중요한 원천으로 작용했다. 현재 우리 시대의 도덕철학은 근대 초기의 논의로부터 우리에게 전해진 바를 논점으로 삼아 전개된다. 우리가 어떻게 이 논점에 도달했는가를 살펴보는 일은 단지 우리가 어떻게 지금도 여전히 제기되는 철학적 질문들에 이르게 되었는가를 살펴보는 일에 그치지 않는다. 이는 또한 우리가 어떻게 우리 자신을 도덕적 행위자로 파악하는, 근대의 독특한 방법에 이르게 되었는가를 살펴보는 일이기도 하다.

2. 도덕과 자기규율

이 책에서 다루려는 주요 주제는 근대에 다양한 형태로 등장한 자기규율로서의 도덕 개념이다. 일찍이 마키아벨리(Machiavelli)와 몽테뉴(Montaigne)의 시대에도 새로운 대안을 발견하기 위해 복종으로서의 도덕 개념을 거부한 사상가들이 있었다. 하지만 17세기와 18세기 초에 걸쳐 도덕에 관해 재고했던 철학자들 대부분은 낡은 개념을 자기규율로서의 도덕 개념으로 대체하려 하지 않았다. 그들은 주로 낡은 관점 내부에서 등장한 문제를 해결하는 데 주력했다. 그들 대부분은 어느 누구도 접한 적이 없는 난점들에 직면해 어떻게 기독교 도덕이 계속 유용한 인도자 역할을 이어갈 수 있는지를 보여 주고

자 노력했다. 새로운 사회적, 정치적 환경이 도덕적, 종교적 측면에서 부과한 문제를 해결하기 위해 그들 중 일부는 도덕과 정치에 관한 새로운 사고방식을 발전시켰다. 하지만 그들은 이후의 사상가들이 그들의 생각을 어떤 방식으로 사용할지를 예견할 수는 없었다.

자기규율로서의 도덕에 관한 이론을 제시하려는 노력이 자기의식과 연결된 것은 기껏해야 18세기 초의 일이다. 도덕적, 정치적 관심 때문에 이전의 도덕 개념이 인간의 존엄성을 적절하게 인정하는 일을 허용하지 않으며 따라서 여전히 많은 사람들이 받아들이는 기독교의 도덕적 가르침조차도 제대로 허용하지 않는다고 생각하는 철학자의 수가 점점 증가하였다. 이런 관심은 17세기에도 이미 상당히 강하게 표명되었다. 따라서 18세기 철학자들은 새로운 도덕관을 전개할 방법을 모색하기 위해 이전 학자들의 연구에 주목하지 않을 수 없었다. 리드(Reid)와 벤담(Bentham), 칸트의 도덕철학은 자기규율로서의 도덕 개념에 근거를 제공하는 개인의 존엄성과 가치에 관한 규범적 믿음을 명료하게 표현하려는 18세기 최후의 노력이라 할 수 있다. 6)

이런 믿음과 관련해서 다른 어떤 철학자보다도 칸트의 설명이 가장 풍부하고 근본적이다. 오직 그만이 도덕을 진정 혁명적으로 재편하려고 시도했다. 그는 우리가 자율적이므로 자기규율을 할 수 있다고 주장한다. 이를 통해 그가 의미하는 바는 바로 우리 스스로 도덕법칙을 형성할 수 있다는 사실이다. 우리가 도덕법칙 아래에 놓이는

---

6) 리드의 이론은 자기규율을 허용한다. 하지만 제20장 5절에서 지적하듯이 벤담의 견해도 이를 허용하는지는 분명치 않다.

까닭은 오직 우리 자신의 의지가 법칙을 형성하는 활동을 하기 때문이다. 그리고 동시에 이 활동이 모든 사람들로 하여금 항상 도덕법칙에 따를 수 있도록 해준다. 칸트는 이런 강한 의미의 자율을 논의한 최초의 철학자이다.

물론 그의 이론은 역사적 관심 이상의 의미를 지닌다. 현재 철학적 윤리학에서 그의 이론은 근대 초의 다른 어떤 철학자에 비해서도 더욱 자주 논의의 대상이 되며, 그와 같은 수준으로 논의되는 예외적인 철학자로는 홉스(Hobbes) 정도를 들 수 있다. 그러므로 이 책에서 논의를 전개하면서 나는 항상 칸트를 염두에 두었다. 그리고 당연히 이에 따라 내가 다룰 철학자와 주제들을 선택했다. 하지만 나는 칸트가 대답하려 한 질문이 등장한 계기를 제공한 복잡한 논쟁들도 공정하게 다루고자 했다.

벤담과 리드, 칸트는 정치와 종교에 대해 서로 다른 관심을 보이면서 도덕철학의 문제들에 접근했다. 이들 모두가 이전 철학자들 중 동일한 인물의, 그가 대륙 출신이든 영국 출신이든 간에, 저술을 읽었을지도 모르지만 칸트는 영국적 지평에 속하는 철학자들에 대해서는 거의 아무것도 알지 못했다. 그가 도덕철학에서 이룩한 성취의 대부분은 그보다 앞선 독일 철학자들에 의해서 형성되었다. 칸트가 접했던, 비교적 널리 알려진 철학자들뿐만 아니라 이런 독일 철학자들에 대해서 제대로 파악하지 못한다면 우리는 그가 자율을 발명하는 데에 기여한 여러 요소들이 근본적으로 서로 얼마나 다른지를 인식할 수 없을 것이다.

3. 도덕과 종교

자기규율로서의 도덕 개념은 복종으로서의 도덕 개념에서 본질적인 요소에 해당하는, 사람들의 도덕적 능력이 균등하지 않다는 생각을 단호히 거부한다. 그렇다면 이 두 유형의 도덕 개념에서 신의 역할은 무엇인가? 신과 인간이 서로 균등하지 않다는 생각은 도덕적으로 무엇을 의미하는가? 만일 신의 우월성이 받아들여지지 않는다면 도덕과 종교 사이의 모든 연결고리는 끊어져야 하는가? 이런 문제들에 관한 논의는 이 책에서 또 다른 중요한 주제를 형성한다.

17, 18세기에 걸쳐 철학자들이 도덕에 대해 재고하도록 자극한 데는 철학의 외부에서 발생한 사건들도 상당 부분 책임이 있다. 종교개혁과 반종교개혁[7]은 종교와 연결된 모든 것을 논쟁의 대상으로 만들었다 ─ 그런데 당시에는 모든 것이 종교와 연결되어 있었다.[8] 16세기부터 17세기 중반에 이르기까지 거의 계속해서 유럽을 괴롭혔던 종교전쟁과 거의 17세기 말까지 이어졌던 영국의 내란은 종교적 문제들과 관련해서 이해될 수 있다. 만일 성직자를 통해서 전달

---

7) 〔옮긴이주〕16세기와 17세기 초에 걸쳐 프로테스탄트의 종교개혁에 대응해 가톨릭교회의 내적 정화와 세력 회복을 목표로 추진된 로마 가톨릭의 개혁 운동을 의미한다. 특히 교황 파울루스 3세(Paulus III, 1468~1549)의 주도 아래 루터(Luther)의 교리에 반대하는 동시에 성직자들의 부패 방지, 종교 재판의 강화, 과거 가톨릭 국가들의 재개종 등을 추진하는 방향으로 전개되었다.

8) Febvre(1982) 9장과 10장 참조. 여기에는 종교적 신앙이 16세기 프랑스어 어휘에 무척 깊이 스며들어 종교를 넘어선 무언가를 생각하는 일이, 심지어 사람들이 그렇게 할 수 없다는 점을 지적하는 일조차도 거의 불가능했다는 탁월한 논의가 등장한다.

되는, 이 세계에 적용되는 신의 법칙이 질서를 유지해 주는 유일한 희망이라면 평화는 결코 획득될 수 없는 듯 보였다. 여러 교회가 나름대로 해석한 도덕은 종파에 따라 서로 다른 사분오열의 양상을 보였으므로 공동체의 내적 의미와 문명화된 삶을 가능하게 하기에 충분한 외적 강제 모두를 전혀 제공할 수 없었다.

그렇다면 정치가 그 자체만으로 이런 강제를 제공할 수 있었는가? 사실 억압적인 권력을 통해서 잠시 평화를 유지할 수는 있었다. 하지만 이 권력을 누가 또 무엇을 위해서 장악해야 하는가? 이런 질문은 상당히 절박한 것이었다. 이런 질문을 던진 이들은 점점 전통적인 입지를 더 이상 유지하지 못하는 권위에 복종해야 하는 근거가 무엇인지 밝히기를 원했다. 종교적 논쟁은 국제적인 문제뿐만 아니라 국가 내부의 정치권력에도 영향을 미쳤다. 각각의 정치 조직 내부에서 등장한 새로운 집단들은 정부가 어떻게 운영되고 제한되어야 하는지 또 누가 정부에 참여해야 하는지에 대한 자신들의 이론을 정당화하면서 정치권력에의 접근을 요구하기 시작했다. 종교적 다툼은 자신들이 도덕의 유일한 권위라고 자처했던 성직자들의 주장을 크게 손상시켰으며, 정치적 다툼은 더욱 많은 사람들이 자신을 여러 사건에 적극적으로 참여할 충분한 자격을 지니는 존재로 인식하도록 만들었다. 자기규율의 도덕은 이전에 통용되었던 이론에 비해 이런 주장들을 옹호하기에 더 나은 견해였다. 정치권력의 권위와 분배를 모든 사람들이 받아들일 수 있도록 새롭게 정당화하는 일이 필요했기 때문에 도덕의 개념을 재고하는 것은 피할 수 없었다. 그리고 다른 어떤 권위가 아닌 오직 이성에만 호소하는 철학이야말로 이에 도움을 주는 적절한 원천으로 여겨졌다.

16세기와 17세기에 이어진 과학의 놀라운 발전이 철학 일반, 그리고 그 일부인 철학적 윤리학의 영역에서 시도된 새로운 노력에 큰 자극이 되었다는 주장이 자주 등장한다. 코페르니쿠스(Copernicus)와 갈릴레오(Galileo)로부터 뉴턴(Newton)을 거쳐 18세기까지 이어진 과학의 발전이 철학의 전개방향을 규정짓는 데 매우 중요한 역할을 했다는 사실을 의심할 만한 근거는 전혀 없다. 하지만 새로운 과학이 등장하지 않았더라도 도덕은 재검토와 재편이 필요했을 것이다. 과학이 없었다면 도덕철학의 전개방향은 틀림없이 크게 달라졌을 것이다. 하지만 종교적 의견 대립과 폭넓은 정치참여 요구로부터 비롯된 문제들 그 자체는 과학적 인식의 진보에서 기인하지 않았다. 그리고 근대 도덕철학의 등장에 직접 기여한 바는 후자가 아니라 전자라고 할 수 있다.

내가 자기규율로서의 도덕 개념이라고 부르는 바는 세속화된 사회를 실현하려 했던 계몽주의 사상가들의 두드러진 노력이 낳은 결과로 자주 간주된다. 또한 도덕이 자기 자신만의, 순전히 이성적인 기초 위에 서 있으므로 종교를 필요로 하지 않는다는 점을 보이려는 '계몽주의적 기획'이 존재했다고 가정되기도 한다. 따라서 근대의 여러 도덕관은 이런 노력의 일부로 여겨져 왔다. 하지만 나는 이런 가정들에서 몇 가지 측면의 의문점을 발견했다.

물론 17, 18세기에도 자신의 견해를 출판한 몇몇 무신론자들이 있었다. 또한 벤담이 완전히 세속적인 도덕을 건설하려는 개혁을 시작한 최초의 인물도 아니다. 하지만 훨씬 더 많은 사람들은 무신론자가 아니었으며, 심지어 종교를 회의하지 않으면서도 오직 제도화된 종교가 큰 해악을 끼친다는 이유만으로 반종교적인 태도를 취했다. 이들은 분명히 교회와 성직자들이 개혁되기를 바랐지만 어떤 세속적인 윤리도 추구하지 않았다. 반성직주의(*Anticlericalism*)[9]는 결코 무신론이 아니다.

나는 당시 반성직주의적인 태도를 보였던 다양한 학자들을 검토할 예정인데 이들은 스스로 '계몽되었다'고 생각했으며 또한 다른 이들도 자신들을 그렇게 생각해 주기 원했다. 이들 중 몇 사람은 무신론자였을지 몰라도 대다수는 신의 존재를 인정했다. 그리고 이들은 다른 많은 측면에서 서로 크게 달랐다. 다른 많은 학자들처럼 나 또한 이들 모두를 계몽주의라는 — 이를 영어로(*enlightenment*) 표현하든 아니면 독일어(*Aufklärung*) 또는 프랑스어로(*lumiéres*) 표현하든 간에 — 하나의 지적 운동으로 묶어서 생각하는 것이 별 도움이 되지 않으며, 스스로 계몽되었다고 주장하는 인물들을 모두 포함하는 하나의 기획으로 간주하는 일은 더욱 도움이 되지 않음을 결국 깨달았다.[10] 도덕철학 그리고 계몽주의와 관련된 이런 오해는 상당히 심각한 문제이다.

간단히 말하면 18세기 도덕철학의 주된 노력이 도덕을 세속화하려는 시도였다는 주장은 가장 피상적인 검토만 해보더라도 바로 무너지고 만다. 사실 무언가를 반드시 도덕의 '계몽주의적 기획'과 동

---

9) 〔옮긴이주〕 반성직주의는 기본적으로 성직자들이 정치, 사회 문제에 영향력을 행사하거나 엄격한 교리를 강요하면서 자신들의 특권과 부를 추구하는 데 반대하는 태도를 의미한다. 반성직주의적인 주장은 이미 12~13세기부터 유럽에서 등장했지만 특히 프랑스 혁명 이후 큰 호응을 얻었다.

10) Porter & Teich(1981) 참조. 또한 이에 관한 전체적인 조망에는 Outram (1995) 1장 참조.

일시해야만 하는 처지에 놓인다면 나는 그것이 신을 도덕의 본질적 요소로 유지하면서도 세속적 삶에 대한 신의 지배를 제한하려는 노력이었다고 말하고 싶다. 이런 노력은 신과 도덕의 관계를 어떻게 생각하는가에 따라 낭연히 서로 다른 다양한 형태로 드러났다.

앞으로 반복해서 언급하겠지만 신을 도덕의 본질적 요소로 유지하려는 기본적인 접근방식에는 두 가지가 있다. 그중 하나는 현재 흔히 '주의주의'(主意主義, *voluntarism*) 11)로 불린다. 주의주의자들은 신이 도덕을 창조했으며 자신의 의지가 내린 임의적인 결정에 따라 그것을 우리에게 부과했다고 주장한다. 신이 도덕의 본질적 요소인 까닭은 신이 도덕을 창조했고, 원리상 언제든 이를 변경할 수 있기 때문이다. 신이 아브라함(Abraham)에게 이사악(Isaac)을 산 제물로 바치라고 명령한 후 실제로 그렇게 하려 하자 이를 그만두게 한 것과 같은 경우, 드물지만 신은 분명히 자신의 명령을 변경하는 듯이 보인다. 12) 대개 '주지주의'(*intellectualism*)로 불리는 또 다른 접근방식에 따르면 신은 도덕을 창조하지는 않았다. 신이 우리에게 도덕적 명령을 내릴 때, 신의 의지는 영원한 도덕 기준에 대해 인식하는 그의 지성에 의해서 인도된다. 그럼에도 신이 도덕의 본질적 요소인 까닭은 신이 섭리를 통해 세상을 관리함으로써 우리 인간이 도덕적으로 질서 지어진 세계에서 살아가도록 보장하기 때문이다.

주지주의자와 주의주의자 모두에게 현실에 적용되는 도덕은 공동

---

11) *Oxford English Dictionary*에 따르면 이 용어는 19세기에 처음 사용되었다.
12) 〔옮긴이주〕《성서》, 〈창세기〉 22장 참조. 이 책에서 《성서》에 등장하는 인명이나 구절 등은 모두 공동번역 개정판에 따라 번역했다.

의 선을 직접 추구하는 것이 아니라 규칙이나 법칙을 준수하는 문제로 드러난다. 하지만 도덕이 공동의 선에 도움이 된다는 점에는 모두 동의한다. 이런 이유로 도덕의 명령에 복종하는 것은 개인에게는 무익한 것으로 보인다. 많은 사람들이 도덕의 명령에 따르지 않으며, 우리 행위의 결과가 실제로 결정지어지는 데에도 우연이 크게 작용하는 듯이 보인다. 주지주의자에게 신은 개별적 행위의 실제 결과를 잘 조화시켜 모든 행위가 전체 맥락에서는 최선의 행위가 되도록 만드는 신성한 주재자이다. 주의주의자에게서와 달리 도덕은 신의 창조물이 아니지만 우리는 도덕적 행위가 결코 무의미하거나 자기모순적이 아님을 보장해 주는 신이 현존함을 확신해야만 한다.

주의주의자들도 신을 스스로 창조한 세계를 적극적으로 주재하는 존재로 파악하는 주지주의의 일부 주장은 받아들일 수 있지만 굳이 그렇게 할 필요도 없다. 그들은 우리가 도덕적 측면에서 세계를 모두 이해할 수 있다고 주장할 이유가 없기 때문이다. 따라서 주지주의자들은 주의주의의 가장 기본적인 주장을 받아들일 수 없다. 하지만 주지주의자들도 신의 명령이 없다면 도덕의 기초를 이루는 진리들이 우리에게 의무로 부과되는 법칙의 지위를 지니지 못하리라는 점에는 동의할 수 있다. 또 다른 중간적인 입장도 충분히 가능하다. 17, 18세기의 많은 종교적 신앙인들은 어떤 형태의 주의주의도 단호히 거부하면서 철저한 주지주의를 받아들이도록 만드는 데 많은 노력을 바쳤다. 그렇지만 앞으로 다루려는 시대의 종교와 도덕에 관한 논의가 주의주의와 관련되는 것은 피할 수 없는 일이다.

반종교적인 사상가들 중에도 신을 도덕의 본질적 요소로 여기는 종교가 택할 수 있는 유일한 견해는 강한 주의주의뿐이라는 듯이 말하는 인물들이 많이 있었다. 이들은 주의주의를 거부하는 종교 신봉자들은 도덕이 종교와 전혀 무관하다고 주장해야만 한다는 점을 가정하고 이 문제를 다루었다. 따라서 그들은 마치 도덕에 관한 논점에서 이미 자신들이 승리를 거두었다는 듯이 생각할 수 있었다. 하지만 우리는 그들의 이런 오류에, 더 확실히 말하면 그들의 가식적 태도에 속아서는 안 된다. 근대 초 도덕철학에서 무신론자를 제외한 모든 사람들이 여전히 도덕과 종교는 서로 밀접하게 연결되어 있다고 생각했다. 따라서 자기규율의 윤리학은 종교적인 철학자들과 반종교적인 철학자들 모두에 의해서 형성되었다고 보아야 한다.

4. 도덕, 인식론 그리고 도덕심리학

자기규율로서의 도덕 개념을 지지하는 사람들은 모두 도덕적 행위자가 어떤 특유한 심리적 능력을 지님에 틀림없다고 전제한다. 일반적인 성인이라면 외부의 도움이 없이도 도덕이 무엇을 명령하고 무엇을 시인하는지 의식하거나 인식할 수 있으며, 위협이나 보상이 없이도 도덕에 따라 삶을 영위할 능력을 지닌다. 이런 개념들을 등장하게 만든 다양한 논의에서 도덕적 신념과 도덕심리학에 관한 인식론적 질문들은 핵심적인 역할을 했다. 우리의 도덕의식 및 이 의식과 동기 사이의 관계라는 문제는 이 책에서 세 번째의 주된 주제로 등장한다.

이 주제를 파악해 나가는 길에는 이미 일종의 표준처럼 받아들여지는 전제가 놓여 있는 듯하다. '철학사'라는 제목이 붙은 책들을 보면 통상 인식론과 형이상학을 집중적으로 다룬 후에 윤리학은 마치 부록처럼 취급하는 일을 자주 발견한다. 즉, 어떤 철학자의 인식론과 존재론이 확정되면 도덕 이론은 그 결과로 도출된다는 가정이 통용되는 듯하다. 그리고 이런 개념적인 가정을 통해서만 도덕 이론들의 역사적 전개과정을 제대로 파악할 수 있다고 여겨진다. 도덕 이론들은 이미 확립된 인식론 또는 형이상학과 조화를 이루는 도덕 체계를 제시하려는 욕구가 낳은 결과로 설명된다. 하지만 도덕 사상사 자체에 대한 관심과 더불어 연구를 시작한 나는 이런 접근방식이 별 도움이 되지 않음을 발견했다.

나는 앞으로 논의를 진행해 나가면서 인식론과 도덕 이론 사이에 서로 다른 관계를 보이는 몇몇 경우를 지적할 예정이지만 여기서 가장 중요하게 여겨지는 한 경우를 소개하려 한다. 17, 18세기의 인식론을 경험론, 합리론 그리고 (뒤이은) 칸트의 이론으로 분류하는 관행은, 물론 이에 대한 반대 의견도 제기되지만, 내가 보기에도 본질적으로 타당하다. 베이컨(Bacon)으로부터 로크(Locke)를 거쳐 이어진 경험론은 윤리학의 주의주의와 매우 큰 유사성을 지녔다. 윤리학의 주의주의는 가장 중요한 도덕 개념들을 신에 대한 복종과 연결시키려는 경향을 보였다. 따라서 도덕적 근거에 기초했든 아니면 순전히 신학적 근거에 기초했든 간에 주의주의에 대한 반대는 주의주의와 경험론 모두에 대한 반대로, 특히 우리가 사용하는 개념의 의미와 한계에 관한 경험론자들의 견해를 반대하는 것으로 여겨졌다. 마찬가지로 합리론자들도 경험론을 비판했는데 그 까닭은 경험론이 개념 및 경험과 무관한 인식과 관련해서 오류를 범할 뿐만 아니라 중대한 도덕적 결점을 포함한다고 믿었기 때문이었다.

하지만 합리론 자체도 도덕적 비판을 피할 수는 없었다. 비판자들은 합리론의 몇몇 견해가 사회의 상류층에 대한 복종으로서의 도덕 개념과 밀접하게 연결될 수밖에 없다고 생각했다. 또한 비판자들은 이런 견해들이 합리론자들이 도덕의 기초에 놓여 있다고 주장하는 지식을 어떻게 모든 사람들이 함께 인식할 수 있는지를 제대로 설명하지 못한다고 생각했다. 자기규율의 도덕을 옹호하려는 규범적인 태도를 보인 사람들은 이런 형태의 합리론을 결코 받아들일 수 없었다. 그리고 이들은 도덕적인 근거에서 경험론 또한 받아들일 수 없다고 생각했으므로 새로운 형태의 윤리적 합리론을 고안해 내야만 했다.

칸트 자신도 바로 이런 생각에 따라 움직였다. 앞선 몇몇 철학자와 마찬가지로 그 또한 모든 사람들이 인식하고 활용할 수 있을 정도로 충분히 단순한 이성적 원리를 추구했으며 여기에 도덕적 동기라는 힘을 부여했다. 자기규율로서의 도덕 개념을 강력하게 내세운 그의 규범적 태도가 오히려 거시적인 관점에서 널리 알려진 그의 구성주의 인식론뿐만 아니라 동기주의 심리학을 전개하도록 자극한 동인이 되었다는 생각은 내가 보기에 큰 무리가 없는 듯하다. 이렇게 보면 인식론적인 태도가 도덕철학을 규정한다고 생각한 인식론과 도덕철학 사이의 선후 관계에 대한 관행적 시각이 칸트를 이해하는 경우에는 쓸모없다기보다는, 오히려 더욱 나쁘게 작용함을 발견하게 된다.

5. 이 책의 구성

이 책에서 논의한 모든 철학자들은 도덕과 자기규율, 도덕과 종교의 관계, 서로 다른 도덕적 전망이 지닌 인식론적, 심리학적 난점 등과 어떤 방식으로든 관련된다. 나는 이런 주제들에 관한 논의를 한데 모아 각각 분리된 장들로 다루려 하지 않았다. 대신에 주제별로만이 아니라 대체로 시대 순으로 배열하는 방법을 택했다. 나는 근대 도덕철학의 전개를 크게 네 단계로 구분할 수 있다고 생각해 이에 따라 탐구 대상이 되는 철학자들을 분류했다. 이 책 전체는 4부로 구성되는데, 어떤 부에서 다룬 몇몇 철학자들의 생몰연대가 다른 부에서 다룬 철학자들의 생몰연대와 겹치는 경우도 있지만 한 부 안에서는 시대 순에 따라 논의를 진행했다.

　1부에서 나는 17세기 도덕 이론을 주도했다고 여겨지는 자연법 이론을 다루었다. 그로티우스(Grotius)와 그 후계자들이 보인 새로운 관점을 분명히 드러내기 위해 아퀴나스(Thomas Aquinas)의 고전적인 자연법 이론과 또 다른 중세의 몇몇 견해를 간단히 살펴봄으로써 논의를 시작했다. 그 다음에는 루터(Luther)와 칼뱅(Calvin)이 도덕적 삶에서 법칙이 차지하는 위치에 관한 자신들의 견해를 형성해 나가면서 사용했던 자연법 이론과는 다른 접근 방법을 검토했다. 18세기의 무신론자들이 등장하기 훨씬 전에 이미, 우리가 기독교적인 견해를 택하지 않았다면 과연 어떤 삶을 함께 살아나갈 수 있는가를 의문시한 철학자들이 있었다. 이후 사상가들이 선택할 수 있었던 견해를 예시하는 차원에서 나는 마키아벨리의 극단적인 세속적 정치이론과 몽테뉴를 기억하도록 만드는 그의 회의주의를 검토했다. 뒤이어 수아레스(Suarez)와 그로티우스를 살펴보았는데 이들은 모두 그들이 살았던 세계가 직면했던 어려움들에 대응하면서 자연법 이론을 재구성하려 했다. 수아레스는 위대한 전통주의자인 반면 그로티우스는 새로운 견해를 제시한 인물로 자주 간주되었다 — 나도 이런 평가가 옳다고 생각해 이렇게 주장했다. 나는 '근대의' 자연법 사상을 지지한 주요 철학자들에 대해 논의했으며, 1부의 마지막에서 그로티우스의 견해를 옹호한 최후의 중요 철학자인 로크와 토마지우스(Thomasius)를 다루었다. 이들의 작업을 보면 왜 자연법 이론이 당시의 도덕적 요구를 만족시킬 수 없었는지가 명백히 드러나는 듯하다. 로크는 자연법 이론이 실패했다고 생각하지 않은 반면 토마지우스는 실패했다고 생각했다. 이들 둘 이후에는 눈에 띄는 자연법 사상가가 등장하지 않는데, 나는 그 이유 또한 밝히려 했다.

이 책의 2부에서 다룬 주제는 17세기에 자연법 사상에 대한 중요한 대안으로 등장한 이론이다. 자연법 학자들은 사회적 질서의 유지를 가장 중요한 논점으로 생각한 반면 다른 사람들은 개인의 자기완성(*self-perfection*)을 도덕적 성찰의 중심 과제로 여겼다. 스토아학파(*Stoicism*)의 영향을 받은 합리론의 철학자들, 즉 허버트 경(Lord Herbert of Cherbury)과 데카르트(Descartes)로부터 라이프니츠에 이르는 여러 철학자가 다양하게 변형된 완성주의(*perfectionism*)[13]

---

13) 〔옮긴이주〕*perfectionism*에 대한 번역어로 완성주의를 선택했다. 이 용어는 서로 다른 여러 의미를 지닌다. 첫 번째는 완벽주의로서, 조금의 실수나 부족도 스스로 용납하거나 견디지 못하고 항상 완벽한 상태를 유지해야 만족하는 개인의 심리적 태도를 의미한다. 두 번째는 완전설 또는 완전주의로서, 각 개인이 지식이나 도덕, 종교의 영역에서 완전한 상태에 도달할 수 있으며 그럴 능력을 갖추고 있다는 주장을 의미한다. 반면 이 책에서 저자

윤리학을 제시했다. 어떤 철학자들은 우리가 지식의 완성에 초점을 맞추어야 한다고 생각했지만 다른 철학자들은, 특히 케임브리지 플라톤주의자들(Cambridge Platonists)은 우리의 의지를 완성하는 일을 강조했다. 라이프니츠는 완성주의를 주장하면서 17세기에 등장한 거의 모든 도덕적 견해를 근본적으로 거부했다. 그는 당시에 가장 큰 영향을 미쳤던 그로티우스주의 자연법 학자인 푸펜도르프(Pufendorf)를 비판했는데, 그로티우스의 사상을 널리 보급했던 바르베이락(Barbeyrac)은 이 비판에 답하면서 자연법 이론과 이를 가장 완전하게 발전시킨 대안을 통해 도덕에 대한 새로운 이해를 도입하지 않고도 각각의 다른 이론이 지닌 단점을 드러낼 수 있음을 보였다.

완성주의자와 자연법 학자들 사이에는 많은 차이점이 있지만 이들 모두에게 여전히 신은 도덕의 필수적 요소였다. 나는 이 책의 3부에서 신 없이도, 최소한 신의 존재를 적극적으로 도입하지 않고도 도덕이 성립할 수 있음을 보이려 하는 여러 시도들을 추적했다. 신이 세계를 창조했지만 세계의 운행에는 개입하지 않는다고 보는 이신론(理神論, deism)은 17세기 말에 등장했으며, 18세기에 등장한 무신론은 그리 크게 주목할 만하지는 않지만 언급할 필요는 있다. 하지만 18세기에 접어들면서 정통 교파를 믿는 신앙인들조차 도덕에서 직접적인 신의 작용이 이전 사람들이 생각했던 것보다 훨씬 덜

는 이런 두 의미와는 달리 도덕적 성찰과 탐구의 목표를 개인의 자기완성에 두려는 이론을 지목하여 *perfectionism*으로 표현한다. 따라서 완벽주의나 완전설, 완전주의는 적절한 번역어가 아니라고 보고 완성주의라는 번역어를 선택했다.

필요하다는 점을 보이려고 노력했다. 이런 유형의 생각은 17세기에 가상디(Gassendi)가 에피쿠로스주의(Epicureanism)를 부활시키면서 시작되었다. 신이 우리에게 자신의 모습을 드러내지 않는다고 믿는 또 다른 프랑스 사상가들은 어떻게 눈에 보이지 않는 신의 인도가 없이도 마치 신의 계획에 따르는 듯이 사회가 운영될 수 있는가에 대해 새로운 생각을 전개했다. 일부 프랑스의 계몽주의 철학자와 개혁가들 그리고 동시대의 몇몇 영국 철학자들은 도덕이 자기 힘으로만 운행되는 세계를 얼마나 잘 이끌어 나갈 수 있는지를 파악하려는 노력을 계속했다. 이 과정에서 그들은 자기규율로서의 도덕 이론을 전개할 수밖에 없었으며, 종교적인 입장에서 그들에 반대하는 사람들도 항상 그들의 주장을 거부할 수만은 없게 되었다.

자연법 학자들은 항상 자연법에 따를 준비를 갖추는 것이 신에 대한, 또 신이 우리에게 부여한 법칙들에 대한 인간의 올바른 태도라고 주장했다. 반면 완성주의자들은 이런 견해에 동조하지 않았다. 우리의 정신이 신의 뜻에 접근할 수 있고 우리의 지식이 우리의 의지를 통제할 수 있다고 믿었기 때문에, 그들은 우리가 점점 더 자기규율을 향해 나아갈 수 있는 능력을 지닌다고 생각했다. 비록 우리가 사실상 신적인 존재는 아닐지라도 지식이 점차 증가하면서 신과 같은 수준에 이를 수는 있다. 신이 이 세계에 거의 개입하지 않거나 전혀 존재하지 않는다고 생각하는 사람들 사이에서는 인간이 자신의 힘만으로 사회를 이끌어 나갈 수 있는가 그렇지 않은가는 더 이상 문제가 아니었다. 결국 그들에게는 다른 대안이 없었다. 그들의 유일한 문제는 자기규율의 능력을 평범한 사람들도 모두 지니는가 아니면 오직 소수만 가지는가로 귀착되었다.

이것이 17세기와 칸트 이전 18세기 전반부 동안 여러 갈래로 나누어진 중요한 도덕 이론들의 흐름이다. 독일 사상가들은 유럽의 다른 지역에서 이루어진 성과에 대해 대체로 잘 알고 있었는데, 이들은 이런 성과는 물론 같은 독일 출신인 라이프니츠보다도 더욱 앞서 나갔다. 이 책의 4부를 나는 라이프니츠와 칸트 사이에 등장한 가장 독창적인 두 독일 철학자, 볼프(Wolff)와 크루지우스(Crusius)를 검토함으로써 시작했다. 이들은 프랑스와 영국에는 거의 또는 전혀 알려지지 않았지만 18세기 전반부 동안 도덕과 관련해서 독일 철학계가 이룬 성과를 논의할 때 결코 빠지지 않는 중요 인물들이었다. 그 다음에 나는 이들과 동시대의 프랑스 철학자들을 다루었다. 이들의 사상은 대부분은 그리 독창적이지 않았다. 하지만 프랑스 계몽주의를 만들어 내었다고 자처했던 개혁가와 급진적 사상가들에 잠시 동조했다가 곧 이들에 대한 신랄한 비판자로 돌아섰던 루소(Rousseau)는 진정한 혁신자였다. 그는 고전적인 공화정을 찬양하고 공동체와 자유에 관해 주목할 만한 사상을 제시했는데, 이는 그가 이전에 도덕을 이해하던 방식과 완전히 결별했음을 보여 준다.

이들 모두가 당시 칸트가 직면했던, 그리고 그가 도덕철학의 주제를 형성하는 데 도움을 주었던 사상의 흐름이다. 나는 우선 칸트의 초기 사상을 검토해 이전 사상가들과 그의 관계를 밝힘으로써 논의를 시작했다. 그 후 나는 도덕에 관한 그의 견해가 점차 발전해 나가 자신의 완전히 성숙한 도덕철학에서 핵심적인 입장에 이를 준비가 갖추어지기까지의 과정을 추적했는데, 그의 핵심적인 입장이란 바로 우리가 형식적인 실천 원리를 스스로 규정함으로써 우리 자신에게 도덕을 부과하는 자율적인 행위자라는 점이다. 이어서 나는 칸트의 성숙한 견해와 지금까지 살펴보았던 이전 논쟁들 사이의 관계를 검토했다. 이를 통해 나는 앞의 각 부에서 논의된 역사적 문헌들 전반을 결론적으로 개관했다. 단지 이들의 의미가 결국 무엇으로 밝혀졌는지만을 알고 싶은 독자들은 이 부분에서 많은 해답을 발견할 수 있으리라 생각한다. 다른 독자들도 이 부분을 우선 읽는다면 그 앞의 여러 장들에 더욱 집중하는 데에 도움이 될 것이다.

이 책의 마지막 장에서 나는 칸트의 견해 자체가 지닌 역사성과 더불어 도덕철학의 핵심 또는 목표가 무엇인지를 다루었다. 여기에 칸트의 최고선 개념에 관한 간략한 논의를 포함시켰다. 하지만 대부분의 다른 장들에서는, 이 책에서 예시하려 한 방식을 포함해, 도덕철학의 역사를 고찰할 때 사용될 수 있는 서로 다른 다양한 접근방식들을 더욱 일반적으로 논의했다.

근대적 자연법의 등장과 쇠퇴

제2장

자연법: 주지주의에서 주의주의로

인간 행위가 인종이나 성별, 지역, 종교 등과 무관하게 모든 사람들에게 적용되는 자연법에 의해서 인도되어야 한다는 믿음은 유대교나 기독교 외부에서 처음 등장했다. 하지만 일단 기독교적인 사고 안으로 유입된 후, 자연법 사상은 유럽인들이 도덕을 이해하는 가장 중요한 방식이 되었다. 이 장에서 나는 자연법 이론의 기원을 간략히 소개하고 아퀴나스(St. Thomas)[1]의 저술을 통해 이 이론에 대한 고전적인 설명을 개관하려 한다. 그 다음에 아퀴나스와 의견을 달리하는 비판자들의 주된 논점을 제시한 후 이어서 종교개혁(*Protestant Reformation*)을 주도한 두 사람, 즉 루터(Luther)와 칼뱅(Calvin)의 도덕 이론을 조망하려 하는데 이들에게는 주의주의가 매우 중요한

---

1) 〔옮긴이주〕 저자는 아퀴나스를 St. Thomas, Aquinas, Thomas Aquinas 등으로 다양하게 표기하지만 번역문에서는 이를 구별하지 않고 모두 아퀴나스로 통일해 표기했다.

의미를 지닌다. 이들에게서 드러나는 자연법에 대한 서로 다른 기독교적 해석은 근대 도덕철학의 전개 과정에서 플라톤(Plato)이나 아리스토텔레스(Aristotle)의 윤리적 저술보다도 훨씬 더 중요하다.

1. 자연법 이론의 기원

자연법 개념의 기원은 최소한 스토아학파까지 거슬러 올라간다. 이 개념은 고대 그리스의 도시국가들이 지중해 세계의 가장 대표적인 정치체제라는 지위를 잃고, 이 세계의 주도권이 스토아학파에 의해 로마로 넘어가면서 처음 등장했다. 로마에서 자연법 개념은 구체적인 실정법 체계와 결합하면서 큰 성과를 낳았다. 로마법은 시민들 사이의 모든 관계를 매우 상세히 규정했다. 로마가 점차 확장되면서 로마 시민들과 외국인들 사이의 거래가 크게 증가했다. 이런 거래에서는 여러 법적인 문제들이 일어날 수밖에 없었는데 외국인들이 로마법의 세부 사항까지 모두 잘 알고 이를 준수하기를 기대할 수는 없었다. 이런 문제를 극복하기 위해 법률가들은 로마법보다 덜 복잡한 일련의 규칙과 절차를 만들어 내었다. 이를 통해 만민법(*jus gentium*)이 탄생했는데, 이는 그 이름대로 문명 세계의 사람이면 어디에 살든 누구나 공통적으로 받아들일 수 있는 정직과 공정한 거래의 개념을 구체화한 것이었다. 만민법은 모든 사람이 충분히 이해하고 사용할 수 있을 정도로 단순해야 한다. 따라서 이는 스토아학파가 모든 사람에게 통용되는 최고 원리라고 생각한 바를 예시한 것에 가깝다. '자연법'(*jus naturale*)이라는 용어는 이 법을 지칭하는 데 사용한 그리스어 철학 용어2)와 같은 의미를 지니는 라틴어였다.

자연법 개념을 확산시킨 인물로 가장 널리 알려진 사람은 키케로 (Cicero)였다. 3) 그의 저술들은 그리 독창적이지는 않았지만 스토아 학파의 이론을 (또한 그리스 철학의 많은 유산을) 서양의 문명 세계 전역에 알리는 역할을 했다. 스토아학파의 가르침에 따라 키케로는 자연법을 올바른 이성의 명령과 동일시했다. 4) 이성은 자연의 목소리로 말하며 우리 모두에게 적용되는 영원불변하는 법을 알려 준다. 자연법은 신들이 만든 것으로서 인간인 통치자가 변경할 수 없다. 만민법과 자연법이 일치한다는 생각은 한편으로는 철학적이고 추상적인 개념에 특수성과 내용을 부여했으며, 다른 한편으로는 현존하는 법적 관행의 공정성과 보편성을 높여 주었다.

---

2) 〔옮긴이주〕이 용어는 *dikaion physicon*이며, 직역하면 자연적 정의(正義) 라는 의미이다. 아리스토텔레스도 이 용어를 사용했는데 그는 《니코마코스 윤리학》: 1134b18에서 "자연적 정의는 사람들의 승인 여부와 관계없이 어디 서나 동일한 힘을 지닌다"고 말함으로써 이후 전개될 자연법 사상을 예견한 다. 이 용어 및 스토아학파의 자연법 사상에 관한 최근의 논의로서 대표적 인 것은 M. Schofield (1999), "Social and Political Thought" in K. Algra and Others (eds.), *The Cambridge History of Hellenistic Philosophy*, Cambridge: Cambridge University Press: 760~768면 참조.

3) Cicero, *De Re Publica*, III. xxii. 33; 그리고 *De Legibus*, I. vi. 18~19 참조. 또한 키케로에 대한 탁월한 개관은 Watson (1971), in Long 참조.

4) *De Re Publica*, III. xxi. 33. "진정한 법은 자연에 따르는 올바른 이성이다. 그것은 보편적으로 적용되며, 불변하며, 영원히 유지된다." *De Legibus*, I. vii. 23. "공통적으로 이성을 지닌 사람들은 또한 공통적으로 올바른 이성도 지닌다. 그리고 올바른 이성이 곧 법이기 때문에 우리는 인간이 신들과 더불어 공통적으로 법을 지닌다고 믿어야만 한다." 올바른 이성에 관한 간략한 논의는 Frankena (1983) 및 Bärthlein (1965) 참조. 이 중 후자가 다소 상세하다.

자연법의 개념은 기독교 사상이 인간 행위의 인도자로 발전하면서 매우 중요한 위치를 차지하게 되었다. 바울로(St. Paul)는 이 둘이 결합할 수 있는 근거를 제공했는데, 가장 큰 영향을 미쳤고 무척 자주 인용되는, 《신약성서》 중 〈로마인들에게 보낸 편지〉 2장 14절과 15절에서 그는 다음과 같이 말한다.

이방인들에게는 율법이 없습니다. 그러나 그들이 본성에 따라서 율법이 명하는 것을 실행한다면 비록 율법이 없을지라도 그들 자신이 율법의 구실을 합니다. 그들의 마음속에는 율법이 새겨져 있고 … 그들의 양심이 증인이 되고 그들의 이성이 서로 고발도 하고 변호도 할 것입니다.

기독교 교회가 초기의 박해와 은둔의 시기를 넘긴 후 커다란 부와 권력, 복잡다단함과 책임까지 겸비한 조직이 되자 교회는 내적 규율을 강화하지 않을 수 없었다. 교회의 법학자들은 우선 로마 시민법[5] 학자들의 선례와 관행에 주목했으며, 몇 세기 후에는, 직접적이고 일관된 감독을 받지 않고 계속 성장한 교회의 법적 조치와 절차들을 그 법들과 마찬가지로 체계적으로 정리해 성문화할 필요성을 느꼈다. 교회법을 제정하려는 시도가 몇 차례 이루어진 후, 1140년경 볼로냐(Bologna) 출신의 수사 그라티아누스(Gratianus)가 이전의 성과를 종합해 결정적인 《교령집》(*Decretals*)을 마침내 완성했다. 이

---

5) 〔옮긴이주〕 시민법은 만민법에 대응되는 것으로서 오직 로마 시민권을 소유한 사람에게만 적용되는 법이었다. 처음 로마가 작은 도시국가로 출발했을 때부터 이어진 관습과 관행을 바탕으로 규정된 가족법, 신분법 등이 주요 내용을 차지한다.

는 그 후 수 세기 동안 계속 권위를 유지했다〔단테(Dante)는 그라티아누스의 자리를 천국에 배정했다6)〕. 이를 통해 자연법을 《성서》에 등장하는 명령 그리고 모든 사람에게 공통적으로 적용되는 법, 즉 모든 사람들이 타고난 천성에 따라 인정하게 되는 모든 법과 동일시하는 결정적인 계기가 마련되었다. 7)

2. 아퀴나스의 자연법 도덕

아퀴나스는 이렇게 혼란스러운 유산에 철학적이고 기독교적인 질서를 명확하게 부여했다. 《신학대전》(*Summa Theologica*)에서 그는 계층을 이룬 채 서로 다른 많은 종류의 피조물로 가득 차 있는 세계를 전제하고, 이 안에서 법이 차지하는 위치를 설명한다. 신은 모든 것이 함께 조화를 이룰 수 있도록 창조했으며, 이런 목적이 완수되도록 보장해 주는 자신의 영원한 법에 따라 창조를 조절했다. 따라서 어떤 것도 신의 의지와 무관하게 또는 그의 의지에 거슬러 발생할 수 없다(*ST* I. 22. 2, 3; I. 103. 3, 4, 7, 8). 아퀴나스에 따르면 신은 세계의 최고 지배자로서 하위의 지배자들에게 명령을 내리므로 그들의 계

---

6)〔옮긴이주〕단테는 널리 알려진 《신곡》(*La Divina Commedia*)의 〈천국편〉 제 10곡에서 시민법과 교회법 사이의 조화를 이룬 업적으로 천국에 올라 있는 그라티아누스의 모습을 묘사한다.

7) 바울로의 말에 대한 복잡한 해석과 관련해서는 Martens(1994) 참조. 그라티아누스에 관해서는 Welzel(1962); Haggenmacher(1983): 324~325면과 470~475면; Berman(1983): 143~151면; Kelley(1990): 118~120면참조.

획은 모두 신으로부터 나왔음에 틀림없다(Ia. IIae. 93. 3 A). 또한 신은 그 자체로 최고선이므로 모든 존재를 선하게 창조했고 각각의 방식으로 선을 추구하도록 창조했다. 서로 다른 종류의 존재가 적절한 방식으로 작용하도록 규정하는 것이 바로 법인데, 이 법은 신이 정한 목적 또는 목표를 실현하도록 만드는 본성과 더불어 신이 여러 존재에게 명령한 것이다.

아퀴나스는 법을 "공동체를 보살피는 사람들이 선포한, 공통의 선을 위한 이성의 규정"(Ia. IIae. 90. 4 R)이라고 정의한다. 다른 모든 피조물과 마찬가지로 우리 인간도 무엇이든 우리가 좋다고 생각하는 바를 추구하도록 이끌린다. 하지만 우리는, 천사와 유사하게 그리고 하위의 존재와는 다르게, 우리 자신의 목적과 이 목적에 도달하기 위해서는 무엇을 해야 하는지를 알려 주는 법을 인식할 수 있다. 우리의 법은 신의 영원한 법이 우리 안에 낳은 결과이며, 우리의 목적은 관조를 통한 신과의 합일이다(Ia. IIae. 3. 7, 8).[8] 오직 이에 도달한 이론적 지성을 통해서만 우리가 필연적으로 추구하는 행복을 얻을 수 있다. 왜냐하면 오직 이것만이 우리 본성이 지닌 최고의 잠재성을 완전히 실현하는 일이며, 따라서 우리의 욕구를 만족시키기 때문이다. 완벽한 행복을 얻기 위해서 우리는 신이 자유롭게 부여한 은총을 필요로 하는데, 이는 오직 내세에서만 바랄 수 있는 일이다. 하지만 우리는 현세에서도 올바른 의지에 도달하려고 시도할 수 있는데, 이는 또한 현세의 행복에 반드시 필요한 것이기도 하다(Ia. IIae. 4. 4). 설령 도덕적 행위만을 통해서는 구원에 도달할 수 없

---

8) 이 주제에 관한 권위 있는 연구는 Kirk(1932) 참조.

다 할지라도 도덕은 여전히 구원에 이르는 데 매우 중요한 역할을 한다(Ia. IIae. 100. 12, 106. 2).

도덕적 덕들은 우리를 진정한 선에서 멀어지도록 만드는 성향을 지닌 정념과 욕구들을 조절할 수 있게 하는 일종의 습관이라고 아퀴나스는 주장한다. 습관은 실천과 관련되므로 이런 덕들은 실천이성의 원리에 의해서 인도되어야만 하는데, 선과 관련되는 이성의 원리들이 곧 자연법이다. 사실 우리는 아리스토텔레스처럼 덕이 중용을 포함한다고 말해야 할지도 모른다. 왜냐하면 부족함이나 과도함 때문에 이성이 요구하는 바에서 벗어난다면 우리는 악에 빠지기 때문이다(Ia. IIae. 61. 4, 63. 2, 64. 1). 하지만 아퀴나스는 덕의 법칙들은 실천적 추론을 통해서 형성되고 사용될 수 있다고 주장함으로써 아리스토텔레스와 의견을 달리한다. 모든 덕에 관한 신의 명령을 포함하므로 우리가 필요로 할 때마다 이성적인 인도자 역할을 하는 법칙들이 있다(Ia. IIae. 65. 3; Ia. IIae. 94. 3 참조). 아퀴나스는 덕을 갖춘 행위자가 우리의 마지막 인도자라는 아리스토텔레스적인 통찰에 호소하지 않는다. 아퀴나스에게 덕은 기본적으로 법을 준수하려는 습관이다.

"의지는 선한 쪽에 있는 것이 아니면 아무것에도 따르려 하지 않기" 때문에 아퀴나스가 볼 때 의지는 필연적으로 지성이 선하다고 판단하는 것에 의해서 인도된다(I. 82. 2R1; Ia. IIae. 8. 1). 이론에서와 마찬가지로 실천에서도 인식의 제일원리는 자명해야만 한다. 실천이성을 지배하는 가장 기본적이고 자명한 원리는 "선은 행하고 증진해야 하며, 악은 피해야 한다"는 것이다. 이는 선과 악의 본성을 매우 일반적으로 보여 주는 것으로서 단지 도덕적 선과 악에만 한정되는 언급이 아니다. 이는 또한 모든 것 안에 포함된 본성적인 성향을 보여 주며, 전적으로 실제 행위 외부에서 작용하는 일종의 명령 수준에 그치지 않는다. 따라서 우리 인간과 같이 복잡한 본성을 지닌 존재에게는 하나 이상의 많은 법칙이 존재한다. 우리는 법칙이 우리 본성이 지닌 다양한 특성들에 대해 기본적인 신의 명령으로 적용된다는 사실을 안다. 그리고 우리는 본성적으로 우리 자신을 보존하고, 자녀를 낳아 인류의 수를 늘리고, 신에 대해 알고 싶어 하고, 사회를 이루어 살려 한다. 우리는 이런 본성적 성향에 어떻게 대응해야 하는지를 선택할 수 있으며, 신의 명령은 우리가 이들 모두에서 선한 쪽으로 나갈 수 있는 길을 말해 준다(Ia. IIae. 94. 2). 따라서 신의 명령은 우리에게 우리 자신을 보존하고, 신을 숭배하고, 사교적인 태도로 행위하라고 말한다. 본성상 우리는 늘, 물론 다른 동기에 의해서 이끌리기도 하지만 최소한 어느 정도는, 자연법이 명하는 대로 행위하도록 이끌린다. 그리스도(Christ)는 법칙들을 요약해 무엇보다도 신을 사랑하고 네 이웃을 네 몸같이 사랑하라고 우리에게 말했다(〈마태오의 복음서〉 22장 37~39절). 아퀴나스가 자연법도 결국 그리스도의 말씀과 같은 것이라고 생각했음은 전혀 놀라운 일이 아니다. 자연법은 올바르게 사랑하는 방법을 우리에게 가르쳐 준다. 9)

  우리가 법들을 인식할 수 있는 까닭은 아퀴나스가 도덕적 직관(synteresis) 10)이라고 부른 능력이 우리 양심의 한 부분에 본성으로

---

9) 기본적인 법칙과 그것의 적용에 관한 유익한 논의는 Kenny(1969)에 실린 Donagan과 Grisez의 논문 참조. 또한, 이후 더욱 세련된 Grisez의 견해에 관해서는 Grisez, Boyle & Finnis(1987) 참조.

들어 있기 때문이다(Ia. IIae. 94. 1R2; I. 79. 12). 11) 하지만 모든 사람이 가장 기본적인 법을 어느 정도 파악한다 할지라도, 그들 모두가 이 법에 뒤따라 나오는 내용까지 누구의 도움도 없이 완벽하게 이해할 수는 없다. 아퀴나스의 말대로 "진리는 모든 사람에게 동일하다. 하지만 그것이 모든 사람에게 똑같이 인식되지는 않는다"(Ia. IIae. 94. 4, 93. 5). 그 이유는 두 가지이다. 첫째, 우리가 아담(Adam)에게서 물려받은 원죄의 본성 때문이다. "이미 죄에 길들여진" 인간의 이성은 원리를 알면서도 여전히 개별적인 경우에 적절한 판단을 내리지 못하기도 한다(Ia. IIae. 99. 2; 94. 6 참조). 둘째, 자연법으로부터 도출된 몇몇 결론이 주변 상황과 관련해서 너무 많은 것을 고려하게 하는데 "모든 사람들이 주의 깊게 이런 일을 하기는 어렵고 오직 현명한 사람만이 그렇게 할 수 있기 때문이다"(Ia. IIae. 100. 1).

자연법에 위배되는 인간의 어떤 법도 진정한 법으로 여겨질 수 없다 하더라도 인간들 스스로 법을 만들 수는 있다(Ia. IIae. 95. 2). 하지만 우리는 우리 스스로 법을 만들 수 있다는 생각을 지나치게 확장해서는 안 된다. 특히 우리는 〈로마인들에게 보낸 편지〉 2장 14~15절에 등장하는 바울로의 언급을 오해해서는 안 된다. 이는 우리가

---

10) 〔옮긴이주〕 아퀴나스의 용어 *synteresis*를 '도덕적 직관'으로 번역했다. 저자가 밝힌 인용출처에서 아퀴나스는 *synteresis*를 '인간 행위의 보편적인 제일 원리를 직관적으로 파악하는, 실천이성의 타고난 능력'으로 정의한다. '도덕적 직관'이라는 번역어는 너무 일반적이라는 인상을 주기도 하지만 아퀴나스의 정의를 가장 잘 표현한다고 여겨져 이를 번역어로 선택했다.

11) "*synteresis*"라는 전문 용어는 "*synderesis*"로 표기되기도 한다. 이 용어의 내력과 초기에 사용된 "*syneidesis*"라는 용어에 관한 개관은 d'Arcy(1961) : 1~100면. 또한 Greene(1991) 참조.

우리 자신을 다스릴 수 있다는 말이 결코 아니다. 이에 관해 아퀴나스는 "제대로 말하자면 어느 누구도 자기 자신의 행위에 법을 부과할 수 없다"고(Ia. IIae. 93. 5) 말한다. 아무리 불완전하다 할지라도 우리는 자연법을 의식함으로써 신의 영원한 법에 관여한다. 하지만 바울로가 의미한 바는 "다스리는 자로서뿐만 아니라 … 다스림을 받는 자로서의" 우리 안에 법이 있다는 점이다(Ia. IIae. 90. 3). 우리가 영원한 법에 관여한다는 사실은 우리가 자기규율적이 아님을 보여 준다. 우리는 다른 어떤 존재의 규율을 받는다.

아퀴나스가 자연법과 관련지으려 하는 바는 사랑하라는 명령이 추가된 십계명이다. 그는 십계명이 《성서》에 등장하기 때문에 결코 논쟁의 대상이 될 수 없다는 견해를 보인다. 나머지는 모두 논쟁거리가 될 수 있으며, 실제로 많은 것들이 그렇게 되어 왔다. 그를 비판한 중세 인물들도 세계의 구성원들 각자와 모두에게 선을 명령함으로써 조화로운 세계를 구성하는 자연법이 존재한다는 점에는 동의했다. 그러나 의지 및 의지와 선 사이의 관계에 대한 그들의 견해는 아퀴나스와 근본적으로 달랐다.

3. 주의주의에서 의지와 선

앞의 제1장 3절에서 지적했던, 오늘날 주지주의자와 주의주의자로 불리는 학자들 간의 신학적 입장 차이는 아퀴나스의 견해에 대한 의견 차이에서 시작되었다. 12) 서로 입장이 다른 논점 중 하나는 개인적 선택의 심리학과 관련된다. 아퀴나스의 비판자들은 그가 죄의 책임을 설명하는 데서 문제점을 드러낸다고 생각한다. 주지주의자의 견해는 우리가 오직 무엇이 선인지를 인식하지 못할 경우에만 그르게 행위할 수 있다는 점을 함축하는 듯하다. 그러나 과연 우리의 무지는 비난받아야 하는가?

아퀴나스 이전에 안셀무스(Anselmus, 1033~1109)도 이 주제에 관해 논의했는데, 그는 죄를 악마가 타락하여 일으키는 일로 보았다. 하지만 신은 악마가 저지른 죄의 책임을 어떻게 면할 수 있는가? 악마의 의지가 오직 자신이 인식한 최고선에 따라 이끌린다고 가정해 보자. 이 경우 만일 악마가 복종을 최고선이라고 인식한다면 그는 타락하지 않았다. 만일 악마가 최고선을 인식하지 못했다면 누가 비난받아야 하는가? 만일 악마가 무지가 지식보다 덜 선하다는 점을 몰랐다면 그는 무지를 선택할 수조차 없었다. 타락은 결국 신의 책임으로 남지 않는가?[13] 안셀무스는 그렇지 않다고 생각했다. 그리고 그의 견해는 루시퍼(Lucifer)[14]의 죄에 관해 독창적인 주장을 펼쳤던 둔스 스코투스(Duns Scotus, 1266~1308)의 출발점이 되었다.

---

12) 주의주의에 관해서는 de Muralt(1978); Oakley(1984); Ilting(1983): 62~65면; Haggenmacher(1983): 475~482면 참조. Kent(1995)는 둔스 스코투스가 제시한 도덕심리학의 근거와 그의 저술을 둘러싼 아퀴나스 이후의 논쟁들을 중요하게 다루었다. 하지만 이 책에서 주의주의에 관한 장은 나의 논의가 중심적으로 다룬 것과는 다른 주제들에 초점을 맞추고 있다.

13) Anselm(1976), *De Casu Diaboli*, in Hopkins and Richard: 2. 이에 관한 논의는 Normore(1994)와 Boler(1993) 참조.

14) 〔옮긴이주〕 그리스 신화에서는 Phosphoros로 표현되며, '횃불을 든 남자'라는 의미를 지니는데 이것이 확대되어 새벽의 전령 또는 새벽에 뜨는 금성을 의미했다. Lucifer는 Phosphoros의 라틴어 번역이며, 특히 기독교에서는 타락하기 전 사탄의 이름으로 사용된다.

둔스 스코투스는 루시퍼의 타락이 자기 자신의 행복을 향한 과도한 욕구 때문이라고 생각했다. 루시퍼는 자신이 사랑하는, 또는 잘 되기를 바라는 누군가의 선을 부적절하고 과도하게 욕구했다.[15] 루시퍼가 과도하게 욕구했던 대상이 신일 수는 없다. 왜냐하면 신은 그 자체로 이미 사랑받는 존재여서 과도하게 사랑받는 것이 불가능하기 때문이다. 또한 루시퍼가 다른 누군가의 선을 추구하지도 않았을 듯하다. 그렇다면 그가 과도하게 사랑한 것은 바로 자기 자신이었음에 틀림없다. 어떻게 이런 일이 가능한가? 의지는 본성적으로 유익한 것을 추구하는데, 오직 이런 측면에서만 보면 의지는 가능한 한 가장 크게 유익한 것을 추구한다. 이는 우리가 오직 선하다고 여겨지는 바만을 욕구하고 원하며, 그것이 선한 정도에 비례해서 우리의 욕구도 커진다는 아퀴나스의 견해와 매우 유사하다.

하지만 둔스 스코투스는 의지의 또 다른 측면이 있다고 생각한다. 의지는 유용하거나 쾌락을 주는 것뿐만 아니라 정의로운 것도 추구할 수 있다. 그리고 정의는 우리가 유용하고 즐거운 것을 적절하게 추구하는 범위를 제한한다. 유용한 것도 항상 선하기는 하지만 이를 어떤 특정한 시간에 소유하거나 특정한 방법으로 이를 획득하는 일은 선하지 않을 수도 있다. 예를 들면 우리는 우리가 아직 누릴 자격이 없는 것을 추구해서는 안 된다. 그렇다면 루시퍼의 죄는 무지 때문이 아니었다. 그것은 자신이 추구해서는 안 된다는 사실을 잘 알

---

15) 둔스 스코투스는 이를 두 가지 사랑이 서로 다른 두 나라를 창조한다는, 즉 적절한 사랑은 신의 나라를, 과도한 사랑은 지상의 나라를 창조한다는 아우구스티누스(St. Augustine)의 견해와 연결한다. 둔스 스코투스에 대한 인용 표시는 Wolter의 편집본에 따랐다.

면서도 어떤 선을, 즉 자신이 추구할 필요가 없는 선을 의도적으로 추구한 행위이다. 그는 그렇게 하지 않고 자신이 정당하게 획득해도 좋은 선을 자유롭게 추구할 수도 있었다(463~465면).

둔스 스코투스는 다음과 같이 말한다. "유익한 것은 좋아하지만 정의로운 것은 좋아하지 않는" 천사가 있다고 상상해 보자. 이 천사는 자유롭지 않을 것이다. 그는 다른 모든 것에 앞서 유익한 것을 탐내지 않을 수 없다. "하지만 그렇게 한다고 해서 천사가 죄를 짓지는 않는다. 왜냐하면 욕구는 ⋯ 인식 능력을 통해서 천사가 파악하는 바에 따르는 지성과 필연적으로 연결되기 때문이다."(469면) 천사가 유익한 것뿐만 아니라 정의로운 것도 좋아할 경우에만 우리는 천사가 의지의 자유를 지니며 유익한 것에 대한 욕구를 어떻게 제한해야 하는지를 안다고 생각할 수 있다. 그리고 이 경우에만 죄를 천사의 탓으로 돌릴 수 있을 것이다. 둔스 스코투스는 이런 예를 통해 도덕에 관한 자신의 생각을 명확히 드러낸다.

> 만일 어떤 존재가 오직 욕구 능력만 지닌다면 ⋯ 〔그 존재는〕 죄를 범할 수 없을 것이다. ⋯ 왜냐하면 그는 지성이 보여 주는 것 이외의 다른 어떤 것을 추구하는 데는 전혀 무력하기 때문이다. ⋯ 하지만 이와 동일한 능력을 지닌 존재가 자유로워졌다면 ⋯ 그래서 욕구 능력을 조절할 수 있다는 사실로부터 ⋯ 자신의 의지작용 자체도 조절할 수 있게 된다면 ⋯ 그는 더욱 상위의 의지로부터 부여받은 규칙과 정의에 따라 그렇게 행하도록 제한될 것이다. ⋯ 자유로운 의지는 모든 방법을 동원해 행복만을 추구하도록 제한되지 않는다(471면).

따라서 둔스 스코투스는 의지가 두 가지 능력을, 즉 "정의에의 욕구와 유익한 것에의 욕구를" 지녔다고 보는 반면 아퀴나스는 오직 후자만이 의지에 속한다고 본다. 둔스 스코투스가 아퀴나스와 입장을 달리하는 또 다른 중요한 측면 또한 의지가 선의 추구에 얽매이지 않는다는 점을 포함한다. 여기서 문제는 신의 의지와 관련된다.

앞에서 지적했듯이 아퀴나스는 자연법의 제일원리가 이성적이라고 주장했으며, 올바른 이성은 제일원리를 우리에게 드러내면서 우리 자신의 의지뿐만 아니라 신의 의지도 적절하게 규율하는 원리를 보여 준다는 키케로의 견해에 동의했다. 16) 따라서 아퀴나스에게는 "〔십계명에서〕 명령된 바가 단지 명령되었기 때문에 선한 것이 아니라, 그 자체로 선하기 때문에 명령된 셈이 된다"(273면).

하지만 둔스 스코투스의 관점에서 의지는 지성보다 상위에 속하며 지성이 보일 수 있는 바에 얽매이지 않는다. 그는 이런 견해를 지지하기 위해 《성서》에 등장하는 언급에 호소한다. 그리스도는 "하느님께서는 무슨 일이나 다 하실 수 있다"고(〈마르코의 복음서〉10장 27절) 말씀하셨다. 따라서 신은 무엇이든 원할 수 있는 듯이 보인다. 둔스 스코투스는 신의 의지에는 오직 하나의 제한만이 가해질 수 있다고 생각한다. 신이라 할지라도 오직 자신의 본성에 반하는 것만은 원할 수 없다. 따라서 자연법은 만일 신이 거부할 경우 스스로 자신의 본성을 부정하는 자기모순으로 이어지는, 그런 것만을 요구할 수 있다.

둔스 스코투스는 이로부터 십계명 중 처음 두 명령이17) 진정한 자

---

16) 예를 들면 *ST*, Ia. IIae. 93. 1. 참조. 나는 아퀴나스의 이론에서 인간의 의지와 신의 의지가 분리된다는 생각 때문에 제기되는 여러 복잡한 문제들을 여기서 상세히 다루지는 않겠다.

연법이라는 사실이 도출된다고 생각했다. 이 둘은 만일 신이 현존한다면 오직 그만이 신으로서 사랑받아야 한다는 필연적인 진리로부터 엄밀하게 도출된다. 따라서 신은 이와 반대되는 것은 결코 원할 수 없다(277면). 18) 하지만 두 번째 유형에 속하는 명령들은 — 즉 사람들 사이의 관계를 다루는 것들은 — 어떤 필연적 진리로부터도 이런 방식으로 도출되지 않는다. 둔스 스코투스는 이들이 엄격한 자연법과 "충분히 조화를 이룬다"는 점과 이런 도출과정에서 이들 자체도 자연법으로 여겨질 수 있다는 점을 인정한다(279면).

두 번째 유형의 명령들과 첫 번째 유형의 자연법이 서로 조화를 이루는 까닭은 신의 완벽한 사랑이 질서를 부여해 서로 충돌하지 않기 때문이다. 이는 또한 우리가 다른 사람들이 잘되기를 바라도록, 즉 우리처럼 다른 사람들도 신을 사랑하기를 바라도록 만든다. 그렇다면 두 번째 유형에 속하는 것들은 우리가 이런 사랑을 표현하는 방법을 명령한다. 하지만 둔스 스코투스는 처음의 두 명령도 신을 사랑

---

17) 〔옮긴이주〕 처음 두 명령은 "너희는 내 앞에서 다른 신을 모시지 못한다"와 "너희는 위로 하늘에 있는 것이나 아래로 땅 위에 있는 것이나, 땅 아래 물 속에 있는 어떤 것이든지 그 모양을 본떠 새긴 우상을 섬기지 못한다"이다. 〈출애굽기〉, 20장 3~4절 및 〈신명기〉, 5장 7~8절 참조.

18) 안식일에 관한 명령은 둔스 스코투스를 혼란에 빠뜨린다. 그는 우리가 신을 숭배함으로써 그에 대한 사랑을 표현해야 한다는 사실은 처음의 두 명령으로부터 엄밀하게 도출된다고 생각한다. 하지만 이런 숭배가 한 주 중 특정한 날에 이루어져야 함은 도출되지 않는다. 우리가 반드시 정해진 어떤 시간에 어떤 일을 해야만 하며, 다른 어떤 시간에 그렇게 해서는 안 된다는 요구를 어떻게 받아들일 수 있는가? 따라서 만일 세 번째 명령, 즉 '너희는 너희 하느님의 이름 야훼를 함부로 부르지 못한다'가 엄밀하게 신의 본성으로부터 도출되지 않는다면 — 일반적으로 받아들여지는 구분과는 반대로 — 안식일에 관한 네 번째 명령 또한 두 번째 유형에 속해야 한다(279면).

하라는 적극적인 요구를 부과하지는 않는다고 주장한다. 이들은 우리에게 단지 신을 미워하지 말 것을 요구할 뿐이다. 그리고 우리는 우리 이웃들을 계속 사랑하지 않으면서도 신을 미워하지 않을 수 있다. 더욱이 내가 설령 이웃들이 신을 사랑하기를 바란다는 의미에서 그들을 사랑한다 할지라도, 이로부터 그들의 생명과 육체적 건강의 유지를 바라야만 한다는 점이 엄밀하게 도출되지는 않는다. 따라서 신은 우리가 살인하지 않으며, 간음하지 않기를 굳이 원할 필요가 없었지만 실제로는 그런 명령을 내렸다(283~285면).

그렇다면 신은 지금과는 달리 명령할 수도 있었는가? 살인과 간음을 옳은 일로 만들 수도 있었는가? 둔스 스코투스는 절대적 능력(absolute power)과 질서 지어진 또는 규정된 능력(ordered or ordained power)을 구별함으로써 이 질문에 답한다. 후자는 정의로운 법에 따르는 능력이다. 반면 전자는 이런 법에 거슬러 행위할 수 있는 능력이다. 만일 유한한 존재가 절대적 능력을 발휘해 법을 어긴다면 그는 질서를 파괴하는 방식으로 행위하게 된다. 따라서 우리가 신의 법을 어기는 한 우리는 항상 질서를 파괴하게 된다.

하지만 법과 그것의 엄정함이 행위자의 능력 안에 있어서 그 법이 오직 제정되었다는 이유만으로 옳을 경우, 그런 행위자는 지금의 옳은 법이 명령하는 바와는 다른 질서를 사물에 자유롭게 부여할 수 있으며 그러면서도 여전히 질서에 맞게 행위할 수 있다. 왜냐하면 그는 자신이 질서 있다고 생각하는 바에 따라 지금과는 다른, 옳고 정의로운 법을 제정할 수 있기 때문이다(257면).

신이 스스로 제정한 법에 따라 행위할 때 그는 자신의 질서 지어진 능력을 발휘한다. 하지만 신은 "자기모순만 아니면 무엇이든 행할 수 있는, 즉 모순을 포함하지 않는 어떤 방식으로도 행위할 수 있는 (신이 이렇게 행위할 수 있는 방식은 수없이 많은데)" 자신의 절대적 능력을 사용할 수도 있다(257면). 따라서 신은 절대적 능력을 통해 두 번째 유형의 명령과 관련해서 얼마든지 지금과는 다른 법을 제정할 수도 있다. 하지만 신은 자신의 질서 지어진 능력에 따르는 한 그렇게 하기를 원하지 않는다.

둔스 스코투스는 인간의 도덕에 기본이 되는 자연법이 존재한다는 사실을 인정한다. 더욱이 그는 인간들이 함께 살아가는 공동체의 이익을 위해 신이 그런 법을 원한다고 생각한다(253면).[19] 하지만 그의 견해에 따르면 이른바 법들 대부분은 예의라는 차원에 포함되는 것들이다. 오직 신에 대한 숭배와 관련되는 법만이 무언가가 그 자체로 선하기 때문에 그것을 명령한다. 다른 법들은 그것을 명령함으로써 무언가 선한 결과를 만든다. 이 명령들은 그것이 명령되었다는 사실, 혹은 이를 따름으로써 초래되는 결과로 인해 선하다. 이들이 선한 것은 다른 어떤 기초가 선재(先在)하기 때문이 아니다. 따라서 우리가 특정한 행위의 본성에 대해 알 수 있다고 해도 그로부터 우리가 어떻게 행위해야 하는지는 아무것도 추론할 수 없다. 오캄(William of Ockham, 1285~1349 경)은 이런 견해로부터 더욱 극단적인 결론에 도달했다.[20] 그는 신이 자신을 사랑하지 말라는 명령

---

19) 둔스 스코투스에 따르면(291~293면), 신은 일부일처제보다 중혼(重婚)이 더 큰 이익을 주는 상황에서는 중혼을 명령할 수도 있었다.
20) 신의 전능함에 관한 오캄의 견해를 상세히 분석한 시도와 몇몇 그 이전 중세 철학자와의 관련성에 대해서는 M. Adams(1987), 2, 28장 참조. [이하

을 내릴 수 있다고 주장한다. 설령 신이 자신을 증오하라고 명령했다 할지라도 신은 자기모순을 범하지 않으며, 이 경우 신을 증오하는 것이 곧 덕이 된다.21) 어떤 신성한 법의 내용도 왜 그것이 법인지를 설명하거나 정당화해 주지 않는다. 절대적 능력을 발휘하는 신은 자신이 명령하는 바와는 무관하다. 오직 신의 질서 지어진 능력만이 이미 확립된 법에 의해서 제한될 뿐이다.

둔스 스코투스와 오캄은 오직 자신들의 견해만이 신의 몇몇 특정한 행위를 제대로 설명할 수 있다고 주장했다. 신은 실제로 십계명의 모든 조항들을 명령했고, 또 유대인들에게 적용되는 다른 많은 법을 추가했다. 하지만 신은 또한 아브라함에게 아들을 죽이라고, 유대인들에게 이집트 사람들의 물건을 훔치라고, 호세아(Hosea)에게 음란한 여자와 결혼하라고 명령했다.22) 어떻게 신은 자신의 법에 어긋나는 행위를 명령할 수 있었는가? 우리는 죄를 저지르라는 명령도 내릴 수 있는 신의 능력을 어떻게 설명해야 하는가?《성서》에 분명히 이와 같은 내용이 기록되어 있으므로 이런 질문이 등장하

옮긴이의 첨가〕더욱 극단적인 주의주의를 선택한 오캄의 견해 및 둔스 스코투스와의 비교는 R. L. 애링턴, 《서양 윤리학사》, 김성호 옮김 (서울: 서광사, 2003) : 252~254면 참조.

21) 이는 그 후로도 오랫동안 문제시되었다. 〔만년의 데카르트와 대화를 나누었던〕버만(Burman)은 데카르트에게 만일 신이 "피조물에게 자신을 증오하라고 명령할 수 있다면, 그래서 그렇게 하는 것이 선한 일이 된다면" 어떻게 되겠는가 물었다. 이에 데카르트는 신이 현재 그렇게 할 수는 없다 할지라도 왜 신이 이전에, 어쩌면 우리가 신을 사랑하기를 원하기 전에 그렇게 할 수 없었는지 우리는 그 이유를 알 수 없다고 답했다(*Writings* III. 343).

22) 〔옮긴이주〕신이 이런 명령을 내린 예는 각각 《성서》의 〈창세기〉 22장 1절~12절, 〈이사야〉 19장, 〈호세아〉 1장에 등장한다.

지 않을 수 없었다. 주의주의자들은 신의 절대적 능력이 신의 법에 위배될 수도 있는 특정한 행위의 본성을 변화시킨다고 말함으로써 이를 해결하려 했다. 반면 아퀴나스의 주지주의는 이를 허용하지 않기 때문에 이린 행위의 죄를 면제하는 신의 능력을 설명하기가 몹시 어렵게 된다.

둔스 스코투스를 주의주의 입장으로 이끈 가장 기본적인 동기는 신의 전능함을 유지하려는 욕구였다. 만일 십계명의 모든 조항들이 "문자 그대로 참인" 진정한 자연법이라면 이들은 "설령 이들을 원하는 어떤 의지작용도 없는, 불가능한 상황을 가정하더라도" 여전히 참이어야만 한다. 그렇다면 이는, 신의 의지도 이에 따라야만 하며 따르지 않을 경우 그르게 되는, 즉 신의 의지를 제한하는 결과를 낳는데 둔스 스코투스는 이런 제한을 거부한다. 더욱이 주지주의자의 견해에 따르면 우리는 신의 의지가 "자기 자신이 아닌 다른 것들을 원할 경우에는 절대적인 의미에서 반드시 결정된다"고 말해야 한다. 하지만 둔스 스코투스는 자신이 신의 의지가 "우연적인 경우를 제외하고는 자신 외의 어떤 것도 향하지 않는다"는 점을 보였다고 굳게 믿는다(275면). 신의 전능함은 확보되었지만, 인간들 사이의 도덕적 관계를 규정하는 신의 명령이 신의 임의적인 의지의 결과라는 부담을 안게 되었다. 루터와 칼뱅은 이런 부담에 개의치 않는다. 이후의 사상가들도 도덕적 신학에서 주의주의에 결정적 지위를 부여했기 때문에 주의주의는 계속 논의하지 않을 수 없는 주제가 되었다.

4. 루터의 두 왕국

루터(Martin Luther, 1483~1546)는 로마 가톨릭교회가 기독교인의 삶과 예배를 전적으로 지배하는 상황을 깨뜨렸다. 기독교 교리에 대한 그의 해석 또한 상당히 반가톨릭적이었다. 그 자신은 단지 오류를 제거하고 《성서》와 초기 교부들, 특히 아우구스티누스의 가르침으로 돌아가려 할 뿐이라고 말했다. 하지만 자신의 견해에 따라 낡은 전통에 제재를 가해야 한다고 생각한 급진적 인물이 오직 루터뿐만은 아니었다.

법과 복음서의 차이 그리고 법과 복음서 간의 관계는 루터의 주장에서 결정적인 위치를 차지한다. 법의 범주는 상당히 넓다. 법은 통치자의 실정법, 유대인에게 부과된 모세의 율법 그리고 자연법을 모두 포함한다. 이들 중 오직 자연법만이 모든 인간에게 적용된다. 자연법에 대한 약간의 지식은 심지어 신앙심이 없는 사람에게도 있다. 현명한 이방인들은 이런 지식을 지녔으며, 아리스토텔레스와 키케로를 탐구함으로써도 자연법을 배울 수 있다.[23] 루터는 이성이 우리에게 법에 대한 지식을 제공한다는 점을 인정한다. 하지만 또한 그는, 아퀴나스보다 더욱 강하게, 죄의 결과로 우리의 추론 능력이 약화되었음을, 따라서 모세의 십계나 그리스도의 가르침 등을 통해서 법을 다시 선포하는 신의 중요성이 부각됨을 강조한다.[24] 이런 주장

---

23) Cranz(1959)：104~111면.

24) 〈갈라디아인들에게 보낸 편지〉 2장 14절의 이해에 관해서는 *Commentary on Galatians*, in *Works*, ed. Pelikan and Lehman, 26. 117 참조. 다른 언급이 없는 한 루터의 저술은 Dillenberger가 편집한 *Selections*에서 인용했

들에서는 루터가 고전적인 자연법 이론에서 벗어나려는 흔적이 조금도 보이지 않는다. 오히려 루터의 새로운 점은 우리의 삶에서 법이 수행하는 역할, 또는 그 자신의 표현에 따르면, 법의 용도에 관한 그의 견해이다. 여기서도 우리는 복음서의 중요한 역할을 발견한다.

루터에 따르면 법의 첫 번째 용도는 오직 "사악함을 억제하기 위함이다". 타락한 우리의 처지에서 대부분의 사람들은 "감옥, 검 그리고 교수형"의 두려움에 의해서 통제되지 않는다면 육욕에 사로잡혀 최악의 죄라도 얼마든지 저지를 수 있다(139면). 타락한 상태의 인간은 악마와 마찬가지로 "진정한 자기 자신으로부터 완전히 등을 돌린다". 인간은 세속적인 부와 권력을 끝없이 추구한다. 이런 길을 가로막는 모든 사람에게는 억누를 수 없는 분노와 광포함으로 반응할 뿐이다(192면). 따라서 강력한 강제를 부과하는 법이 없다면 우리는 결코 함께 살 수 없다. 하지만 신은 우리가 함께 살기를 바랐으며, 우리가 어떻게 함께 살 수 있는지를 보이고 인도하기 위해 우리에게 자연법을 부여했다.

핵심적인 부분이기도 한 법의 두 번째 용도는 우리가 모두 죄인임을 확인해 주는, 즉 "인간에게 자신의 죄와 맹목성, 비참함, 불경스러움, 무지, 신에 대한 증오와 경멸, 죽음, 지옥, 심판과 진노한 신의 처벌을 드러내 보이기" 위함이다. 자신이 처한 현재 상황을 모르

다. 〔이하 옮긴이의 첨가〕〈갈라디아인들에게 보낸 편지〉 2장 14절은 다음과 같다. "나는 그들의 행동이 복음의 진리에 맞지 않는 것을 보고 모든 사람들이 보는 앞에서 게파에게 이렇게 말했습니다. '유다인이면서 유다인같이 살지 않고 이방인같이 사는 당신이 어떻게 이방인들에게 유다인처럼 살라고 강요할 수 있겠습니까?'"

는 한 우리는 자만과 무례함으로 가득 차 있다(139~141면). 하지만 십계명에서 반복되었듯이 자연법은 "우리가 행해야 할 바를 제시하지만 그것을 행할 수 있는 능력을 우리에게 부여하지는 않는다. 십계명은 인간이 계명을 통해 선을 행할 수 없는 자신의 무능력을 인식하고, 이런 무능력에 실망하더라도 자기 자신을 알도록 가르치려는 목적을 지닌다"(57면).[25]

이런 강력한 언급에서 루터는 겉보기에 우리가 자연법이 요구하는 대로 행위할 수 없음을 말하려는 것이 아니다. 우리는 사실 우리의 행위를 통제할 수 있다. 하지만 우리는 자연법이 요구하는 바를 행하도록 우리를 이끄는 동기를 통제할 수는 없다. 루터는 다음과 같이 말한다. "신은 그저 무의식적이면서 지연법에 일치하는 행위를 원하지 않는다. 신은 그런 행위가 기꺼이 그리고 우리의 의지에 따라 행해지기를 원한다. 이런 행위를 행하는 가운데 기쁨이 없고 올바른 의지와 동기가 동반되지 않는다면 이들은 신이 볼 때 죽은 행위에 불과하다."[26] 행위만으로는 구원에 이르지 못한다. 오직 올바른 의지만이 우리를 구원한다. 그리고 오직 은총을 받은 자들만이 올바른 의지로 행위할 수 있다. 복음서가 전하는 복음은 우리가 영혼을 사랑에 향하게 하는 은총을 기대할 수 있다는 것이다.

---

25) 아퀴나스도 고대의 법 또는 모세의 율법이 이런 기능을 지닌다는 점에 동의한다. 하지만 그는 새로운 법은 은총의 법이라고 말한다. 새로운 법은 인간이 "여전히 자신을 고대의 법 아래에 둔" 이후에야 제대로 역할을 수행할 수 있을 것이다. 왜냐하면 이렇게 함으로써 인간은 "자신의 나약함을 깨닫고 은총이 필요하다는 사실을" 배우기 때문이다(ST Ia. IIae. 106. 3).

26) "Sermon on the Three Kings of Good Life", in Works 44. 240.

이미 은총을 받은 자들은 하나의 중요한 의미에서 자연법을 넘어선다. 루터에 따르면 "기독교인들은 마음속에 성령을 품고 있는데, 성령은 이들이 나쁜 행위를 누구에게도 하지 않도록 가르치며 이끈다". 기독교인들에게 선한 행위란 이론이 아니라 사랑, 즉 신앙이 그들에게 허용하는 사랑으로부터 생겨난다.[27] 은총 받은 자들이 신과 또한 이웃들과 어떤 관계를 유지해야 하는지에 대한 가르침은 바로 그리스도 안에서 발견된다. 루터는 자신의 이런 견해를 지지하기 위해 바울로(〈디모테오에게 보낸 첫째 편지〉 1장 9절)를 인용한다. "율법은 올바른 사람들이 아니라 올바르지 못한 사람들을 위해서 제정되었다."(368~369면) 은총 받은 자들은 기독교인의 자유를 누리는데, "기독교의 자유란 … 누구든지 올바른 사람은 율법과 의로운 행위가 필요 없도록 만들어 준다"(58~59면).[28]

---

27) Rupp(1953) : 227면에서 인용.

28) 여기서 다시 한 번 〈디모테오에게 보낸 첫째 편지〉 1장 9절이 인용된다. 츠빙글리(Zwingli) 또한 이와 같은 견해를 주장한다. "바울로가 〈디모테오에게 보낸 첫째 편지〉 1장 9절에서 말하듯이 율법은 사악한 사람들을 위해서 만들어졌다. … (신은) 우리에게 유용하며, 우리가 행복하게 다른 사람들과 더불어 잘사는 데 도움이 되는 바를 율법으로 명령한다. 그리고 신은 '너희는 도둑질 하지 못한다, 간음하지 못한다, …'라고 말한다. 하지만 우리가 '네 이웃을 네 자신과 같이 사랑하라'는 다른 계율을 지키기만 한다면 이런 모든 계율들은 우리에게 전혀 필요치 않다. 하지만 우리가 이 계율을 지키지 못하기 때문에 신은 다른 모든 계율들을 줄 수밖에 없었다." Zwingli (1523), vol. 2: Sermon, "Divine and Human Righteousness". 〈디모테오에게 보낸 첫째 편지〉 1장 9절을 루터식으로 해석하고 이에 호소하는 일은 종교개혁자들의 공통적인 태도였다. 알투시우스(Johannes Althusius)도 왜 자연법에 더해 통치자들이 제정한 "적절한 법률"이 필요한지를 설명하면서 다음과 같이 말한다. "두 번째 이유는 자연법이 사람들의 마음에 그리 완벽하게 새겨져 있지 않아서 사람들로 하여금 악을 피하고 선을 행하게 하는

아우구스티누스는 두 나라가, 즉 지상의 나라와 신의 나라가 있다고 가르쳤다. 전자는 세속적 물질에 가치를 두는, 그릇된 사랑에 잘못 사로잡힌 사람들로 이루어진 나라이며, 후자는 은총을 통해서 올바른 사랑을 지닌, 세속적 물질에는 단지 그것에 합당한 가치만을 부여하는 사람들로 이루어진 나라이다.[29] 루터는 아우구스티누스의 견해를 자신의 가장 중요한 이론 중 하나, 즉 두 세계 또는 왕국이 있다는 이론의 근거로 채택한다. 신 아래에 놓여 있는 두 왕국을 루터는 다음과 같이 묘사한다.

그리스도 아래 있는 성령을 통해 기독교인과 경건한 사람들을 만들어 내는 영적인 왕국과, 기독교인이 아닌 사악한 사람들을 통제해 설령 그들

데 충분히 효과적이지 않기 때문이다. … 따라서 덕에 대한 사랑이나 악덕에 대한 증오에 의해서 충분히 인도되지 않는 사람들을 처벌의 두려움을 통해서 통제하기 위해 적절한 법률이 존재할 필요가 있다. … 이런 의미에서 '법은 정의로운 사람들이 아니라 정의롭지 못한 사람들을 위해서 제정된다'고 말할 수 있다."(139~140면) 알투시우스는 칼뱅주의 정치 이론가로 1603년 자신의 주저를 출판했다. 〔이하 옮긴이의 첨가〕 여기서 논의되는 〈디모테오에게 보낸 첫째 편지〉 1장 9절과 10절은 다음과 같다. "여기서 알아두어야 할 것은 율법이 올바른 사람들을 위해서 제정된 것이 아니라는 것입니다. 하느님의 율법을 어기는 자와 순종하지 않는 자, 불경한 자와 하느님을 떠난 죄인, 신성을 모독하는 자와 거룩한 것을 속되게 하는 자, 아비나 어미를 죽인 자와 사람을 죽인 자, 음행하는 자와 남색하는 자, 인신매매를 하는 자와 거짓말을 하는 자, 위증하는 자와 그 밖에 건전한 교설에 어긋나는 짓을 하는 자들을 다스리기 위해서 율법이 있는 것입니다." 그리고 알투시우스가 1603년 출판한 주저는 《신성한 모범과 세속적 실례를 곁들인 정치 방법론 요람》(Politica Methodice Degesta atque Exemplis Sacris et Profanis Illustrata)이다.

29) 《신국론》 XI. 34; XIV. 13, 28.

의 의지에 반할지라도 외관상의 평화를 유지하도록 하는 세속적 왕국이 있다. … 이 두 왕국은 서로 뚜렷하게 구별되어야 하며, 둘 모두 존속해야 한다. 전자는 신앙심을 만들어 내며, 후자는 외부적 평화를 유지하면서 악행을 막는다. 둘 중 어느 하나가 없는 세계에서 다른 하나만으로는 결코 충분하지 않다(370~371면).

루터에게 영적인 왕국은 오직 내세에서만 발견되는 것이 결코 아니다. 이는 이미 은총을 받은 자들로 이루어지는데, 이들은 얼마든지 아직 은총을 받지 못한 자들과 함께 살아갈 수도 있다. 신은 우리를 구원할 때 죄를 지은 우리의 본성을 바꾸지 않는다. 신은 우리를 위해 우리 죄를 대신 짊어진 그리스도를 통해 단지 우리를 의로운 자로 여길 뿐이다. 우리는 구원받은 후에도 여전히 죄인이다. 또한 우리는 이전과 마찬가지로 율법에 어긋나는 욕구와 악의에 찬 증오를 지닌다. 하지만 그 욕구와 악의를 더욱 잘 통제할 수 있으며, 그것들에도 불구하고 우리가 구원받았다는 사실을 인식한다. "따라서 기독교인은 의로운 동시에 죄인이며, 신성한 동시에 세속적이며, 신의 적인 동시에 또한 신의 자녀이다."(130면) 구원받은 자들도 완전하지는 않다. 설령 "사악한 자와 신앙심 깊은 자 모두 율법을 가졌다 할지라도" 이들이 율법에서 기대하는 바는 서로 다르다. 신앙심 깊은 자는 외부에 순응해 구원을 바랄 정도로 어리석지 않다. 의로운 자는 "율법이 요구하는 바를 이미 행하며, 율법이 없이도 그렇게 하도록 정해져 있다".30) 하지만 신 앞에서 의롭다고 인정받았다 할지

---

30) *Lectures on I Timothy*, in *Works* 28. 231~233.

라도 여전히 죄인이므로 그는 율법을 필요로 한다. 신앙은 구원을 주지만 행위의 필요성까지 제거하지는 않는다.

　루터의 이론에서 행위는 두 가지 중요한 역할을 한다. 첫 번째로, 행위는 누군가가 진정으로 신앙을 지니고 있음을 보여 준다. 루터에 따르면 "만일 선한 행위와 사랑이 계속 이어지지 않는다면 그것은 진정한 신앙이 아니다"(18면). 두 번째로, 행위는 현세의 삶에서 필요하기 때문에 우리는 정성을 다해 행위에 전념해야 한다. 신이 보기에는 우리의 삶을 유지하는 데 필요한, 서로 다른 모든 종류의 행위들이 모두 똑같이 가치가 있다. 우리는 아무리 초라한 직업도 결코 경멸해서는 안 된다. 우리는 각자 특별한 역할과 지위를 맡아 현세의 삶에 기여할 수 있으며, 사실 그렇게 해야만 한다. 그리고 ─ 우리가 올바른 정신을 가지고 일하기만 한다면 ─ 우리는 교수형 집행인이나 군인 또는 평범한 주부로서도 성직자나 왕과 똑같은 정도로 신에게 봉사할 수 있다.[31]

　루터는 두 왕국을 몇 가지 방식으로 구별한다.[32] 때로 그는 신의 왕국이 은총을 받은 사람들로만 구성되며, 나머지는 모두 악마의 왕국에 속한다는 듯이 생각한다. 하지만 이런 이분법과 더불어 모든 인간이 지니는 두 측면을 또 다른 방식으로 구별해 볼 수 있다. 모든 인간은 신의 지배를 받는다. 구원받지 못한 사람도 비록 초라하기는 하지만 영적인 세계에서 어떤 위치를 차지한다. 그리고 구원받았든

---

31) 예를 들면 Luther: 373~375, 378~379면 참조. "일상적인 삶의 긍정"이 이후 도덕 사상에서 차지하는 중요성에 관한 뛰어난 논의는 Taylor(1989), 3부 참조.
32) Thompson(1984), 3장 참조.

그렇지 않든 간에 우리 모두는 현세에서 항상 우리의 외적 행위를 통제하는 법을 필요로 한다. 이런 방식으로 고려할 때 루터의 두 왕국은 서로 다른 구성원들로 이루어지지 않는다. 두 왕국은 우리에게 부과되는 서로 다른 두 종류의 통치 방식으로 구성된다. 우리 모두는 율법 아래에서 살아가는데, 오직 일부 사람만이 복음 아래에서 산다.[33] 그렇다면 결정적으로 중요한 질문은 우리는 구원받기 위해 무엇을 해야 하는가이다.

5. 루터의 주의주의

영적인 왕국에서 각자는 오직 개인으로서 구원받아야 한다. 단지 인간에 불과한 어떤 중개자도 신이 직접 선택해 구원하는 일을 대신할 수 없다. 루터는 단도직입적으로 다음과 같이 말한다. "이 진리는 결코 부정할 수 없다. 신의 약속이 이루어지는 곳에는 각 개인이 오직 홀로 설 뿐이다. 그 자신의 신앙만이 필요하다. 각 개인은 혼자의 힘으로 응답하고, 혼자 자신의 짐을 져야 한다."(283면) 구원에는 중개가 반드시 필요하다고 주장하는 로마 가톨릭교회는 구원의 문제를 심각하게 오도했다. 따라서 가톨릭교회는 신과 올바른 관계에

---

33) "세속적인 통치 또한 신의 왕국으로 불릴 수 있다. 왜냐하면 신은 그런 통치가 유지되고 우리가 그것에 따르기를 바라기 때문이다. 하지만 이는 오직 그의 왼편에 있는 왕국에 불과하다. 그의 오른편에 있는 왕국은 신이 직접 다스리는 왕국으로서 … 가난한 사람들에게 복음이 전해지는 왕국이다." Ebeling(1970) : 189면에서 인용. 또한 이에 관한 그의 논의는 11장 참조.

이르는 일이 전혀 불가능하다는 점을 깨달은 모든 개인들, 이로 인해 고통스러운 죄의식에 압도된 사람들을 구원할 수 없다. 또한 가톨릭교회는 우리가 자신의 행위만으로도 신의 선택을 받을 수 있다는 망상을 부추겨 자만과 자기과신을 향하는 우리의 성향을 교묘히 제도화했을 뿐이다.

루터는 가톨릭교회가 5세기경에 등장했던 영국 수사 펠라기우스(Pelagius)의 그릇된 전철을 밟고 있다고 비난한다. 펠라기우스는 우리가 올바르게 행위하려는 결정을 자유롭게 내릴 수 있으며 그렇게 한다면 우리는 스스로 구원받을 자격을 지니게 되는데, 정의로운 신은 우리를 거부할 수 없다고 가르쳤다.[34] 루터는 오직 신앙을 통

---

[34] 펠라기우스에 관해서는 Brown(1983), 29~31장 참조. 그가 413년에 쓴 편지에 등장하는 다음의 인용문은 그의 기본적인 가르침을 잘 보여 준다. "뛰어난 우리 왕의〔그리스도의〕 명령을 일종의 특전으로 여기는 대신에 … 우리는 마음 안의 경멸스러운 게으름을 드러내면서 신에게 매달려 다음과 같이 말한다. '이것은 너무 힘들고 어렵습니다. 우리는 이것을 할 수 없습니다. 우리는 단지 인간에 불과하며, 나약한 육체 때문에 방해받고 있습니다.' 이런 눈먼 바보처럼 뻔뻔하게 신을 모독하는 인간들이 있나! 만일 그렇게 하면 우리는 지식이 넘치는 신을 이중으로 무지하다고 생각하는 셈이 된다. 즉, 신의 창조가 무지했으며 신의 명령이 무지했다고. 우리는 마치 신이 나약한 인간을 창조했다는 점을 잊어버리고 인간이 결코 따를 수 없는 명령을 내렸다는 듯이 생각한다. … 이는 의로운 신을 의롭지 않다고, 신성한 신을 무자비하다고 생각하는 것과 같다. 첫 번째는 신이 불가능한 일을 명령했다는 불평을 통해서, 두 번째는 인간이 자신의 능력으로 할 수 없는 일 때문에 신에게 비난받으리라는 상상을 통해서 등장한다. 이 결과 … 신을 우리를 구원하기보다는 처벌하려는 존재로 생각한다. … 하지만 우리가 얼마나 강건한지는 우리에게 강건함을 부여한 존재가 가장 잘 안다. … 신은 의롭기 때문에 불가능한 일은 아무것도 명령하려 하지 않았다. 그리고 신은 신성하기 때문에 인간이 자신의 능력으로 할 수 없는 일을 가지고 인간을 비난하지 않는다."(Bettenson: 74면)

해서만 죄가 사해져 용서받을 수 있으며 신앙만이 신이 내린 유일한 은총의 선물이라는 점을 보일 수 있도록 가톨릭교회의 체제뿐만이 아니라 교리의 측면에서도 철저한 개혁이 있어야 한다고 주장한다.

아퀴나스는 자신이 펠라기우스주의에 반대한다고 생각했다. 그는 우리의 본성과 은총이 협조한다고, 즉 은총이 우리의 본성적 능력을 대신하기보다는 오히려 우리가 이 능력을 완전히 사용할 수 있도록 만든다고 주장했다. 그 결과로 우리의 자유의지와 신이 자유롭게 부여한 도움이 함께 우리를 구원으로 인도하게 된다는 것이다. 하지만 루터는 우리가 우리 자신의 구원을 스스로 도울 수 있다는 생각조차도 모든 죄의 근원이 되는 자만심의 흔적이라고 생각한다. 루터는 아퀴나스가 한 것과 같은 이성과 신앙을 조화시키려는 시도로부터 멀리 떠나, 기독교는 신비를 벗어날 수 없다고 여긴 아우구스티누스의 견해를 받아들인다. 이성은 오직 세속적 문제에서만 어떤 역할을 수행하며, 종교적 문제에서는 단지 타락의 근원일 뿐이다.

가장 신비로운 점은 정의롭고 인간을 사랑하는 신이 우리를 틀림없이 죄로 이끌고 영원히 처벌받도록 만드는 본성을 지닌 존재로 창조했다는 사실이다. 일부의 사람들만 신의 은총에 의해서 구원받는다. 하지만 루터는 은총이 예정되어 있다는 아우구스티누스의 주장을 받아들인다. 은총은 우리가 은총을 받기에 합당한 어떤 일을 하기도 전에 이미 정해져 있다. 그리고 은총이 없이 올바르게 사랑하고 구원받을 수 없으므로 우리의 죄는 다시 신의 책임으로 돌려지는 듯이 보인다. 이 문제를 다루면서 그는 전혀 거리낌 없이 우리가 이 모든 것을 이해할 수는 전혀 없다고 말한다. 신은 파라오(Pharaoh)의 마음을 굳어지게 만들었고, 이에 파라오는 아예 구원받기를 거부했다. 35) 왜 그렇게 했는가? 루터는 다음과 같이 대답한다.

이 질문은 신의 비밀을 건드린다. … 이런 오묘한 신비를 캐기보다는 이를 찬미하는 것이 우리가 할 일이다. … 왜 신은 아담을 안전하게 보호할 수 있었으면서도 그가 타락하도록 내버려 두었는가, 왜 신은 우리를 전혀 다른 재료로 창조할 수 있었으면서도 모두 같은 죄로 더럽혀지도록 창조했는가? 이런 질문을 던지는 사람들에 대해서도 같은 대답을 해야 한다. … 신에게는 스스로의 의지를 위해 규칙이나 기준으로 삼을 만한 어떤 원인이나 근거도 없다. 왜냐하면 아무것도 신과 같은 수준 또는 더 높은 수준에 이르지 못하며, 오직 신 자신이 모든 것의 규칙이기 때문이다. … 신이 원하는 바는 그가 원해야만 하기에, 원하지 않을 수 없기 때문에 옳은 것이 아니다. 이와는 정반대로 실제로 일어나는 일들은, 오직 그가 그렇게 원하기 때문에, 옳을 수밖에 없다(195~196면).

이를 통해 루터는 신의 명령에 관한 주의주의적 입장을 받아들이며, 우리는 신을 이해할 수도 또한 그의 결정을 판단할 수도 없다는 결론을 받아들인다. 36)

만일 신의 정의가 인간의 판단에 의해서 정의롭다고 여겨질 수 있다면 그런 정의는 명백히 신의 정의가 아닐 것이다. 그런 정의는 인간의 정의와 전혀 다르지 않다. 그러나 그가 인간의 이해로는 도저히 파악할 수 없고 다가갈 수도 없는 유일하고 진정한 신이라는 점을 고려하면, 그의 정의

---

35) 〔옮긴이주〕 《성서》, 〈출애굽기〉 9~15장 참조.
36) Oberman(1963)에 포함된 Gabriel Biel의 논의 참조.

또한 도저히 파악할 수 없는 것이어야만 한다는 점은 지극히 합당하고 정말 필연적인 일이기도 하다(200면).

신에게는 법이 존재하지 않는다. 왜냐하면 그는 죄에 빠진 정념을 통제할 필요가 없기 때문이다. 그리고 신이 우리에게 부여한 법은 우리가 파악할 수 있는 어떤 근거도 지니지 않는다. 신은 도덕에 의해서 형성된 어떤 인간의 공동체로부터도 무한히 멀리 떨어져 그 외부에 존재한다.

은총이 없다면 우리는 오직 자기중심적일 수밖에 없다. 그리고 만일 구원이 우리 자신에게 달려 있다면 우리는 자신이 구원에 이르리라고 결코 확신할 수 없다. "설령 내가 영원히 살며 행위한다 할지라도 신을 만족시키기 위해 얼마나 많은 것을 행해야 하는지와 관련해서 나의 양심은 결코 안정된 확실성에 이르지 못할 듯하다."(199면) 더 나아가 루터는 신은 폭군일지도 모른다고 말한다. 왜냐하면 신은 우리가 바칠 수 없는 무언가를 요구하기 때문이다 — 하지만 은총은 신을 비난할 수 없도록 만든다.[37] 일단 신이 우리를 구원하기로 결정한다면 어느 누구도 우리를 신으로부터 떼어낼 수 없다. 신의 판단이 임의적이라는 사실 자체가 우리에게는 일종의 위안이며, 신앙을 통한 구원이라는 교리는 신에 대한 두려움을 완화시키는 유일한 가르침이다. 우리의 자유의지는 오직 세속적 문제들에만 적용될 수 있다. 우리는 혼자만의 힘으로는 영적인 영역에서 아무것도

---

37) *Commentary on Galatians* 2. 16, in *Works* 26. 128. 여기서 루터는 둔스 스코투스의 견해에 관해 언급한다.

할 수 없다(181~182, 189~190면). 신이 보기에 의로운 존재가 되는 일은, 우리의 의지를 통해서 올바르게 행위할 수 있다는 사실을 신의 사랑으로 받아들이고 오직 신의 의지를 따름으로써만 이루어진다.[38]

6. 칼뱅의 인간중심적 주의주의

많은 측면에서 칼뱅(John Calvin, 1509~1564)의 견해는 루터와 일치한다. 가장 중요한 점은 이들 둘 모두 신앙을 통한 정당화와 그리스도를 통해서 전해지는 예정은총의 필요성을 받아들인다는 사실이

---

38) 초기 저술 *Lectures on Romans*(*Works* 25.19, n.13)에서 루터는 인간의 의로움에 대한 주의주의적 설명을 제시한다. "인간이 의롭기 때문에 신이 인간을 의롭다고 여기는 것이 아니라 신이 의롭다고 여기기 때문에 인간은 의롭게 된다." Ebeling(1970), 9장 참조. 이 책 150면에서 Ebeling은 다음과 같은 루터의 언급을 인용한다. 의로운 자의 의로움이 "행위로부터 생기는 것이 아니라, 의로움으로부터 그의 행위가 생긴다. … 이는 '옳게 행위함으로써 우리는 옳은 사람이 된다'는 아리스토텔레스의 주장과는 정반대된다". 〔이하 옮긴이의 첨가〕 신으로 대표되는 종교적 절대자의 명령이나 의지와 도덕적 가치 사이의 선후 문제에 관한 최초의 고전적인 논의는 플라톤의 대화편 《에우티프론》(*Euthyphron*) 10a에서 "어떤 것이 경건하기 때문에 신들이 그것을 사랑하는가 아니면 신들이 사랑하기 때문에 그것이 경건하게 되는가?"라는 질문과 더불어 등장한다. 소크라테스를 비롯해 플라톤, 아리스토텔레스는 모두 전자, 즉 신의 사랑과는 무관하게 경건함이라는 도덕적 가치가 독립적으로 실재한다는 이른바 도덕 실재론(*moral realism*)의 입장에 선다. 반면 이런 질문을 받는다면 둔스 스코투스와 오캄은 당연히 후자의 입장에 설 것이다. 이에 관한 더욱 상세한 논의는 R. L. 애링턴, 《서양 윤리학사》: 22~25면 참조.

다. 하지만 이 두 종교개혁가 사이에는 큰 차이점도 발견된다. 교회의 지배권과 정치에 관한 칼뱅의 견해는 루터와 다르다. 또한 루터가 가톨릭교회의 수도사로 교육을 받은 반면 칼뱅은 인문학과 법학을 통해 자신의 견해를 형성했다. 루터는 고대 그리스 철학자들이 인간의 내적인 삶에 관해 언급한 내용을 몹시 혐오했다. 이들 중 최악의 인물은 아리스토텔레스인데 모든 대학에서는 그의 저술을 가르친다. 루터는 이에 격분해 다음과 같이 외친다. "이 이교도는 이미 최고의 자리를 차지해",

> 살아계신 신의 말씀인 《성서》를 훼방하고 거의 억누르기까지 한다. … 나는 아리스토텔레스를 연구하는 일이 사악한 짓이라고 믿지 않을 수 없다. … 윤리학에 관한 그의 책은 다른 어떤 책보다도 더욱 나쁘며 신의 은총과 기독교의 덕과는 정반대 방향을 가리킨다. … 아! 모든 기독교인의 손이 그의 책에서 떠나야 할 텐데(470~471면).

반면에 칼뱅은 이런 태도를 전혀 보이지 않는다. 젊은 시절 그는 세네카(Seneca)가 관용에 대해 쓴 저술에 인문학적인 주석을 달기도 했으며, 철학자들의 통찰을 기독교와 조화시키는 방법을 평생에 걸쳐 모색했다. 인간이 타락함으로써 능력이 약화되고 이성이 흐려졌다는 사실을 인정하면서도, 그는 이런 손실이 루터가 생각한 것만큼 크지는 않다고 보았다. 하지만 그는 루터와 마찬가지로 철학자들의 저술이 구원에 이르는 데는 전혀 적합하지 않다고 가르치기로 마음먹었다.

칼뱅 또한 루터처럼 주의주의자이다. 우주의 창조자이며 지배자인 신은 인간이 파악할 수 있는 범위를 훨씬 넘어서 있다. 아담이 죄를 저지를 것이라는 점, 그의 죄 때문에 모든 인류가 타락할 것이라는 점, 인류는 구원받을 자격이 전혀 없지만 일부는 자비롭게도 구원받도록 선택된다는 점, 구원받지 못한 자들은 신과 영구적으로 분리되어 심한 고통을 겪으리라는 점 등은 이미 영원 전부터 운명 지어져 있다〔《기독교 강요》(Institutes, 이하 《강요》로 약칭) II. v. 12〕 — 이는 모두 신의 정의(正義)에 속하며 우리로서는 파악할 수 없는 일들이다(III. xi. 7). 그렇다면 어떻게 우리는 신이 정의롭다고 확신할 수 있는가?

신의 의지는 당연히 정의로움의 최고 규칙이므로 신이 무엇을 원하든 간에 그가 원한다는 바로 그 사실 때문에 그것은 정의롭다고 여겨져야만 한다. 따라서 누군가가 왜 신이 그렇게 행했느냐고 묻는다면 우리는 신이 그것을 원했기 때문이라고 답해야만 한다. 만일 여기서 더 나아가 왜 신이 그것을 원했느냐고 묻는다면 이는 신의 의지보다 더욱 위대하고 높은 무언가를 구하는 셈이 되는데 이런 것은 결코 발견될 수 없다(《강요》 III. xxiii. 2).[39]

---

39) 칼뱅은 이 인용문이 등장하는 바로 그 절에서 "우리는 '절대적인 전능함'이라는 허구를 지지하지 않는다. 이는 신성을 모독하는 것이기 때문에 이를 증오해야 마땅하다"라고 말한다. 나는 Wendel(1963) : 127면 이하에 따라 이런 언급을 주의주의 자체를 거부하는 것이 아니라 주의주의에 대한 일부 극단적인 해석을 거부하는 것으로 받아들였다. 칼뱅이 절대적인 능력과 운명적으로 정해진 능력 사이의 구별을 거부하는 점에 관해서는 Steinmetz(1988) 참조. 다른 논점들과 관련해서 (예를 들면 유혹에 저항하는 악마의 능력 등에 관해서) 칼뱅은 둔스 스코투스의 견해에 따르지 않는다. 루터와 마찬가지로 칼뱅은 주의주의가 신을 폭군으로 만든다는 비난에 맞서 자신의 견해를 옹호하려고 애쓴다. 《강요》 III. xxiii. 2 참조.

칼뱅은 또한 인간이 두 종류의 통치자, 즉 신성한 통치자와 세속적 통치자의 지배를 받는다고 주장하는 점에서도 루터와 일치한다. 칼뱅은 다음과 같이 말한다.

인간은 두 정부의 지배를 받는다. 첫 번째는 영적인 정부로서 이를 통해 우리의 양심은 경건하게 신을 경배하도록 인도된다. 두 번째는 정치적인 정부인데 이를 통해 인간은 사람들 사이에 유지되어야 하는 인간애와 시민으로서의 의무를 교육받는다. … 전자의 정부는 영혼의 삶과 관련하는 반면 후자의 정부는 현재의 삶과 관련한다 — 음식과 의복뿐만 아니라 다른 사람들과 더불어 신성하고 명예롭고 절제하는 삶을 살아가도록 이끄는 법칙과도 관련한다. 왜냐하면 전자는 우리의 마음 안에 존재하는 반면 후자는 오직 외부의 행위를 규율하기 때문이다(III. xix. 15).

신이 가장 기본적으로 명령한 바가 칼뱅이 "도덕법칙"이라고 부르는 것을 형성한다. 일찍이 바울로가 〈로마인들에게 보낸 편지〉 2장 14절에서 선언했듯이 사실 도덕법칙은 우리의 마음에 쓰여 있지만 "인간은 오류의 어두움에 크게 가려져" 그 근원을 거의 제대로 파악하지 못한다. 따라서 신은 "자연법에서 상당히 모호하게 드러났던 바에 대한 명확한 증거로서 직접 쓴 법칙을 우리에게 제시했는데" (II. viii. 1) 이것이 바로 십계명이다. 십계명은 또한 우리가 신을 숭배하는 방법을 알기 위해서도 절대적으로 필요하다. 왜냐하면 인간의 타락과 더불어 신에 대한 경건함이 필요하다는 인간의 의식도 완전히 파괴되었기 때문이다. 하지만 칼뱅은 정치적인 또는 세속적인 국가와 관련해서 최초에 신이 부여한 빛이 우리 안에 작은 불꽃으로나마 여전히 남아 있다고 주장한다. 칼뱅은 "인간은 본성상 사회적 동물이기 때문에" 본성적으로 사회를 이루려 한다고 말하며 뒤이어 다음과 같이 덧붙인다.

우리는 모든 사람의 마음 안에 어떤 공적이고 공정한 관계와 질서에 대한 보편적인 인상이 존재한다는 점을 관찰한다. 따라서 인간이 만든 모든 종류의 조직이 법에 의해서 통제되어야 한다는 사실이나 이런 법의 원리가 무엇인지를 파악하지 못하는 사람은 아무도 없다. 이로부터 법에 대한 변함없는 동의가 모든 국가와 개인들에게 형성된다(II. ii. 13).

십계명 중 전반부, 즉 첫 번째에서 네 번째까지의 조항은 신에 대한 우리의 의무를 제시한다. 공적이고 공정한 관계를 규정하는 법의 원리는 후반부에 속하는 다섯 번째 조항에서 열 번째 조항에 걸쳐 제시된다(II. ii. 24). 칼뱅은 모든 조항들이 우리에게 신과 이웃에 대한 사랑을 요구한다고 요약함으로써 아퀴나스의 견해, 즉 그리스도가 법을 체계화한 것이, 십계명에 명확하게 제시되지는 않지만, 법에 원리를 부여했다는 견해에 동의한다(IV. xx15). 하지만 도덕법칙을 어떻게 사용해야 하는가에 관한 칼뱅의 견해는 그가 자연법을 아퀴나스보다는 루터에 훨씬 더 가깝게 이해했음을 분명히 드러낸다.

루터는 법의 용도를 두 가지로 생각한 반면 칼뱅은 세 가지로 생각한다. 법의 첫 번째 역할은 그것을 위반하는 경우가 증가하면서 우리가 죄인임을 확신시켜 주는 것이다. 법은 우리가 마땅히 행해야 할 바를 제시하며 이를 통해 우리가 할 수 없는 바가 무엇인지를 배우도록 만든다. 두 번째 역할은 처벌의 두려움을 통해 사악한 행위를 억제하는 것이다. 칼뱅도 〈디모데오에게 보낸 첫째 편지〉 1장 9

절을 인용하면서 이를 루터와 같은 방식으로 해석한다. 법이 정의로운 자들을 위해서가 아니라 정의롭지 않은 자들을 위해서 존재한다는 말은 곧 법이 "미친 듯이 날뛰는 육체의 욕망"을 외적인 행위로 드러내는 사람들을 저지하기 위해 존재함을 의미한다(II. vii. 10). 그렇다고 해서 이 말이 기독교인에게는 법이 전혀 필요하지 않음을 의미하지는 않는다(II. vii. 13; II. xix. 15 참조). 그리고 이로부터 칼뱅은 법의 세 번째 주요 역할, 즉 선택된 자들이 자신의 의무를 더욱 분명히 인식하도록 가르치기 위함이라는 역할을 이끌어 낸다. "신은 내적으로 점차 법을 준수할 준비를 갖추어 나가는 사람이 (법을) 분명히 파악하도록 만듦으로써 그를 가르친다."(II. vii. 3~12)

그렇다면 십계명 중 후반부의 명령은 모든 세속적 사회의 기본 구조를 제공하는 것으로 여겨야 한다. 앞서 인용한 〈로마인들에게 보낸 편지〉 2장 14절과 15절에 등장하는 바울로의 주장은 우리가 때로 신이 부여한 상위의 명령보다도 "삶에 필요한 올바른 행위의 규칙"을 더욱 잘 파악함을 보여 준다(II. ii. 22). 칼뱅은 심지어 이교도조차도 이런 자연법을 어느 정도 인식할 수 있음을 인정한다. 하지만 그는 법이 단순히 외형적으로 따르는 것 이상의 무언가를 요구한다고 주장한다. 이 점은 우리가 온 마음을 다해 신을 사랑해야 한다고 명령하는 십계명의 전반부에서 명백하게 드러난다. 이는 또한 십계명의 후반부와 관련해서도 분명한 참이다. 예를 들어 여섯 번째 명령은 단지 살인하지 말 것을 명령하는 데 그치지 않는다. 이는 또한 우리의 영혼을 형성한다고 칼뱅은 말한다. "왜냐하면 마음에 드러나는 생각을 존중하는 사람이 … 단지 몸에게만 진정한 올바름을 가르친다는 주장은 터무니없기 때문이다. 따라서 이 명령은 마음 안에서의 살인도 금지하며 형제의 생명을 구하라는 내적인 의도까지도 부과한다."(II. viii. 39) 우리가 과도한 정념을 적절히 조절해 겉으로 드러난 행위가 올바를 경우조차도 필요한 내적 상태에 도달하는 일은 여전히 우리 자신의 능력을 넘어선다. 이것이 바로 법이 우리에게 은총의 필요성을 가르치는 이유이다. 우리는 은총이 없이는 우리 자신의 최고선인 영원한 행복을 추구할 수조차 없다(II. ii. 26~27).

　이와 더불어 법은 어떤 특별한 목적에도 기여한다. 법이 요구하는 바를 인식함으로써 우리는 책임을 지는 존재가 된다 ― 그리고 우리는 법에 따를 수 없기 때문에 용서받지 못하는 죄인이 된다. 칼뱅은 자연법을 "정의와 불의 사이를 충분히 구별해 주며, 사람들로 하여금 무지해서 그렇게 행위했다는 변명을 못하게 하는 양심의 파악임과 동시에 사람들이 죄인이라는 사실을 그 자체로 증명하는 증거"라고 정의하기도 한다(II. ii. 22). 우리는 무엇을 행해야 하는지를 알지만 실제로 그렇게 행위하지는 않는다. 따라서 의지가 항상 지성의 지시에 따른다고 볼 수 없다. 의지의 자유에 호소하는 방식으로는 이러한 의지의 일탈을 설명할 수 없다. 루터와 마찬가지로 칼뱅은 우리가 마치 신처럼 어떤 행위든 직접 시작할 수 있다는 생각은 거의 불경스럽기까지 하다고 주장한다(II. ii. 4; II. iii. 9). 구원받기로 예정되어 있지 않은 사람들은 필연적으로 그리고 의도적으로 죄를 저지른다. 그들은 자신들이 보기에도 죄에 빠진 것들을 원하므로 강제에 의해서가 아니라 자발적으로 죄를 저지르는 셈이다. 현재 의지 자체가 타락했으므로 어느 누구도 은총이 없이는 옳은 선택을 할 수 없다. 여기서 칼뱅은 우리가 스스로 원했던 바를 실행할 수 있는지 그렇지 않은지가 아니라 우리의 의지 자체가 자유로운지 그렇지 않지 묻고 있다(II. iv. 8). 그리고 그는 단호하게 의지의 자유를 부정한다. 이와 더불어 그는 "죄가 필연적이기 때문에 죄의 수준을 낮추어 고려해야 한다는 점" 그리고 죄는 자발적이기 때문에 피할 수도 있다는 점 또한 마찬가지로 강력하게 부정한다. 악마는 악으로부터 등을 돌릴 수 없고 선한 천사는 선으로부터 등을 돌릴 수 없다. 하지만 이 때문에 그들의 의지가 무언가를 원하기를 멈추지는 않는다(II. v. 1). 설령 우리가 은총 없이는 자연법에 따를 수 없다 할지라도 이런 우리의 무능력은 명백히 우리 자신의 책임으로 여겨져야 한다.

그러나 일단 은총을 받은 사람은 완전히 다른 존재가 된다. 그렇다고 칼뱅이 선택받은 자들이 현세에서 완벽해진다고 주장한 것은 아니다. 선택받은 자들도 여전히 유혹을 느끼며 죄를 범한다. 하지만 그들은 타락했음에도 불구하고 신 앞에서 의롭다고 평가되리라 보장받는다. 신의 선택은 나태와 자기만족을 초래하지 않는다. 선택은 이런 것이 전혀 아니다. 신의 선택은 우리를 죄 없는 삶으로 이끌기 위한 것이므로, 이는 이전보다 더 나은 존재가 되도록 "우리를 강력하게 격려해야만" 한다. 선택받은 자들은 두려움 때문이 아니라 사랑으로 법을 따른다. 또한 그들은 마치 전선의 보초병처럼 시험과 고난을 견딤으로써 자신들의 의지가 아닌 신의 의지에 봉사한다. 또한 그들은 덜 이기적이 되며 다른 사람에게 봉사하는 데 더 큰 관심을 갖게 된다(III. ix. 4; III. vii. 1~5). 그리고 그들 각자는 신이 소명으로 부여한 직업에 따라 열심히 일하는데, 칼뱅은 이것이 자신의 의지보다는 신의 인도를 따르는 최선의 방법이라고 말한다. 그는 "신은 모든 사람에게 특정한 삶의 방식을 부여함으로써 의무를 부과했다"고 지적하면서 누군가가 자신의 소명과 다른 영역에서 진정 칭찬반을 만한 모험을 감행한다 할지라도 신은 이를 그리 달갑지 않게 생각할 것이라고 덧붙인다(III. x. 6). 우리가 법을 제대로 이해하지 못하더라도 반드시 따라야만 하듯이 우리에게 주어진 직업이 어떤 결과를 낳을지 몰라도 항상 우리의 자리를 지켜야만 한다. 이를 통해 칼뱅이 《기독교 강요》의 1권에서 제시한 섭리주의 견해는 가장 중요한 방식으로 표현된다. 신은 세계 전체를 창조하고 굽어 살핀다. 운이나 우연 따위는 존재하지 않는다. 신은 특정한 사건들의 전개를 주도함으로써 인간들의 악행에 선을, 혼돈에 질서를 부여한다. "신은 비할 데 없는 자신의 지혜를 통해 모든 것을 인도하고 자신의 목적에 따라 배열한다."(I. xvi. 4~5)

타락한 인간의 이기심과 싸움, 비참함, 삶의 불확실성 등을 묘사하면서, 칼뱅은 이들을 다소 과장한 듯도 하다(I. xvii. 10; III. ix. 1). 하지만 그는 최소한 이 세계에서 정의의 화신이 나타날 가능성은 허용한다. 신은 몇몇 사람들의 정열을 직접 억제하기도 하고, 심지어 은총을 내리지 않고도 몇몇 사람들을 다른 사람보다 더욱 덕이 있게 만들기도 한다. 이교도들 가운데 칼리굴라(Caligula)와 네로(Nero)는 극악무도했지만 티투스(Titus)와 트라야누스(Traianus)는 정의롭고, 절제 있고, 공정했다.[40] 비록 이들 사이의 차이가 단지 정의롭지 못한 자와 "그저 희미하게 정의를 드러내는 자" 사이의 차이에

---

40) 〔옮긴이주〕여기 언급된 네 사람은 모두 로마 황제인데 앞의 둘은 대표적인 폭군인 반면 뒤의 둘은 비교적 많은 업적을 남긴 황제로 평가된다. 이들의 생몰 연대 및 재위 기간은 다음과 같다. 칼리굴라 12~41년(재위 37~41년); 네로 37~68년(재위 54~68년); 티투스 39~81년(재위 79~81년); 트라야누스 53~117년(재위 98~117년).

그친다 할지라도 이는 여전히 중요하다. 후자가 단지 "겉으로 정의를 가장해 드러낸다 할지라도" 신은 이에 대해 세속적인 보상을 내린다. 왜냐하면 이들이 만들어 낸 질서는 충분히 도움이 되기 때문이나(III. xiv. 2). 따라서 자연법은 이교도들까지도 어느 정도 인도한다. 하지만 자연법이 은총으로부터 생겨난 질서를 대신할 수는 없다. "헛되이 나타나 우리를 속이는 덕들이 정치적 집회에서 칭찬받거나 사람들 사이에서 명성을 누릴지 모른다. 하지만 천상에서 이루어지는 심판에서 이들은 어떤 보상도 받지 못하는 무가치한 것임이 드러난다."(II. iii. 4)

그렇다면 루터와 칼뱅은 모두 도덕을 지상에서 인간의 삶과 관련되는 것으로 보았음이 드러난다. 도덕의 영역은 더 이상 확장되지 않는다. 도덕은 사후 영혼의 삶에서는 아무런 의미도 지니지 않는다. 또한 도덕은 신에게는 전혀 적용될 수 없다. 신은 걷잡을 수 없는 정념에 빠지지 않으므로 법이 필요 없으며, 어떤 경우든 신에게 법을 부과할 수 있는 존재는 없다. 우리는 신이 지배하는 사회에서 신에게 복종해야만 하며 또한 복종해야 한다는 사실을 항상 의식해야만 한다. 신은 신비로운 은총을 통해 우리의 삶에 작용하며, 우리는 그런 은총을 소망한다. 하지만 우리 자신의 힘만으로는 신이 우리에게 은총을 내리도록 만드는 어떤 일도 할 수 없으므로 어떤 중요한 의미에서 신은 인간 사회의 일부가 아니라 그 위에 군림하는 존재이다.

종교의 배제: 공화주의와 회의주의

15세기와 16세기에 누군가가 자신이 무신론자임을 공개적으로 밝혔다면 그는 화형을 당할 가능성도 얼마든지 있었다. 하지만 기독교로부터 어느 정도 벗어난다면 어떤 삶이 전개될 것인가를 탐구하기 위해 굳이 기독교의 가르침을 부정할 필요까지는 없었다. 이 장에서 나는 이런 모험을 감행했던 세 사람의 학자에 관해 살펴보려 한다. 마키아벨리와 몽테뉴는 체계적인 철학을 구성하려는 어떤 시도도 하지 않았다. 샤롱은 이를 시도했지만, 그의 대표적 저술이 대중들에게 크게 유행한 까닭은 그의 논증이 설득력을 지녔다기보다는 결론이 무모했기 때문이었다. 이들은 각자 서로 다른 방식으로 기독교의 어떤 진리에도 의지하지 않고 어떻게 사람들을 통치하고 인도할 수 있는가를 탐구했다. 마키아벨리는 고대 이교도의 역사로부터 정치적인 자치에 관한 교훈을 이끌어 낼 수 있으리라고 생각했다. 몽테뉴와 샤롱은 모두 회의주의자로서 정치뿐만이 아니라 개인의 삶에도 관심을 보였다. 따라서 이들을 자기규율로서의 도덕을 명확히 제시하려고 노력한 최초의 근대인이라 할 수 있다.

1. 비르투(*virtú*)와 교묘한 간계를 갖춘 군주

16세기의 기독교적 정서에 가장 큰 충격을 준 인물은 마키아벨리 (Niccolò Machiavelli, 1469~1527) 였다. [1] 그는 정치적 문제에서 기독교 교리가 지침이 된다는 생각을 강력하게 거부하고, 군주에게는 의도적으로 놀랄 만큼 비도덕적인 충고를 했다. 그래서 그의 이름은 엘리자베스 여왕 시대의 영국에서는 악마와 동의어로 여겨졌으며 오늘날까지도 그는 주로 정치의 영역에서 사악한 간계를 조언한 인물로 기억된다. 하지만 그는 사실 이보다 훨씬 많은 일을 행했으며, 따라서 그가 진정으로 의미하고 의도한 바가 무엇인가를 놓고 수많고 심각한 논쟁이 계속 이어진다. 어쩌면 이런 논쟁에 직접 참여하지 않고도 그가 분명히 언급한 바를 충분히 검토함으로써 그가 왜 이전의 생각들과는 정반대되는 입장을 내세웠는지 ― 그리고 정치적 공동체에 대한 그의 이해가 어떻게 이후 사상가들에게 중요한 출발점을 제공했는지를 파악할 수 있을 듯하다.

마키아벨리는 기독교가 그리 중요하지 않다고 생각했기 때문에

---

1) 아래에서 등장하는 마키아벨리의 주요 저술 《군주론》(*The Prince*) 과 《로마사론》(*Discourses*) 을 인용하면서 나는 Gilbert의 번역본 면수를 표시했다. 〔이하 옮긴이의 첨가〕《로마사론》의 원 제목은 《티투스 리비우스의 저술 중 첫 번째 열권에 관한 논고》(*Discorsi sopra la prima Deca di Tito Livio*) 이다.

기독교 자체를 거부하지는 않았다. 그는 종교가 공동체를 하나로 묶는 데는 매우 중요한 역할을 한다고 믿었다. 그는 '정치적 측면에서 사실상 로마를 건설한 레굴루스(Regulus)와 로마에 종교를 도입한 누마(Numa)[2] 중에 누가 더 크게 로마에 기여했는가'라고 물은 후 주저 없이 후자라고 답한다. 일단 종교가 확립된 다음에야 무장한 군대를 만들 수 있다. 서로 다른 종교적 질서 아래 있는 사람들 사이에 군대 조직을 형성하는 일은 훨씬 더 어렵다. 또한 종교는 새로운 기본법을 도입하려는 모든 사람들에게 특히 필요하다. "사려 깊은 사람들에게는 이미 잘 알려진 많은 선한 것들이 그 자체로는 합리적으로 명백해 보이지 않기도 하므로 다른 사람들을 설득해야 하는 경우가 생긴다. 현명한 사람은 이런 어려움을 극복하기 위해 신에게 의지한다."(《로마사론》 1. 11: 224~225면) 마키아벨리는 누마의 종교가 로마가 번영한 주된 요인이라고 주장한다. "왜냐하면 종교가 훌륭한 법률의 원인이 되었기 때문이다. 훌륭한 법률은 행운을 부르며, 행운은 도시 전체가 노력하고 번영하는 행복한 결과를 낳는다."(1. 11: 225면) 그렇다면 종교는 절대적으로 필요하다. 그리고 마키아벨리는 기독교가 — 즉 "우리의 종교가" — 유일하게 참된 종

---

2) 〔옮긴이주〕레굴루스(Marcus Atilius Regulus)는 기원전 3세기에 활동한 로마의 장군 겸 정치가로 집정관을 두 차례 지내면서 카르타고와의 전쟁과 평화협정 등을 주도하고 로마의 정치 체제 확립에도 기여한 인물로 전해진다. 특히 그는 로마인들에게 영웅적 인내심을 갖춘 전형으로 존경받지만 그의 업적은 대부분은 전설에 의해 미화되었다. 누마(Numa Pompilius)는 공화정 이전에 로마를 통치한 일곱 왕 중 두 번째 왕으로, 전설에 따르면 로마의 건국자인 로물루스(Romulus)에 뒤이어 기원전 715~673년 사이에 로마를 다스렸다고 한다. 그는 초기 로마의 종교를 확립했으며 신전을 건설하고 종교 의식을 위한 달력도 고안했다고 전해진다.

교라고 주장한다. 그런데 왜 그는 정치에 관한 기독교의 가르침을 받아들이지 않는가?

이에 대한 대답은 명확하다. 잘 통치된 도시를 성공하도록 만드는 요인을 마키아벨리는 시민들의 비르투(virtù) [3] 라고 표현했다. 이 용어는 완벽하게 번역하기가 어렵다. 이는 어떤 의미에서도 기독교적인 '덕'(virtue)이라 할 수 없으며 오히려 이교도적인 의미에 의존한다. 비르투를 소유한 남성은[4] 원기왕성하고, 유능하며, 공동선을 위해 분투하려는 열망이 가득하다. 또한 전쟁을 수행하는 능력이 뛰어나고 자신의 나라에 가해지는 외부의 위협을 물리치거나 자신의 힘을 다른 곳에까지 확장함으로써 영예를 드높일 만반의 준비를 갖추고 있다. 하시만 기독교는 다른 종교에 비해 이런 명예를 훨씬 덜 중요시한다. 기독교는 예전부터 그랬듯이 격렬하고 강력한 행위를 요구하지 않는다. 오히려 "우리의 종교는 … 겸손과 우리 자신을 지극히 낮추는 행위, 인간사에 대한 경멸 등을 최고선으로 규정했다. 반면에 다른 종교는 웅대한 정신과 강건한 육체에서" 그리고 무한한 힘에 기여하는 모든 것에서 최고선을 발견한다. 따라서 세계가

---

3) 〔옮긴이주〕마키아벨리가 사용하는 virtù라는 용어는 라틴어 virtus에 어원을 두고 있지만 저자의 지적대로 윤리학에서 사용되는 덕(virtue)의 개념과는 거리가 멀며, 오히려 virtus의 원래 의미인 남자의 품격, 남자로서의 가치와 공적, 장대함, 용맹, 용기 등에 가깝다. 따라서 이 용어를 우리말로 번역하지 않고 그대로 '비르투'로 표현했다.

4) 마키아벨리의 저술에서 여성은 오직 모든 문제의 근원으로 특징지어질 뿐이다. 여성을 둘러싼 다툼은 한 나라를 멸망시킬 수도 있다(《로마사론》 3. 26: 488면). 또한 마키아벨리는 군주에게 신하의 여자나 재산, 명예를 탐하지 말고 신하들 사이에 편 가르기를 하지 말라는 경고를 한다(《군주론》 19: 67면).

사악한 자들의 먹잇감이 되었다 할지라도 이는 별로 놀랄 일이 아니다. 사람들에게 모욕을 당하면 명예를 지키기 위해 반드시 복수하기보다는 천국을 소망하면서 모욕을 참고 견디라고 가르치는 종교는 결국 비르투를 파괴하며 사람들을 나약하고 보잘것없게 만든다. 수준 높은 사회는 오직 힘에 의해서만 유지될 수 있으므로 기독교와 같은 종교는 크게 불리하다(《로마사론》2. 2: 331면). 5)

따라서 어떻게 적절한 사회를 창조하고 유지할 것인가 고찰하면서 마키아벨리는 기독교적인 덕에 호소하지 않으며, 신이 제정하고 부여한 자연법 따위는 전혀 언급하지 않는다. 시민들의 행위는 사회에서 시행 중인 법에 의해서 제한된다. 그리고 통치자의 타당한 권위에는 어떤 자연적인 제한도 없다. 그의 책이 그토록 큰 충격을 불러일으킨 까닭은 그가 도덕이 정치적 목표에 도움이 되지 않을 때에는 도덕을 과감하게 무시하라고 군주들에게 충고했기 때문이다.

《군주론》이 새로운 종류의 책은 아니었다. 마키아벨리 이전에도 군주에게 충고하는 내용을 담은 많은 책들이 출판되었다. 하지만 마키아벨리는 권력을 유지하는 것이야말로 항상 잊지 말아야 할 목표라고 가르치고, 통치자는 도덕적 부담을 고려하지 말아야 한다고 역설함으로써 이전 책들과는 정반대의 주장을 폈다. 마키아벨리는 기존의 책들에서 훌륭한 군주는 자유를 존중하며, 진실하고, 자비롭고, 다정하고, 신뢰를 줄 수 있어야 한다는 등의 언급이 자주 등장했다고 말한다. 설령 이런 덕목들이 때로 유용하다 할지라도 언제 이

---

5) 또한 마키아벨리는 가혹한 처벌을 혐오하도록 만드는 "나약한 교육"의 근거를 제공하는 "근대적 개념들"에 불평을 털어놓기도 한다. 《로마사론》3. 27: 490면 참조.

들이 유용하며 언제는 유용하지 않은지를 정확하게 파악하는 일이 더욱 중요하다 ― 그리고 이들을 무시함으로써 권력을 유지할 수 있다면 기꺼이 그렇게 할 준비를 갖추어야 한다(《군주론》 15: 58~59 면). 현명한 군주는 자비롭다는 평가를 원하겠지만 동시에 종종 잔인해져야만 하며, 이렇게 하는 데 머뭇거려서는 안 된다(17: 61면). 사랑받는 편보다 두려움의 대상이 되는 편이 대중을 지배하는 데는 더 도움이 된다. 사람들은 덕이 있는 군주를 좋아하기 때문에 덕 있는 모습을 보이는 일이 중요하며, 현명한 군주는 "자신을 혐오스럽고 미움받도록 만드는 모든 일을 피하기 위해" 최선을 다한다(19: 67 면). 하지만 강력한 힘보다 약삭빠름과 교활함이 더 유용하며, 자주 다른 사람들을 속일 필요가 있다. 통치자는 권력을 계속 유지하기 위해서라면 얼마든지 자신이 한 약속을 어기고, 이전에 신뢰했던 조언자를 살해하고, 자신의 영광을 위해 사람들을 전쟁터에 몰아넣을 수 있어야 한다.

　이런 내용은 통치자를 위한 충고를 담은 그 이전의 책들에서는 전혀 등장하지 않았고, 많은 책에 영향을 준 세네카(Seneca)나 키케로(Cicero)도 전혀 가르치지 않은 내용이었다.[6] 마키아벨리는 이전 사상가들의 가르침을 모두 거부했는데, 이는 최선의 시민 생활을 위해 필요한 것이 무엇인지에 대해서 그들과는 생각이 전혀 달랐기 때문이다. 그는 로마 공화정을 모범으로 삼아 그 역사를 다룬 책에 주석을 달면서 자신의 주요 사상을 전개한다. 그의 주장은 추상적인

---

[6] 이전의 전통을 거부하는 마키아벨리의 태도에 관한 간략하면서도 훌륭한 연구는 마키아벨리의 《군주론》에 덧붙인 Skinner의 머리말(1988) 참조.

원리가 아니라 역사상의 사실로부터 도출된다. 만일 로마 철학자들이 로마의 강력한 힘의 원천에 대해 제대로 파악하지 못했다면 이는 그들에게 큰 손실이었을 듯하다.

2. 자기규율적인 공화정

마키아벨리는 방어를 위한 연합으로부터 사회가 출발했기 때문에 처음에는 단순히 힘이 가장 센 사람을 지도자로 인정했다고 주장한다. 협력이 필요해지자 사회 구성원들은 힘만 센 사람과 공동의 선을 위해 헌신적으로 일하는 사람을 곧 구별하게 되었다. 이 시점부터 영예로움 또는 선, 그리고 악독함과 악 사이의 구별 또한 생겨났다. 왜냐하면 사회에 도움이 되는 관대한 사람들에게 해를 입힐 정도로 배은망덕한 자들을 우리는 본성적으로 비난하기 때문이다. 이런 악을 막기 위해 법이 만들어졌고, 법과 더불어 정의의 개념이 처음 등장했다(《로마사론》 1. 2: 197면).

사람들은 사회가 공동의 이익을 제공함에도 함께 사는 일이 쉽지 않음을 발견한다. 이는 사람들이 사악하기 때문이다. 그들은 오직 자신만의 선을 추구하면서 자신의 방식대로 살려는 성향을 지닌다. 그들은 끝없는 야망에 불타며 그들의 욕구는 만족될 줄 모르고 모두가 불만에 빠져 있다(《로마사론》 1. 3: 201면; 1. 37: 272면; 2 pref. : 323면). 사회를 계속 유지하기 위해서는 법과 강력한 통치가 필요하다. 이 둘이 모두 존재한다 할지라도 인간사는 항상 변화하기 때문에 사회는 불안정하다. 따라서 이런 근본적인 변화를 피할 수 있는 통치 체제를 발견하는 일이 과연 가능한지 질문이 제기된다(2 pref. : 322면; 1. 2: 197면 이하).

오직 공화정만이 이렇게 할 수 있는 가능성이 높다. 공화정에서는 모든 사람에게 통치와 관련된 역할이 주어진다. 전쟁을 이끌거나 법을 제정하고 위기 상황에 대처하는 데 가장 능력 있는 이들은 통치자들인데, 그들은 잠시만 그 자리를 차지할 뿐 영원히 머물지는 않는다. 통치자들은 대중에게 정책들을 제시하는데 이러한 정책은 평가를 거치게 된다. 마키아벨리는 대부분의 문제와 관련해서 대중의 의견을 그리 중요하게 생각하지 않는다 ― 대중은 단지 배고플 때만 일하며 법이 요구할 때만 선하게 행위한다 ― 하지만 그는 최소한 특정한 문제들에 대해서는 대중이 전반적으로 올바른 판단을 내릴 능력이 있다고 생각한다(《로마사론》 1. 47: 292~293면). 대중은 종종 변덕스럽기도 하지만, "지휘자가 있고 잘 조직된 사람들은 군주만큼이나, 혹은 그 이상으로 안정적이고 사려 깊으며 충실하다."(1. 58: 315면) 순전한 민주정에서는 서로 싸우는 군중들만 존재하므로 이들에게 무엇을 행해야 하는가에 대한 어떤 훌륭한 조언도 결코 기대할 수 없다. 세습귀족 중심의 귀족정에서는 조상들보다 훨씬 능력이 떨어지는 후손도 계속 지도자가 되는 문제가 있다. 군주정은 포학한 전제정치가 되기 쉽다. 공화정에서는 최고의 인물들이 번갈아 통치를 하거나 통치를 받는다. 새로운 인재가 발굴되며, 가난은 어떤 장애도 되지 않고 오직 성과만이 중요시된다. 대중은 항상 자유를 열망하므로 아무리 부유한 통치자라 할지라도 지나치게 큰 권력을 계속 차지할 수는 없다(1. 4: 203면).

공화정에서는 통치자 집단뿐만 아니라 시민들도 공동의 선을 위해 헌신한다. 시민들도 공동의 선을 위해 함께 땀 흘림으로써 영광과 명예를 얻는다. 훌륭한 시민은 도시의 이익을 위해 개인적인 악행을 삼가며 지나친 부를 추구하지 않는다(3. 47: 526면). 이들은 통치에 참여할 뿐만 아니라 이전에 자신늘이 통치했던 사람들의 통치를 기꺼이 도움으로써, 또는 고위의 관직을 맡은 후에 하위의 관직을 맡기도 함으로써 스스로 명예를 드높인다(1. 36: 271~272면). 그렇다면 불평등이야말로 공화정이 가장 혐오하는 바이다. 법률은 부를 엄격하게 통제해야 하며, 종교는 법을 강화해야 한다.

그런데 공동의 선이란 과연 무엇인가? 공화정을 택한 모든 독립적인 나라는 항상 두 가지를 추구한다. "첫째, 이익을 창출하려 하며, 둘째, 자유를 유지하려 한다."(1. 29: 258면) 모든 공화국이 직면하는 첫 번째 위험은 외부의 적들이다. 따라서 모든 공화국은 자기방어를 위한 조직을 갖추어야 한다. 하지만 공화정 시대의 로마는 추가적으로 영토 확장을 위한 조직을 갖추었으며, 공화정의 지속과 제국으로의 전개는 로마의 성공뿐만이 아니라 영원히 이어지는 명예를 위한 증거이기도 하다. 마키아벨리는 공화정이 주로 부와 안정을 추구해야 한다고 생각하지 않는다. 그는 이들을 별로 중시하지 않으면서 "자유로운 국가가 이룰 수 있는 가장 가치 있는 일은 국민들이 검소하게 살도록 유지하는 것"(3. 25: 486면)이라고 말한다. 돈과 교역은 타락의 근원으로서 사람들로 하여금 필요한 정도 이상의 부를 탐내도록 만든다. 마키아벨리는 공동의 선에 조금도 기여하지 않은 채 "일도 하지 않으면서 토지 등의 재산으로부터 얻는 수입으로 사치스럽게 사는" 사람들을 경멸적으로 "신사들"이라고 부른다. 이런 부류의 사람들은 오직 자신들의 권력을 강화하려고 정치를 이용함으로써 모든 사람의 자유를 위협하므로 공화정에게 항상 위험한 존재들이다(1. 55: 308면). 대중들이 항상 원하는 자유가 동시에 도시가 가장 번성할 수 있는 조건이 된다는 사실은 마키아벨리에게 어쩌면 역설적으로 보일지도 모른다.

> 하지만 그 이유는 쉽게 이해할 수 있다. 도시를 위대하게 만드는 것은 개인의 선이 아니라 공동의 선이기 때문이다. 이 공동의 선이 오직 공화정에서만 중요하게 여겨진다는 사실 또한 의심의 여지가 없다. 왜냐하면 사람들은 공동의 선을 증진하는 모든 것을 실행하며, 설령 어떤 시민 개인에게 큰 손실을 끼칠지라도 이른바 공동의 선을 통해서 이익을 얻는 사람의 수가 무척 많으므로 피해를 입는 소수의 입장에 맞서 그들을 압박할 수 있기 때문이다(2. 2: 329면).

따라서 마키아벨리는 공동체의 관점에서 선을 추구하는 것이 안정되고 영속적인 도시를 유지하는 유일한 희망이라고 생각한다. 이런 도시는 팽창주의적 전쟁을 강요받을 수도 있다. 하지만 정복은 시민들에게 명예와 영광을 드높일 기회를 더욱 많이 제공하여 결국 시민들이 도시에 더욱 큰 결속력을 느끼게 한다. 공동체 중심의 심리가 이런 사실을 뒷받침한다. 사람들이 훌륭한 통치를 받는다면 그들은 도시가 번영하는 모습에서 자신의 만족을 발견한다. 반면에 그런 통치를 받지 못한다면 사람들은 타락하게 된다. "왜냐하면 훌륭한 도덕이 제대로 유지되기 위해서는 법이 필요하듯이 법 또한 준수되기 위해서는 훌륭한 도덕이 필요하다."(1. 18: 241면) 만일 사람들이 공적으로 중요한 문제에서 올바른 판단을 내리지 못한다면 이는 사람들 자신의 잘못이 아니라 통치자의 잘못이다. 이는 "사람들이 저지르는 죄"에 일반적으로 적용된다(3. 29: 493~494면).

공화국에는 나라를 창립한 사람이 있기 마련인데, 마키아벨리는 그가 너무 오래 통치해서는 안 되며 또한 권력을 가족에게 넘겨서도 안 된다고 생각한다(1. 9: 218면). 이런 개인이 어디에서 등장하며 자신의 정신세계를 어떻게 형성하는지는 명확하지 않다. 하지만 마키아벨리가 그를 신성한 존재로 생각하지 않는다는 점은 명확하다. 설령 그가 다른 사람들이 자신을 확실히 따르도록 유도하기 위해 신들에 호소한다 할지라도 이 사실에는 변함이 없다. 고전적인 공화국은 변화나 운명, 행운 등에 도전해 이를 이겨 낸 인간의 창조물이다. 심지어 정의와 불의, 명예와 수치, 비르투와 타락 등의 용어 자체도 살아가기에 적절한 도시를 만들고 유지하려는 우리 노력의 일부이다. 만족할 줄 모르는 욕망과 끝없는 대립이 이어지는 세계를 우리가 살 만한 도시로 만들고 유지하기 위해서는 우리보다 우월한 존재가 아니라 우리가 선택하고 퇴출할 수 있는 사람들이 필요하다.

3. 되살아난 피론주의

마키아벨리는 공화정에 도움이 되는 바를 우리가 어떻게 알 수 있는가에 관심을 보였지만 회의주의를 그리 크게 염려하지 않았다. 루터와 칼뱅은 대부분의 사람들이 자연법을 명확하게 파악할 수 없으며, 신의 계시가 없이는 중요한 지식들 대부분을 전혀 얻을 수 없다고 주장했다. 이들은 우리가 삶의 방식에 대해 본성적으로 얻을 수 있는 지식에는 분명한 한계가 있음을 인정했지만 결코 회의주의자는 아니었다. 이들은 계시의 확실성을 전혀 의심하지 않았으며, 이 확실성은 이들에게는 충분한 것이었다.

하지만 다른 많은 사람들에게는 충분하지 않았다. 17세기에 이르러 《성서》의 무오류성 및 성서를 아무나 마음대로 해석하는 일을 누가 통제할 수 있는지에 대한 회의가 등장했다. 이에 앞서 16세기에는 고대의 회의주의가 부활하면서 회의를 고조시킬 형식과 논증을 제공했는데, 새롭게 편집되거나 번역된 고전, 특히 섹스투스 엠피리쿠스(Sextus Empiricus)의 저술이 지적인 독자에게 소개되었던 데에서 큰 힘을 얻은 것이다. 따라서 17세기에 회의주의는 철학의 주된 관심사가 되었지만 최소한 도덕철학에서는 그렇지 않았다.[7]

16세기에 가장 큰 영향력을 발휘했던 종류의 회의주의는 피론(Pyrrho)의 본래 사상을 섹스투스가 서술하여 전한 내용이었다.[8]

---

7) Popkin(1979); Burnyeat(1983), 특히 Burnyeat와 Schmitt의 논문; Annas & Barnes(1985)에는 유용한 참고문헌이 실려 있다. 이하의 논의에서 나는 특히 Myles Burnyeat(1983), "Can the Skeptic Live His Skepticism", in Burnyeat으로부터 큰 도움을 받았다. 또한 Burnyeat(1984) 참조. Annas (1986), "Doing without Objective Values", in *Schofield and Striker*: 3~29면에도 유익한 논의가 등장한다. 자연법 이론가들과 관련된 회의주의에 대해서는 Tuck(1983, 1987) 참조.

8) 〔옮긴이주〕피론(기원전 360~272년경)은 모든 명제의 긍정과 부정을 동시에 증명할 수 있으므로 진리를 추구하려는 노력은 단지 헛된 일이며, 우리는 감각을 신뢰할 수 없기 때문에 감각에 대한 판단을 중지해야 한다고 주장하는 전형적인 회의주의를 내세웠다. 그는 아무것도 인식할 수 없고 가르칠 수 없다는 스스로의 주장에 충실해 어떤 저술도 쓰지 않았다. 그의 사상은 기원후 3세기 초에 활동한 섹스투스의 저술 《피론주의 개관》(*Hypotyposes*)을 통해 집대성되어 전한다. 저자의 지적대로 16~17세기 지성인들에게 큰 영향을 미친 《피론주의 개관》은 근대에 접어든 1562년 다시 출판되었다.

피론의 회의주의는 근대에 등장한 데카르트적인 회의주의와는 달리 인식론의 문제 자체에는 그리 큰 관심을 보이지 않았다. 피론은 오히려 스토아학파나 에피쿠로스학파와 유사하게 좋은 삶을 탐구의 대상으로 삼았으며, 최고선이 무엇인지를 파악하려는 시도가 계속 실패할 수밖에 없음을 깨닫고 이런 시도 자체를 포기할 때에만 좋은 삶에 도달하게 됨을 발견했다. 피론은 무엇이 좋고 나쁜지에 대해 아무것도 알 수 없었으므로 무엇을 추구하고 회피해야 하는지에 대한 끊임없이 변화하는 믿음 때문에 동요할 이유도 더 이상 없었으며, 이런 동요의 부재가 곧 헛되이 추구해 왔던 마음의 평정임을 깨닫게 되었다. 섹스투스가 말하듯이 "무엇이 본성적으로 좋고 나쁜지에 대해 아무 결정도 내리지 않는 사람은 어떤 것도 간절히 회피하거나 추구하려 하지 않는다. 따라서 그는 평온을 유지한다". [9]

만일 스토아주의나 에피쿠로스주의처럼 회의주의도 삶의 방식 중 하나라고 간주한다면, 누구라도 그런 방식에 따라 살 수 있는 것인지 당연히 의문이 제기된다. 무엇이 좋고 나쁜지에 대해 아무 확신도 없다면 회의주의자는 기꺼이 절벽에서 뛰어내리고 얼마든지 불에 뛰어들어 분신도 하지 않겠는가?[10] 흔히 제기되는 이런 비판에는 다음과 같이 대답할 수 있다. 회의주의자도 자신이 사물의 '외관'(appearance)을 보고 이에 따라 움직이는 것을 허용한다. 즉, 그도 절벽이 위험해 보인다든지 불이 뜨겁게 느껴진다는 점을 회의하지는 않는다. 이런 외관을 보고 그도 이들 둘에게서 멀찌감치 물러

---

9) Sextus Empiricus, *Outlines* I. 25~28. Burnyeat (1984) : 241~242면 참조.
10) 이런 반박의 기원에 관해서는 Burnyeat (1984) : 248면 주 44 참조.

선다. 외관에 의지해서 살기 때문에 회의주의자도 생존할 수 있다. 하지만 이를 어떻게 이해해야 하는가?

피론주의자의 관점에서 볼 때 외관은 사물이 존재하는 방식에 관한 믿음과 대비된다. 최고의 회의주의자인 피론에게 이런 믿음은 전혀 없었다. 그는 매우 다양한 논증을 거쳐 이런 입장에 도달한다. 모든 논증에서 사물들을 보는 방식, 도덕적 선에 관한 주장 그리고 적절한 법률에 관한 주장을 다른 방식이나 주장과 대조함으로써, 이런 외관들 중에 어떤 것인지 참인지 판별할 방법이 전혀 없음을 발견한다. 회의주의자도 이런 모든 것들에 관한 진리가 존재한다는 점을 부정하지 않지만 진리에 도달할 수는 없음을 깨닫는다. 그에게 남는 바는 오직 외관 — 즉 사물들이 그에게 드러나는 방식뿐이다.[11] 회의주의자가 자신에게는 아무런 믿음도 없다고 말할 때 믿음이 의미하는 바는 '사물의 진실에 대한 믿음'이다. 즉, 동의조차 전혀 불가능하다고 말한 것은 아니다. 그는 외관에 동의하지만 이런 종류의 동의가 믿음은 아니다. 믿음이란 사물들이 진정으로 어떻게 존재하는지에 대한 주장을 형성하는 동의인데 회의주의자는 이런 믿음이 없다. 섹스투스는 "탐구자가 탐구 후에 갖게 되는 마음의 상태" 때문에 회의주의학파는 "판단을 중지하는" 사람들이라고 불린다고 말한다(*Outlines* I. iii).[12]

---

11) 내가 아는 한 회의주의자는 사물들이 자신에게 드러나는 방식을 언어로 구성해 표현하거나 이에 관해 다른 사람과 의견을 주고받는 능력은 조금도 회의하지 않는다.

12) 또한 섹스투스는 반대되는 외관을 고찰한 결과 우리는 "우선 정신적인 판단중지의 상태에 이르며, 그 다음에는 '평정' 또는 평온함에 이르게 된다"고 말

그렇다면 '외관'이라는 개념 아래 포함되는 바는 무엇인가? 단지 감각적 인상뿐만이 아니라 회의주의자가 믿도록 이끌릴 수 있는 모든 것이 외관으로 간주된다. 즉, 불은 뜨겁다는 점, 절벽에서 떨어지면 다칠 것이라는 점, 중혼(重婚)은 나쁘다는 점, 아무것도 확실하지 않다는 점 — 이들 모두가 외관이다. 버니트(Burnyeat)의 표현에 따르면 무언가가 외관이라는 말은 "주제와 전혀 무관하다"는 말이다. 우리 정신의 내용물들은 감각적 현상과 명제적 믿음으로 나뉘지 않는다. 이들은 오히려 사물이 존재하는 방식에 대한 진리에 도달할 수 있다고 주장하는 주관적 상태와 이런 주장을 전혀 펴지 않는 주관적인 상태로 나뉜다. 따라서 "순전히 외관에만 집착하는 회의주의자는 도전이나 의문의 대상이 되지 않는 안전한 입장으로 후퇴한 셈이다. 그는 하늘 아래 무엇에 대해서라도 말할 수 있을지 모른다 — 하지만 그것이 진정으로 어떻게 존재하는지가 아니라 단지 그에게 어떻게 보이는지를 지적할 뿐이다". 13) 하지만 어쨌든 회의주의자에게 보이는 외관은 그의 삶을 인도하는 데에, 더 나아가 마음의 평정을 주고 그에게 선으로 보이는 바에 이르도록 하는 데에 충분하다. 14)

한다. *Outlines* I. iv.

13) Burnyeat(1983), in Burnyeat: 128면.

14) 프란치스코 산체스(Francisco Sanches)는 1581년 《아무것도 인식되지 않는다》(*That Nothing Is to Be Known*)라는 저술을 출판했다. 이 책은 몇 차례나 다시 출판되기도 했다. 여기서 그는 특별히 피론주의를 택하지 않으면서도 회의주의적 견해를 강력하게 지지한다. 그는 도덕에 관해서는 거의 아무것도 언급하지 않으며, 마음의 평정을 회의주의의 결론으로 보지도 않고, 자연법 이론을 공격하지도 않는다. 그는 오직 자기 혼자 나름대로 생각할 권리를 옹호할 뿐이다. 진리가 당신이 밝혀 주기를 기다렸다고 생각하는 당신은 과연 누구인가? 이 질문에 그는 진리가 당신뿐만이 아니라 다른 어느

회의주의뿐만 아니라 스토아학파와 에피쿠로스학파도 근대 초에 인간의 삶을 인도하는 근거로 사용되었다. 이들의 가르침을 받아들인 몇몇 사람들은 신중하게 기독교의 대안을 추구했던 반면 다른 이들은 그렇게 하지 않았다. 이들 세 이론은 기독교화한 형태로 널리 소개되었으며 이들 중 일부는 지식인들 사이에 폭넓게 전파되었다. 회의주의를 기독교화하는 일은 생각보다 손쉬웠다. 특히 기독교 교리를 이론적 증명이 아니라 신앙의 문제로 여긴다면 독실한 기독교 신자임을 유지하면서도 기독교를 지지하는 어떤 증거나 합리적 논증도 존재할 수 없다고 생각하는 일이 충분히 가능하다. 하지만 신앙은 여전히 지식보다 우위에 놓일 수 있다.

4. 몽테뉴: 회의주의와 신앙

고전적 회의주의는 폭넓은 계층의 많은 사람들이 읽었던 몽테뉴 (Michel de Montaigne, 1533~1592)의 《에세》(*Essays*)를 통해 가장 큰 영향력을 발휘한 근대적 형태로 구체화되었다. 하지만 그가 항상 높은 평가와 칭찬만을 받지는 않았다. 20세기에 접어들어 그를 향하여서 가장 뒤떨어진 보수주의자라는 비난이 이어졌다. 15) 스튜어트

누구도 기다리지 않았다고 답한다. "그렇다면 아무것도 새롭지 않다. 설령 무언가가 새롭다 할지라도 왜 오직 아리스토텔레스만이 저술을 남겼는가? 또 왜 우리는 침묵을 지켜야 하는가?"(169면)

15) Horkheimer (1988): 243~234면. 《에세》에 대한 인용 표시는 Frame의 번역본에 따랐다.

(Dugald Stewart)16)는 그를 수준 낮고 진부한 회의주의자로 여기면서, 그의 저술에는 "품위 없는 변덕"만이 여기저기 흩어져 있고, 그는 "방탕한 18세기 철학 대부분의 기초"를 최초로 널리 전파한 인물이라고 혹평했다. 또한, "프랑스 혁명의 극단적인 요소들이 불러온 수치스러운 일들"의 철학적 원천이 되었다고 평가했다. 하지만 스튜어트조차도 몽테뉴의 저술이 널리 읽혔다는 사실은 인정하지 않을 수 없었다. 즉, "그는 (키케로의 표현을 빌리자면) 사람들의 집에 이른바 새로운 철학을 도입하는 데 어쩌면 다른 어느 학자보다 크게 기여했으며 … 근대 이후 두 세기 이상에 걸쳐 가장 대표적인 도덕철학자로서 자신의 지위를 유지했다"는 점을 인정한다.17) 몽테뉴는 진정한 도덕철학자였으며 인간이 처한 상황과 어떻게 살아야 하는가에 관해 사람들이 기억할 만한 수많은 격언들을 남겼다. 하지만 사실 그는 이런 수준을 훨씬 넘어선 인물이었다. 그는 종교 때문에 분열된 세계에서 공식적으로 인정받던 도덕적 권위가 사라지면서 일상적 삶에서 나타난 변화를 상세히 탐구한 최초의 학자였다. 그는 실천적 지혜의 측면에서 과거 유럽의 유산이 부적절함을 폭로함과 동시에 유럽의 새로운 상황 때문에 피할 수 없게 된 질문을 명확히 제시하고 이에 대한 가능한 대답을 탐구하기 시작했다. 그의 도덕적 회의주의는 근대 도덕철학의 출발점이었다. 우리는 아직까지도 몽

---

16) 〔옮긴이주〕 스튜어트(1753~1828)는 이른바 스코틀랜드 상식학파(Scottish Common Sense School)의 대표적인 철학자로 철학이 형이상학적 사변에 오염되어서는 안 된다고 주장하면서 수학과 자연과학의 방법을 철학에 도입한 인물이었다.

17) Stewart(1854): 100~105면, 111면, 107면.

테뉴가 제기한 질문의 답을 찾고 있다.

몽테뉴는 도덕이나 그 외의 어떤 것에 관해서도 체계적 사상을 제시하지 않는다. 심지어 그의 글들은 체계적인 사고를 거부한다는 점을 분명히 드러내기도 한다. 다뤄진 주제는 다양하며, 문체는 끊임없이 바뀐다. 그는 어떤 질문에도 하나의 일관된 대답에 이르지 못한 채 거듭해서 여러 질문을 새로 던지는 듯이 보인다. 어떤 경우에는 자신이 다루려 했던 주제에서 벗어난 후 다시 돌아오지 않기도 한다. 이 모든 것을 통해서 우리는 어디에 도달하는가? 이에 답하기는 결코 쉽지 않다. 이런 복잡함은 다분히 의도적이기도 하므로 어떤 한 요소만을 강조하면 왜곡을 피할 수 없다. 하지만 《에세》 전체를 관통하는 명확한 주제들이 있으며, 몽테뉴는 단지 저술가가 아니라 사상가로서 이들을 진지하게 다룬다. 그는 "누군가가 내 글의 언어와 문체를 상세히 검토한다는 말을 듣는다면 나는 그가 아무 말도 하지 않기를 바랄 뿐이다. 문체를 칭찬하는 것보다 차라리 내용을 비난하는 게 낫다"고 말한다(《에세》 I. 40: 184~185면).

몽테뉴의 사상이 지닌 회의주의적 성격은 《에세》 중 가장 긴 글인 "레몽 세봉(Raymond Sebond)을 위한 변명"에서 명확하게 드러난다. 여기서 그는 우리가 감각의 오류 가능성과 이성의 박약함을 인정하도록 이끌기 위해 피론주의적 논증을 반복해서 길게 나열한다. 그는 회의주의자가 빠지기 쉬운 함정을 잘 알고 있었기 때문에 우리가 아무것도 알지 못한다거나 모든 것이 의심스럽다는 주장을 피하려 애쓴다. 바로 이 때문에 그는 자신이 말하려는 바가 스스로 좌우명으로 삼은 질문, 즉 "나는 무엇을 아는가?"라는(II. 12: 393면) 형태의 질문으로 가장 잘 표현된다고 밝힌다.

그의 회의주의는 도덕에까지 확장된다. 자연법에 관한 주장을 직접 공격하면서 그는 옳고 그름 또는 어떻게 살아야 하는가에 관해 보편적으로 받아들여지는 어떤 이론도 발견할 수 없다고 말한다. 오직 보편적인 동의만이 그런 법들이 자연적임을 증명할 수 있다.[18] "왜냐하면 자연이 진정으로 명령한 바를 우리는 조금도 의심하지 않고 모두가 동의하면서 따를 것이기 때문이다." 하지만 그는 곧 다음과 같이 덧붙인다. "이런 종류의 법을 단 하나만이라도 내게 보여 달라 — 그러면 기꺼이 나는 거기에 따를 것이다." "내가 어제 덕이라고 확신했던 바가 내일은 과연 덕일지 의심되며, 또한 강 건너에서는 그것이 일종의 범죄가 되는 상황에서 과연 나는 무엇을 할 수 있는가? 산으로 둘러싸인 안쪽에서는 참이었다가 산 너머의 세계에서는 거짓이 되어 버리는 진리는 또 어떤가?"(II. 12: 437면) 다른 글에서 몽테뉴는 멀리 떨어진 곳에서는 사육제나 수없이 다양한 성행위 방식, 종교적 신앙 등과 관련해서 프랑스와는 전혀 다른 관습이 통용된다는 보고에 주목한다. 이들 모두 나름대로 의견으로 인정되고 이들 중 무언가를 선택할 확실한 기준이 없다면 우리의 믿음을 중지해야 한다는 결론에 이른다.

몽테뉴는 자신의 회의주의를 다른 방식으로 지지하기도 한다. 그는 우리의 의견을 결정하는 데 순전히 우연적인 요소들이 매우 많이 작용한다는 점을 인정하라고 우리를 압박한다. 우리의 의견 중에 우

---

[18] "너희는 남에게서 바라는 대로 남에게 해주어라"라는(〈마태오의 복음서〉 7장 12절 — 팔호 안은 옮긴이의 첨가) 원리에 사람들이 보편적으로 동의한다는 사실이 관습의 다양성으로부터 자연스럽게 등장한 회의주의를 반박한다는 주장에 관해서는 St. Augustine, *On Christian Doctrine* 3. 14 참조.

리 자신의 기질, 우리가 우연히 태어나 살아온 나라, 운 좋게 받은 교육이나 사회적 지위에 힘입어 결정되는 것이 얼마나 많은가! 그렇다면 과연 우리 자신의 신념에 얼마나 큰 비중을 둘 수 있겠는가? "만일 자연이 다른 모든 것들과 마찬가지로 인간의 믿음이나 판단, 의견까지도 자신의 일상적인 진행과정 안에 포함해 버린다면 … 어떻게 우리가 이런 것들에 중요하고 영속적인 권위를 부여할 수 있겠는가?" 그는 우리의 지성, 도덕, 심지어 종교까지도 동물의 그것과 비교하는데 — 이는 우리의 지위를 크게 손상시킨다. 그는 계속해서 신성한 존재, 영혼, 최고선 등에 대한 철학적 의견이 거의 무한할 정도로 다양함을 지적한다(II. 12: 382~383, 405~408, 435~436면). 그는 어디에서도 자신이 의지할 것을 발견하지 못한다.

만일 몽테뉴가 단지 인식론적 주장을 편다고 여겨 도덕적 지식을 포함한 지식의 기초를 발견하려 하거나 회의주의 논증이 오류에 빠진다는 점을 보임으로써 그의 주장을 반박하려 한다면, 우리는 그의 입장을 제대로 이해할 수 없다. 그는 회의주의의 진부한 주장으로부터 신앙을 옹호하는 신앙주의자이다. 그는 신과 은총을 찬양하기 위해 인간 이성을 깎아내린다. 우리가 존재와 연결되지 않는 까닭은 무에서 만들어졌기 때문이며, 우리가 신의 도움이 없이는 아무것도 할 수 없는 까닭은 우리 자신이 아무것도 아니기 때문이라고 몽테뉴는 말한다(II. 12: 455~457면). 몇몇 진리는 신의 은총을 통해서 계시되며 로마 가톨릭교회의 가르침을 통해서 구체화된다. 바로 이런 관점으로부터 신과의 관계에서 우리가 유지해야 할 적절한 태도가 명확해진다.

신이 인간에게 부여한 제일 첫 번째 법칙은 완전히 복종하라는 것이었다. 이는 인간이 전혀 알지 못하고 논의할 수 없는 바에 관한 꾸밈없고 단순한 계율이었다. 왜냐하면 우리에게 은총을 내리는 천상의 우월한 존재를 인식하고 그에게 복종하는 것이 이성적 영혼의 주된 역할이기 때문이다. 복종과 굴복으로부터 다른 모든 덕들이 생기며 무례함으로부터 모든 죄가 생겨난다. … 지식의 수준에서 자꾸 의견을 표명하는 일은 인간이 걸리는 역병이다. 바로 이 때문에 우리의 종교는 믿음과 복종에 적합한 특성으로 무지를 추천한다(II. 12: 359~360면).

간단히 말하면 몽테뉴는 도덕의 내용과 관련해서 주의주의적 견해와 유사한 입장과 아우구스티누스적인 태도를 신앙의 차원에서 받아들인다. 하지만 그의 글들이 신학을 다루지는 않는다. 그의 글은 그 자신이 개인적으로 심사숙고한 결과이다. 그리고 그는 우리가 자연법에 관해 어떤 타고난 지식이라도 지닐 수 있다는 점을 가장 비기독교적인 방식으로 의심하기 때문에, 도덕이란 거의 모든 시대에 걸쳐 대부분의 사람들이 실천하거나 혹은 무시해 온 것 — 신이 제정한 것이 아니라 인간이 창조한 것 — 으로 간주한다. "우리가 흔히 본성적으로 타고났다고 말하는 양심의 법칙들은 사실상 관습의 결과이다. 사람들은 각자 주변에서 받아들여지고 인정되는 의견이나 행위를 내적으로 존중한다고 주장하면서 과감하게 이들로부터 벗어나지 못하며 또 아무런 자기만족도 얻지 못하면서 이들에 따르기도 한다."(I. 23: 83면) 관습의 다양성을 받아들인다면 피론주의적인, 도덕에 대한 회의주의가 명백한 결론이다. 하지만 몽테뉴는 이런 회의주의적 결론에 만족하지 않는다. 그는 단지 의견을 중지하는 데서 마음의 평정을 발견하지 못한다. 따라서 그는 우리가 어떻게 살아야 하는지에 대해 무엇을 배울 수 있는지, 또한 초자연적인 존재의 도움이 없이도 언제 이 질문에 답해야 하는지 의문을 거듭해서 던지게 된다.

5. 몽테뉴의 검토 방법

어떻게 살아야 하는가에 관한 이론을 다루는 몽테뉴의 관심은 실천적이기 때문에 그는 당시까지의 유럽 사상이 제시해 왔던 충고에 나름대로의 방식으로 접근한다. 그는 자신이 정말 그런 방식으로 살수 있느냐는 질문을 항상 던진다. 현명한 인물들이 제시한 이론이 참인지 거짓인지 알지 못한다고 가정해 보자. 그럼에도 나는 좋은 삶에 대한 그들의 견해가 나에게 충분한 동기를 제공하는지, 안정적이고 지속적으로 나를 강력하게 이끄는지 물을 수 있다. 이는 마음속의 동요를 잠재우기 위해 필요로 하는 바이기도 하다. 몽테뉴는 이런 검토 방법을 자신이 처음으로 제공했다고는 생각하지 않는다. "피론은 … 다른 모든 진정한 철학자들과 마찬가지로 자신의 이론과 일치하는 삶을 살아가려고 애썼다."(《에세》 II. 29: 533면)[19] 하지만 몽테뉴가 이 검토 방법을 이해한 방식에는 그가 고찰한 고전적 이론들이나 이를 구체화하고 노력했던 사람들이 그리 큰 관심을 보이지 않은 새로운 요소가 포함된다.

---

19) 아리스토텔레스의 《니코마코스 윤리학》, 1172b1~4와 1179a19~20에서도 이와 유사한 점이 제시된다.

고대 철학자들의 생각에 많은 사람들은 덕을 갖추고 사는 데에 필요한 지혜에 실제로 이를 수도, 이런 문제에 대한 관심도 없었다. 하지만 몽테뉴의 검토 방법을 통과하기 위해서는 어떤 이론 또는 삶의 방식이 극소수의 현자들에게만 유용한 것이 아니라 평범한 일상인들도 충분히 인도할 수 있어야 한다. 몽테뉴는 오직 자신만을 위해 자신의 생각을 말할 뿐이지만 자신을 결코 지혜나 덕의 측면에서 비범한 사람으로 여기지 않았다. 그리고 오직 위대한 인물만을 인도하는 이론에는 관심이 없었다. "바보들에게 어울리는 죽음도 있고 현자에게 어울리는 죽음도 있지만 우리는 그 사이에 놓인 사람들에게 어울리는 죽음을 발견하려 한다."(III. 9: 752~753면) 이런 측면에서 알렉산드로스(Alexander) 같은 인물의 위대한 영웅적 행위보다는 소크라테스(Socrates)의 겸허한 활동이 우리에게 더욱 유용하다. 알렉산드로스는 세계를 정복하는 방법을 안다. 반면 소크라테스는 "우리에게 본성적으로 주어진 조건에 맞추어 인간적인 삶을 살아나가는 방법을 아는데, 이것이 훨씬 더 일반적이며, 더 비중 있고, 더 적절하다"(III. 2: 614, 787면). [20] 과거 몇몇 위대한 인물들은 뛰어난 열정과 영웅적 자아도취를 통해 우리는 엄두도 내지 못할 덕을 갖춘 행위를 할 수 있었다. 하지만 영웅들의 성취 자체가 그들을 우리의 모범으로 삼기 어렵게 만든다. 그들이 일종의 완전성을 드러내는지도 모르지만 우리는 그토록 높은 수준에 이를 수 없으며, 우리가 그들을 따르려 시도한다면 이는 지혜가 아니라 광기일 것이라고 몽테

---

20) 하지만 몽테뉴는 때로 소크라테스조차도 너무 높은 기준을 채택했다고 보기도 한다. 《에세》, III. 4: 632면.

뉴는 말한다(II. 2: 251면). 21)

몽테뉴의 검토 방법에는 좋은 삶을 위한 이론을 고대인들이 이해했던 방식과는 결별했음을 더욱 명백히 보여 주는 또 다른 조건이 포함되어 있다. 아리스토텔레스는 자신의 견해가 현자들에게 받아들여질 뿐만 아니라 일반적으로 폭넓게 인정되는 견해와도 일치하리라고 생각했다. 몽테뉴는 자신이 현자라고 생각하지 않으며 우리가 존중할 만한 어떤 일치된 의견이 대중 사이에 존재한다고도 생각하지 않는다. 하지만 그는 받아들일 만한 이론이란 자신이 이미 갖고 있는 무엇이 옳고 그른지, 무엇이 좋고 나쁜지에 대한 신념 ─ 전체는 아니더라도 최소한 자신에게 깊이 뿌리 박혀 그것에 충실하지 않고는 살아나갈 수 없는 신념 ─ 과 조화를 이루어야 한다고 생각한다. 욕망과 욕구뿐만 아니라 이런 신념들도 당연히 그를 사로잡고 행위하게 만든다.

그는 자신의 가장 뿌리 깊은 신념은 자신이 삶 전반에 걸쳐 성실하게 실현하려고 노력하는 대상임을 발견한다. 22) 소크라테스와 더불

---

21) "우리의 능력과 범위를 넘어서는 이런 규칙들이 … 무슨 소용이 있는가? 나는 제안하는 사람이나 제안을 받는 사람이나 모두 따를 수 있는 희망이 전혀 없는, 더 나아가 따르려는 마음조차도 전혀 없는 삶의 유형을 사람들이 제안하는 모습을 자주 본다. … 명령과 복종 사이에 적절한 균형이 이루어지는 편이 더욱 바람직하다. 우리가 이룰 수 없는 목표는 부당한 듯 보인다."(《에세》, III. 9: 756~757면)

22) 바로 이 때문에 그는 《에세》의 이전 판들에서 등장한 내용을 이후의 판에서 삭제하거나 변형하지 않고 오직 새로운 내용을 더하기만 했다. 《에세》는 그 자신이 평생 거듭해서 읽었던, 자신에 대한 기록이기도 하다. 그가 노년에 제시한 의견이 젊은 시절의 의견보다 더 진심에 가깝다고 생각해서는 안 된다. 그의 의견들 모두가 그를 파악하는 데 도움을 준다.

어 그는 자기 자신을 알려 한다. 어떤 인도가 받아들일 만한지 그렇지 않은지를 판단하는 원천이 바로 자기 자신이기 때문이다. 이런 맥락에서 보면 그는 "겸손과 순종만이 좋은 사람을 만들 수 있다"고 생각하거나, 어느 누구도 자신의 의무를 스스로 판단해서는 안 된다고 주장하는 회의주의의 태도와는 거리가 멀다(II. 12: 359면). 여기서 몽테뉴가 제시하는 더욱 일반적인 논점은 반드시 기억할 필요가 있다. 그는 다음과 같이 말한다. "나는 보잘것없는 평범한 삶을 살아가지만 이는 아무런 문제도 되지 않는다. 우리는 모든 도덕철학을 공적인 삶이나 사적인 삶과 연결할 수 있지만 부유한 삶과도 얼마든지 연결할 수 있다. 누구나 사람은 인간으로서의 완전한 모습을 내포하고 있다."(III. 2: 611면)23) 따라서 몽테뉴가 자신의 삶을 평가하는 것은 다른 사람이 할 수 없는 무언가가 아니다. 그가 묘사하는 자아는 계시나 전통의 도움이 없이도 경험과 반성을 통해서 파악할 수 있는 자아이다. 이는 또한 은총과 무관한 자아 — 우리의 본성적인 능력을 통해서 발견되는 자연적 인간이다. 따라서 이는 마음만 먹으면 얼마든지 주목할 수 있는 우리 각자의 자아이기도 하다.

자연적인 인간은 두 측면을 지니는데 이들이 쉽게 서로 들어맞지 않는다 해도 이는 그리 놀라운 일이 아니다. 한편으로 몽테뉴는 고대의 도덕철학자들처럼 마음의 평정에서 선을 찾는다. 하지만 그는 안정된 내면적 평화를 목표로 삼으면서도 회의주의자들과 마찬가지로 우리 인간이 변화무쌍한 존재임을 인정한다. 우리는 쉽사리 의견

---

23) 이런 언급의 배후에 놓인 아리스토텔레스적인 인식론에 관한 탁월한 논의는 Screech(1983), 특히 11~15장 참조.

을 바꾸며, 계획한 바를 그대로 유지하지 못하고, 우리의 욕구는 바람 앞의 갈대처럼 계속 흔들린다(II. 1: 240면). 나 자신의 의견조차도 일정하지 않다. 사람들 사이에 무한히 많은 의견이 등장할 뿐만 아니라 나 자신조차도 변덕스럽다. 오늘 전적으로 믿었던 바를 내일은 거짓으로 여기기도 한다(II. 12: 423면).

그렇다면 우리 자신을 인도하기 위해 우리의 외부를 둘러보아야 하는가? 관습은 시대와 장소에 따라 서로 다른데 우리는 단지 관습의 산물에 지나지 않는다. 몽테뉴는 보편적인 자연법과 함께 우리가 어떤 이상적인 사회에서 선을 발견할 수 있다는 생각도 버린다. 이런 이상을 추구하는 일은 무의미하다. 우리는 우리가 속한 나라의 법과 관습을 준수함으로써 공공의 평화를 바랄 수 있을 뿐이다. 몽테뉴는 다음과 같이 말한다. "국가는 규칙 중의 규칙이며 법들을 지배하는 보편적인 법이다. 그 안에 사는 사람은 누구나 자신이 사는 국가 안의 법에 따라야 한다."(I. 23: 86면) 이는 내가 속한 국가의 법들이 선하고 정당하기 때문이 아니다. "현재 법들이 신뢰받는 까닭은 정당하기 때문이 아니라 법이기 때문이다. 법처럼 그렇게 심하고, 폭넓게 영향을 미치는 결점이 일상적으로 드러나는 것도 없다. 따라서 법이 정당하기 때문에 따르는 사람은 법에 따라야 할 정당한 근거를 따르는 것이 아니다(III. 13: 821면).

어떤 경우든, 설령 발견할 수 있다 해도, 외부적 불변성으로는 충분하지 않다. 우리에게는 몇몇 삶의 규칙들이 필요하며 선과 이에 이르는 방법에 관한 충고도 필요하다. "자신의 삶 전반에 걸쳐 어떤 특정한 목표를 추구하지 않는 사람은 자신의 특정한 행위들을 도저히 질서정연하게 수행할 수 없다. 머릿속에 전체 그림을 그리지 못

한 사람은 수많은 조각들을 제대로 배열할 수 없다."(II. 1: 243면)
그런데 어느 누구라도 이런 이론을 우리에게 제공한 적이 있는가?

몽테뉴는 서로 다른 여러 철학자들을 점점 상세히 검토하면서 이 질문에 대해 아니라고 대답한다. 어느 누구도, 심지어 과거의 가장 위대하고 현명한 인물조차도 전적으로 어떤 이론에 따라 살지는 못했다. 소크라테스도 항상 현명하지는 않았으며, 알렉산드로스도 항상 절제한 것은 아니다. 스스로 신앙을 고백한 독실한 종교인도 철두철미하게 종교의 교리에 따라 행위하지는 못한다. 그들의 신앙고백과 삶은 서로 다른 별개의 문제이다. 몽테뉴는 이런 상황을 "일관되게 완전히 방탕한 삶을 사는 사람의 상황보다도 더욱 가증스럽다"고 매우 강력하게 말한다(I. 56: 230면). 진정으로 실천할 수 있는 이론을 지닌 사람은 항상 "자신의 원리들과 실천 사이에 확고한 관계를" 드러낸다(II. 1: 240면). 따라서 몽테뉴는 "우리의 활용 범위와 능력을 넘어서는 규칙"과 "그것을 제시한 사람이나 제공받는 사람 모두 결코 따를 희망이 없는 삶의 유형"에 반대한다(III. 9: 756면).[24] 참된 믿음은 행위를 통해서 드러난다. 만일 우리가 기독교의 신을 진정으로 믿으며 그를 받아들인다고 고백했다면 "이런 사실이 어디서나 드러나야 한다. 단지 우리의 말뿐만 아니라 우리의 행위도 이런 믿음의 빛과 광채를 띠어야만 한다"고(II. 12: 322면) 몽테뉴는 말한다. 고상한 교리만으로는 이런 검토 방법을 결코 통과할 수 없다. 그것이 우리의 모든 삶을 통해서 드러나야만 한다. "만일 어떤 사람

---

24) 몽테뉴는 스토아학파적인 이상을 마음속에 품고 있으며, 어쩌면 십계명에 대한 루터적인 해석도 받아들이는 듯하다.

이 어떤 선이라도 지니고 있다면 그것이 그의 행위와, 일상적인 대화와, 사랑하고 말다툼하는 방식과 … 그의 사소한 일상사와 집안을 이끌어 나가는 방식을 통해서도 드러나게 하라."(II. 37: 596면)

6. 몽테뉴적인 윤리학?

따라서 몽테뉴의 검토 방법은 매우 엄격하다. 초자연적인 도움이 없다면 자연적인 인간에 관한 탐구에 거의 희망이 없는 듯이 보인다는 점은 어쩌면 그리 놀라운 일이 아닐지 모른다. 물론 몽테뉴도 초자연적인 도움이 필요하다고 믿는다. 하지만 이것이 전부는 아니다. 신의 도움을 받았다고 전혀 상상할 수 없는 사람들 중에서도 위대한 인물이 얼마든지 계속 등장했다. 이런 예로는 한편으로 소크라테스를, 다른 한편으로 알렉산드로스와 카토(Cato)[25]를 들 수 있다. 이들은 순전히 인간적이기 때문에 이들의 위대함 또한 순전히 인간적이라고 몽테뉴는 주장한다. 이들은 신적인 영감 또는 무아지경의 황홀감이 자신들을 육체로부터 벗어나 신적인 무언가에 접하게 했다고 주장하기도 했다. 하지만 몽테뉴는 이런 주장은 도저히 참을 수 없다는 듯이 무시해 버린다. 그들은 그들 스스로에게 의지했을 뿐 신들에 의해 인도되지도, 신의 도움을 받지도 않았다. 그렇다면 이

---

25) 〔옮긴이주〕카토(Marcus Policius Cato, 별칭은 Cato the Censor, 기원전 234~149)는 로마의 정치가, 웅변가인 동시에 산문 작가였다. 뛰어난 웅변술과 법률적 능력, 엄격한 도덕성을 갖춘 정치가로 또한 최초로 본격적인 라틴어 산문을 쓴 작가로 로마에 큰 영향을 미쳤던 인물이다.

들을 이렇게 되도록 만든 요소를 우리도 지니고 있다. 카토는 우리에게 "인간의 덕과 굳건함이 얼마나 높은 경지에 이를 수 있는지"를 보여 준다(I. 37: 171면). 몽테뉴가 가장 찬탄할 만한 인물로 여기는 소크라테스는 "인간의 본성이 혼자서도 얼마나 많은 일을 할 수 있는지 보임으로써 인간 본성에 대단한 호의를 표시했다"(III. 12: 794면).[26] 우리가 칭송할 수 있는 위대한 인물은 이들뿐이 아니다. "세상 여기저기에 흩어져 살아가는 가난한 사람들을 둘러보라. 이들은 항상 땀 흘리며 열심히 일할 뿐 아리스토텔레스나 카토를 모른다. … 이들로부터 자연은 매일 불변적이고 지속적인 행위를 이끌어 낸다. 이들의 행위는 우리가 학교에서 주의를 기울여 배우는 인물의 행위보다 더욱 순수하며 견고하다."(III. 12: 795면)

그렇다면 이로부터 무엇을 얻을 수 있는가? 《에세》 중 마지막 부분의 글들에서 몽테뉴는 다음과 같은 두 가지 결론에 이른다. 첫째, 자신의 삶이 끝날 즈음에는 일상적인 삶에 대한 몇몇 확고한 생각들에 도달했다고 생각한다. 이런 생각은 오직 그 자신에게만 적용되지만 몽테뉴는 각 사람이 모두 자신과 같은 수준에 도달할 수 있으리라고 믿는다. 그는 우리 자신에 대한 스스로의 경험은 "우리가 무엇을 필요로 하는지 알려 주기에 충분하다"고(III. 13: 821면) 말한다. 하지만 이는 우리가 살면서 의지할 수 있는 명료하고 일반적인 규칙이 존재함을 의미하지는 않는다. 몽테뉴는 소크라테스뿐만 아니라 자기 자신으로부터 인간의 무지함을 배웠으며 이 교훈을 결코 잊지 않았다. 어떤 두 요소 사이에 몇 가지 유사성이 발견된다 할지라도 "완

---

26) Screech(1983), 특히 113면 참조.

전한 예는 없다"는(III. 13: 819면) 말은 여전히 참이다. 삶의 역경 속에서 우리를 인도할 정확한 규칙을 기대해서는 안 된다. 하지만 몽테뉴는 "나는 지금까지 나를 이끌어 왔던 구체적 행위들을 충분히 설명할 수 있을 정도로 오래 살았다. 따라서 어느 누구라도 이런 삶을 한번 살아 보고자 한다면 마치 연회에서 술을 따라 주는 사람처럼 그 맛을 보여 줄 수는 있다"고 한다(III. 13, 827면). 뒤이어 몽테뉴는 자신의 생활습관 일부를 있는 그대로 드러내어 제시한다. 여기에는 잠과 식사, 오락과 일, 아플 때 할 일과 건강 유지방법 등이 모두 등장한다. 하지만 이 사항들은 사소한 신변잡기에 관한 서술이 아니다. 이들은 육체의 쾌락에 관한 몽테뉴의 강력한 반금욕주의적 태도를 구체적으로 드러낸다. 우리는 오직 영혼만으로 구성된 것이 아니라 육체를 동반한 영혼으로서 존재하기 때문에, 그는 진정 인간적이 되기 위해서는 영혼과 육체를 모두 돌보아야 한다고 말한다. 결혼은 결코 차선책이 아니며, 독신주의와 기독교 신비주의자들이 느낀다는 황홀경은 극히 소수를 위한 것일 뿐이다.

둘째, 몽테뉴는 자신이 행위의 옳고 그름에 대한 확고한 신념을 지녔다고 생각한다. 예를 들어 거짓말은 "저주받은 악덕"이므로 매우 가혹하게 처벌해야 한다(I. 9: 23면). 고문은 정말 혐오스러운 짓이며, 사람들을 마법사나 마녀로 몰아 끔찍한 방법으로 죽이는 일 또한 마찬가지이다. 또한 몽테뉴는 자연적으로 타고난 자아를 받아들여야 한다고 강조하는데 이는 어쩌면 가장 중요한 주장인 듯하다. 그는 어떤 경우에든 그리 많이 후회하지 않는다. 후회란 "우리 자신의 의지를 부정하는 일이다". 몽테뉴는 자신이 하는 일을 항상 전력을 다해 행한다. 바꾸어 말하면 그는, 자신의 가장 절망적인 회의주의에서는 모든 인간이 그저 죄 많고 하찮은 존재에 지나지 않는다고 주장했지만, 자기 자신은 그런 존재가 아니라고 생각한다(III. 2: 612, 617면). 어떤 이론이 무언가를 지시하든 지시하지 않든 간에, 산 이편과 저편의 관습이 너무도 달라 얼마나 큰 불확실성을 낳든 간에 몽테뉴는 이런 신념을 통해 결국 회의주의적 의심에서 벗어난다.

그렇다면 이 믿음은 몽테뉴가 일관되게 신념을 따라 행위를 해왔기 때문에 솔직하게 고백할 수 있는 것이다. 그리 대단하게 보이지 않을지도 모르지만 그는 이것이 다른 어떤 것보다도 중요하다고 생각한다. "자신의 삶에 대해 심사숙고하면서 삶을 이끌어 나갈 수 있다고 생각한 적이 있는가? 그렇다면 당신은 가장 중요한 일을 한 셈이다. … 우리의 가장 위대하고 영예로운 작품은 적절하게 살아가는 삶이다. 이에 비하면 다른 모든 것들, 다스리거나 재산을 쌓거나 무언가를 세우는 일 등은 기껏해야 지극히 사소한 부속물이나 소도구에 지나지 않는다."(III. 13: 850~851면)

그가 자신의 삶을 어떻게 이 정도의 확고한 안정에 이르게 했는지 설명함으로써, 회의주의자가 외관에게 보이는 일종의 반응을 드러낼 수 있다. 몽테뉴는 많은 심사숙고를 거쳐 자신의 내부에서 "순전히 자신만의 방식을, 자신을 지배하는 방식을(une forme maistresse)" 발견했으며 다른 사람도 누구나 이와 유사한 발견을 할 수 있다고 말한다(III. 2: 615면). 현재에 그는 이런 방식을 따라 살며, 이 방식은 그가 자신의 삶을 인도하기 위해 필요로 하는 모든 것을 제공한다. 이런 방식을 발견하면서 그는 오직 자신의 경험에만 호소한다. 이런 경험 중에는 고전 작가의 저술을 읽는 일도 포함된다. 하지만 중요한 것은 저술들에 대한 그의 반응일 뿐 저술이 지닌 어떤 권위가 아니다. "사람들의 성향과 능력은 무척 다양하므로 자신의 본성에 따라 다양한 통로를 통해 자신만의 선을 추구해야 한다."(III. 12: 805면) 우리는 "외국의 낯선 예로부터" 그리 많은 것을 얻을 수 없다. 차라리 "우리 스스로의 경험이 더 큰 도움을 준다. 이러한 경험은 훨씬 더 친숙하기 때문에 우리가 필요한 것을 충분히 알려 준다"(III. 13: 821면). 삶은 그에게 책이나 일상사를 통해 선과 악의 다양한 외관을 보여 준다. 그리고 자신의 방식들에 따라 이들을 받아들이거나 거부하면서, 그는 이 방식을 분명하게 만든다. "스스로를 지배하는 방식"은 몽테뉴의 개인적인 본질에 해당한다. 이는 외부적이거나 보편적인 방식에 의존해 만들어진 것이 아니다.

이를 윤리학의 방법이라 부르는 것은 지나친 일이 아닌가? 몽테뉴는 자신을 지배하는 특정한 방식이 다른 사람에게도 적용된다고 주장하지 않으며, 또한 이 방식은 그의 개인적인 삶을 넘어서는 어떤 영역에서도 그를 인도할 수 없다. 하지만 그는 자신이 이 방식을 발견한 방법이 독자들에게도 유용한 모범을 제공하리라 생각한다. 경험을 통해서 얻든 책을 읽고 얻든 간에, 삶의 방식이며 살면서 겪는 여러 일들은 그 자체로 매력적이며 찬탄의 대상이 된다. 몽테뉴는 외관이 자신을 이끄는 방식에 따라 살아갈 수 있을지, 스스로 한결같은 삶의 방식을 유지하면서 외관과 조화를 이루면서 살아갈 수 있을지를 묻는다. 그는 스토아학파나 에피쿠로스학파의 견해가 참인지 거짓인지를 묻지 않는다. 그의 질문은 자신이 제시한 대답이 받아들일 만한 것인지를 과연 스스로 심사숙고를 통해 발견할 수 있는가 하는 것이다.

몽테뉴는 사물들이 자신에게 나타나는 방식에 대한 순전히 개인적인 반응으로부터 자신의 방식을 형성한다. 그는 어떤 기준도 채택하지 않음으로써 하나의 기준을 정당화하는 것에 대한 피론주의적 회의에서 벗어난다. 그는 단지 합리적으로 받아들여지는 일정한 방식으로 반응할 뿐이다. 그는 다소 어두운 분위기의 문구에서 무엇이든 올바르고 바람직한 행위를 하기 위해 반드시 신에 의존해야 하는 초라하고 비루한 존재로서 인간을 묘사한다. 《에세》의 후반부를 주도하는 보다 긍정적인 내용에서 몽테뉴는 소크라테스에 필적하는 자신을 발견한다. 여기서 소크라테스는 인간의 본성이 혼자서도 얼마나 많은 일을 할 수 있는지 보여 준 인물로 묘사된다. 몽테뉴는 특히 델포이 신전의 신탁 또는 어떤 신비적인 내부의 목소리가 자신을 인도했다는 소크라테스의 주장을 완전히 무시한다. 몽테뉴는 소크라테스가 스스로를 지배한 인물이라고 생각하며, 우리도 각자 소크라테스처럼 행할 수 있다고 주장한다. 즉, 우리도 각자 회의주의적인 윤리학의 방법을 선택할 수 있다.

7. 샤롱: 절충적 회의주의

몽테뉴가 드러낸 서로 다른 태도들 사이의 긴장 관계는 자주 모순을 낳기도 한다. 이 태도들이 설령 서로 조화를 이룰 수 있다 해도, 그 방법이란 기껏해야 그가 삶의 서로 다른 시기에 각각 다른 태도를 보였다는 정도인 듯하다. 그는 인간이 신에 의존할 수밖에 없다는 절망적인 느낌과 더불어 살기도 하고(《에세》 II. 12: 455~457면), 지혜를 통해 천상의 일에까지 관여할 수 있다는 믿음을 지니기도 했다

(III. 12: 793면). 또한 철학자들을 탐구함으로써 제대로 죽는 방법을 배우는 일이 절박하다고 생각했다가(I. 19: 20면), 때가 되면 자연이 자신에게 죽음에 관해 충분히 가르쳐 주리라는 평온한 믿음을 간직하기도 했다(III. 12: 804면). 철학적 입장을 유지하면서 이런 견해 모두를 하나로 종합하기란 몹시 어렵다. 이런 어려움도 몽테뉴의 제자이자 양자였던 프랑스의 법학자 겸 가톨릭 신학자인 샤롱(Pierre Charron, 1541~1603)이 쓴 책의 성공을 방해하지는 못한 듯하다. 상당히 긴 그의 저술 《지혜에 관해》(De la Sagesse)는 1601년 초판이 발간된 이래 여러 차례 증쇄를 거듭했으며, 영어로도 여러 차례 번역되었다. 이 책은 본질적으로 몽테뉴가 전하려는 바를 체계적으로 정리하려는 시도라 할 수 있다. 27)

하지만 샤롱은 몽테뉴의 중요한 측면을 전달하는 데 실패한다. 즉, 몽테뉴가 던지는 질문, 대답을 추구하는 방식, 사람들이 좋은 삶에 관해 일치된 의견을 보일 수 없다는 그의 확고한 믿음, 삶에 보편적으로 적용되는 어떤 유용한 규칙도 발견할 수 없다는 그의 지속적인 생각 등을 제대로 반영하지 못한다. 《지혜에 관해》는 《에세》처럼 예리하지 못하며, 어떻게 살아야 하는가 하는 질문에 훨씬 집중하는 반면 훨씬 덜 매력적이다. 그러나 샤롱은 삶의 문제에 더욱 집중하면서 그리 애매한 구석을 남기지 않았기 때문에 몽테뉴가 암시한 핵심적인 생각, 즉 순전히 세속적인 도덕만으로도 우리의 외부

---

27) 이 책을 인용하면서 Lennard의 영어 번역을 사용했는데 그는 이 책의 재판을 번역의 대본으로 삼았다. 나는 또한 인용한 부분들의 프랑스어 원문을 Duval의 편집본을 사용해 확인했다. 이 책이 얼마나 유행했는가에 관한 상세한 설명은 Grendler(1963) : 211면 참조.

적 삶뿐만 아니라 내적인 삶을 인도하기에 충분하다는 생각을 몽테뉴 자신의 글보다 더욱 명확하게 표현한다.

샤롱은 종교에서 독립한 윤리의 모습을 최초로 제시한 인물로 오랫동안 여겨져 왔다. [28] 정통 신학자들이 그의 책에 반기를 들었으며 또한 자유사상가들 사이에서는 그의 책이 크게 유행했다는 사실은 당시 이 책이 얼마나 폭넓게 읽혔는지를 보여 준다. 하지만 이 문제는 보기처럼 그리 간단하지 않다. 샤롱은 이전에 펴낸 책《세 가지 진리》(*Les Trois Vérités*, 1593)에서 신이 현존하고, 기독교가 참된 종교이며, 가톨릭교회가 기독교 중 최선의 형태라고 주장하면서 종교를 철저히 옹호했다. 설령 그의 이런 논증이 다소 회의주의적이며《지혜에 관해》에서 종교에 대해 언급한 내용이 차라리 더욱 건전하다 할지라도, 그가 이중적인 태도를 취했다고 볼 근거는 없다. [29] 어쩌면 우리는 몽테뉴를 신앙주의자로 여기듯이 샤롱 또한 진정으로 가톨릭교회를 받아들였지만 어떤 이성적인 길을 통해서 신앙에 이를 수 있는지를 모색한 신앙주의자로 여길 수 있을 듯하다. 어쨌든 이는 그가《지혜에 관해》에서 여러 문제들을 어떻게 다루었는가에 달려 있다. [30] 여기서 그는 또한 종교에서 벗어난 삶에 관한 일종

---

28) 예를 들면 Sabrié(1913), XIII장 참조.

29) 샤롱의 종교적 진실성을 강조하는 해석에 관해서는 Charron(1960) 참조.

30) 그는《지혜에 관해》중 II. II에서 "우리는 과학적 의견을 가진다고 생각하는데 … 이로부터 교만과 야심, 지나친 욕구 … 여러 문제들, 분파, 이단 등이 생겨나며" 다시 이들로부터 "동요와 악덕"이 생긴다고 주장하면서 우리의 무지를 극구 찬양한다. 우리가 그토록 많은 것을 안다는 믿음을 제거하는 일이 기독교를 받아들이기 위한 최선의 준비이다. 사람들을 아카데메이아학파 또는 피론주의적인 회의주의자로 만든 다음 그들에게 진리를 보여 주라.

익 지혜를 제시한다. 지혜가 이끄는 도덕적 삶과 종교 간의 관계를 지적하며, 그는 지혜의 인도가 종교로부터 더욱 멀리 벗어날수록 더 좋다는 점을 강력하게 암시한다.

《지혜에 관해》의 재판 속표지에는 옷을 벗은 여인으로 묘사된 지혜가 받침대 위에 서서 거울을 바라보는 그림이 등장한다. 받침대 아래에는 옷을 입고 사슬에 묶인 네 여인상이 서 있는데 이들은 각각 정념과 대중의 의견, 미신 그리고 덕을 다루는 "현학적 학문"을 상징한다. 특히 현학적 학문을 상징하는 여인상은 "무뚝뚝한 표정으로 눈초리를 치켜 올리고 책을 읽는데 거기에는 예, 아니오가 쓰여 있다".[31] 그렇다면 지혜란 사람들의 의견이나 책, 심지어 《성서》로부터도 생겨나지 않으며 오직 자기 인식에서 생겨난다. 여기서 샤롱이 말하는 지혜는 영리한 이를 세상에서 성공하게 만드는 세속적인 것이 아니며 목사가 우리에게 제시하는 체하는 형이상학적인 지혜도 아니다. 샤롱의 지혜는 철학자들에게서 오는 것으로서 명령보다는 설득을 시도한다. 그리고 우리는 타고난 조건하에서 스스로를 응시함으로써 이를 얻게 된다(서론과 I. I: 3~4면).

《지혜에 관해》의 1권은 탐구라고 보기 어렵다. 오히려 우리가 이미 자신에 대해, 우리의 영혼뿐만이 아니라 육체에 대해 아는 바를 백과사전식으로 나열한 수준이다. 자신을 충분히 안 이후에야 우리는 지혜의 일반 원리를 배울 수 있다. 샤롱은 2권과 3권에서 이 원리

그러면 신이 그들에게 믿음을 주리라. 이렇게 하지 않는다면 아무것도 바랄 수 없다(254~255면).

31) 이는 샤롱 자신의 설명이다. 서론, 6절.

들을 제시하는데 주로 정치학에 관한 것들이다. 그는 이 원리를 사려, 정의, 용기, 절제 등의 덕목에 관한 자신의 견해를 형성하는 데 적용한다.[32] 정의에 관한 논의에서는 기독교적인 관념들이 적극적인 역할을 한다. 그는 정의의 덕을 각각에게 자신의 몫을 주는 것으로 여긴다. 정의의 의무는 신, 자기 자신 그리고 이웃에 대한 기독교적 의무이며, 네 자신처럼 네 이웃도 사랑하라는 명령으로 요약된다 (III. V: 446면). 그 외 영역의 논의에서 샤롱은 전혀 종교에 의존하지 않는다. 정반대로 그는 종교의 이익보다는 위험성을 드러내는 데 더욱 열중한다.

젊은 시절 샤롱은 프랑스를 휩쓸었던 격렬한 종교전쟁의 소용돌이에 휘말렸다. 그는 특히 한 국가가 광신자들에 의해서 좌우될 수도 있다는 위험을 직접적으로 깨달았다. 그가 현명하다고 여기는 경건함은 첫째, 우리를 창조했으며 자신의 피조물들을 섭리로서 보살피는 신이 존재한다는 사실을 인정하는 것이며, 둘째, 이 신에게 순수한 마음을 바치는 일이다. 사실 우리는 우리가 사는 곳에서 관례로 받아들여지는 의례나 의식에 참여해야 한다 — 하지만 우리의 믿음과 감정이 의례, 의식에 얽매여서는 안 된다. 또한 우리는 "경건함과 성실함, 종교와 공정함, 헌신과 양심" 사이에는 차이가 있다는 점을 항상 깨달아야 한다. "오직 종교가 모든 선의 총체이며", "종교라는 열쇠로 열 수 있는 것 외에는 다른 어느 덕이나 공정함도 없다"는 견해에서 벗어나는 일은 매우 중요하다. 이런 견해를 주장한다면

---

32) 샤롱의 정치학 이론에 관해서는 Grendler(1963); Keohane(1980): 139~144면; Tuck(1993): 83~88면 참조.

이는 사악할 뿐만 아니라 정치적으로도 위험하다. 여기에 강한 종교적 색채가 더해지면 무엇이라도, 심지어 배반, 반역, 폭동 등도 가능하게 된다. 우리는 바리사이 사람들(Pharisees)이 보여 주었듯이 덕이 없는 종교가 존재할 수 있음을 안다. 또한 "선하고 덕을 갖추었으면서도 종교를 믿지 않는 많은 철학자의 경우처럼" 종교가 없는 덕이 존재할 수 있음도 인정해야 한다(II. IIII: 299∼302, 305면).

미신에 사로잡힌 광신자와 오직 책에만 의존하는 스콜라철학의 현학자는 우리가 공정하기에 앞서 종교적이기를 원한다. 이들은 우리가 지옥의 공포나 천국의 희망 앞에서만 공정하게 될 수 있다고 생각한다. 샤롱은 "오, 비참한 지경에 이른 공정함이여!"라고 외치면서 "당신이 당신 자신을 향해, 스스로의 본질과 목적을 향해 나아가지 않는다면 다른 어떤 것에도 만족할 수 없을 것이기 때문에" 공정해야 한다고 독자에게 말한다(II. IIII: 303∼304면). 본성적으로 타고난 바 덕분에 우리 모두 이렇게 나아갈 수 있으며, 이것은 《지혜에 관해》의 1권에서 샤롱이 이미 다룬 내용이다.

다른 한편 우리는 회의주의자들이 묘사한 바와 같이 지성과 기질의 모든 나약함을 가진 채 시달린다. 샤롱은 몽테뉴의 생각뿐만 아니라 용어까지 이어받아 동물보다 열등한 우리의 존재, 우리의 유한함과 무상함, 일반적으로 서로 의견의 일치에 이르지 못하는 무능함, 추론 능력의 부족 그리고 그 결과 이르게 된 무지 등을 나열한다. 하지만 그는 몽테뉴가 믿음의 원천으로 제시했던 바보다 구체적 요소를 더하여, 지적인 능력과 자신이 인간에게서 발견한 성향 사이에 존재하는 상당한 차이를 설명하려 한다.

샤롱은 감각의 기만성에 관한 회의주의의 진부한 언급을 반복하는 동시에 감각이 우리의 인식에 필수적이라는 점도 인정한다. 하지만 그는 원래 감각 안에 없었던 바는 지성 안에도 있을 수 없다는 아리스토텔레스와 아퀴나스의 견해는 거부한다. 지성은 감각보다 우월하므로 지성이 감각과 같은 하위의 능력에게 "인식을 구걸한다"고 생각해서는 안 된다. 더욱이 지적인 능력은 감각적 능력과는 매우 크게 다르기 때문에 과학적 인식 같은 것은 오직 감각으로부터는 결코 도출될 수 없다. 우리가 감각으로부터 아무리 많은 것을 배운다 할지라도 "모든 과학과 덕들의 씨앗은 당연히 우리의 정신 안에 흩어져 스며들어 있으므로 이들은 그 자체만으로도 풍부하고 충분하다". 우리가 이성적으로 사고할 수 있고 — 일반적으로는 그리 잘 행할 수 없다 할지라도 — 오직 우리 자신을 검토함으로써 필요한 지혜와 덕을 발견할 수 있는 까닭은 바로 이들 때문이다.[33]

샤롱은 우리 내부에 퍼져 있는 덕의 씨앗이 신으로부터 왔다고 보면서 무척 즐거워한다. 특히 정직함(honesty)이라는 범주는 "우리 모두에게서 빛나는 평등하고 보편적인 이성"이기도 하다. 이는 신이 우리에게 부여한 첫 번째 법칙이기 때문에 자연법으로 불린다. 하지만 이런 신적인 근원은 그리 중요하지 않는 것으로 바로 사라져 버린다. 십계명과 로마법, 목사들이 가르치는 도덕적 교훈은 모두 우리 내부의 법칙을 모사한 것에 지나지 않는다. 우리가 해야 한다고 인식한 행위를 실천하는 데에 위협이 필요하지 않듯이 도덕적 교훈 또한 필요하지 않다. 우리는 정직함이 "적절하고, 우리 내부에 존재하

---

33) I. IX, X: 39면 이하; I. XIII: 54~55면. 샤롱의 인식론에 관해서는 Horowitz (1971) 참조. 여기서는 스토아학파로부터 받은 영향이 주로 논의된다.

고, 본질적이기 때문에 그렇게 행위할 뿐 … 어떤 외부적인 고려나 외부로부터의 진행에 의해 그렇게 행위하는 것이 아니다"(II. III: 268 ~273면). 즉, 우리는 자신을 지배하고 통제할 수 있다.

그렇다면 우리는 우리의 내부에 존재하는 이성이라는 씨앗으로부터 발전한 모든 원리를 명확히 명시할 수 있는가? 여기서 샤롱이 제시한 방식에는 두 가지 논점이 있다. 첫 번째는 일반적 동의가 진리의 검토 기준이라는 그의 믿음이다. "자연이 진정으로 우리를 위해 정한 바에 따라 우리는, 일반적으로 동의하는 사항에는 조금도 의심하지 않고 따를 수 있다." 그리고 이를 고전적인 자연법 이론과 연결함으로써 샤롱은 이런 검토를 통과할 수 없는 영역에 대한 회의주의적인 평가를 제시한다. "어떤 한 나라가 아닌 여러 나라를 서로 비교해 보면 이 세상에는 부정되지도 모순을 일으키지도 않는 바는 아무것도 없다."(I. XIV: 62면; II. III: 275면)[34] 그러므로 그의 유일한 희망은 사람들이 관습이나 관행 그리고 대중의 의견으로부터 벗어나 자신의 내부를 응시함으로써 스스로 생각하는 것이며, 그는 이 점을 여러 차례 반복해서 주장한다.

하지만 이런 선택으로부터 선이 도출된다고 기대할 근거는 거의 없다. 샤롱은 지식 일반을 획득하는 인간의 능력이 특히 도덕적 인식에 이르는 능력과는 큰 차이가 있다고 믿는다. 이런 차이는 사람의 뇌 안에 들어 있는 열기의 총량에 따라 부분적으로 설명된다(I.

---

34) Horowitz(1974)는 스토아학파의 자연법 이론이 샤롱을 지배한다고 주장한다. 샤롱에게는 스토아학파의 영향이 분명히 존재하지만 그 외의 많은 요소들도 발견된다. 자연법을 사회적 목적을 위해 사용할 수 있다는 그의 태도는 스토아학파보다는 몽테뉴에 훨씬 가깝다.

XIII: 55면). 더욱이 사람은 서로 다른 곳에서 나고 자라면 서로 다른 기질을 띤다. 그 결과 어떤 사람은 다른 사람보다 더 많이 이해하기도 하고 더 적게 이해하기도 한다. 또한 어떤 사람은 봉사하고 복종하도록 태어나고 다른 사람은 지배하도록 태어난다. 독단주의자인 아리스토텔레스처럼 어떤 사람은 자신이 속한 사회의 법과 의견을 의문시하지 않고 받아들이도록 태어나는 반면, 소크라테스학파에 속한 이들 같은 사람은 이를 의문시하고, 회의하고, 탐구한다. 사람들은 대부분 스스로 생각하려 들지 않으며, 단지 모든 선천적 요소에 기인한 자신의 의견을 내세울 뿐이다. 어떤 의견이 진리라는 최선의 논증은 그 의견에 대한 보편적인 동의이지만 "현명한 사람의 수보다는 바보들의 수가 훨씬 더 많다". 일반적 동의에 이르기 위한 합리적 방법이 존재하지 않으므로 우리가 확실하게 보증된 진리에 도달할 희망은 거의 없다(I. XIV: 62면).

요약하면, 원리상 종교에 의존하지 않는 지혜가 가능하지만 우리는 결코 그것을 안정적이고 확실한 형태의 원리로 소유할 수는 없는 듯하다. 샤롱은 사실상 지혜의 규칙들을 추천하는 일과 관련해서는 상당히 주저하는 태도를 보인다. 설령 자신이 혐오하는 독단주의에는 빠지지 않았다 할지라도, 그는 자신이 우리에게 피하라고 권고한 평범한 수준 안에 스스로 머물고 있다. 그는 독창적인 사회철학자 또는 정치철학자가 아니었다. 그의 독창성은 자신이 지혜라고 부른 바 그리고 우리가 도덕이라고 부르는 바를 지니는 것이 어떻게 가능한지 새로운 견해를 제시하려고 노력했다는 데에 있다.

8. 전쟁과 도덕

마키아벨리는 이탈리아의 도시국가에서 일어난 문제들을 해결하려는 시도로써 자신의 정치학을 제시했다. 몽테뉴와 샤롱에게는 자신이 살았던 지역의 정치보다는 기독교의 종교개혁으로 발생한 전쟁에서 더욱 큰 문제가 부각되었다. 마키아벨리와 두 회의주의자 사이에 이런 차이가 있음에도, 이들의 사상은 근대 도덕철학의 중요한 원천 중 하나를 명확히 파악하는 데 큰 도움을 준다. 이들의 탐구를 한데 묶는 것은 아무런 의문 없이 일반적으로 받아들여졌던 고대철학과 기독교의 핵심적 가정 중 하나이다. 모든 고대 및 중세철학자들은 어떻게 살아야 하는가 하는 질문에는 개인이 바랄 수 있는 최고선에 도달하는 방법을 제시함으로써 대답해야 한다고 가정한다.[35] 아퀴나스는 신이 세계를 창조하면서 우리가 법을 준수함으로써 개인의 선뿐만이 아니라 공동의 선으로 나아가도록 만들었다고 생각한다. 마키아벨리와 몽테뉴, 샤롱은 같은 행위가 우리 각자의 선과 전체의 선 모두를 낳는다는 신의 보증이 없다면 무엇이 우리의 삶을 인도할 수 있는지 묻는다. 하지만 개인의 최고선이 무엇이냐는 질문은 이들에게서도 여전히 핵심적인 위치를 차지한다.

마키아벨리의 세계에서는 오직 정치만이 위의 질문에 대한 대답을 제공한다. 우리는 도시국가를 통합시키고 이에 시민으로서 참여함으로써 각자의 선을 발견할 수 있다. 이를 위해 필요하다면 전쟁도 기꺼이 해야 한다. 몽테뉴와 샤롱에게 전쟁은 참기 힘든 비극이

---

35) 이 주제와 관련된 고대철학에 대한 탁월한 연구로는 Annas(1993) 참조.

다. 이들은 자신이 사는 국가에 시민으로 참여함으로써 좋은 삶을 제공받으리라는 낙관적인 기대를 하지 않았다. 결국 이들은, 몽테뉴는 물론 샤롱조차도, 누구나 받아들일 만한 정치적 충고나 규범을 제시하기 위한 기초를 어디서 찾아야 하는지 제대로 제시할 수 없었다. 만일 전쟁이 공적인 삶을 절망적으로 만든다면 아마도 개인이 추구하는 사적인 선만이 의미를 지닐 것이다.

16세기와 17세기에 걸쳐 부활한 회의주의는 이렇듯 과거로부터 물려받은 문제의 경계 안에 머무르는 수준에 그쳤다. 하지만 몽테뉴는 탐구를 새로운 방향으로 이끌었다. 그는 최고선을 논의하는 것이 그리 중요하지 않다고 생각했다. 왜냐하면 모든 사람이 어떤 하나의 최고선에 동의하리라고 합리적으로 기대할 수 없기 때문이다. 우리 각자가 우리 자신의 최고선이 무엇인지 답해야 한다. 하지만 끊임없이 서로 대립하는 세계에서 다음과 같은 새로운 질문이 등장하는 일은 피할 수 없을 듯하다. 우리가 선에 대해 일치된 의견을 보이지 않는다 할지라도 과연 우리 모두에게 동일하게 구속력을 지니는 법칙을 발견할 수 있는가?

제4장

되살아난 자연법: 수아레스와 그로티우스

자연법 이론을 거부하면서 몽테뉴는 당시 유럽을 지배했던, 도덕을 보편적으로 파악하려는 태도 또한 거부했다. 15세기와 16세기에 걸쳐 모든 대학은 학생들에게 자연법 이론의 기본 논점을 가르쳤으며 이러한 논점은 대학 밖에서도 중요하게 여겨졌다. 1594년에 신교도인 후커(Richard Hooker)는 영국 정부가 영국 교회의 가르침 및 조직 방법을 결정하는 것이 옳다는 자신의 주장을 가톨릭교도와 칼뱅주의자에 맞서 정당화하기 위해 아퀴나스적인 자연법 이론을 강력하게 재도입했다. [1] 16세기 스페인의 가톨릭 신학자들은 자연법 이론에 대한 주지주의적 해석과 주의주의적 해석 양측 모두에 대해 방대한 저술을 펴냈다. 이들의 후계자 중 가장 뛰어난 인물이 수아레

---

1) 〔옮긴이주〕 이런 주장이 등장하는 그의 대표적인 저술은 《교회 정치법에 관해》(*Of the Lawes of Ecclesiasticall Politie*)인데 전체 8권으로 구상되었으나 5권까지만 출판된 미완성의 대작이다.

스(Francisco Suarez)였는데, 그는 17세기 초반에 교황 수위권(*papal supremacy*)을 모든 세례 받은 기독교인, 심지어 제임스 1세(James I)[2]와 같은 신교도에 대해서도 정당화하는 한편 폭군 살해(*tyrannicide*)를 옹호하기 위해[3] 노력하였으며, 그 결과로서 종합적인 체계를 제시하였다. 후커는 지역적인 문제만을 다루었기에 영국에서만 영향력을 발휘했던 반면 수아레스의 저술은 국제적 질서까지도 언급했기 때문에 더 폭넓게 읽혔다.[4]

후커는 신성한 주재자 아래에서 모든 것을 각자의 선뿐만 아니라 우주 전체의 공동선으로 인도하는 법칙이 있어 만물이 이에 따르며, 특히 자연법은 우리에게 이 두 목적을 동등하게 명령한다는 아퀴나스적 믿음을 되살렸다. 그는 주의주의의 몇몇 요소를 은밀하게 도입함으로써 자신이 속한 교회는 물론 칼뱅주의자도 자신의 주장을 인정하도록 만들려고 노력했다. 따라서 그의 주장은 정확하고 상세하

---

2) 〔옮긴이주〕제임스 1세(1566~1625)는 스튜어트(Stuart) 왕가 출신 최초의 영국 국왕이다. 태어난 다음 해 스코틀랜드 왕위에 올랐으며 1603년 잉글랜드 왕위에도 올랐다. 종교적으로 그는 신교 장로파 교회의 독실한 신자였는데 만년에는 영국 성공회를 받아들였다고 전해진다. 하지만 그는 사실 성공회가 모국인 스코틀랜드에 도입되기를 원하지 않았다고 한다.

3) 그는 엄격하게 한정된 조건 아래에서만 폭군 살해가 허용된다고 생각한다. Suarez, *Selections*: 697~700면, 709~710면. 또한 Skinner(1978) II.: 176~178면 참조.

4) 예를 들면 컬버웰(Nathanael Culverwell)은 영국인이면서도 그의 주장을 받아들였다. 컬버웰은 케임브리지 플라톤주의자(Cambridge Platonists) 중의 한 사람으로 자주 간주된다. 하지만 그는 이에 속한 다른 학자와는 달리 주의주의적인 도덕관을 내세웠다. 이에 관해 컴벌랜드(Cumberland, 원문에는 컬버웰로 되어 있지만 컴벌랜드가 맞으므로 옮긴이가 바로잡았다)를 다룬 이 책의 제6장 및 Darwall(1995): 23~33면 참조.

기보다는 유창한 편이다. 5) 수아레스는 자신의 전문성을 드러내면서, 중요한 사항에서는 아퀴나스에 동의한다고 주장하는 한편 주의주의의 몇몇 기본적 견해를 받아들였다. 후커와 마찬가지로 수아레스는 자신이 오랜 전통을 잇는다고 여겼으며 몽테뉴가 제기했던 문제를 다룰 필요를 느끼지 않았다. 반면 그로티우스(Hugo Grotius)는 이 문제를 매우 직접적으로 다루었다. 그는 자연법의 개념을 새롭게 만들어 냈는데 이는 수아레스와는 다른 정치적 목적에 기여하는 것뿐만 아니라 당시 회의주의자의 우려, 즉 우리 모두에게 동일하게 구속력을 지니는 법칙이 과연 존재할 수 있느냐는 질문에 대답하기 위함이기도 했다. 수아레스는 가톨릭 자연법 이론을 옹호한 마지막 대학자였다. 반면 그로티우스는 이와 동일한 개념적 공간을 확보한 최초의 신교도였다.

1. 수아레스: 법에서 드러나는 의지와 지성

《법과 입법자인 신에 관해》(*On Law and on God the Lawgiver*, 1612, 이하 《법에 관해》로 약칭)의 서문에서 수아레스는 왜 신학자가 자연법에 관한 문제에서 권위를 가져야만 하는지 설명한다. 6) 그는 신에

---

5) 후커에 관해서는 McGrade가 쓴 후커에 대한 서문(1989) 및 Tuck(1993):
146~153면 참조.

6) 이 저술의 출판 허가는 1610년과 1611년에 내려졌으며 몇몇 사본은 1611년에 출판된 것으로 기록되어 있다. 하지만 일반적으로 배포, 판매된 사본은 1612년에 출판되었다. Suarez, ed. Perena(1971), I.: xvii~xxi 참조. 수

대한 관조가 우리의 최종 목적이자 궁극 목표이며, 대부분 자연법을 지키는 일로부터 도출되는 도덕적 올바름(*morum rectitudo*)이 이 목표를 달성하는 데 도움이 된다고 말한다.[7] 구원이 문제가 되는 영역이므로 자연법은 신학의 영역 안에 속한다.

수아레스는 우리를 지배하는 자연법과 우리 외의 피조물을 신이 지배하는 방식 간의 차이를 아퀴나스나 후커보다 더욱 강조한다. 그는 우리가 무생물과 동물에 대해 언급하는 '법'은 단지 비유적인 표현에 지나지 않는다고 주장한다. 적절하게 법이라고 표현할 수 있는 바는 오직 자유의지를 지닌 이성적 존재에 대해서만 적용된다(《법에 관해》 I. III. 8, I. IV. 2). 신의 섭리는 영원한 법을 통해 하위의 존재들까지 지배하지만 이는 다른 방식으로 이루어진다. 인간과 자연이 함께 하나의 법 공동체를 형성할 수는 없다(II. III. 7).

법이 현존한다는 사실이 절대적 필연성을 지니지는 않는다. 오직 신만이 필연적으로 현존하는 존재이다. 하지만 일단 신이 자유로운 이성적 존재를 창조하고 나면 법은 필연적이 된다. 왜냐하면 "지적인 피조물은 자신이 창조되었다는 바로 그 사실 때문에 자신보다 우월한 어떤 존재의 섭리와 지배에 따를 수밖에 없는데", 이 지배는 법을 통해서 이루어지기 때문이다. 법은 적절한 동시에 유용하다. 창

아레스에 대한 인용 표시는 *Selections*, trans. Williams, Brown, and Waldron의 면수에 따랐다.

[7] 수아레스는 "악취를 풍기는 종교개혁자들의 연못에서 발산된 안개"에 항상 주의를 기울이며, 영국 왕 제임스가 바로 이 안개에 오염되었다고 생각한다. Suarez, *Selections*: 649면. 자연법에 따름으로써 얻게 되는 올바름을 구원에 이르는 방법의 일부로 여기면서, 그는 오직 신앙만을 강조하는 종교개혁자들에 반대한다.

조된 존재는 선뿐만 아니라 악을 향할 수도 있는데, 법은 이들이 신이 부여한 목적에 도달하기 위해 행해야 할 바를 증진시키는 데 필요하다(I. III. 2~3). 충고나 조언과는 달리 법은 우월한 존재의 명령을 반드시 포함한다(I. I. 7, I. III. 3).

이런 명령이 법이 되려면 특정한 개인에 대한 명령이 아니라 "모두에 대한 명령"이어야만 한다. 법은 공동체 전체에 대해 명령을 내리는 역할을 해야 하는데, 우리가 자연법에 대해 고려할 때에는 이성적 행위자의 공동체를 염두에 둔다(I. VI. 8, 18). 법과 관련되는 모든 사람은 법이 자신이 속한 공동체의 선을 목표로 삼는다는 점에 동의한다(I. VII. 1). 신이 부여한 법은 필연적으로 이런 선을 목표로 삼으며, 인간이 만든 법은 이런 선을 목표로 삼아야만 한다(I. VII. 3~4, 9). 이런 기준을 만족시키지 못하는 법은 사람들이 그것을 무엇이라고 부르든 간에 진정한 법이 아니라고 수아레스는 말한다(I. I. 6, I. IX. 4). 수아레스는 이런 아퀴나스적 상식을 넘어서서 자연법을 더욱 명확히 밝히려 한다.

그의 주요 관심사는 법을 구성하는 데에서 드러나는 지성과 의지의 관계이다. 법은 행위를 명령하기 위해 만들어지므로 이성적 존재에게 무엇이 선이며 무엇이 악인지를 제시하는 "명시적" 기능을 수행해야 한다(II. VI. 3). 하지만 법은 동시에 "명령적" 기능도 지닌다. 왜냐하면 "법은 우리를 계몽할 뿐만 아니라 동기를 제공하고 무언가를 추진하게 하기 때문이다. 그리고 지적인 과정에서 행위를 하도록 만드는 일차적인 능력은 의지이다"(I. IV. 6~7). 따라서 인간이든 신이든 간에 모든 입법자는 법을 제정하는 과정에서 지성과 의지를 모두 사용해야 한다(II. V. 1). 신이 법을 제정하는 과정 속에서 이들 두 요소는 서로 어떤 관계가 있는지 다루면서 수아레스는 주지주의자와 주의주의자 간의 논쟁에 관여하게 된다.

수아레스는 그레고리오(Gregorius of Rimini)[8]를 전자의 예로 제시하면서 그가 다음과 같이 주장했다고 이해한다.

설령 신이 현존하지 않는다 할지라도 또는 신이 이성을 사용하지 않았거나 모든 것들을 올바르게 판단하지 않았다 할지라도, 그럼에도 불구하고 인간 내부의 올바른 이성이 동일한 명령을, 예를 들어 거짓말은 사악하다는 등의 명령을 내리며 이를 계속적으로 보증한다면 이런 명령은 자신이 실제로 지니는 법적인 성격을 계속 유지한다고 보아야 한다. 왜냐하면 이런 명령은 사악함이 대상의 내부에 본래 존재한다는 점을 지적하는 법을 구성하기 때문이다(II. VI. 3).

이에 반대해 수아레스는 단지 어떤 범죄자가 자신의 행위가 사악했음을 안다는 사실을 증명하는 것만으로는 그의 유죄를 입증할 수 없다고 주장한다. 인식 자체가 곧 법은 아니기 때문이다. 그것은 행위의 어떤 성격을 인식하는 일에 지나지 않는다. 이와 유사하게 자연법에서도 어떤 행위가 이성적 존재에게 선하거나 악하다는 인식 자체만으로는 법이 구성되지 않는다. 더욱이 본질에 대한 신의 인식은 영원하기 때문에 만일 인식만으로 자연법이 부과되기에 충분하다면 신 자신도 법 아래에 놓이게 된다. 하지만 신보다 우월한 존재

---

8) 〔옮긴이주〕 그레고리오(1300년 경~1358년)는 이탈리아 출신의 기독교 철학자 겸 신학자로서 온건한 유명론을 아우구스티누스의 사상과 결합한 인물이다. 그의 사상은 특히 종교개혁자들에게 큰 영향을 미쳤다고 전한다.

는 없기 때문에 이런 일은 불가능하다. 신은 오직 법을 부과하고 가르치는 존재일 뿐이다. 또한 아무나 우리에게 어떤 행위가 선하다고 말함으로써 곧 법을 만들 수는 없다. 오직 권위를 지닌 이만이 법을 통해서 우리에게 의무를 부과할 수 있다(II. VI. 6).

다른 한편으로 수아레스는 "신이 금지하지 않는 한 어떤 행위도 사악하지 않고, 신에 의해서 명령되지 않으면 어떤 행위도 선하게 되지 않는다"는 오캄의 견해에 동의하는 몇몇 철학자의 이름을 나열한다. 이들은 또한 자연법과 관련해 선과 악의 구분이 "신의 의지에 기초한다"고 주장한다. 즉, "이성적 판단은, 설령 이러한 판단이 신 자신의 일부라 할지라도, 그 기초가 되지 않고, 또한 명령되거나 금지된 내용 자체에도 그 구분이 기초하지 않는다"(II. VI. 4; I. V. 8 참조)는 것이다. 수아레스는 이런 입장도 잘못이라고 생각한다. 그는 신학자들 사이에서 "어떤 악한 행위들은 그 악함 때문에 금지된다"(II. VI. 11)는 공리가 통용된다고 말한다. 그렇다면 이런 행위들은 금지되기 때문에 악한 것이 아니다. 이를 부정하는 사람은 본질의 영원성을 부정하는 잘못을 저지르게 되므로 이런 주장은 유지될 수 없다. 아우구스티누스는 "어떤 행위는 올바른 의도로는 저지를 수 없다"고 말했다. 그는 "사물의 본성은 본질과 관련하는 한, 따라서 자연적 속성의 일관성 및 비일관성과 관련하는 한 불변한다는 형이상학적인 원리"를 지지한다. 어떤 것이 자연적 속성을 잃을 수도 있으며 심지어 이와 반대되는 속성을 얻을 수도 있다. 하지만 그것이 반대되는 속성을 지니는 일이 "자연에 부합하거나" 정상적일 수는 없다. 따라서 간통은 그 본질에 올바르지 않은 부분이 있기 때문에 간통이 올바르게 되는 일은 정상적일 수 없다. 심지어 신이라 할지라도 의지의 명령을 통해 간통을 정상적이고 올바른 일로 만들 수는 없다(II. VI. 11).

수아레스 자신은 중간적인 입장을 취하는데, 그는 여기에 아퀴나스의 영향이 컸다고 주장한다. "자연법은 무엇이 선하고 악한지를 나타낼 뿐만 아니라 더 나아가 그 자체로 악을 금지하고 선을 명령하는 것까지도 포함한다."(II. VI. 5) 어떤 것들은 이성적 본성을 지닌 존재들에게 자연적으로 선하다. 하지만 "최고의 주재자로서" 신이 우리에게 그것을 추구하라는 명령을 직접 내린다면 더욱 적절해진다. 우리의 지배자로서 신은 이렇게 원함으로써 우리에게 그렇게 행위하지 않을 자유를 남겨두면서도 동시에 그렇게 행위할 의무를 창조한다(II. VI. 8~9). 따라서 자연법은 신이 우리에게 내린 선을 행하라는 명령을 포함하므로 명령적이다. 자연적인 선은 신의 명령에 포함되는 내용을 제공하며 또한 명령을 정당화한다. 명령의 형식성은 자연적 선에 뒤따르는 의무를 형성한다.

그런데 왜 신은 우리에게 선한 것을 행하라는 명령을 내리는가? 신은 자유롭게 다른 명령을 내릴 수도 있지 않은가? 수아레스는 다시 한 번 극단적인 주의주의와 순전한 주지주의 사이의 중간적인 입장을 택하면서 이 주제를 복잡하게 논의한다(II. II~IV). 신에게 자신보다 우월한 존재는 없다. 어떤 법도 신에게 어떤 종류의 법적인 강제를 부과하지 않는다. 신은 절대적인 권능을 사용해 자신이 피조물을 위해 만든 어떤 법이라도 무시할 수 있다. 하지만 신은 자기 자신의 명령에 반대되는 행위를 할 수 없는데 이는 명령의 내용 때문이 아니라 신 자신의 본성 때문이다. "만일 신이 절대적인 명령에 반대되는 방향으로 행위한다면 이는 … 절대적인 명령에 반대되는 명령이 … 존재할 수도 있다는 말이 되며, 신은 서로 모순되는 명령을 절대적으로 원한 셈이 되는데 이런 생각은 이성에 반하는 것이다."(II. II. 6~7; I. IX. 3 참조) 일단 명확하게 규정된 선과 악을 받아들이고 이들을 인식하고 선택할 수 있는 인간을 창조하고 나면 신은 "(인간이) 나면서부터 악이라고 받아들이는 행위를 금지하는 일을 멈출 수 없을 것이며 또한 필연적으로 올바른 행위를 명령하지 않기를 원할 수도 없다"(II. Vi. 23). 만일 그렇지 않다면 우리를 창조한 신의 목적이 좌절되고 말 것이다.

2. 수아레스: 법과 그것의 공포(公布)

"이단자들"의 견해를 명백히 거부한 후에 수아레스는 신은 "불가능한 일을 명령하지 않는다"고 말한다. 법은 본질적으로 "실행 가능하다"(I. IX. 17~18). [9] 따라서 우리는 신이 명령하는 바를 인식할 뿐만 아니라 준수할 수도 있어야 한다. 하지만 자연법의 내용을 논의하면서 수아레스는 기본 원리들이 구체적 사례에 어떻게 적용되는지를 보이기 위한 시도를 별로 하지 않는다. 오히려 그는 모든 도덕적 명령이 자연법에 속하는지 아니면 일부만이 여기에 속하는지, 그리고 자연법이 하나인지 아니면 다수인지 묻는다.

---

9) 그는 일부 신교도들이 주장한 견해, 즉 자연법이 타락한 상태에 빠진 인간을 위해 제정되었으므로 이제 다른 법으로 대체되어야 한다는 견해도 거부한다. 수아레스는 "진정한 자연의 명령은 … 타락한 상태나 타락하지 않은 상태 모두에 공통으로 적용된다"고 생각한다(《법에 관해》 II. VIII. 9).

수아레스는 자연법의 내용이 인간이 욕구하는 모든 선을 포함하지는 않으며 오직 "본질적으로 올바르거나(*honestum*) 올바름에 필요한 선"(II. VII. 1)만을 포함한다고 주장한다. 올바름은 구원에 이르기 위한 일부로서 우리가 얻으려고 애써야 하는 조건이다. 물론 자연법이 초자연적인 은총이 필요하다는 사실까지 말해 주지는 않는다(II. VIII. 1). [10] 수아레스는 (몇몇 학자들이 주장하듯이) 최초의 원리들만이 아니라 도덕적 선과 관련되는 모든 것은 자연법의 영역에 포함된다고 주장한다. 예를 들면 십계명의 모든 명령은 자연법이다(II. VII. 4~6). 또한 서로 다른 덕의 종류에 따라 서로 다른 엄격함의 정도로 의무를 부과하는, 덕과 관련된 자연법들도 있다(II. VII. 11~12). 《성서》에 등장하는, 여러 의식이나 성사에 관한 명령들은 ― 그라티아누스(Gratianus)는 이를 자연법으로 보았지만 그의 권위에도 불구하고 ― 자연법의 일부가 아니다. 하지만 만일 그라티아누스가 "자연법은 우리 각자에 대해 자기 자신이 스스로에게 행하기를 바라는 바를 다른 사람에게도 행하라고 명령하는 규칙이다"라고 (II. VII. 8~9) 말했다면 그의 말은 틀림없이 옳다.

그런데 도대체 이런 많은 명령들이 하나의 법으로 형성되는 일이 가능하기나 한 것인가? 각 개인에게 여러 명령은 하나의 통합된 체

---

10) 수아레스는 자연법의 "구속력이 양심에까지 미치며" 따라서 사후의 보상과 처벌과도 관련된다는 사실을 상당히 길게 논의한다(《법에 관해》 II. IX). 가톨릭 신학자들은 양심에까지 구속력을 미치지는 않는 "순전히 형벌을 위한" 법들이 존재한다고 주장했다. 이런 법은 자신이 요구하는 행위에 도덕적 의무를 부여하지는 않으며 단지 위반할 경우 이에 해당하는 벌금을 물기만 하면 된다. 따라서 어떤 수도사가 기꺼이 벌금을 낼 각오를 하고 자신이 속한 교단의 규칙을 위반할 수 있다. 이런 위반은 양심에 위배되지 않는다.

계로 등장하는데, 그 까닭은 이들 모두가 하나의 기본 원리로부터 생겨났기 때문이거나 어떤 명령이 다른 명령에 앞서거나 아니면 모든 명령이 하나의 목적을 지니는 동시에 하나의 존재가 부여한 것이기 때문이다. 수아레스는 이런 여러 주장 중에 어느 하나를 선택하지 않는다(II. VIII. 2). 모든 사람에게 적용되는 하나의 법이 존재하는지 검토한 후 그는 다음과 같은 명확한 견해를 제시한다. "그 본질에 관해서 자연법은 모든 사람에게 동일하다. 하지만 그것의 인식과 관련해서 자연법은 모든 사람 사이에서 … 완전하지 않다."(II. VIII. 5) 여기서 수아레스는 법의 공포(*promulgation*)라는 중요한 문제를 도입한다.

그는 법의 공포는 "인류에 대한 적절하고 신중한 섭리 및 통치를 위해 필수적인 요소"라고(II. VI. 24; II. I. 1 참조) 말한다. 신은 자신의 법을 알리지 않고서는 목적을 이룰 수 없다. 하지만 이에 필요한 특별한 계시를 내리지 않았다. 하지만 자연의 빛은 — 올바른 이성의 일부인 — 판단력을 통해 우리에게 행해야 할 바를 가르쳐 준다. 자연의 빛은 또한 법의 위반이나 죄에 대해서는 처벌이 뒤따르리라는 점도 알려 준다. 따라서 이성은 법의 명시적 특성과 명령적 특성을 모두 보여 주며 이를 통해 법을 충분히 공포한다.

이성은 최소한 몇몇 사람에게 법을 공포한다. 아퀴나스에 따라(앞의 제 2장 2절 참조) 수아레스는 모든 사람에게 동일하게 공포되는 자연법의 가장 일반적인 원리를 그가 "더욱 제한적이고 특별한, 그렇지만 또한 자명하다"고 묘사하는, 정의는 준수되어야 한다든지 신은 숭배되어야 한다는 등의 원리와 구별한다. 그리고 세 번째 유형의 원리는 처음 두 종류의 원리를 통한 추론을 포함한다. 도덕적 결론들 중 일부, 예를 들면 간통이나 도둑질이 그르다는 결론은 매우 파악하기 쉬워서 많은 사람이 활용할 수 있다. 반면에 "어떤 결론은 더 많은 심사숙고를 필요로 하며 모든 사람이 쉽게 파악하지 못하는 종류에 속하는데 예를 들면 우상숭배는 원래 사악하다든지 고리대금은 부당하고 거짓말은 결코 정당화될 수 없다는 등의 추론이 이에 해당한다"(II. VII. 5; II. VIII. 3 참조).

수아레스는 법이 자명한 일반적 원리를 통해서보다는 이렇게 추론하기 어렵고 근접한 원리를 통해서 더욱 많은 작용을 한다고 덧붙인다(II. VII. 7). 전자를 인식하지 못하는 일은 불가능하지만 후자를 인식하지 못하는 일은 가능하다. 더욱이 상당한 심사숙고를 필요로 하는 명령에 대한 무지는 "특히 대다수의 사람에게" 피할 수 없는 일이기도 하다고 수아레스는 말한다. 이어서 이런 무지는 "죄에 빠지지 않았다면" 일어날 수 없거나 최소한 지속되지 않는다고 언급한다 (II. VIII. 7). 하지만 죄에 빠진 우리의 타락한 본성과 도덕이 요구하는 바에 대한 무지 사이의 연결점에 관해 수아레스는 더 이상 어떤 상세한 설명도 하지 않는다. 11)

---

11) 컬버웰은 우리가 자연법을 완전하게 인식하는 일을 방해하는 죄의 작용에 관해 수아레스보다는 다소 자세한 설명을 제시한다. Culverwell: 54면과 61면 참조. "**자연**이 우리 마음의 한가운데 아로새긴 이런 법들을 마치 좀과 같은 죄가 파먹어 잘 보이지 않게 만든다(다른 모든 사람에게도 이런 일이 일어난다)." 영국의 청교도들은 서슴없이 법에 대한 무지는 죄의 결과라고 선언한다. 이 때문에 에임스(William Ames)는 우리 마음에 분명히 새겨져 있는 도덕법을 왜 굳이 글로 써서 공포할 필요가 있는지 묻고 "죄가 없는 상태에서는 그럴 필요가 없지만" 현재 우리는 그렇지 못하기 때문이라고 답한다. "하지만 우리의 본성이 타락해 지성이 눈멀고, 의지가 바른 길을 벗어나고, 정서가 무질서해진 이후에도 우리 마음에는 법의 몇몇 흔적이 여전히 남아

수아레스는 우리가 자연법을 인식하게 되는 방법을 제시하지 않는다. 그는 우리가 하려는 행위를 검토하기 위한 원리로 "너희는 남에게서 바라는 대로 남에게 해주어라"를 적용해야 한다고 주장하지도 않는다. 그는 별다른 설명을 덧붙이지 않고 자연법은 우리 본성의 모든 부분을 완전하게 만들 수 있어야만 한다는 아퀴나스의 주장을 언급한다(II. VIII. 4). 그 자신의 견해는 자연법이 모든 이성적인 존재에게 공통적으로 적용되기 때문에 모든 인간을 위한 것이라는 주장이다. 따라서 "도덕적 양심은 모든 사람에게 하나이며 동일하다"(II. VIII. 5). 도덕 원리를 비추는 자연의 빛이라 할 수 있는 양심은 우리가 가진 자연법에 대한 지식을 제공한다. 양심은 또한 자연법을 사용한다(II. V. 14~15 참조). 만일 우리의 양심에 결함이 있다면 우리는 당연히 더 나은 양심을 지닌 사람에게 경의를 표하고 그를 따라야 한다.

있으며 … 따라서 신의 목소리와 능력에 의해서 이들은 마치 새로 깎은 연필처럼 새로워져야만 한다. 그러므로 신이 쓴 법 안에서가 아니고는 다른 어디에서도 진정 올바른 실천적 이성, 모든 부분이 순수하고 완전한 실천적 이성은 발견되지 않는다."(Ames, *Conscience*, 5권, 1장) 〔이하 옮긴이의 첨가〕 에임스(1576~1633)는 영국 출신의 청교도 신학자로 엄격한 칼뱅주의를 옹호하며 가톨릭을 비롯한 그 외의 모든 교파를 강력히 비판한 인물이다. 이런 견해 때문에 영국을 떠나 네덜란드의 로테르담에서 주로 활동했으며 그의 주장은 이후 네덜란드 개혁교회에 큰 영향을 미쳤다.

3. 수아레스: 복종의 동기

수아레스는 한 사람이 다른 사람의 행위를 변화시키려고 시도하는 방식을 세 가지로 나누어 고찰하는데 이들 방식은 "명령(또는 법), 권고 그리고 간청이다". 일반적으로 간청은 하위자가 상위자에게 하며, 권고는 "본질적으로 서로 동등한 이들 사이에서 이루어진다". 하지만 명령 또는 법은 "본질적으로 상위자가 하위자에게 내리는 식으로 전개된다"(I. XII. 4). 권고와는 달리 법은 의지를 "구속하며 (말하자면) 강제한다"(II. V. 12). 구속력은 법의 "주된 또는 거의 유일한 결과이다"(II. IX. 1). 그렇다면 구속력이란 과연 무엇인가? 그리고 이는 어떻게 우리의 동기 또는 복종의 동기와 관련되는가?

법의 구속력은 어떤 방식으로 행위하라고 요구하거나 또는 행위할 의무를 정당하게 부과하는 힘이다. 서로 다른 종류의 법은 서로 다른 무리의 사람에게 구속력을 지니며, 각자 다른 것을 요구한다. 국내법은 해당 국가의 행정권에 속한 국민에게는 구속력이 있지만 다른 나라 국민에게는 구속력이 없다. 또한 외부적인 준수를 요구할 뿐 특별한 동기까지 요구하지는 않는다. 모세의 율법은 유대인에게는 구속력을 지니지만 기독교인에게는 그렇지 않다. 여러 종교 의식과 교회의 지배를 규정한, 신이 부여한 실정법은 모든 기독교인에게는 구속력이 있지만 이교도에게는 없다(이런 점에서 수아레스는 후커에 반대되는 주장을 편다). 하지만 자연법은 모든 사람에게 구속력을 미친다. 그리고 이는 다음 세상에서도, 말하자면 구원이 이루어진 이후에도 구속력을 이어갈 것이기 때문에 단순히 외부적 복종뿐만이 아니라 적절한 동기도 요구한다. 수아레스는 이른바 자연법이 요구하는 행위를 "수행하는 방식"을 고찰하면서 내적인 복종을 논한다.

우리는 자신도 모르는 사이에, 따라서 비자발적으로 자연법을 따를 수도 있는데, 수아레스는 이 정도로는 충분하지 않다고 지적한다. 자연법은 자발적 복종을 요구한다. 하지만 이런 주장이 아리스토텔레스의 생각처럼 우리가 즐거운 마음으로, 확고한 습관에 근거해 자연법에 따라 행해야 함을 의미하지는 않는다. 자연법에 따라 자발적으로 행하는 과정에서 약간의 거리낌은 허용될 수 있다. 반드시 배제되어야 하는 유일한 경우는 자연법을 오직 강요되었기 때문에 따르는 것이다(II. X. 3~4; 7). 하지만 우리의 행위가 자발적이기 위해서는 행위를 특정한 방식으로 생각해야만 한다(II. X. 2). 우선 우리는 이런 특정한 행위에 적용되는 명령이 존재함을 믿어야 하며 이 명령에 따른다는 생각을 지니고 이를 행해야 한다. "명령의 준수가 도덕적이기 위해서, 이것이 법 또는 명령의 결과이기 위해서 그리고 이런 사실이 행위자 자신의 속성이기 위해서"(II. X. 5) 이런 형태의 의지작용이 필요하다고 수아레스는 말한다.

명령된 바를 행할 때 과연 우리는 "그것이 명령되었기 때문에 그리고 이런 사실이 우리 행위의 동기로 작용하기 때문에" 기꺼이 그렇게 행위하는가? 수아레스는 대부분의 사람이 이런 형식적인 동기로부터 행하지는 않는다고 생각한다. 오히려 행위 대부분은 "우리가 개별적인 명령들 자체가 지니는 올바름이라는 특성에(ad proprias honestates singulorum praeceptorum) 주의를 집중하기 때문에" 행해진다 (II. X. 6). 이런 방식으로 행위할 때 우리는 자연법에 따른다. 수아레스는 "우리는 오직 올바름 자체를 추구해(propter honestatem) 행위해야 한다"고(II. X. 11) 말함으로써 자신의 입장을 요약한다. 그는 우리가 모든 자발적인 행위에서 오직 스스로 선하다고 여기는 바에 의해서만 행하게 된다는 아퀴나스적인 견해를 전혀 언급하지 않는다. 유용함(utilitas)이나 좋음(bonitas)보다는 올바름(honestas)에 관심을 보임으로써 그는 아퀴나스의 견해를 거부함을 암시한다. 물론 그는 우리가 자주 선에 관한 믿음에 의해 행하게 된다는 사실을 부정하지 않는다. 하지만 동시에 그는 우리가 어떤 주어진 행위를 특정한 자연법이 요구하는 올바른 것이라 생각함으로써 행할 수도 있다고 주장한다. 자비로운 행위에 관해서는 더욱 복잡한 논점들이 제기되지만 이들은 올바름 자체를 추구해 행한다는 일반적인 도식 아래 포섭될 수 있다고 그는 말한다(II. XI. 2~3). 따라서 양심이 우리에게 관련 명령을 적절히 알려 주고 그 명령에 포섭되는 구체적인 경우를 제시한다면 그리고 우리가 위와 같은 여러 가지를 염두에 두고 행한다면 우리는 자연법이 요구하는 바를 내적으로나 외적으로 모두 행하게 된다.

수아레스는 루시퍼의 타락에서 책임 문제에 관한 논의를 잘 알고 있었음에 틀림없다. 여기서 그는 안셀무스와 둔스 스코투스가 이를 설명하기 위해(앞의 제2장 3절 참조) 채택했던 동기에 대해 이중적인 입장을 취한다. 도덕적 행위를 하면서 우리는 진정한 선택의 기로에 서게 된다. 우리는 무언가가 선하다고 생각하기 때문에 그것을 욕구해 추구하기도 하고, 아니면 우리가 추구하기에 부당한 선을 거부하고 올바름 자체를 위해 행위하기도 한다. 자연법은 선택을 불가능하게 만들어서 우리를 강요하지 않는다. 수아레스는 법이 요구하는 바를 수행하도록 만드는 신의 의지가 지닌 효력과 의무를 구성하는 신의 효력을 주의 깊게 구별한다. 신은 자신이 요구하는 바를 모두 수

행하도록 우리에게 효력을 미치지 않는다. 만일 신이 그랬다면 "그의 명령들이 모두 실행되었을 것이다". 하지만 신은 자연법이 요구하는 바가 구속력을 지니도록, 따라서 의무가 되도록 분명히 효력을 미친다(I. IV. 7~8). 자연법은 그것을 파악한 사람에게 자연법이 요구하는 바를 행하는 것 이외에는 어떤 정당한 대안도 없음을 보임으로써 인간의 의지를 "이른바 강제한다".

4. 그로티우스와 종교적 믿음

1705년 토마지우스(Christian Thomasius)는 자연법의 기초에 관한 짧은 책을 출판했다. 그는 여기서 그로티우스에게 자연법 이론의 창시자라는 찬사를 바친다. "그로티우스는 타락한 스콜라철학에 의해서 철저히 더럽혀지고 부패해 숨을 거두기 직전에 이르렀던 가장 유용한 학문을 부활시키고 정제하려고 시도한 최초의 인물이다."[12] 그 다음 해 바르베이락(Jean Barbeyrac)[13]은 당시 폭넓게 읽혔던, 자신이 번역한 푸펜도르프의 저술에 서문으로 쓴 《도덕학에 대한 역사적, 비판적 설명》(*Historical and Critical Account of the Science of Morality*) 이라는 글에서 마찬가지로 그로티우스에게 이런 영예를 부

---

12) Thomasius, *Fundamenta*, pref. 1.

13) 〔옮긴이주〕 바르베이락(1674~1744)은 프랑스 법학자로 스위스와 독일 등지에서 공부한 후 프랑스의 여러 대학에서 교수를 지냈다. 그는 특히 푸펜도르프, 그로티우스, 컴벌랜드 등의 저술을 프랑스어로 번역, 소개한 인물로 유명하다.

여한다. 그에 따르면 베이컨(Sir Francis Bacon)으로부터 자극을 받은 그로티우스는 얼어붙은 스콜라철학 이론의 "얼음을 깬 최초의 인물이며", 푸펜도르프(Pufendorf)를 거쳐 로크(John Locke)의 저술에서 정점에 이른 자연법 이론의 사상적 전개를 시작했다(XXIX: 79면). 1739년 글라파이(Friedrich Glafey)[14]가 쓴 방대한 자연법 이론의 역사에서 그로티우스는 다시 한 번 이 이론의 창시자로 간주된다. 글라파이의 지적에 따르면 "그로티우스의 저술과 더불어 자연법 이론은 새로운 시대를 맞이했으며 이 이론을 연구하는 학자들은 그가 쓴 《전쟁과 평화의 법》에 관해 논쟁을 벌이고, 주석을 달고, 요약하거나 도표를 만들고, 결국 이를 여러 다른 언어로 번역하는 일 이상의 아무것도 하지 않았다".[15]

그로티우스(Hugo Grotius, 1583~1645)는 현재 주로 국제법 전공 학자들의 연구 대상인데, 이들은 자연법의 '아버지'라는 그의 오랜 명성과 그의 이론이 현재 지니는 생명력에 관해 논쟁을 벌이기도 한다.[16] 종교나 정치사상사 연구자들은 계속 그의 저술에 관심을 보

---

14) 〔옮긴이주〕글라파이(1692~1753)는 독일의 문서 기록 수집가이며 법사학자로 라이프치히대학에서 교수를 지냈다. 그는 전반적으로 그로티우스와 홉스에 반대하고 라이프니츠와 루소를 옹호하는 태도를 보였다.

15) Glafey III. 27: 111면. 1815년 스튜어트(Dugald Stewart)는 자연법 이론에 그리 호의적이지 않았지만 그로티우스가 "지식인들의 탐구에 새로운 방향을 제시했다는 점"은 인정한다. 그는 당시 새로운 사상의 방향을 결정하는 데 그로티우스의 저술만이 베이컨이나 데카르트와 비견될 수 있었다고 본다. Stewart(1854): 170~171면.

16) C. G. Roelofsen(1992), "Grotius and the International Politics of the Seventeenth Century", in Bull, Kingsbury, and Roberts에는 이에 관한 간략하지만 탁월한 내용이 등장한다. 또한 Bull ed al. (1992)에 수록된 다

여 왔다. 17) 반면 도덕철학사를 연구하는 학자들은 그에게 기껏해야 형식적인 존경을 표하는 정도에 그친다. 하지만 나는 우리가 그를 자연법의 역사를 다루었던 초기 학자들처럼 존중해야 마땅하다고 생각한다. 우리는 그를 몽테뉴가 제기했던 다양한 종류의 질문에 대응해 도덕을 재고하려는 근대적 노력을 보인 최초의 인물로 여겨야 한다.

물론 그로티우스는 자신의 저술을 이런 방식으로 이해하지 않았다. 대표적 저술 《전쟁과 평화의 법》(On the Law of War and Peace, 1625)의 제목 자체가 그가 다루었던 주제가 무엇인지를 매우 분명히 드러낸다. 18) 그로티우스는 비록 전쟁의 원인, 지휘와 수행, 결과 등과 직접 관련이 없는 영역, 즉 국내법과 계약 등과 같은 분야에서 통용되는 원리를 규정하기도 했지만, 그의 주된 관심은 전쟁 등에 있었다. 19) 전쟁에 관해 논의하는 방식을 자세히 설명하면서 그는

른 논문도 참조.

17) 정치사상에 관해서는 Tuck (1979, 1993), 5장 참조.

18) 이 저술을 인용하면서 나는 라틴어 제목의 약자인 *DJBP*와 더불어 권, 장, 절, 문단의 번호를 밝히고 그 다음에 번역본의 면수를 표시했다. 독자들은 그로티우스가 이 책의 장과 절들을 현재 표준으로 사용되는 분류와는 달리 나누었음을 기억할 필요가 있다. 나는 특히 서론 부분의 문단 번호를 현재 표준으로 사용되는 바에 따라 표시했는데 이는 그로티우스 자신이 출판한 원본에는 등장하지 않으며 그의 아들이 편집한 1667년 판본에서 처음 도입되었다. Haggenmacher in Bull ed al. (1992): 153면 주 76 참조. 나는 또한 그의 《전리품과 노획물 법에 대한 주석》은 라틴어 제목의 약자인 *DJP*로 표시했고 이 책과 《기독교의 진리》 모두 장과 면수를 밝혀 인용했다.

19) Haggenmacher (1983)는 그로티우스가 전쟁과 평화의 법을 체계적으로 다루려는 의도를 지녔음을 강조하는데 이런 태도는 Bull et al. (1992)에서도 다시 등장한다.

오늘날 우리가 전쟁을 이해하면서 도덕철학에서 중요하게 생각하는 입장, 즉 정치 이론이나 법 이론에서 전쟁을 다루는 것과는 구별되는 입장을 취한다. 그로티우스는 이런 문제를 다루면서 특별히 체계적인 접근을 하지는 않으며, 심지어 그의 추종자들조차도 그의 저술에는 수정되어야 할 오류와 누락된 내용이 많이 있다는 점을 인정한다. 바르베이락의 지적에 따르면 "그로티우스는 오직 자연법의 주요 논점을 다루는 가장 중요한 부분에서만 완벽한 체계를 제시하는 체했고 다른 부분들에서는 그렇게 하지 않았다". 뒤이어 바르베이락은 자연법에 관해 글을 쓰는 사람은 누구라도 반드시 다루어야 하는 주제의 목록을 제시하면서 이런 전통에 따른 학자들이, 특히 푸펜도르프가 이들을 훨씬 더 풍부하게 다루었다고 주장한다.[20] 사실상 그는 그로티우스의 계획이 고대의 사상, 중세의 자연법, 특정한 종교적 신앙고백과 연결된 자연법 이론의 재확인 그리고 회의주의 등을 모두 넘어서서 자연법을 재구성하려는 최초의 중요하고 적극적인 자극을 제공했다고 주장한다. 이런 바르베이락의 주장은 건전하다.

그로티우스가 자연법을 다룬 내용이 정확히 어떤 면에서 독창적인지, 아니 과연 독창적이기는 했던 것인지는 오랫동안 논쟁의 대상이 되었다.[21] 상당 기간 동안 그는 《전쟁과 평화의 법》 서론에 등장

---

20) *Historical Account* XXXI: 84면. 그가 제시한 목록에는 도덕적 속성의 지위, 인간 행위의 특성, 책임이라는 속성의 기초, 법의 본성과 서로 다른 종류의 법 등이 포함된다. 또한 토마지우스의 지적에 따르면 "그로티우스가 자신의 이론을 훼손시킬 위험이 있는 모든 요소를 완벽하게 보충하기란 불가능했을 것이다. 그리고 만일 그랬다면 푸펜도르프는 많은 요소들을 더욱 풍부하고 상세하게 제시할 기회를 얻을 수 없었을 것이다". Thomasius, *Fundamenta*, pref.

하는 언급에 근거해 자연법에 관해 완전히 세속적인 이론을 전개한 최초의 학자로 여겨져 왔다. 자연법이 존재한다는 사실을 논증한 후 그는 다음과 같이 지적한다. "우리가 지금까지 언급한 바는 설령 최고의 사악한 존재가 없이는 도출될 수 없다 할지라도, 신이 존재하지 않는다 할지라도 또 사람들의 일상사가 신과 아무 관련이 없음을 우리가 인정한다 할지라도 상당한 수준의 타당성을 지닐 듯하다."(*DJBP*, prol. 11: 13면) 이 문장은 자주 "설령 우리가 인정한다 할지라도"에 해당하는 라틴어 문구 "에티암시 다레무스"(*etiamsi daremus*)라는 생략형으로 인용되기도 한다. 그리고 이는 그로티우스가 종교에 전혀 호소하지 않는 자연법 체계를 구성했음을 보여 주는 예로 여겨졌다. 하지만 그의 시도가 전적으로 새로운 것이었다 할지라도 이 문장은 매우 빈약한 증거에 지나지 않는다. 그로티우스는 종교에 반대하는 악명 높은 전제를 받아들이지 않았다. 그리고 이 문장에서 드러나는 주제 자체가 — 앞에서 살펴보았듯이 — 스콜라철학자들과 수아레스가 이미 계속 논쟁을 벌였던 바이기도 하다.[22] 그로티우스가 그의 추종자들이 주장하듯이 최초의 세속적인 자연법

---

21) 특히 전쟁 및 평화의 법과 관련해서 그로티우스의 자연법 이론이 지닌 독창성에 대해서는 Haggenmacher(1992), in Bull ed al. 참조. 반면 나의 주장은 자연법 이론 일반에 대한 그의 접근에 초점을 맞추었다.

22) Villey(1968): 612~613면에서는 스토아학파가 그로티우스의 견해에 근원을 제공했다는 주장이 제기되면서 이에 대한 근거로 마르쿠스 아우렐리우스, 《명상록》 VI. 44: 101면에 등장하는 다음과 같은 대목이 지적된다. "설령 〔신들이〕 전혀 아무것도 고려하지 않는다 할지라도 — 물론 이런 생각은 불경건한 것이지만 — … 설령 신들이 우리의 유한한 관심을 보살피지 않는 것이 사실이라 할지라도 나는 충분히 나 자신을 돌볼 수 있다."

학자라는 이름을 얻으려면 이보다 훨씬 더 많은 내용을 언급했어야 만 했다.

그로티우스가 독창적이었다면 이는 사실 그가 전적으로 세속적인 자연법이 어떻게 존재할 수 있는지를 보이려고 시도했기 때문이 아 니다. 평생 동안 그리고 죽은 후에도 신교의 정통에서 벗어났다는 비난을 받았지만 그가 독실한 기독교도였음에는 의심의 여지가 없 다. 23) 성숙기에 쓴 《전쟁과 평화의 법》(1625) 과 초기에 쓴 《전리 품과 노획물 법에 관한 주석》(*Commentary on the Law of Prize and Booty*, 1604) 에 나타난 자연법에 관한 논의 모두에서, 그는 신이 창 조를 통해 우리에게 자신의 의지를 파악할 수 있는 나침반을 부여했 다는 주장을 거리낌 없이 사용한다. 그는 또한 선원들이 이교도를 만났을 때 자신의 신앙을 지키고 이교도를 개종시키는 데 도움을 주 기 위해 《기독교의 진리》(*The Truth of Christian Religion*, 1637) 라는

---

23) 글라파이의 지적에 의하면 그로티우스가 종교적 문제와 관련해서 자유주의 자 또는 자유사상가라는 이유로 비난받았는데 그는 분명히 아르미니우스주 의자(Arminian) 였고 ─ 더욱 나쁜 일은 ─ 그 자신이 로마 가톨릭을 "싫어하 지 않음을" 드러내었다고 한다. Glafey III. 32: 115면. 사실 그로티우스는 예정은총설과 운명예정설 같은 강력한 칼뱅주의 교리를 거부했다. 또 그는 이른바 항변파(Remonstrants) 라는 네덜란드 교파의 일원이었는데 이 교파 는 구원을 얻는 데 인간의 의지가 어떤 역할을 담당한다고 믿었다. 그로티 우스가 정치적으로 전혀 반국가적이 아니었음에도 불구하고 종신형을 선고 받은 까닭은 바로 이 교파의 일원이기 때문이었다(하지만 그는 부인의 과감 한 계획에 따라 약 2년 후 탈옥에 성공한다). 그는 로마 가톨릭을 포함한 서로 다른 교파들 사이의 화해에도 적극적 태도를 보였는데, 당시 어떤 하나 의 교파에 강력하게 충성하는 것이 충실한 신하의 필수조건으로 여겨졌기 때문에 이는 그가 범죄의 혐의를 받은 또 다른 근거로 작용했다. Tuck (1993) : 179~185면 참조.

글을 쓰기도 했다. 어쩌면 더욱 중요한 점은 그가 다룬 현실적 문제가 다름 아닌 기독교를 공식적 국교로 선언한 국가들 간의 관계에서 비롯된 것이었다는 사실일지도 모른다. 그가 관심을 기울였던 격렬한 논쟁에서 어느 한 측이라도 법에 관련된 비종교적 저술의 영향을 크게 받았으리라고 기대하기란 불가능한 일이었을 것이다.[24]

하지만 《기독교의 진리》에서 묘사한 종교적 기본 입장과 《전쟁과 평화의 법》에서 등장한 입장 사이에는 놀랄 만큼 큰 차이점이 발견된다. 그로티우스가 전자에서 제시한 바는 최소한의 기독교이다. 자신의 삶이 무척 초라하여 진리를 두려워하는 경우가 아니라면, 모든 합리적인 사람들은 신 또는 제일원인이 존재한다고 믿는다(I. 2: 20~21면). 이 유일한 신은 무한하며, 영원하고, 모든 측면에서 완벽하며, 모든 것들의 창조자이다. 각각의 존재는 자신을 보존하려 하며 "또한 〔우주〕 전체의 선과 유익에 도움이 되려고 노력한다"(I. 3~7: 21~25면).[25] 악은 신이 아니라 인간의 행위로부터 생겨난다. 신은 섭리를 주관하며, 기적이 보여 주듯이 자신의 창조물을 계속 돌본다. 그리고 선한 사람들이 받는 고통은 이들이 보상받게 될 내세가 틀림없이 존재함을 증명한다(I. 21~24: 87~93면).

이들은 대부분 종교 일반에 관한 언급이다. 《기독교의 진리》2권

---

24) Haggenmacher(1992), in Bull et al. : 171면 주 129에서는 이런 기대를 시대착오적으로 여긴다. 당시 샤롱이 종교에 의존하지 않는 윤리를 제시하려 한 것으로 악명이 높았다 할지라도 이는 전적으로 옳지는 않다. 이런 입장을 선택할 수 있었을지 몰라도 그로티우스는 샤롱에 대해 언급조차 하지 않았다.

25) 원문은 다음과 같다. "Neque veso singula tantum ad peculiarem suum fidem ordianantur, sed et ad commurem Universi."

에서 기독교를 다루기 시작하면서 그로티우스는 예수가 실제로 존재했으며, 기적을 행했고, 숭배의 대상이었으며, 죽은 후 부활했음을 역사가 보여 준다고 만족스럽게 말한다. 예수는 유대인들이 약속받은 것보다 더 많은 것을 우리에게 약속했으며 또한 이전에는 기껏해야 희미한 환영에 지나지 않았던 불멸성을 명확히 가르쳐 주었다. 예수의 도덕적 가르침은 이교도나 '이슬람교도'의 가르침보다 훨씬 뛰어났다. 여러 이교와 유대교, 이슬람교의 가르침은 서로 다른 다양한 방식으로 결함을 드러낼 뿐이다. 따라서 기독교가 최선의 종교이다.

《기독교의 진리》에서 그로티우스는 삼위일체, 인간의 타락, 죄, 구원의 필요성 또는 구세주 그리스도 등에 관해 언급하지 않는다. 《전쟁과 평화의 법》에서 그는 심지어 자연법이 신앙에 관한 조항을 거의 필요로 하지 않는다고 주장한다. 신앙 문제가 등장하는 까닭은, 특히 이교도들과 관련해서, 그들이 신에 대항해 저지르는 범죄에 복수하기 위해 전쟁을 일으키는 일이 정당한지 그렇지 않은지 의문이 제기되기 때문이다. 신은 물론 자신을 스스로 돌볼 수 있다(*DJBP* II. XX. xliv. 1: 508면). 하지만 종교는 인간 사회를 분열시킬 수 있을 정도로 중요하며 특히 우리가 사는 대규모 사회에서는 종교의 타락이 모든 사람에게 큰 해악이 될 정도이다(II. XX. xliv. 6: 510면). 그렇다면 필요할 경우 폭력을 통해서라도 반드시 보호되어야 하는 본질적 요소는 무엇인가?

그로티우스는 모든 사람이 다음 네 가지 점은 반드시 인정해야 한다고 생각한다. 첫째, 신은 존재하며 오직 하나이다. 둘째, 신은 우리 눈에 보이지 않는 훨씬 상위의 존재이다. 셋째, 신은 섭리를 통해 인간사를 돌보며 모든 인간을 심판한다. 넷째, 신은 자신을 제외한 모든 것을 창조했다. 이상은 십계명의 전반부가 우리에게 가르치는 바이다. 이 내용들은 증명될 수 있으며, 심지어 증명을 이해하지 못하는 사람도 충분히 배울 수 있다. 안식일을 지키지 않는 것은 창조주인 신을 거부하는 것과 같으며, 섭리를 부정하는 것은 신이 현존함을 부정하는 것과 같다(*DJBP* II. XX. xlv~xlvi. 26) 1: 510~513면). 이를 부정하는 사람은 처벌받을지도 모른다. 하지만 다른 이들이 기독교를 받아들이지 않는다는 이유만으로 전쟁을 일으키는 일은 정당하지 않다(II. XX. xlviii: 516~ 517면). 27)

우리가 자연법을 이해하고 따르기 위해 신에 관해 알아야 할 바에는 그 어떤 분파주의적 교리도 포함되지 않는다. 우리 각자는 개인의 차원에서 종교를 파악하기 위해 무엇이 필요한지를 잘 알 수 있다. 입법자와 철학자는 자연법 이론 전체를 충분히 생각할 수 있으므로 도덕신학자는 굳이 필요하지 않은 듯하다. 그로티우스가 사회 또는 도덕적 질서를 유지하는 데 필요하지 않다고 생각한 교리 중에는 모든 것이 자기 자신의 선과 전체의 선을 위해 작용한다는 종교적 교리에 대한 믿음도 포함되는데 이는 특히 지적할 만하다. 《전쟁과 평화의 법》에는 이런 교리가 전혀 언급되지 않는데 이 사실은 상당

---

26) 〔옮긴이주〕 원문에는 xlv~xliv로, 즉 45절~44절로 표기되어 있지만 이는 명백한 오류이므로 원전을 확인해 45~46절로 바로잡았다.

27) *DJBP* II. XX. xlviii. 3: 517면에서 그로티우스는 "억지로라도 데려다가 내 집을 채우도록 해라"(〈루가의 복음서〉, 14장 23절)라는 문구를 종교적 편협함이나 신앙을 강요하려는 시도를 허용한다는 식으로 해석해서는 안 된다고 주장한다. 수아레스도 어떤 나라가 기독교를 받아들이지 않는다고 해서 그 나라와 전쟁을 벌이는 일은 정당화될 수 없다고 주장했다.

히 중요하다. 바로 이와 관련해서 그로티우스의 독창성에 관한 의문이 제기되기 때문에 그는 자연법을 더욱 확장해서 다룬 자신의 첫 번째 저술을 쓰지 않을 수 없었다.

5. 그로티우스의 문제의식

1603년 한 네덜란드인 선장이 포르투갈의 무장 상선을 전리품으로 나포했다. 네덜란드 법정은 이 상선의 포획이 정당한지 심리를 열었다. 법정은 나포가 정당하며 따라서 선장의 모험적 사업을 후원했던 동인도회사에게 이익의 대부분을 차지할 권리가 있다고 판결했다. 하지만 몇몇 메노파(Mennonite)28) 주주는 종교적 근거에서 이 판결에 이의를 제기했고, 그로티우스는 이 판결을 옹호하는 글을 써 달라는 요청을 받았다. 이에 따라 그는 전리품과 노획물 법에 관한 상당히 긴 원고를 썼다. 이 중 대부분은 1864년까지 출판되지 않았으며, 해상에서의 자유를 다룬 12장만이 1609년에 출판되었다. 하지만 이 원고에서 우리의 관심을 끄는 부분은 맨 처음에 등장한다. 이는 사실 매우 단순한 논점이다. 그로티우스는 다음과 같이 말한다.

---

28) 〔옮긴이주〕 메노파는 16세기 급진적인 교회 개혁 운동의 결과 탄생한 개신교 교파이며, 메노파라는 명칭은 네덜란드인 사제였던 메노 시몬스(Menno Simons, 1496~1561)의 이름에서 유래했다. 이 교파는 현실 세계와 분리된 종교적 영역을 추구하는 특징을 보였다. 메노파는 외적으로는 은둔을 통해, 내적으로는 엄격한 집단규율을 통해 강한 응집력을 유지하려 했다. 이처럼 세상과 떨어져 검소, 근면, 경건 등을 미덕으로 내세웠지만 다른 교파와 잦은 마찰을 빚기도 했다.

"국내가 아니라 국제 영역에 속하는 행위를 — 더욱이 평화 시가 아니라 전쟁 시에 행해진 바를 — 오직 성문법에 기초해 판결하는 일은 노력의 낭비에 불과하다."(DJP I: 6면) 따라서 성문법과 다른 기초를 찾아야만 한다. 키케로를 비롯한 다른 고대인들이 언급했듯이 우리는 인간이 포고한 법이 아니라 자연법에, 로마의 12동판법이 아니라 "철학 맨 안쪽의 핵심으로부터"(I: 7면) 생겨난 법에 호소해야 한다. 이 문제는 양측이 서로 다른 종교 때문에 전쟁을 벌이며 권리를 주장하는 분쟁 상황을 합리적으로 해결하기 위한 관점을 발견하려는 것이기도 하다. 이 문제의식에 근거해 그로티우스는 두 가지 중요한 주제를 다루게 된다.

첫째, 정치에 관해 회의주의적인 입장을 보이는 이들이 있다. 우리가 법과 정의에 관해 말할 수 있는 바가 단지 자신이 속한 국가의 법을 지켜야 한다는 정도라면 국제적인 분쟁을 해결하는 방법은 폭력 외에는 전혀 없는 듯하다. 국가들 사이에서 정의가 논의 가능한 문제임을 보이는 한편 원칙에 의거해 전쟁 및 전리품 취득의 정당성에 제한을 가하기 위해서는 반드시 몽테뉴와 샤롱을 넘어서야 한다.

둘째, 만일 분쟁 중인 양 관련국이 신교를 믿는 네덜란드와 구교를 믿는 포르투갈이나 스페인처럼 서로 종교에 따라 명확히 나뉜다면 《성서》나 구체적인 기독교 교리에 호소하는 일은 전혀 도움이 되지 않는다. 양측은 각자 자신의 방식으로 《성서》를 해석하며, 기독교 교리의 세부 내용을 자기 나름대로 파악한다. 앞서 이 책의 제3장 3절에서 지적했듯이 이런 분쟁을 해결하기 위한 기준을 발견할 수 없다는 사실은 17세기에 피론식의 회의주의가 강력하게 대두된 근원 중 하나였다. 공공연하게 논의되었던 무신론적 도덕은 이런 공적인 문제의 해결에 도움이 되는 관점을 도저히 제시하지 못했다. 또한 칼뱅도 토마스주의자도 그로티우스가 필요로 하는 종류의 이론을 제공할 수 없었다.

회의주의가 단지 고전적인 자연법 학자만의 문제는 아니었다.[29] 그로티우스는 이전에도 회의주의와 직면한 적이 있었다. 전리품에 관한 초기 저술에서 그로티우스는 고대 아카데메이아학파의 회의주의를 대표하는 카르네아데스(Carneades)[30]에 대해 간단히 언급했지만 그의 견해를 진지하게 반박하려 하지는 않았다. 그로티우스는 카르네아데스가 — 정확하게 피론주의와 일치하는 — 정의가 오직 그 지역의 법에 기초할 뿐이라는 견해를 내세웠다고 본다(*DJP* VII: 76~77면). 또한《전쟁과 평화의 법》서문에서 그로티우스는 카르네아데스를 법이란 결코 편리함과 관습의 문제 이상의 것일 수 없으므로 시대에 따라 변화하고, 인간도 동물과 마찬가지로 오직 자신에게 이익이 되는 바를 향해 나아간다는 사실을 반영할 뿐이라는 주장을 편 대표적 인물로 간주한다. 이런 회의주의자는 "결국 정의란 존재하지 않거나 설령 존재한다 해도 더없는 어리석음일 뿐"(*DJBP*, prol. 5: 10~11면)이라고 결론짓는다. 이런 회의주의는 정의를 지역적 규범에 따르는 것으로 격하시키는 몽테뉴의 주장과 유사하

---

29) Tuck(1983): 51면 참조.

30) 〔옮긴이주〕카르네아데스(기원전 214~129)는 기원전 155년부터 137년까지 아카데메이아의 수장이었던 회의주의자로 이전의 수장이었던 아르케실라오스(Arcesilaus, 기원전 316~241)의 회의주의를 더욱 발전시켜 지식의 성립 가능성을 부정한 철학자였다. 그를 비롯한 아카데메이아 중심의 회의주의에 관해서는 앤서니 케니,《고대철학》, 김성호 옮김(서광사, 2008): 286면 이하 참조.

다. 31) 하지만 회의주의에 대한 그로티우스의 반박 배후에는 자연법 이론을 재구성하려는 그의 핵심적인 생각이 놓여 있다.

그로티우스는 인간이 자신의 이익을 추구한다는 사실을 부정하지 않는다. 하지만 그는 우리 모두가 "사회를 구성하도록 몰아붙이는 욕구를 … 아무렇게나 형성된 모든 사회가 아니라 〔우리의〕 지성이라는 기준에 부합하도록 조직된 평화로운 사회를 향한 욕구를" (*DJBP*, prol. 6: 11면) 지닌다고 덧붙인다. 또한 그는 사회적인 삶이 본질적인 목표, 즉 본성을 실현하기 위해 반드시 도달해야 하는 목표라는 아리스토텔레스적인 견해에도 동의하지 않는다. 32) 사회 밖에서도 완벽하게 인간적일 수 있다. 사회적 삶은 그저 모두가 원하는 무언가이다. 우리는 다른 이들의 도움이 없이 삶에 필요한 필수품을 충분히 얻을 수 있는 경우조차도 사회적 삶을 원한다. 사실 우리는 이기적이지만 동시에 사교적이기도 하다. 언어를 사용하며 일반 원리를 인식하고 그에 따라 행위할 능력을 지니므로 동물들이 형성하는 그 어떤 사회와도 다른 종류의 사회를 원한다. 그로티우스는 "인간의 지성에 어울리는 … 사회적 질서의 유지는 명실상부한 법의 근원"이라고(prol. 7~8: 11~12면) 주장한다.

그로티우스는 어떤 회의주의자도 우리가 논쟁을 즐기는 성향이 있으며 모두 더불어 살기를 원한다는 사실을 부정하지는 않으리라

---

31) 사실 카르네아데스는 피론주의가 아니라 아카데메이아학파에 속한 회의주의자였다. 그로티우스는 그저 자신이 "카르네아데스"의 생각이라고 여기는 바를 암시하는 수준에 그친다. 17세기 다른 대부분의 사람과 마찬가지로 그로티우스도 여러 종류의 회의주의를 주의 깊게 구별하지 않았다.

32) 아리스토텔레스, 《정치학》 I. 2, 1253a1 이하; III. 6, 1278b20~23 참조.

고 생각한다. 또한 더불어 살기에 더욱 적합한 어떤 방법을 발견할 수 있다는 사실을 어느 누구도 부정할 수 없다. 따라서 그는 자신이 일반적인 상황에서 작용하는 감각에 비추어 가장 분명하고 명백한 원리들에 기초한 자연법을 제시한다고 생각한다. 법은 너무나도 기본적이어서 어느 누구도 "자기모순을 범하지 않고는"(prol. 39: 23면) 부정할 수 없는 개념들에 의존한다. 그는, 카르네아데스의 이론으로 여겼던 회의주의를 반박했든 그렇지 않든 간에, 사회적 질서의 유지라는 문제가 지닌 깊이와 중요성을 충분히 인식했기 때문에 자연법을 이해하는 새로운 방식에 이르게 되었다.

《전쟁과 평화의 법》의 본문에 등장하는 첫 번째 단어가 바로 "논쟁들"(controversiae)인데, 여기서 그로티우스는 자신이 "발생할 가능성이 있는 모든 종류의 논쟁에 대해"(DJBP, I. I. i: 33면) 논의하려 한다고 말한다. 그가 인간을 특히 분쟁을 벌이기 좋아하는 존재로 생각한 것은 명백하다. 하지만 그는 인간의 이런 성향을 죄의 탓으로 돌리지는 않으며 — 앞서 지적했듯이 그는 기독교를 설명하면서도 죄를 언급하지 않는다 — 당시 전쟁을 "억제하는 힘이 부족해" 사람들이 성급하게 전쟁을 벌이는 일을 한탄하면서도 어디서도 이를 죄악으로 비난하지는 않는다. 전쟁이라는 가장 극단적인 형태를 포함해 모든 논쟁은 피할 수 없는 인생의 현실이다. 우리는 자기보존을 위해 애쓰며 논쟁을 좋아하지만 동시에 사교적이기도 하다. 인간 본성의 이 두 측면 때문에 사회적 질서를 유지하는 문제는 매우 명확하게 표현된다. 우리처럼 논쟁을 좋아하면서도 사교적인 성향을 지닌 존재들이 과연 어떻게 함께 살 수 있는가? 우리의 사회적 욕구를 충족시키려면 논쟁을 즐기는 성향에는 어떤 제한을 가해야 하는가?

그로티우스의 핵심 사상은 바로 자연법이 이런 문제를 해결하는 방법을 제시하는, 경험적으로 발견될 수 있는 명령이라는 점이다. [33]

그로티우스는 신성한 지배자, 즉 자연법 준수가 우리 자신의 선과 전체의 선에 함께 기여하게 되도록 세계를 다스리는 존재에 호소하지 않는다. 또한 그는 자연법이 우리의 본성을 완성하거나 영원한 신의 법이 요구하는 바에 따라 사는 방향을 지시한다고 말하지 않는다. 그는 오직 인간들 사이의 대립과 해소를 위해 경험적인 자료만을 고찰할 뿐이다. 우리 모두는 사교적인 삶을 원하지만 이런 삶에 이르는 데 방해가 되는 개별적 이익에도 관심도 크다. 이런 상황에서 자연법은 우리가 살아갈 방법을 알려 준다.

우리 모두가 원하는 사교적인 삶이 과연 선인지, 또는 최고선인지 그로티우스는 묻지 않는다. 그는 오직 우리가 관찰하기에 사람들이 실제로 추구하는 바라고 생각되는 것에 호소하는 데에 만족한다. 《전쟁과 평화의 법》 전체에서 가장 놀라운 대목 중 하나는 그로티

---

33) Haggenmacher(1983)는 618면에서 논쟁의 개념을 그로티우스의 핵심 사상으로, 최소한 《전쟁과 평화의 법》 1권의 논의를 주의 깊게 주도하는 요소로 여기지만 나의 설명에서처럼 이를 그로티우스의 독창성을 보여 주는 중요한 개념으로 간주하지는 않는다. 이와 관련해서 Bull et al. (1992)에 수록된 Haggenmacher의 논문, 169면도 참조. 그로티우스는 전쟁을 "인간들 사이의 대립에 대한 가장 폭넓고 철학적인 개념"으로 여긴다. Villey(1968)는 620면에서 법과 법관의 임무가 질서의 유지라는 그로티우스의 믿음을 강조한다. 법관은 선을 모든 사람들에게 공정하게 분배하는 사람이 아니다. 법관의 임무는 오히려 소극적이다. "그로티우스가 전쟁과 폭력의(공적이든 사적이든 간에) 관점에서, 즉 이런 일들이 발생하기 전에 이들을 제한하고 억제하기 위해서는 법이 필요하다고 보는 점이 가장 중요하다. … 도덕은 질서와 사회적 평화를 위한 도구이다." 바로 자신의 재산을 안전하게 지키기 위한 조건으로 평화가 새로운 지배 계층이 원했던 바라고 Villey는 말한다.

우스가 고대 정치사상과 도덕철학의 핵심적인 문제들을 단 한 문장으로 간단하게 처리해 버리는 부분이다.

> 사실상 다양한 삶의 방식이 있고, 어떤 방식이 다른 방식보다 바람직하기도 하고, 또 각 개인이 많은 방식 중에 자신이 선호하는 방식을 자유롭게 선택할 수 있듯이 한 나라의 국민은 자신이 원하는 정부 형태를 얼마든지 선택할 수 있다. 그리고 이와 관련해 국민이 지니는 법적인 권리의 범위는 어떤 정부 형태가 가장 탁월한 것인가에 의해서가 아니라, 이에 관해서는 여러 사람이 서로 다른 견해를 내세우기 때문에, 국민이 자유로운 선택을 하는가에 따라 측정되어야 한다(*DJBP*, I. III. viii. 2, 104면).34)

설령 그로티우스의 주장에 독창적인 내용이 전혀 없다 할지라도 그가 자연법의 중요 논점으로 생각한 문제를 해석한 방식만은 독창적이다. 그로티우스의 후계자들을 근대의 특징적인 자연법 학파로 만든 것은 이들이 그로티우스의 문제의식을 받아들였다는 점이다.

6. "설령 우리가 인정한다 할지라도"

"설령 우리가 인정한다 할지라도"로 시작되는 유명한 문장은 설령 신이 존재하지 않는다 할지라도 우리는 사회적 삶을 가능하게 하는 모든 일을 행할 의무의 구속 아래 놓인다고 말한다. 하지만 바르베이

---

34) 이런 언급의 이면에 놓인 정치적 문제에 관해서는 Tuck(1993) : 193~194면 참조.

락은 《전쟁과 평화의 법》의 번역에서 이 대목에 단 각주를 통해 그로티우스에 반대한다. 바르베이락은 다음과 같이 말한다. "그렇지 않다. 엄밀하게 말하자면 **의무**와 책무 또는 이런 관념이나 〔사회적 삶에 관한〕 준칙에 따라야 한다는 필수 불가결한 필연성은 반드시 우월한 능력을 지닌, 인류를 지배하는 최고의 존재를 전제한다."[35] 수아레스도 이와 유사한 견해를 받아들였는데, 앞서 지적했듯이, 이는 주의주의적 관점에서 유래했다. 따라서 바르베이락의 반박은 그로티우스의 견해에 관한 두 가지 질문을 제기한다. 그로티우스는 과연 주의주의자인가, 만일 그렇다면 주의주의를 어느 정도 받아들이는가? 그리고 의무에 관한 그의 이론은 과연 무엇인가?[36]

그로티우스는 스콜라철학의 전통에 따라 충고 또는 조언과 의무를 구별한다(*DJBP*, I. I. ix. 1: 38면). 그는 또한 올바른 이성에 중요한 역할을 부여한다는 측면에서도 스콜라철학에 따른다. 그리고 그가 이성과 의무에 관해 말하는 바를 보면 극단적인 주의주의 입장을 받아들이지 않음은 분명한 듯하다. 자연법은 "올바른 이성의 명령으로서, 어떤 행위가 이성적 본성과 일치하는지의 여부에 따라 도덕적으로 필연적인지 아니면 천박한지, 따라서 본성의 창조자인 신이 그 행위를 명령하는지 아니면 금지하는지" 우리에게 알려 준다. 이는 마치 수아레스의 말처럼 들린다. 하지만 바로 다음 문장에서 그로티우스는 이런 행위가 "그 자체로 의무로 부여된 것이거나 허용되지 않

---

35) Grotius(1738): xix면 각주.
36) 이 주제에 관한 그로티우스의 생각이 변화한 과정은 Tuck(1993), 5장 참조. 또한 더 이상의 논의에 관해서는 각주 38 참조.

은 것"이며 신은 필연적으로 행위의 이런 속성에 따라 우리에게 명령을 내린다고 명확하게 주장한다(I. I. x. 1~2: 38~39면).

설령 행위가 원래부터 의무적일 수 있다는 지적이 주의주의와 상반된다 할지라도 그로티우스의 다른 언급들은 그렇지 않다. 따라서 그는 신은 우리가 특별한 특성과 더불어 존재하기를 원했기 때문에 "신의 자유로운 의지"가 우리의 본성 배후에 놓인 법의 근원이라고 주장한다(prol. 12: 14면). 이는 주의주의적 견해, 즉 신은 자유롭게 어떤 본성을 지닌 존재이든 창조할 수 있지만 일단 창조한 이후에는 모순을 감수하고라도 본성에 맞지 않는 법을 우리에게 부여하려 할 수는 없다는 입장처럼 들린다. 그로티우스는 이보다 더욱 결정적으로 보이는 한 대목에서 설령 신이라 할지라도 자연법을 바꾸지는 못한다고 선언한다. "설령 신이라도 2 곱하기 2가 4가 아니도록 만들 수는 없듯이 본래 악한 바를 악하지 않도록 만들 수는 없다."(I. I. x. 5: 40면) 하지만 이는 선함이 의무적임과 동일한 의미를 지니거나 의무적임을 함축할 경우에만 결정적 언급이 된다. 그리고 바로 이 점이 논의 주제로 등장한다.

그렇다면 우리는 어떤 결론을 내려야 하는가? 그의 언급에 나타난 전반적인 기조는 주의주의에 반대되며, 그로티우스의 저술을 읽은 이들도 모두 그가 주의주의에 반대했다고 해석했다.[37] 《전쟁과 평화의 법》을 쓸 당시 그로티우스는 수아레스의 절충적인 입장을 알았으며 이를 받아들일 수도 있었다. 하지만 그가 이에 대해 언급조차

---

37) 뒤의 제7장에서 보게 되듯이 푸펜도르프도 그렇게 여겼고, Stewart(1854) 도 173~174면에서 그렇게 이해했다.

하지 않는다는 사실은 그가 수아레스처럼 주의주의를 받아들이는 것을 원하지 않았음을 암시한다. 이런 사실은 또한 그가 신학적 주제에 대한 논의가 관련자 전체가 받아들일 만한 전쟁과 평화의 법을 이끌어 내는 데 도움이 되지 않는다고 생각했음을 보여 준다. 38)

따라서 그로티우스에게 남은 문제는 의무가 선이나 악의 개념과는 다르다는 점을 정확히 어떻게 설명할 것인가이다. 하지만 그는 이에 대해 아무런 언급도 하지 않는다. 한 세기 후에 저술을 썼던 바르베이락은 그를 위한 변명을 제시한다. 바르베이락의 지적에 따르면 그 당시의 유명한 저술가들도 도덕 규칙이 그 자체만으로 의무를

---

38) Haggenmacher(1983)는 그로티우스를 내가 여기서 주장한 정도보다 훨씬 주의주의적이라고 생각한다. Tuck(1993)과 마찬가지로 Haggenmacher도 *DJP*에 호소하는데 여기서는 언뜻 보기에 이 문제가 다소 다르게 등장한다. 그로티우스는 자신의 최초 입장은 "신이 자신의 의지로 드러낸 바, 그것이 법이다"(*DJP* II: 8면)라는 규칙에 따른다고 선언함으로써 자연법의 형식적인 도출에 대한 논의를 시작한다. 세계를 창조자가 설계한 것으로 이해한다면 신의 의지는 세계 자체에 명백하게 드러난다. 어쩌면 이를 그로티우스가 신은 어떤 속박도 받지 않고 자유롭게 현재와 같은 본성을 지닌 세계를 창조했는데, 일단 세계를 이렇게 창조하고 난 후 신은 자기모순의 부담을 안고 그가 우리에게 부여한 본성에 적합한 법을 우리를 위해 규정했음을 암시하는 것으로 해석할 수도 있다. 사실 이는 그를 *DJBP*에 드러난 모습보다 훨씬 더 주의주의에 가깝게 해석한 것이기도 하다. 하지만 그로티우스가 신의 의지가 곧 법이라는 언급의 근거로 인용한 바는 신의 정신 안에는 자신이 창조한 모든 것의 영원한 모범으로 작용하는 많은 원형이 들어 있으며 신이 지닌 지혜의 원형이 법이라는 아퀴나스의 주장인데 여기에 의지의 개념은 등장하지 않는다(*ST* Ia. IIa. 93. 1).

Bull et al.(1992)에 수록된 논문을 통해 Haggenmacher는 *DJBP*에서 주의주의의 역할을 축소하면서 다음과 같이 말한다. "그로티우스는 명백히 의지적 요소의 역할을 줄이려 했으며 … 그는 이전 학자들이 이를 위해 사용한 방법을 항상 파악하고 있었다."(171면, 주 129)

부과한다고 가정한다. 따라서 그로티우스 같은 개척자가 "전혀 정당하지 않은" 개념을 사용한다고 하더라도 이는 조금도 놀랄 일이 아니다. 뒤이어 바르베이락은 여기서 무엇이 위태로운지 지적한다. 만일 규칙이 신의 의지와 무관하게 의무를 부과한다면 도대체 왜 우리가 신의 의지에 호소해야 하는지 그 이유가 불분명해진다. "신의 의지와 권위는 … 단지 일종의 부수적인 장식품에 지나지 않으며, 기껏해야 의무를 강화하는 정도에 그친다."[39] 바르베이락은 신이 도덕과 무관한 존재가 되는 사태를 우려한다. 절대적인 명령에 의해 도덕을 창조하는 주의주의적인 신이나 세계의 도덕적 질서를 유지하는 주지주의적인 신을 명백히 요청할 것을 거부하는 그로티우스의 태도가 이런 우려의 핵심이 된다. 의무의 본성과 신과 도덕 사이의 관계에 대한 논의는 이후 그로티우스주의자들에게 피할 수 없는 문제로 제기되었다.

7. 덕의 불충분함

그로티우스는 처음에는 국가들 사이의 관계를 규제하는 법을 체계적으로 파악하려고 시도하는 모습을 보인다(*DJBP*, prol. 1: 9면). 어떤 이론을 형성하는 방식은 두 가지이다. 그중 하나는 자명한 진리로부터 출발해 경험과 무관한 증명을 제시함으로써 "이성적이고 사회적인 본성을 지닌 존재가" 필연적으로 동의하는 바가 무엇인지를

---

39) Grotius(1738), I. I. x. 2에 대한 각주, 10~11면.

보이는 것이다. 하지만 그로티우스가 생각했던 자명한 또는 경험과 무관한 진리는 사실상 경험을 통해서 배우는, 모든 사람이 지니는 종류에 속한다.[40] 앞서 지적했듯이 그는 이런 진리의 확실성이 적절한 조건 아래서 감각이 우리에게 보여 주는 바의 확실성에 비길 만하다고 생각한다. 하지만 그의 증명 방식은 수학적이다. 사실상 그는 다소 어색하기는 하지만 특정한 주제나 논쟁을 무시하고 추상적인 이론을 공정하게 다룬다는 점에서 자신을 수학자에 비유한다 (prol. 58: 29~30면).[41] 이론을 형성하는 두 번째 방식은 모든 시대의 지식인과 교양인이 일반적으로 동의하는 바로부터 도출된, 경험에 의존한 증명을 제시하는 것이다. 그로티우스는 권위 있는 문헌을 다양하게 인용함으로써 이런 작업을 한다. 일반적인 동의는 우리가 자연법을 인간의 의지로부터 생겨난 국내법이나 어떤 나라의 법과 명확히 구별하려 할 때 유용하게 사용된다(I. I. xii. 1~2: 42~43면; prol. 39~41: 23~24면). 그가 계속 논의를 진행하기에 앞서 대단히 권위 있는 한 인물의 견해에, 즉 아리스토텔레스의 정의의 덕에 관한 견해에 반대하면서 이를 청산하려 한 것은 중요한 의미가 있다.

전리품과 노획물에 관한 초기 저술에서 그로티우스는 덕이 중용이라는 생각을 받아들이고 이에 대한 근거로 "정의란 중간의 길을 택

---

40) 그로티우스는 〈로마인들에게 보낸 편지〉 2장 14~15절을 *DJBP*, I. I. xvi. 6: 47면에서 오직 한 번 인용하면서 이를 당시 기독교인들이 더 이상 유대교 율법에 따르지 않았음을 보여 주는 논증의 일부로 여긴다. 그는 이 대목을 자연법에 대한 지식이 본유적이므로 자명하다는 점을 보이기 위한 근거로는 사용하지 않는다.

41) 수학적 방식을 사용하는 것의 중요성에 관해서는 Tuck(1993): 171~172면 참조.

하는 것이다"라고 말한 아리스토텔레스를 인용한다. 그로티우스는
이 말을 "불의를 저지르는 것도 그르지만 불의를 참는 것 또한 그르
다"(DJP I: 23면) 는 의미로 해석한다. 이러한 해석이 정확하고 순수
한 아리스토텔레스의 견해는 아닐지라도 그로티우스가 이후 취할
입장이 어떤 방향일지 보여 준다. 《전쟁과 평화의 법》의 서문에서
그로티우스는 세 단락을 할애하여 덕이 감정과 행위에서 중용을 의
미한다는 아리스토텔레스의 주장을 비판한다. 중용 이론은 중요한
논점, 즉 도덕을 덕 개념에 초점을 맞춰 이해하는 것과 본질적으로
법칙에 중심을 두고 해석하는 것 간의 차이를 드러내는 방법 중 하나
이다. 또한 이 이론은 미리 규정된 그 어떤 규칙이나 법칙의 집합도
덕을 갖춘 행위자가 가신 도덕적 지식을 대신할 수 없다는 덕 윤리학
자의 믿음을 분명히 표현한다. 간단히 말하자면 그로티우스는 이런
문제를 다루려 하지 않는다.

그로티우스의 비판은 간결하다. 중용 이론은 (이른바 과장과 지나
친 숨김 사이의 중용으로 여겨지는) 진실과 같은 덕과 관련해서는 적용
이 어렵다(*DJBP*, prol. 43: 25면). 심지어 중용을 통해서 정의를 설
명해 보려고 해도 제대로 설명할 수 없다. 아리스토텔레스조차 정의
를 구성한다고 말할 수 있는 그 어떤 적절한 감정이나 감정에서 기인
한 행위에서 무엇이 중용인지 지적하지 못했다고 그로티우스는 생
각한다. 따라서 아리스토텔레스는 정의와 관련된다고 여겨지는 것
들에 관한 ― 재산이나 명예, 담보물 등에 관한 ― 주장에 호소하는
수준에 그친다. 왜냐하면 오직 이들에 대해서만 과도하거나 부족하
다는 말이 타당할 수 있기 때문이다. 하지만 계속해 그로티우스는
여기서조차 중용 이론은 실패하고 만다고 주장한다. 이는 간단한 예

를 통해서 보일 수 있다. 자신의 소유권을 행사하지 않는다면 이는 잘못일지 모른다. 하지만 정당한 것보다 적게 소유권을 행사한다고 해서 결코 다른 사람에게 불의를 저지르는 것이 아니다. 42)

정의란 오직 "다른 사람의 소유물을 넘보지 않는 것"일 뿐이다. 그로티우스는 "불의가 어디에서 기인하는지 — 탐욕이나 육욕에서 생겼는지, 분노 또는 동정심이라는 잘못된 충고 때문에 생겼는지 등 — 는 문제가 되지 않는다"고 덧붙인다. 문제가 되는 것은 오직 우리가 다른 사람의 권리에 속하는 것을 취했는지 아닌지뿐이다. 그는 몇몇 덕이 감정을 제어한다는 점을 인정하지만 이는 덕의 본성 때문이 아니다. 이는 오히려 "그 어떤 경우에도 덕이 추종할 수밖에 없는 올바른 이성"이 때로 절제를 명령하기 때문이다. 다른 경우에, 예를 들면 신을 경배하거나 영원한 축복을 바라는 경우에 이성은 절제를 명령하지 않는다. 이런 일은 과도할 수 없으며, 죄에 대한 증오가 과도할 수 없음도 마찬가지이다(*DJBP*, prol. 44~45: 25~26면). 43)

직접적인 공격 대상인 중용 이론이 반드시 덕 중심 이론의 일부일 필요는 없다. 하지만 그로티우스는 이 이론 이상의 무언가를 거부하

---

42) *DJP*에서 (IV: 49면) 드러나듯이 여기서 그로티우스가 생각하는 잘못은 자신이 정당한 소유권을 지니는 전리품을 취해 전쟁 비용을 충당하지 않음으로써 국가에 손실을 끼치는 경우이다. 이런 종류의 비판에 대한 몇몇 적절한 지적은 Hardie(1968): 182~184면, 186면 참조.

43) 아퀴나스는 *ST* IIa. IIae. 27. 6에서 믿음, 소망, 사랑 등의 신학적인 덕들은 과도할 수 없다고 주장한다. 또한 그는 《사랑에 관해》(*On Charity*)에서 신학적 덕은 양극단 사이의 중용이 아니며 오직 도덕적인 덕만이 중용이라고 말한다. 항목 II, 10과 13에 대한 대답, 31면 참조. 앞서 이 책 2장 3절에서 지적했듯이 신은 과도하게 사랑할 수 없다는 점 또한 스코투스의 중요한 주장 중 하나이다.

려고 시도한다. 즉, 그는 덕 중심 이론의 핵심적이고 특징적인 주장이 틀렸다고 주장하려 한다. 정의의 핵심은 행위자의 동기와는 아무 상관이 없다. 정의롭다는 것은 오직 다른 사람들의 권리를 존중하면서 올바른 이성에 따르는 습관을 유지하는 것일 뿐이다. 올바른 이성은 우리에게 자연법을 알려 주므로 앞서 살펴보았던 아퀴나스와 마찬가지로 그로티우스도 덕을 법칙의 준수와 동일시한다. 하지만 그로티우스는 행위자가 왜 그런 습관을 얻고 유지하는지는 중요하지 않다고 이전 학자들보다 더욱 강조한다. 그리고 앞으로 보게 되듯이 그로티우스에게 권리는 덕이 있는 성향과 관련함으로써 선한 것이 아니다. 권리는 — 그로티우스의 견해가 전적으로 명료하지는 않지만 — 신조차도 존중해야 하는, 인간의 본성에 속한 특별한 도덕적 속성 혹은 이런 속성에 기인하는 것이다. 권리를 존중함으로써 산출되는 선과 무관하게, 권리는 그 자체로 어떤 행위를 요구하거나 금지되도록 만든다.

후에 그로티우스는 아리스토텔레스적인 덕 윤리가 지닌 또 다른 측면, 즉 덕이 있는 행위자는 특별한 도덕적 통찰의 능력이 있다는 주장을 거부한다. 그는 자연법이 우리가 행해야 할 바를 사소한 것까지 세부적으로 규정한다고 생각하지 않는다. 하지만 자연법이 규정하지 않는 영역에서 작용하는 바는 통찰이 아니라 자유로운 판단과 선택의 재량권이다. 44) 이 경우 우리는 허용 가능한 행위 중에서

---

44) 아리스토텔레스는 《니코마코스 윤리학》 1106b29~33에서 다음과 같이 말한다. "잘못을 범할 수 있는 방식은 여러 가지인 반면 … 올바른 것은 오직 한 가지 방식뿐이다. … 이것이 바로 과녁을 빗맞히기는 쉽지만 맞히기는 어려운 까닭이다." 초기 자연법 사상가들은 적용이 어려워 보이는 경우에 적합

도덕과 무관하게 선택을 한다. 그로티우스는 이를 통해 아리스토텔레스주의에 직접 맞서려 한다. 그는 도덕의 영역에는 수많은 요소가 복잡하게 관여하며 경우에 따라 항상 상황이 변하기 때문에 "우리가 행해야 할 바와 그릇된 행위 사이에 그저 허용되는 바로서 중용이 존재한다. 중용은 어떤 경우 전자에 가깝고, 다른 경우 후자에 가까울 수도 있다. … 이것이 바로 아리스토텔레스가 '어떤 선택을 해야 하는지 결정하기 자주 어렵다'고 말하면서 의미한 바이다"라고 말한다 (*DJBP* II. XXIII. i: 557면). 덕이 있는 사람은 법을 명확하게 적용할 수 있는 경우에는 법에 따르며, 재량권의 여지가 있을 경우에는 허용 가능한 행위의 영역 안에 머무르는 사람이다. 그로티우스가 생각하는 규칙과 행위의 도덕에서는 덕으로부터 기인한 특별한 인식 능력이 발휘될 그 어떤 공간도 존재하지 않는다.

8. 권리와 공동체

아퀴나스는 사려, 절제, 용기의 덕을 행위자의 내적인 상태와 관련한 것으로, 정의는 우리가 다른 사람과 맺는 관계 전반을 포괄하는 것으로 생각한다(*ST* Ia. IIae. 66. 4). 심지어 신과 맺는 관계까지도 정의의 개념 안에 포함된다(IIa. IIae. 80. 1).[45] 루터는 이성적인 자

하도록 자연법을 해석하는 문제에 형평성(*epieikeia*)이라는 표제를 붙여 논의했는데 이것이 그로티우스가 생각한 재량권의 개념과 같은지는 명확하지 않다. 수아레스, 《법에 관해》 II. XVI 참조.

45) 나는 Mahoney(1987): 247~253면에 힘입어 이 점이 지니는 중요성에 주

연법이 다만 우리의 외부적인 행위만을 지시할 수 있다고 주장했다. 오직 종교를 통해서만 파악할 수 있는 내적인 삶에 대해서는 자연법이 그 어떤 타당한 내용도 말하지 못한다고 본 것이다. 그로티우스는 이 두 견해를 모두 거부한다.

스튜어트(Dugald Stewart)는 정의를 명확한 규칙과 관련되는 문제로 생각하기란 어려운 일이 아니지만 근대의 자연법 학자는 모든 덕을 이런 방식으로, 즉 권리 및 의무의 측면에서 규정할 수 있는 것으로 다루고자 노력했다는 점을 지적한다. 그리고 푸펜도르프가 이런 견해를 지지한 대표적 학자지만 이를 최초로 시도한 인물은 그로티우스라고 말한다. 그로티우스가 사용한 도구 중 하나는 완전한 권리와 불완전한 권리 사이의 구별이다.[46] 이런 형식의 구별을 도입했다는 점에서 그는 분명히 독창적이었다.[47] 스튜어트의 이런 언급은 이 문제에 포함된 몇몇 전문적 요소의 중요성을 암시한다.

목하게 되었다.

46) Stewart(1854): 175~177면. 그는 또한 그로티우스가 이런 주장을 내세우면서 그리 철저한 준비를 하지 않았다는 점도 지적한다.

47) 아퀴나스는 완전한 덕과 불완전한 덕을 구별하지만 그로티우스와 동일한 종류의 근거로 구별하지는 않는다(ST I. 65. 1). 그로티우스와 관련된 접근 방식은 On Benefits III. 5~14에 등장하는 세네카의 논의에서 암시되는데 여기서는 과연 배은망덕한 행위가 처벌의 대상인지 논의된다. 수아레스는 《법에 관해》 II. viii. 11~12에서 그로티우스와 다소 유사한 구별을 시도한다. 그는 II. IX. 9에서 소극적 명령과 적극적 명령에 관해 간략히 언급하면서 그로티우스에 훨씬 더 가까운 태도를 드러낸다. 그로티우스가 이런 구별을 통해 문제에 접근하는 구조는 이 책의 제2장 3절 각주18에서 지적한, 둔스 스코투스가 안식일을 지킬 의무를 언급한 것에서 명확히 나타나는데 수아레스도 십계명 중 세 번째 명령을 다루며 이에 따른다(II. XV. 23). 나는 의무의 개념을 이런 구조와 관련해 더 상세히 추적하지는 않으려 한다.

그로티우스는 권리란 "무언가를 합법적으로 소유하거나 어떤 행위를 할 수 있게 하는, 개인의 도덕적 성질"이라고 말한다(*DJBP* I. I. iv: 35면). 알다시피 법은 우리 모두가 원하는 것, 즉 이성적 존재들이 형성한 사회와 조화를 이루는 것은 무엇이고 그렇지 않은 것은 무엇인지 우리에게 알려 준다. 법은 우선 소극적인 방식으로 이런 일을 행한다. 불의가 아닌 것은 합법적이다. 그리고 불의는 오직 권리를 침해하는 것일 뿐이다(I. I. iii. 1: 34면). 누군가의 재산을 가로채는 일, 가로챈 재산을 돌려주지 않는 일, 약속을 지키지 않는 일, 권리를 침해한 자를 처벌하지 않는 일 — 이들이 기본적인 불의에 속한다(prol. 8: 12면). 이런 정의롭지 않은 행위를 쉽게 저지르는 질이 낮은 이들이 사회를 유지할 수 없도록 만드는, 따라서 인간 본성과 조화를 이루지 못하는 파괴적인 성향을 드러낸다는 점은 쉽게 발견된다. 그러므로 그로티우스가 생각하는 법은 선을 정의하되 선의 측면에서가 아니라 불의의 측면에서 정의한다.

그로티우스는 두 종류의 권리를, 즉 완전한 권리와 불완전한 권리를 제시한다. 어떤 권리를 지닌다는 도덕적 성질이 완벽할 경우 행위자는 완전한 권리, 법적인 권리 또는 엄격한 의미에서의 권리를 지닌다고 할 수 있다. 완전한 권리는 사람들에게 엄격한 의무를 부과하는 법의 근원이 된다. 예상할 수 있듯이 정의는 완전한 권리 및 이로부터 생겨난 의무와 관련된다. 완전한 권리의 침해는 전쟁을 일으키거나 이보다 덜한 방법의 무력을 사용할 정당한 원인을 제공한다(*DJBP* II. I. i~vii: 169~175면; I. II. i. 4~6: 52~54면 참조). 48) 따

---

48) 하지만 나는 그로티우스가 완전한 권리는 폭력을 사용해서라도 보장되어야

라서 완전한 권리의 소유자는 법정에서 권리를 보호받을 수 있으며 필요하다면 그 외의 다른 수단을 사용할 수도 있다. 이에 반해 불완전한 권리는 무언가를 소유하거나 조절하는 행위자의 "능력" 또는 소질이다. 이런 종류의 권리는 엄격한 의무가 아니라 "다른 사람에게 선을 행하는 것을 목적으로 삼는 덕", 예를 들면 관대함이나 자비 등과 관련된다(I. I. iii~x. 4: 34~39면). 그로티우스는 이런 권리를 강제할 수 있는 것으로 다루지는 않지만 여러 대목에서 이와 관련된 법이 존재한다고 주장한다.

그는 이를 사랑의 법 또는 사랑의 규칙이라고 부른다. 이는 죄지은 사람보다는 죄가 없는 사람이 행복을 누려야 한다는 "질서 잡힌 사랑의 법"과 일치하는 것이다(*DJBP* I. II. viii. 10: 75면). 내가 지금 곡물을 팔고자 하는데 곧 곡물을 가득 실은 배가 도착할 예정이라는 사실을 알고 있다. 이때 나는 이 소식을 구매 예정자에게 반드시 알려야 하는 엄격한 의무를 지지는 않는다. 하지만 이 소식을 알리는

하는 것이라고 정의함으로써 실제로 이런 일을 허용하려 했다고 생각하지는 않는다(그로티우스의 후계자들은 이런 종류의 질문에 관심을 보였지만 그 자신은 무관심했다). 사람들이 완전한 권리를 침해하려 하는데 오직 폭력을 사용함으로써만 권리를 안전하게 보장할 수 있는 경우가 자주 발생한다는 점은 뿌리 깊은, 명백한 사실이다.

그로티우스는 정절을 지키기 위해 살인할 권리는 의심할 여지가 없이 명백한 것이라고 말한다(*DJBP* II. I. vii: 175면). 하지만 그는 강간이 자연법에 엄격하게 위배된다고 명확히 말하지는 않는다. 그는 (자연법의 일부가 아닌) 국가의 법에 관해 논의하면서 강간이 피해자에게 상해를 입히기 때문이 아니라 "무절제하게 육욕을 추구하는 행위"이기 때문에 비난받아야 한다고 주장하는 이들의 편에 서는 듯하다(*DJBP* III. IV. xix. 1~2: 656~657면). 하지만 자연법이 이에 관해서 어떻게 말할지에 대해 그는 어떤 언급도 덧붙이지 않는다.

것은 칭찬받을 만한 일이며 그렇게 하지 않는 것은 "사랑의 규칙"에 위배된다(II. XII. ix. 2: 347면). 사랑의 법은 사실 법이라고 불리기에 적절하지 않다. 어떤 도시가 적에게 포위되었는데 시민 한 사람을 적에게 넘겨줌으로써 포위를 풀 수 있는 상황에서, 그 시민이 그렇게 자신을 희생하는 일이 엄격한 의무는 아닐지 모른다. 하지만 "사랑이 그에게 다르게 행위하도록 허용한다는 사실 또한 도출되지 않는다". 설령 영웅적인 행위가 엄격한 정의로 요구되지 않는다 할지라도 그런 행위는 칭찬받을 만하며 더 나아가 그런 행위를 하지 않는 것은 비난받을 만하다(II. XXV. iii. 3: 579면).

또 다른 몇 군데에서 그로티우스는 의무적인 것과 칭찬받을 만한 것을 구별하지만(*DJBP* I. II. i. 3: 52면) 이들 사이의 구별 혹은 정의의 법과 사랑의 법 사이의 구별을 정교하게 제시하지는 않는다. 하지만 그가 사랑의 법을 정의의 법과 동일한 수준의 것으로 다루었다는 사실은 중요하다. 그는 누구나 이 두 법을 모두 준수하리라고 기대한다. 그로티우스는 예를 들어 칼뱅처럼 사랑의 법에 따르기 위해서는 특별한 은총이 필요하다는 식의 주장을 전혀 펴지 않는다. 사랑과 정의의 법은 하나의 동일한 공동체 안에서 강요될 수 있는 의무와 그렇지 않은 의무의 영역을 지적할 뿐이며 이들이 서로 다른 두 왕국을 분리하지는 않는다. 49)

49) 칼뱅은 《강요》 III. X. 5에서 "사랑의 명령"을 재산과 관련해 논의한다. 이런 명령에 따르기 위해서는 은총이 필요한데 그 까닭은 "단지 사랑의 의무 모두를 행하기만 하는 사람은 설령 단 하나도 간과하지 않는다 할지라도 그 의무를 완수한 것이 아니며 오히려 진정한 사랑의 감정과 더불어 이를 행한 사람이 의무를 완수하기 때문이다"(《강요》 III. VII. 7). 그런데 은총을 받지 못한 사람은 물론 이런 감정을 지닐 수 없다.

그로티우스의 사회관은 권리 이론을 통해 더욱 분명하게 구체화된다. 권리는 신이 우리에게 특정한 행위를 명령하거나 금지할 때 고려하는, 우리의 이성적이고 사교적인 본성의 일부이다. 따라서 권리의 소유가 선을 불러오든 아니면 악을 불러오든 이와 무관하게 우리는 항상 권리를 지닌다. 이를 통해 그로티우스는 권리가 법에 의해 형성된다고 설명했던 초기의 견해와는 다른 권리 이론을 제시한다. 초기 견해에 따르면 법은 사람들에게 다양한 임무와 지위를 부여하고 이와 더불어 구체적인 의무를 부과한다. 따라서 사람들은 이런 의무를 수행하는 데 필요한 어떤 것이든 행하거나 소유할 권리를 지니게 된다. 고전적인 이해에서 자연법은 개인의 선뿐만 아니라 공동의 선에도 기여하도록 의무를 부과한다. 이 경우에 개인에게 부여된 권리라는 도덕적 성질은 이를 부여하는 것이 유용하기 때문에 부여된 것이다. 하지만 그로티우스는 권리를 이런 방식으로 다루지 않는다. 그는 권리를 법으로부터 도출된 성질이 아니라 법을 근거 짓는 성질로 생각한다. 권리는 우리 각자가 그 어떤 공동체에 속하기에 앞서 또한 그런 소속과는 무관하게 지니는 개인적 소유물이다.

권리는 소유물이므로 우리는 얼마든지 권리를 포기하거나 양도할 수도 있다. 이런 양도 가능성을 어떤 방식으로 설명하든 간에 이는 권리를 기껏해야 양면성을 지니는 축복으로 만든다.[50] 권리는 개인의 노예화나 통치자의 권력화에 반대하는 어떤 근거도 제공하지 못

수아레스는 《법에 관해》 II. XI. 1~5에서 사랑으로부터 행해진 행위에 관해 간략하게 논의하면서 신에 대한 어떤 본성적인 사랑이 존재한다는 주장을 편다.

50) 이 점에 관해서는 특히 Tuck(1979) : 77~81면 참조.

한다. "누구든 스스로 기꺼이 다른 사람의 노예가 될 수 있듯이" 사회 또한 그렇게 될 수 있다. 개인과 마찬가지로 사회도 사라지기보다는 노예가 되기를 택할지도 모른다(*DJBP* I. III. viii. 1~3: 103~104면). 따라서 정치권력이 시민들의 동의로부터 생겨날 필요는 없다. 정치권력은 정복으로부터 생길 수도 있고 공동체의 자치 능력에 대한 정당한 회의로부터 생길 수도 있으며 혹은 한 통치자가 다른 통치자에게 권력을 이양함으로써 생길 수 있다. 더욱이 모든 통치가 피통치자의 이익을 위해 이루어지지도 않는다. 통치의 대부분은 통치자의 이익을 위한 것이다. 그리고 사람은 사실상 이를 견디는 것 이외의 어떤 일도 할 수 없다. 국민들은 군주가 통치를 잘하든 그렇지 않든 간에 복종할 수밖에 없다(I. III. viii. 8~15, ix. 1~2: 106~111면). 이를 통해 그로티우스는 사회를 유지하는 일이 중요하며, 사회를 유지하기 위해 우리는 막대한 비용을 치를 준비를 해야 한다고 주장한다.

흔히 그로티우스를 개인주의의 창시자 중 한 사람이라고 말한다. 권리 이론은 완전히 혁신적일 수도 있고 그렇지 않을 수도 있다.[51] 하지만 개인이 지닌 본성적 속성으로서의 권리라는 관념이 근대 유럽 사상에서 주도적인 위치를 차지하게 된 것은 명백히 그로티우스를 통해서이다. 또한 그로티우스는 개인이 자신의 선을 추구할 권리

---

51) Tuck(1979) 참조. Villey(1957)는 오직 개체만이 존재한다고 주장하는 유명론 사상가들이 개인의 권리는 본래 타고난 것으로 여기면서 법은 단지 어떤 권리가 존재하는지에 대해 요약해 놓은 것으로 간주한다는 점을 지적한다. Tierney(1988)는 Villey의 입장을 비판하면서 많은 인용문을 근거로 제시한다. 또한 Tuck에 대한 Tierney의 논의는 Tierney(1983, 1989) 참조. Kobusch(1993): 31~37면에는 이에 대한 간단한 개관이 등장한다.

를 사회를 떠받히는 중요한 기둥 중 하나로 만들었다. 하지만 시회 안에서의 삶 또한 중요하다. 삶을 처음 시작하며 우리는 각자가 가진 권리 및 자기보존의 욕구가 존중받기를 기대할지도 모른다. 52) 그러나 우리는 결국 함께 더불어 살기를 원한다. 법은 우리가 사회를 형성할 수 있도록 만들기 위해 우리의 권리를 반영한다. 그리고 우리는 사회 그 자체를 원한다. 자연법은 사랑의 법을 포함한다. 물론 자연법에 따름으로써 큰 편리함을 얻기는 하지만 자연법이 단지 편리함에 기초하지는 않는다(*DJBP*, prol. 16: 15면). 자연법은 사교적이고 이성적인 인간 존재의 본성에 깊이 뿌리박혀 있는데, 신이 그렇게 창조한 것이기 때문에 자연법을 무시하면 자기모순에 빠지게 된다. 카르네아데스의 주장에도 불구하고 어리석은 자는 자연법에 따르는 사람이 아니라 자기이익을 추구하기 위해 자연법을 무시하는 사람이다. 그로티우스는 사회적 삶의 중요성을 전혀 무시하지 않는다. 하지만 그의 논의 핵심에 놓인 것은 그렇게 사회를 형성해 살기가 어렵다는 사실이다. 1914년53) 이래 세계 역사는 우리가 이를 쉽게 만들기 위한 방법을 아직도 발견하지 못했음을 암시한다.

---

52) 하지만 다른 많은 학자들과 마찬가지로 그로티우스는 우리가 갓 태어난 어린아이처럼 삶을 시작한다는 사실을 무시한다.

53) 〔옮긴이주〕 1914년은 제1차 세계대전이 일어난 해이다.

제5장

한계에 이른 그로티우스주의: 홉스

수아레스는 자연법이 도덕신학자들의 담당 영역이라고 보았지만 그로티우스는 자연법에서 이런 영역을 제거하고 자연법 이론은 오직 법학자와 철학자가 책임져야 할 부분이라고 주장했다. 윤리학과 정치의 기초에 대해 저술한 수많은 신교 학자들은 그로티우스에 따라 자연법이라는 용어를 사용했으며, 신교든 구교든 간에 어떤 특정한 종교적 신앙의 구체적 교리에서 자연법 이론을 분리해 냈다. 넓은 의미에서 이들 모두를 그로티우스주의자라고 본다면 그중 어떤 이들은 다른 사람에 비해 그로티우스로부터 더욱 큰 영향을 받았을 것이다. 물론 이들 중에는 그로티우스의 견해를 설명하고 옹호하는 데만 몰두한 주석가나 해석자도 있다. 하지만 이들과는 차이를 보이면서도 더 멀리 나아갔던 그로티우스주의자도 있었다.

 이 장과 다음 장에서 나는 그로티우스주의가 한계에 이르렀다고 보고 이를 넘어서려 했던 두 사람의 신교 자연법 이론가, 즉 홉스

(Thomas Hobbes)와 흡스를 비판했던 인물들 그리고 컴벌랜드 (Richard Cumberland)를 다루려 한다. 이 두 사람의 저술은 폭넓게 읽혔지만 둘 모두 특정 학파를 형성하지는 않았다. 주석가의 수준을 넘어선 정통파 그로티우스주의자가 있다면 정교하게 입장을 제시했던 푸펜도르프(Samuel Pufendorf)를 들 수 있는데, 그에 관해서는 7장에서 살펴보려 한다. 푸펜도르프는 그로티우스에서 유래한 몇몇 문제를 논의의 출발점으로 삼으면서도 흡스나 컴벌랜드 같은 극단적인 견해를 피하려 했다. 푸펜도르프는 전 생애에 걸쳐 정치적으로는 기회주의자, 이론적으로는 절충주의자라는 이유로 비난받았다. 하지만 동시에 그는 그로티우스주의로 간주되는 자연법 학자 중 가장 폭넓게 연구 대상이 되는 인물이기도 하다. 흡스와 컴벌랜드는 자신의 후계자들을 통해 오늘날 우리에게도 여전히 살아 있는 대안을 제시하는 여러 이론을 고안했다. 반면 푸펜도르프의 이론은 오늘날 사라졌다. 그로티우스주의라는 자극이 17세기에 낳은 다양한 결과를 이해하려면 이 셋을 모두 살펴볼 필요가 있다.

1. 욕구와 대립

1676년 독일의 법리학자 라헬(Samuel Rachel)은 자연법과 국가의 법에 관한 저술을 출판했는데, 이 책에서 그는 아리스토텔레스의 덕 개념에 대한 그로티우스의 반박을 17면 정도에 걸쳐 답한다. 그는 그로티우스의 이론에 대해 지극히 비판적이었지만 그로티우스라는 인물 자체는 분명히 존경했다. 하지만 라헬은 자신의 그 다음 적수인 홉스에 대해 검토하면서 더 이상 분노를 감출 수 없었다. 라헬은 다음과 같이 말한다. "우리는 도덕적 타락이 극에 이른 마지막 자리에 토마스 홉스를 놓으려 한다. … 나는 … 그보다 더 어리석고 부패한 세계관을 제시한 다른 어떤 학자도 결코 마주친 적이 없다." 홉스의 비판자 사이에 이런 극도의 분노는 드문 일이 아니었으며, 홉스가 무신론과 전제정치 그리고 "모든 종류의 사악함을" 전파하기 위해 자신의 재능을 고의로 악용했다는[1] 라헬식의 비판 또한 흔히 발견된다.

홉스의 저술들은 광범위하게 읽혔으며 그가 살아 있을 때 이미 그를 옹호하며 추종한 사람도 꽤 있었다.[2] 하지만 푸펜도르프처럼 그의 이론에서 중요한 요소를 받아들인 학자들도 그와 상당한 거리를 두려고 애썼으며, 그를 지지한 사람보다는 적대시한 사람이 수적으로도 목소리로도 훨씬 더 우세했다. 오직 예민한 감수성을 지닌 이들만이 홉스의 이론을 충격적으로 받아들인 것은 아니었다. 그의 이론은 당시 가장 강력한 영향력을 지녔던 여러 사상가들에게도 지속적으로 증오와 우려를 불러일으켰다. 홉스는 누구나 동의하는 문제로부터 출발해 어느 누구도 쉽게 반박하기 힘든 논증을 통해 거의 아무도 받아들이려 하지 않는 해결책을 내놓았다. 많은 사람이 그의

---

1) Rachel: 71~75면.
2) 그에 대한 부정적 반응에 관해서는 Bowle(1951)과 Mintz(1969), 긍정적 반응에 관해서는 Skinner(1965~1966, 1972)와 Jacoby(1993), in King, vol. I 참조. 홉스는 일찍이 중요한 과학 저술가로 큰 명성을 얻었다. 그가 그토록 강력한 비난의 대상이 된 것은 도덕과 정치, 종교에 관한 저술들 때문이다. Malcolm(1988), "Hobbes and the Royal Society", in Rogers and Ryan 참조.

이론에서 치명적인 결함을 발견하려 했고 논쟁은 오늘날에도 계속된다. 하지만 17세기의 도덕철학자 중 현재까지 그토록 많은 주석과 옹호, 비판 그리고 창조적 재해석을 낳도록 자극한 인물은 홉스 외에는 없다.[3]

그로티우스와 마찬가지로 홉스도 전쟁과 평화에 관해 썼다. 하지만 그는 국제적인 분쟁보다는 시민사회 내부의 분쟁에 관심을 기울였다. 그는 영국의 끔찍한 내전 상황 아래서 평생을 살았으며 내전이 낳은 많은 결과를 몸소 겪었다. 다음 대목은 그의 사상에서 내전이 차지하는 중요한 위치를 잘 보여 준다.

> 도덕철학과 정치철학의 효용은 우리가 이런 학문을 앎으로써 얻는 편리함이 아니라 이를 모를 경우 겪게 되는 재난으로 평가되어야 한다. 인간의 노력을 통해서 피할 수도 있는 이런 재난은 모두 전쟁으로부터, 특히 주로 내전으로부터 발생한다. … 내전의 원인은 … 사람들이 전쟁과 평화의 원인을 모르기 때문이 아니라 이들을 통합해 평화를 유지할 의무에 대해 배운 사람이, 바꾸어 말하면 시민 생활의 규칙을 충분히 배운 사람이 이 세상에 거의 없기 때문이다. 따라서 이런 규칙을 아는 지식이 곧 도덕철학이다(《물체론》 1. 7).

홉스에게 철학이란 "결국 인간적인 삶이 필요로 하는 어떤 결과를

---

3) 도덕철학에서 적극적으로 통용되는 관념들의 창시자로서 홉스에 대한 관심은 주로 20세기에 들어와 증폭되었다. 그에 관한 참고문헌은 Sacksteder (1982)와 Curley(1990) 참조. 그리고 1922년에서 1988년 사이에 출판된 논문을 방대하게 모아 재출판한 자료로는 King(1993) 참조.

··· 산출하는 능력을 얻기 위해" 원인과 결과 사이의 관련성을 이성을 통해 발견하는 것이다(《리바이어던》XLVI. 1). [4] 도덕철학의 핵심은 우리 사회가 인간의 본성이 만들어 내는 압박 아래 붕괴되지 않고 잘 유지되도록 하는 데 있다. [5]

홉스는 전쟁의 원인이 무지라고 생각하기 때문에 인간이 서로 대립하고 충돌하는 원인에 관해 그로티우스보다 더 많이 언급한다. 그리고 정념과 욕구에 대한 견해는 그의 분석 중 핵심을 차지한다. 그의 심리학은 자연학과 밀접하게 연결된다. 자연 세계를 고찰하는 최선의 방법은 공간 속에서 운동하는 보이지 않는 원자가 그 세계를 구성한다고 생각하는 것이다. 그렇다면 각 개인도 계속 유지되는 특정한 형체 안에서 운동하는 원자들의 집합으로 이해해야 한다. 우리는 이런 운동, 즉 생명의 운동이 형체 안에서 계속되는 한 살아 있으며 이 형체가 바로 우리의 육체이다. 홉스는 우리를 구성하는 원자의 가장 미세한 운동과 — 즉 "자기보존의 노력"(endeavor) 과 — 관련해

---

4) 《리바이어던》을 편리하게 인용하기 위해 나는 Curley가 각 장에 삽입한 문단 번호를 밝혔는데 홉스 자신이 이 번호를 사용하지는 않았다.

5) 나는 자주 논의되는 이 문제, 즉 홉스의 견해에 따른다면 어떻게 자연 상태로부터 벗어날 수 있는가라는 문제가 사실은 그에게 진정한 문제가 아니었다고 생각한다. 바로 위의 인용문에서 드러나듯이 그는 도덕철학의 핵심을 우리가 자연 상태에 빠지지 않도록 돕는 것으로 생각한다. 즉, 그는 이미 사회를 구성해 그 안에 살며 누군가의 통치를 받는 사람을 대상으로 말을 한다. 만일 그렇지 않다면 그는 본성적으로 주어진 것이 아니라 관행을 통해서 형성된 언어를 사용해, 사회가 해체될 경우 우리가 지게 될 부담과 이를 피할 수 있는 방법을 알려주기 위한 책을 쓸 수조차 없을 것이다. 도덕철학은 위험과 죽음을 피하기 위한 개별적 규칙들을 제시한다(《리바이어던》 XXX. 21). 또한 그것은 사회에 대해 무정부 상태를 피하기 위한 규칙을 제공한다(《리바이어던》 XXXI. 1).

서 욕구와 혐오를 정의한다. 우리가 지각한 또는 상상한 어떤 대상을 향해 움직인다면 그것을 욕구한다고 말할 수 있으며, 대상의 반대 방향으로 움직인다면 그것을 혐오한다고 할 수 있다. 우리를 어떤 방향으로도 전혀 움직이지 않게 하는 것은 그저 무시할 만한 대상이라고 볼 수 있다. 우리가 무언가를 향해 움직일 때 우리는 그 무언가를 '좋다'고 부른다. 따라서 우리가 무언가를 좋다고 생각하기 때문에 그것을 욕구하는 것이 결코 아니다. 오직 우리가 무언가를 떠올리고 그것을 얻기 위해 움직이기 때문에 우리는 그것을 좋다고 생각한다(《리바이어던》 VI).

그러므로 욕구와 혐오는 우리의 삶을 구성하는 운동과 직접 관련된다. 따라서 홉스는 도덕철학이 인간의 최고선 또는 궁극적 목적을 추구하는 것이라고 생각하지 않는다. 이런 주제들을 그저 도외시했던 그로티우스를 넘어서서 홉스는 단호하게 다음과 같이 주장한다. "고대 도덕철학자들의 책에서 자주 언급된 궁극 목적(*Finis ultimis*)이나 최고선(*Summum bonum*) 따위는 존재하지 않는다."(《리바이어던》 XI. 1)[6] 최고선에 이르려면 어떤 조건을 갖추어야 하는지에 대한 아퀴나스의 설명을 보면 왜 홉스가 최고선의 개념을 사용하지 않는지 알게 된다. 앞에서 지적했듯이 아퀴나스에 따르면 신은 우리가 오직 신 안에서만 우리의 선을 발견하도록 창조했다. 우리는 무지 때문에 스스로 다른 세속적인 선을 원한다고 믿기도 하지만 이런 선을 얻더라도 여전히 우리는 만족하지 못한다. 아퀴나스는 "인간은

---

6) 홉스의 적수들은 그를 에피쿠로스주의자로 묘사하려 했지만 특히 이런 대목을 볼 때 그는 결코 에피쿠로스주의자가 아니다. 왜냐하면 에피쿠로스주의는 최고선의 추구와 관련되기 때문이다.

바라고 추구하는 무언가가 남아 있는 한 완벽하게 행복하지 않다"고 말한다(*ST* Ia. IIae. 3. 8). 일단 신을 인식하게 되면 우리는 더 이상 아무것도 바라지 않는다. 하지만 홉스의 입장에서 더 이상 욕구가 없다는 것은 더 이상 운동하지 않는 상태, 곧 죽음을 의미할 뿐이다. 지복은 오히려 그 무엇이든 우리가 원하는 바를 추구하고 얻는 데 있다. "우리가 살아 있는 한 영원한 마음의 평정은 결코 존재할 수 없다. 왜냐하면 삶 자체가 끊임없는 운동이기 때문이다."(《리바이어던》 VI. 58)

홉스는 욕구 때문에 우리에게 궁극 목적이 없을 뿐만 아니라 본성상 공통적인 또는 모두가 협력해서 추구할 수 있는 목적도 지닐 수 없다고 생각한다. 이런 결론에 이르는 심리학을 전개하면서 홉스는 욕구와 정념에 관한 스토아학파의 이론을 거부한다. 플루타르코스 (Plutarchus)에 따르면 스토아학파는 "정념은 이성과 차이가 없다. … 왜냐하면 욕망과 분노, 공포 등 이들 모두는 잘못된 의견과 판단이기 때문이다"(Long/Sedley: 412면)라고 말한다. 우리가 무언가를 좋다고 생각할 때, 이런 생각이 아무리 혼란스럽고 잘못되었다 할지라도, 이 생각 자체는 그것을 얻으려 하는 일종의 충동이다. 스토바이오스(Stobaeus)[7]의 기록에 따르면 스토아학파는 "모든 충동은 동의의 행위이며, 실천적인 충동은 또한 동기로서의 힘을 포함한다. … 동의 행위의 대상은 명제이지만 충동은 어떤 의미에서 명제에 포

---

7) 〔옮긴이주〕 스토바이오스는 기원후 5세기 후반 마케도니아에서 활동했는데 고대 그리스의 철학자, 역사가, 시인, 희곡작가, 과학자 등 오백 명이 넘는 인물의 저술을 인용해 재구성한 작품을 남겼다. 여기에는 특히 희곡작가 에우리피데스(Euripides)와 스토아학파의 중요한 단편들이 포함되어 있다.

함된 술어를 향한다"(Long/Sedley: 197면)고 말한다. 무언가가 '좋다'는 술어를 지닌다고 생각하는 것은 그것을 향한 충동이 있음을 의미한다. 따라서 스토아학파는 우리가 무언가를 좋다고 생각하기 때문에 그것을 원한다고 생각한다.

반면 홉스적 욕구는 스토아학파와 같은 방식으로 명제를 통해 접근할 수 있는 것이 아니다. 그의 욕구는 무언가를 향하거나 피하려는 운동으로 — 즉 욕구와 혐오로 — 구성되며 이런 운동의 원인이 되는 사고를 동반한다. 욕구나 혐오의 일부를 차지하는, 운동하는 부분으로서의 자기보존의 노력은 대상에 대한 생각과 동일한 것이 아니다. 욕구와 혐오에 대한 홉스의 정의를 보면 우리가 사용하는 단어들이 어떻게 운동과 그 운동의 원인이 되는 생각 간의 일상적인 인과적 연관성을 경험하는 데에서 얻는 관념을 모아 정리하는지 알 수 있다. 욕구는 우리가 원하는 바를 얻으리라는 생각을 "희망"이라고 부름으로써 야기된다. "어떤 대상으로부터 **손상을 입으리라는 판단**"을 동반하는 혐오는 공포이며, "탐욕"은 "부유해지려는 욕구"이다 (《리바이어던》 VI. 14, 16, 23). 몇몇 사람에게는 어떤 생각이 욕구나 혐오를 불러일으키지만 다른 사람에게는 그렇지 않을 수도 있다. 동일한 한 개인에게도 어떤 때는 욕구나 혐오를 일으키는 생각이 다른 때는 그렇지 않을 수도 있다. 홉스는 욕구나 혐오를 명제로 표현하려는 시도를 자신의 정의에서 구체화하며 그 기본적인 이론적 논점, 즉 욕구는 인과적 힘이라는 사실을 숨기려 들지 않는다. 욕구는 우리의 육체 및 육체 외부에서 유래한 인과적 연쇄 사이의 상호작용으로부터 생겨나며, 문자 그대로 이 욕구가 우리의 모든 운동을 결정한다.

스토아학파는 이성적인 신성(神性)이 세계에 스며들어 있으며 따라서 세계는 조화를 향하도록 질서 지어져 있다고 생각했다. 만일 욕구가 세계와 그 안에 존재하는 선을 정확하게 나타낸다면 우리는 서로 조화를 이루어 살며 같은 생각을 지닌 다른 모든 이들이 공유할 수 있는 최고선을 발견하게 될 것이다. 홉스는 이런 견해에 동의하지 않는다. 갈릴레오(Galileo)가 발견한 것과 같은 자연법칙은 인간의 관점에서 볼 때 의미를 지니는 질서를 결코 보장해 주지 않는다. 우리의 욕구는 단지 자연 세계의 일부일 뿐이므로 어떤 두 사람이 동일한 대상을 본성적으로 욕구하거나 혐오할 이유가 전혀 없다. "대상 자체의 본성에서 기인한, 선과 악에 대한 공통적 규칙"은 존재하지 않는다. 내전을 피하기 위한 규칙은 분명히 이와는 전혀 다른 근원에서 등장한다(《리바이어던》 VI. 1~7).

무엇이 우리를 서로 함께 살도록 이끄는지 설명하면서 홉스는 단지 아리스토텔레스를 떠나는 데 그치지 않고 그로티우스주의의 한계를 넘어선다. 그는 본성적 사교성이라는 관념을 거부한다. 우리는 "본성상" 정치적 존재가 아니며, 함께 살려는 본성적 욕구도 없으며, 다른 사람을 사랑해 사회를 이루려 하지도 않는다. "따라서 우리는 본성에 따라 사회 그 자체를 추구하지 않으며 사회로부터 어떤 명예나 이익을 얻을 수 있으리라 생각한다. 우리가 바라는 것은 첫째도, 둘째도 이 명예와 이익이다."(《시민론》 I. 2) [8] 따라서 비록

---

8) 각주에서 홉스는 인간이 유아기에 무력하다는 사실을 인정하는데 이는 어머니와 가족의 중요성을 알리기 위함이 아니라 "모든 사람은 유아의 상태로 태어나므로 사회에 부적합하게 태어난다는 점"을 보이기 위함이다. 만일 우리가 사회에 적합하다면 교육을 통해서 그렇게 되기 때문이다. 홉스에 따르면

자기이익이 우리로 하여금 사회를 형성하도록 이끈다 할지라도 그것은 동시에 사회를 유지하는 데 큰 어려움을 일으키기도 한다. 사실상 자기이익은 인간 행위의 동기로 작용하는 중요한, 어쩌면 유일한 것인 듯하다.

하지만 인간의 이기주의에 대한 홉스의 언급은 경우에 따라 큰 차이를 보이며 그의 이론에 대한 해석 또한 그러하다. 때로 그는 직설적인 이기주의를 주장하는 듯이 보인다. 예를 들면 그는 "그 무엇이든 자발적으로 행해지는 바는 그렇게 하려는 사람의 어떤 선을 위해서 행해지기 마련이며" 또한 "모든 사람의 자발적인 행위에서 그 목적은 자기 자신의 어떤 선이다"라고 말한다(《시민론》 II. 8; VI. 11 참고; 《리바이어던》 XIV. 8). 홉스가 무언가를 선이라고 부르는 경우는 오직 우리가 그것을 원하는 경우뿐이므로 주석가들은 당연히 이와 같은 언급이 개별적인 행위자가 무엇을 원하며 따라서 무엇을 선이라고 생각하는지에 대해서는 아무런 말도 해주지 않는다고 지적했다. 뒤이어 이들은 홉스의 어떤 언급은 때로 우리가 다른 이의 이익을 원한다는 사실을 허용하는 듯이 보인다는 점도 지적한다. 가장 악명 높은 분석의 한 대목에서 홉스는 우리가 자신의 능력을 보이기 위해 자비롭게 행동한다고 말한다(《법의 기초》 I. 9. 17). 어쩌면 이는 인간의 행동이 자기이익과 무관할 수도 있다는 모든 주장을 냉소적으로 비웃으며 그 정체를 폭로하는 언급일지도 모른다 — 그리고 오랫동안 이렇게 여겨져 왔다. 하지만 또한 이 언급은 만일 우리가

인간의 본성은 — 아리스토텔레스의 견해와 반대로 — 우리가 그것을 향해 나아가야 할 바가 아니라 우리가 태어날 때 지니는 바이다.

자신의 능력을 드러냄으로써 다른 이의 선을 획득한다면 우리는 진정으로 그들을 배려한다는 의미로 해석될 수도 있다. 그리고 홉스는 이런 종류의 관심이 자식과 가족들에게만 한정된다고 주장하는 듯이 보인다.[9] 하지만 다른 대목에서 그는 우리의 성향에 비이기적 욕구도 포함시키면서 특히 자애 또는 자비심을 "다른 이들의 선에 대한 욕구"로, 친절함 또는 "사람에 대한 사랑을 사회를 위한 욕구"로 정의한다(《리바이어던》 VI. 22, 30).

그렇다면 홉스의 이론에서 인간의 이기심이 보편적이라는 주장은 그의 비판자들이 생각했던 것보다 훨씬 약화된다. 서로 대립하고 충돌하려는 인간의 성향에 대한 홉스의 설명 중 더욱 중요한 것은 그가 우리의 육체적 체질이 다양함에도 불구하고 모두가 공유한다고 생각한, 근본적인 혐오와 욕구이다. 우리 모두는 죽음을 두려워하며 다른 무엇보다도 죽음을 피하려 한다. 또한 우리는 명예를 추구하며 다른 사람보다 우월하다고 인정받고 싶어 한다. 우리가 처한 몇몇 상황과 더불어 고찰해 볼 때, 이런 목표는 우리가 여전히 다른 이들을 필요하다고 느끼면서도 이들과 심각한 불화를 일으킬 만한 충분한 이유를 제공한다.

우리의 상황은 다음과 같다. 우리가 오직 사회 안에서만 가질 수 있는, 다른 사람보다 우월한 몇몇 능력을 제외하면 우리 모두는 대

---

9) *Elements* 9. 10에 등장하는, 동정심에 관한 유명한 언급에서 홉스는 우리가 다른 사람의 큰 불행을 보고 슬픔을 느낀다는 사실을 인정하지만 이런 감정은 유사한 불행이 우리에게도 닥칠지 모른다는 두려움에서 생긴다고 설명한다. 더욱 친절하고 온화하게 홉스를 묘사한 경우로는 Sorell(1986) : 97~98면 참조. 또한 이런 논의에 대한 개관은 Curley(1990) : 171~175면 참조.

체로 서로 동등한 능력을 타고난다(《리바이어던》 XIII. 1~3). 어느 누구라도 다른 사람을 죽일 수 있으며 또한 어느 누구라도 수면 중에 공격받을 수 있다. 어쩌면 우리는 자신의 안전을 향한 결코 충족될 수 없는 욕구 때문에 각자 다른 모든 사람보다 강해지기 원하는지도 모른다. 따라서 물질적 재화가 풍부하다 할지라도 다른 사람보다 우위에 서려는 노력은 결코 그치지 않는다. 몇몇 사람이 다른 이의 물건을 빼앗거나 심지어 살인을 저지르는 것을 목격하지만 우리 자신에게 누가 위협이 되고 누가 무해한지 정확하게 알 수 없다. 그러므로 이성을 지닌 우리는 끊임없이 모든 타인에게 공포를 느낀다. 힘을 무한히 키움으로써 스스로를 보호하려 하며, 다른 모든 사람도 똑같이 생각한다는 사실도 알고 있다. 이는 결국 만인에 대한 만인의 투쟁이라는 널리 알려진 결과를 초래한다. 자연 상태, 즉 아직 정부가 수립되지 않은 상태에서는 우리 각자가 다른 사람의 적대 행위에 끊임없이 대비해야 하는 결정적 근거가 있다. 설령 현재 싸우는 중이 아니더라도 서로에 대한 공포 때문에 거의 어떤 협력도 이루어지지 않는다. 그 결과 우리 모두는 서로 어떻게든 신뢰하는 경우에 비해 결국 훨씬 더 나쁜 상황에 빠지게 된다.[10] 하지만 우리가 서로 신뢰할 그 어떤 근거도 발견할 수 없는 듯이 보인다.

그로티우스와 마찬가지로 홉스에게도 자연법은 이런 끔찍한 상황을 피할 수 있는, 더욱 정확하게 말한다면 이런 상황에서 벗어날 수

---

10) 우리가 상호 파괴적인 자연 상태에 빠지지 않을 수 없음을 보이려는 홉스의 논증 구조는 최근 게임 이론과 관련해서 자주 설명되기도 한다. Curley (1990): 178~187면에는 이런 방식의 해석을 소개하고 평가하는 내용이 등장한다. 또한 Gauthier(1969), Kavka(1986), Hampton(1986)도 참조.

있는 방법을 제시한다. 홉스가 묘사한 인간 본성과 그것이 낳는 사회적 결과는 분명한 비관주의를 드러낸다는 점에서 아우구스티누스, 루터, 칼뱅 등이 제시한 암울한 세계상과 닮았지만 홉스의 강조점은 이들과 다르다.[11] 홉스는 우리가 사는 세계를 '타락한' 세계로 보지 않는다. 또한 그는 우리의 본성이 죄에 빠졌다는 생각을 명백히 거부한다(《리바이어던》 XIII. 10). 그는 해결해야만 하는 문제를 어떤 요소가 일으키고 있는지, 오직 과학적 설명을 제공하려 할 뿐이다. 우리를 해결 가능성의 극단에까지 밀어붙이는 것이 바로 그로티우스가 제기한 문제이다.

2. 심리학에서 도덕으로

홉스에 따르면 인간의 목표에 크게 도움이 되는, 인간이 만들어 낸 가장 중요한 발명품은 단어다. 인간이 만들지 않은 유일한 예외는 신이 아담에게 가르쳐 준 몇몇 동물의 이름뿐인데 이를 통해 신은 인간에게 필요한 더욱 많은 이름을 만드는 방법을 아담에게 보여 주려 했다(《리바이어던》 IV. 1). 우리는 연역적으로 확실한 과학적 지식을 형성하기 위해 단어를 사용한다. 단어가 없다면 우리는 기껏해야 단지 경험에만 의존한 믿음을 가지는 데에 그칠 것이다(V). 그리고 우리는 자연 상태에서 벗어나기 위해 과학적 지식을 필요로 한다.

---

11) Augustine, 《신국론》 XIX. 4; Luther, in *Selections*, ed. Dillenberger: 139~140면; Calvin, 《강요》 III. IX. 1. 참조.

이성은 그 자신만으로는 어떤 목적도 지니지 않는다. "사고는 무언가를 찾고 알아내려는 욕구를 동반하며, 멀리까지 나아가 욕구의 대상을 발견하려는 시도이다." 욕구에 의해서 인도되지 않는 사고는 마구잡이로 갈팡질팡할 뿐이다. 홉스의 심리학에서 순수한 관조는 어떤 역할도 하지 못한다. 그에게는 모든 추론이 실용적이다(VIII. 16). 그로티우스와 마찬가지로 홉스도 회의주의에 반대하는데 그 까닭은 인식론에 대한 관심 때문이 아니라 순전히 우리의 삶이 회의주의를 물리칠 것을 요구하기 때문이다.12) 그렇다면 홉스는 어떻게 자연법에 포함된 핵심적인 용어를 정의해 실천적 학문을 도출할 수 있는가?

'좋음'과 '나쁨'이라는 용어가 처음부터 각 개인의 욕구라는 측면에서 정의된다는 점은 이미 지적했다. 이들 용어는 오직 정부 아래에서만, 즉 통치자의 유일한 욕구 체계가 국민의 다양한 욕구를 대체해 좋음과 나쁨에 대한 기준으로 채택될 경우에만 어떤 공유되는 내용을 포함하게 된다(《시민론》, pref. ; 《리바이어던》 VI. 7). 다른 용어들은 《리바이어던》 14장에서 충분히 설명된다. 하지만 홉스가 제시한 설명을 따라가기 위해서는 그의 독자들이 가장 강력하게 공격하는 이론 중 하나인 그의 결정론으로 되돌아가야 한다.

홉스에 따르면 정신은 그저 작은 물체 입자에 지나지 않으므로 정

---

12) 홉스와 회의주의에 관해서 Tuck(1988, 1993), 284~298면 참조. Skinner (1990)는 홉스가 도덕학의 확실성을 옹호하는데 이는 데카르트적인 회의주의에 반대한 것이 아니라 무언가를 덕이 있거나 사악하다고 간주하는 명확한 판단에 도달할 가능성을 아예 부정하는 듯이 보이는 수사학자들이 가르치고 사용한 논증 형식에 반대한 것이라는 점을 설득력 있게 주장한다.

신 또한 눈에 보이는 물체와 마찬가지로 완전히 결정되어 있다. 외부의 원자가 우리 육체에 충돌해 미치는 영향은 강도가 서로 다르기 때문에 우리 정념의 강도 또한 다를 수밖에 없다. 상반되는 요소끼리 서로 밀고 당기는 다른 경우들과 마찬가지로 정념도 서로의 힘을 변형하거나 상쇄시키기도 한다. 다소 복잡한 상황에서 우리는 정념이 다양한 방향으로 향함을 느낀다. 따라서 욕구와 혐오의 대립은 우리가 "숙고"라고 부르는 바를 낳으며, 이 결과가 — 즉 우리가 자신의 육체를 어떤 명확한 방식으로 움직이도록 만드는, 쉽게 말하면 우리의 행위를 초래하는 최후의 욕구가 — 바로 의지작용이다(《리바이어던》 VI. 49). 만일 의지의 원인이 명백히 선한 무언가라면 이 경우의 행위는 자발적이며, 숙고에 따른 자발적 행위는 또한 자의적이기도 하다. 반면 의지의 원인이 공포라면 이런 행위는 자발적이라 부를 수 없다. 하지만 공포로부터 행한 행위와 희망으로부터 행한 행위는 모두 동일하게 일반적인 방식으로 야기된다(《전집》 IV. 242 ~243). 이렇게 보면 인간 행위에 대한 홉스의 설명은 철저히 자연주의적이다. 우리는 우리 자신의 운동이 궁극적으로 어떻게 구성되는지를 모르더라도 사고 및 욕구와 관련지어 운동의 원인을 설명할 수 있다. 하지만 이런 "정신적" 원인 자체도 운동이기 때문에, 결국 심리학은 자연학에서 필요하지 않은 그 어떤 설명적인 개념도 필요로 하지 않는다.

홉스는 자신의 주장이 함축하는 바를 매우 직설적으로 드러낸다. 모든 행위를 강제하고 결정하는 바는 "지금 현존하는 모든 것의 총합으로서, 이들이 이후 우리가 행위를 하도록 이끌고 작용한다. 반면 지금 현존하는 것 중 어느 하나라도 제외되면 같은 결과가 산출될 수 없다". 그리고 이런 모든 결정 요소는 세계의 이전 상태로부터 야기된다(《전집》 IV. 246, 강조 표시는 생략했음).

우리는 흔히 행위의 자유를 말하지만 이는 단지 우리가 원하는 바를 행하려 할 때 우리 신체 외부에 어떤 방해물도 없음을 의미할 뿐이다(《리바이어던》 XIV. 2). 우리의 의지 자체가 자유롭다는 말에는 아무런 의미도 없다. 홉스는 다음과 같은 말로 핵심을 찌른다. "나는 내가 **원하는** 바를 할 수 있다는 자유를 인정한다. 하지만 나는 내가 **원한다면** 원할 수 있다는 말은 그저 헛소리로 여길 뿐이다."(《전집》 IV. 240)

이런 결정론적인 체계로부터 홉스는 도덕에 관한 나머지 용어들을 이끌어 낸다. 그중 핵심적인 개념은 강제이다. 자신의 견해를 특히 강력하게 드러낸 한 대목에서 그는 우리 모두는 죽음을 최고의 악으로 여기며 벗어나려 하는데 이는 "자연적인 어떤 충동에 의해서 이루어지며, 또한 돌이 아래쪽으로 떨어지는 현상만큼이나 당연하다"고 말한다(《시민론》 I. 7). 그의 이런 언급을 곧이곧대로 해석하면 ─ 때로 그는 이 문제를 달리 표현하기도 하지만 ─ 죽음을 피하려는 행위는 그저 우리가 원해야 하는 바이며, 만일 자유롭다면 당연히 그렇게 할 바이다. 우리 각자는 죽음에서 벗어나는 방법을 찾으려고 노심초사한다. 자연 상태에서 올바른 이성이란 그 무엇이든 행위자가 옳다고 생각하는 바를 이끌어 내는 능력이다(《시민론》 I. 10 및 주석). 13) 나의 이성은 내가 무엇을 소유하든 간에 그것에 대한 일종의

---

13) "올바른 이성"이라는 표현이 결코 오류에 빠지지 않는 능력을 의미한다면 이런 능력은 존재하지 않는다고 홉스는 주장한다(《시민론》 II. 1n; 《리바이어던》 V. 3). 공통의 기준을 제시하는 정부가 존재하기 이전까지 개인은 오직

권리 또한 가져야 한다고 생각하도록 이끈다. 그렇다면 "자연권"은 우리가 지닌 자기보존의 능력을 사용해 우리가 원하는 대로 행위할 자유를 의미한다(《리바이어던》 XIV. 1).

자연 상태에서 각자는 모든 것에 대해 권리가 있으며 따라서 자기 보존을 위해 무엇을 하든 그 행위는 결코 부당하지 않다. 그러므로 자연 상태에서 일어나는 전쟁 또한 부당하지 않다. 하지만 우리는 그런 상태에서는 우리의 생존 자체가 위협받는다는 사실을 깨닫는다. 그리고 우리는 생존을 위협하는 명백하고도 뚜렷한 상황을 결코 견디려 하지 않는다.[14] 홉스의 견해에 따르면 이것이 바로 우리의 생존을 위협하는 행위를 행하지 못하도록 "금지하는" 자연법이 존재한다는 말의 정확한 의미이다. 우리는 자신을 보존하는 일이라면 무엇이든 해야만 하도록 결정되어 있으므로 스스로가 평화를 추구하지 않을 수 없음을 발견한다. 즉, 자연 상태에서 다른 이들로부터의 위협을 인식함으로써 우리는 평화를 원하도록 이끌린다. 만일 평화에 도달할 수 없다면 살아남기 위해 우리의 모든 능력을 발휘해야만 한다. 따라서 "평화를 추구하라"가 제1의 자연법이며, 제2의 자연법은 "평화에 도달할 수 없다면 살아남기 위해 해야 할 바를 행하라"이다. 이렇듯 규범적인 법칙들은 심리적 강제를 반영한다.

스스로 생각해야만 한다. 또한 《전집》, ed. Molesworth, V. 194 참조.

14) 이 문단과 다음 두 문단은 《리바이어던》 XIV에 기초한다. 현재 주제와 관련해서 홉스에 대한 모든 해석이 그렇듯이 나의 해석도 논쟁의 여지가 있다. 나는 홉스의 입장을 결정론과 강한 자연주의의 결합으로 간주하면서 나름대로의 해석을 제시했다. 나는 홉스가 쓴 내용이 모두 일관성을 지닌다거나 충분히 일관적이고 만족스러운 방식으로 서술되었다는 점을 보이려고 노력하지는 않았다.

그렇다면 어떻게 평화에 이를 수 있는가? 모든 것에 대해 권리를 포기함으로써 가능하다. 그렇다면 이것은 무엇을 의미하는가? 오직 다음을 의미한다. 평화에 이르러야만 함을 인식함으로써 나는 이전에 원했던 무제한의 권력과 명예 그리고 다른 모든 것들에 대한 압도적으로 강력한 욕구를 멈추게 될 것이다. 그리고 나는 나와 마찬가지로 일련의 욕구를 제한한 다른 사람들과 평화롭게 공존할 수 있는 한에서 나에게 허락된 바만을 원하는 데에 그치게 될 것이다. 하지만 내가 다른 사람들도 **오직** 이 정도만 원할 것이라고 확신할 수 있는 **경우에만**, 이 욕구는 나에게 영향을 미치는 마지막 욕망이 될 것이다. 이런 상태에 이르면 나는 모든 것에 대한 "나의 권리를 포기한다"고 말하게 된다. 이것은 내가 나의 자유를 더 이상 다른 이들을 방해하여 그들이 원하는 바를 얻지 못하도록 하기 위해 사용하지 않음을 의미한다.

홉스는 더 이상 무제한적인 욕구를 갖지 않거나 아니면 욕구를 스스로 제한해 다른 누군가에게 이익이 되도록 함으로써 자신의 권리를 포기할 수 있다고 생각한다. 일단 실제 내가 욕구를 제한하게 되면 나는 포기한 권리를 사용해 다른 사람을 방해해서는 안 되거나 또는 그렇게 하지 않을 의무 아래 놓인다. 따라서 홉스가 말하듯이 "그 어떤 사람의 경우라도 자기 자신의 어떤 행위로부터 생겨나지 않은 의무란 없다"(《리바이어던》XXI. 10). 어떤 행위를 해야만 하거나 그렇게 할 의무를 지는 상태는 자신의 행위를 제한함으로써 이익을 얻으리라는 믿음에서 생겨나며 이 때문에 나는 나 스스로에게 다른 사람들에 대한 (특정한 사람이든 아니면 불특정한 다수이든 간에) 의무를 부과한다. 그러므로 자신에게 부과할 수 있는 의무에는 한계가 있다. 예를 들면 문자 그대로 명백한 죽음의 위협에 맞서 자신을 방어할 권리는 포기할 수 없다. 15) 이는 양도할 수 없는 유일한 권리인데 그 까닭은 스스로의 삶이 끝나기를 원할 수 없기 때문이다. 그 외의 다른 모든 권리는 포기할 수 있다. 16)

수아레스는 법을 준수해야 한다는 주장을 정당화하는 법적 구속력과 법에 따르도록 인도하는 동기를 구별했다. 그로티우스는 왜 신이 어떤 행위를 명령하는지 설명해 주는, 그런 행위에 내재한 도덕적 필연성은 언급한 반면 우리의 동기에 관해서는 별 말이 없었다. 법적 구속력 또는 도덕적 필연성에 관한 홉스의 설명은 의무의 정당화와 동기 사이의 그 어떤 구별도 허용하지 않는다. 자연법을 준수할 필연성 아래 놓여 있다는 것은 국가의 법률을 반드시 준수해야 함과 마찬가지로 오직 한 종류의 필연성만을 포함한다. 이 필연성은 원자의 운동을 결정하는 필연성과 동일한 종류이다. 17) 양심상의 의

---

15) 이에 관한 홉스의 의견 변화에 대해서는 Tuck(1979) : 119~125면 참조.

16) 홉스는 나의 생명을 지켜 준다는 조건으로 나의 모든 행위를 완전히 통제할 권리를 상대방에게 넘겨주는 계약을 맺을 수 있다고 생각한다. 홉스는 이를 "노예제"라고 부르지 않는다. 왜냐하면 그는 동의가 없이 강제로 예속되는 경우만을 노예제로 보기 때문이다. 하지만 본질적으로 그는 자기 자신을 완전한 노예상태로 만드는 것이 가능한 대안 중 하나라고 보는 점에서 그로티우스와 의견을 같이한다.

17) 과학적 지식에 이르는 적절한 방법이 무엇인지에 대한 홉스의 견해 때문에 여기서 다소 복잡한 문제가 발생한다. 오직 경험만으로는 엄격한 의미에서의 지식을 산출할 수 없다. 지식에 이르기 위해서는 명백하게 언급된, 의심의 여지없는 전제로부터의 연역적 추론이 반드시 필요하다. 필연성은 우리가 사용하는 단어를 통해서 등장한다. 오직 우리가 단어를 사용하며 이들 사이의 연결을 파악한 이후에만 우리는 무언가가 다른 무언가와 필연적으로 결합됨을 이해한다. 모든 필연성을 어떤 의미에서 언어상의 것으로 만든 후

무도 이와 다르지 않다. 이는 단지 우리가 지니지 않을 수 없는 욕구일 따름이며, 왜 자연법이 우리에게 영향을 미치는지 이해하기만 하면 우리 자신을 포함한 모든 사람은 자연법에 따라 살아갈 것이다 (《리바이어던》 XV. 36~37).

앞서 몽테뉴는 만일 선과 악이 다른 모든 것과 마찬가지로 단지 자연의 진행에 따르는 일부로서 자연적 원인에 의해서 결정된다면 선과 악이 무엇인지를 포함한 우리 자신의 의견에 도대체 어떤 권위를 부여할 수 있겠느냐고 물은 적이 있다(앞의 제 3장 4절 참조). 이제 홉스는 이에 대한 대답을 제시한다.[18] 우리를 움직이는 각 의견의 강력함이 그것들에게 필요한 또한 그것들이 지닐 수 있는 권위의 전부이다. 홉스는 책임에 대해서도 이와 유사한 자연주의적 설명을 제시한다. 칭찬, 비난, 보상, 처벌 등의 관행은 결정론의 영향을 받지 않는다고 홉스는 생각한다. 어떤 행위가 부당한 것, 따라서 처벌의 대상이 되는 근거는 법을 어기려는 의지의 필연성 유무가 아니라 위법 의지 그 자체이기 때문이다. 처벌의 위협은 법을 어길 잠재성이 있는 사람으로 하여금 그런 행위를 단념하도록 만들기 때문에 이런 위협의 개념이 지니는 유용성을 더 이상 따로 설명할 필요가 없다 (《전집》 IV. 252, 255~256; 《리바이어던》 XXX. 23~24).[19]

홉스는 모든 과학을 이와 동일한 방식으로 다루며 여러 종류의 필연성을 서로 구별하지 않는다(《리바이어던》 V).

18) 몽테뉴에 대한 홉스의 인식에 관해서는 Skinner(1990): 37면 참조.

19) 하지만 이런 자연주의적 설명이 그의 주요 논적인 브램홀(Bramhall) 주교를 만족시키지는 못했다. 브램홀의 *Defence of True Liberty*, in *Works*: 88~99면 참조. 〔이하 옮긴이의 첨가〕 브램홀(1594~1663)은 북아일랜드 아마(Armagh)의 대주교였으며 영국국교회의 신학자였다. 그는 특히 로마 가

그렇다면 도덕은 자기보존을 원하는 우리의 요구와 더불어 시작되며, 자연법 중 처음 두 항목이 각 개인의 이런 관심을 잘 반영한다. 나머지 자연법은 우리가 다른 사람을 우리 자신의 목적, 즉 가장 절박한 자기보존이라는 목적을 추구하기 위한 간접적 수단으로 이용할 수도 있다는 사실에 의존한다. 의무와 책무는 자신의 권리를 일반적으로 또는 특수한 계약을 통해서 다른 사람에게 양도함으로써 그들을 이용할 때에 발생한다. 우리가 자신의 욕구를 제한해 다른 사람이 자유롭게 행위하도록 허용한다면 그들은 우리에게 의무를 부과한다고 말할 수 있다. 왜냐하면 우리는 절대 그들을 방해해서는 안 되기 때문이다. 따라서 도덕적 의무는 다른 행위자의 의지를 통해서 전달되는 심리적 필연성으로 설명될 수 있다.[20]

우리가 신을 마땅히 찬미하고 숭배해야 하는 근거가 무엇인지 고려하면서도 홉스는 이와 유사한 종류의 생각을 드러낸다. 우리가 우리에게 영향을 미치는 신의 권능을 두려워하는 까닭은 신이 선과 악을 영원히 주재한다고 믿기 때문이다. 따라서 신을 믿는 사람은 기꺼이 신에게 복종한다. 신을 숭배하는 적절한 방법이 무엇인지에 대해 확고한 관념을 가지게 되면서, 이들은 사회의 평화를 위해 무엇이 필요한지 확고한 관념을 가지게 되었을 때와 마찬가지로 이런 관

톨릭, 청교도 그리고 홉스에 맞서 영국국교회를 옹호하기 위해 많은 논쟁을 벌였다.

20) 현재 우리가 논의 중인 홉스의 시대에 '도덕적'(*moral*)이라는 형용사는 거의 항상 의식적 행위자의 의지, 선택, 결정 등과 관련되는 모든 것을 지시했다. 따라서 도덕학(*moral science*)은 특별히 의지로부터 생기는 인간의 행위를 다루는 학문으로 규정되었다.

넘에 의해서 변화한다. 즉, 신을 신봉하는 사람이 신이 어떤 방식으로 자신을 숭배하기 원한다고 생각할 때 신의 의지는 일종의 법이 되며 신자는 이에 따르지 않을 수 없게 된다(《리바이어던》 XXXI. 5, 7).

3. 현실 도덕

홉스는 도덕이 자신의 자연법을 통해 요약된다고 말한다. 자연법은 항상 자신과 같은 위치를 차지해 온 다른 법칙들이 지녔던 것과 같은 속성을 지닌다. 즉, 자연법은 영원불변하며, 전통적인 덕과 동일한 근거를 공유한다. "덕과 악덕에 관한 학문이 도덕철학이라는 점"은 어느 누구도 부인하지 않기 때문에 자연법에 관한 진리는 곧 도덕철학에 관한 진리이기도 하다(《리바이어던》 XV. 40). 홉스는 우리를 자기보존으로 이끄는 바를 제시하면서 자신이 도덕철학을 다룬다고 생각한다는 점에서 철저히 전통에 따르는 모습을 보인다. [21]

또한 홉스는 자신이 새로운 자연법을 제시하려 하지는 않는다고 말한다. 그는 평화를 추구할 것을 요구하는 자연법으로부터 정의로

---

21) 홉스가 생각한 자아와 그것이 추구하는 자기이익의 개념이 새롭다는 사실이 항상 제기되는 질문, 즉 과연 홉스에게 도덕에 관한 이론이 있는가 하는 질문의 근거는 아니다. Curley(1990) : 187~194면에서 이 질문에 관한 몇몇 논의를 검토하는데 이는 오직 칸트적인 가정, 즉 행위자에게 직접 자기 자신의 선을 추구하라고 명령하는 법칙이나 명령에 의해서는 도덕이 정당화될 수 없다는 가정 위에서만 의미를 지니는 듯이 보인다. 사실 홉스 또는 그보다 앞서 등장한 대부분의 도덕철학자에 대해 논의하면서 이런 도덕의 개념을 사용하는 것은 당연히 시대착오적이다.

울 것을, 즉 계약을 존중할 것을 요구하는 자연법을 이끌어 낸다. 그리고 계속해서 감사를 표할 것, 다른 이들과 잘 지내기 위해 최선을 다할 것, 서로 논쟁을 벌이는 사람들 사이에서 공정하게 판단할 것, 교만과 오만을 피할 것 등의 수많은 법을 도출한다. 이런 자연법은 이미 십계명에도 포함되어 있다. 십계명의 전반부는 신을 사랑하라는 요구를 요약하는 반면 후반부는 이웃을 네 몸처럼 사랑하라는 명령을 표현한다. 그리고 이 두 법은 함께 자연법을 대중들에게 가르치기 편리하게 잘 요약해 제시하고 있다(《리바이어던》 XXX. 13). 홉스는 자신의 견해에서 새로운 바는 바로 이런 도덕적 요구에 관한 설명이라고 생각한다. 이전 저술가들은 주로 덕을 "평범한 정념"으로 생각했다. 홉스는 자신이 "평화롭고, 사교적이고, 편안한 삶의 수단이 되기 때문에" 덕이 칭찬받을 만하다는, 덕의 진정한 근원을 파악한 최초의 인물이라고 주장한다(《리바이어던》 XV. 40).

홉스는 각 개인이 자연법의 해석자가 되어야 한다고 생각하지는 않는다. 그의 다른 여러 언급 못지않게 동시대인을 격분시킨 한 대목에서 그는 "각각의 왕국과 정부가 제정한 법 이외에는 옳고 그름, 선과 악에 관한 권위 있는 이론이 존재하지 않는다"고 주장한다(《시민론》, pref.). 피론주의자는 우리가 옳고 그름을 따지지 말고 자신이 사는 지방의 법에 따라야 한다고 주장했다. 우리 모두에게 동일하게 구속력을 지니는 기본적인 법을 거의 수학적인 확실성과 더불어 이끌어 내었던 반회의주의적인 홉스의 현실적인 결론은 피론주의의 견해와 유사하다. 우리 각자는 자연법을 우리의 통치자가 부과한 실정법의 구체적인 조항인 듯이 여기고 이에 따라야 한다. 우리가 준수해야 할 더 이상의 법은 없다. 홉스는 우리를 통치하는 정부의 법을 정당하다고 여기고 받아들여야 한다고 생각하는 점에서 몽테뉴와 차이를 보인다. 정부의 법은 선하지 않을 수도 있고 평화를 유지하는 데 실패할지도 모른다. 하지만 "그 어떤 법도 부당할 수는 없다". 왜냐하면 우리는 이미 그에 따르기로 계약을 맺었기 때문이다(《리바이어던》 XXX. 20). 이 계약에 따르면 통치자가 무엇을 요구하는 법을 제정하더라도 이에 반대할 여지는 없다. 준수하기로 계약을 맺음으로써 우리는 개인적인 판단의 권리를 포기했기 때문이다.

실정법을 비판하기 위해 자연법에 호소할 수 있다는 점을 부정함으로써 홉스는 고전적인 자연법 이론의 핵심적인 주장을 거부한다. 또한 그는 모든 사람이 도덕이나 종교를 자신의 개인적인 근거에 따라 이해할 수 있다는 생각을 공격한다. 이런 생각은 자연법을 우리 마음대로 해석할 수 있도록 만들기 때문이다. 유명한 청교도 신학자 에임스(William Ames)가 제시한 양심에 관한 설명이 이런 생각을 대표한다.[22] 에임스는 1630년에 출판된, 널리 읽힌 결의론적 저술의[23] 첫머리를 "인간의 양심은 신이 인간에 대해 내리는 판단과 일

---

[22] 에임스(1576~1633)는 가장 큰 영향을 미친 청교도 저술가 중의 한 사람이다. 그의 결의론적 저술은 1637년 영어로 번역된 후 여러 차례 출판되었으며 영국뿐만이 아니라 당시 식민지였던 미국에서도 사용되었다.

[23] 〔옮긴이주〕결의론(決疑論, *casuistry*)이란 개별적인 사례나 경우에 기초해 도덕적 추론을 진행하는, 윤리학이나 법학 등에서 폭넓게 활용되는 추론 방식을 의미하며 원리 또는 원칙에 기초한 추론과 자주 대비된다. 예를 들면 원리에 기초한 추론에서는 거짓말을 항상 도덕적으로 그른 것으로 판단하는 반면 결의론에서는 개별적인 경우나 상황에 비추어 거짓말이 그르지 않을 수도 있다고 판단한다. 또한 여기서 언급된 저술의 전체 제목은 《(신의) 권능과 함께하는 양심 그리고 이에 관한 사례들》(*Conscience with the Power and Cases Thereof*)이다.

치하게 인간이 스스로 내리는 판단이다"라는 말로 시작한다(《양심》 I. i. 1). 따라서 양심은 신의 의지와 같은 권능을 지니며 "신 자체와 같은 위치에 선다"(I. iii. 2, 6). 그 어떤 인간의 명령도 양심에 우선하지 못한다. 그리고 설령 양심이 잘못을 범할지라도 양심에 따라야 한다. "왜냐하면 양심에 거슬러 행위하는 것은 곧 신의 의지를 거역하는 것이기 때문이다. 실질적으로는 몰라도 진정으로, 형식적으로는 그러하다. … 왜냐하면 양심이 선언한 바는 신의 의지가 선언한 바와 같기 때문이다."(I. iv. 6) 종교가 심각하게 분열된 시기에 이런 가르침이 일으킬지도 모를 큰 혼란에 대해서는 더 이상 설명할 필요가 없을 듯하다. 1640년에서 1660년 사이에 영국에서 계속된 혼란은 이런 교리가 시민사회 자체를 위험에 빠뜨리는 경제적, 정치적 대립을 불러올 수도 있음을 보여 준다.

양심에 관한 홉스 자신의 설명은 에임스의 설명이 전제하는 기초 자체를 부정한다. 홉스에게 양심 그 자체는 지식의 근원이 아니며 계시의 근원은 더더욱 아니다. 양심은 단지 개인의 판단일 뿐이다. "판단과 마찬가지로 양심도 얼마든지 잘못을 범할 수 있다."(《리바이어던》 XXIX. 6~7)[24] 양심은 우리를 지배하는 최고의 위치에 놓일 수 없는데 그 까닭은 우리가 이미 모든 것에 대한 자신의 권리를 포기하면서 우리의 이성을 유일한 척도로 삼는 스스로의 의견을 택할

---

24) 《법의 기초》 I. 6. 8에서 양심은 자신이 믿는 바가 참이라고 판단하는 어떤 사람 자신의 의견으로 정의된다. 이 정의는 양심(conscience)의 어원을 통해 〔즉, con(더불어)과 scio(지식)으로 이루어져 내가 나 자신과 더불어 아는 바를 의미하는〕 양심이 본질적으로 자기 자신의 믿음에 대한 반성을 포함한다는 점을 보여 준다.

권리까지도 포기했기 때문이다. 통치자는 이런 권리를 결코 포기하지 않았으므로 신이 통치자의 이성을 지배한다고 말할 수 있을지 모른다. 하지만 국민은 통치자가 명하는 바를 자신의 도덕으로 받아들여야 한다.

그렇다면 국민은 자신이 행해야 할 바를 어떻게 알 수 있는가? 홉스는 대부분의 사람이 자신의 논증을 따라올 수 없으리라는 점을 인정하고 이에 대한 두 가지 처방을 마련한다. 그중 하나는 정기적인 교육이다. 통치자의 중요한 책임 중 하나는 일반인이 기본적인 자연법을 교육받고 이에 완벽하게 따르기 위해 자신에게 요구되는 바를 파악하도록 하는 것이다(《리바이어던》XXX. 6, 10). 또한 홉스는 두 번째 처방이 있다고 주장한다. 모든 사람은 "다른 사람이 너 자신에게 행하기를 바라지 않는 바를 다른 사람에게 행하지 말라"는 단순한 정식을 사용할 수 있다(《시민론》III. 26; 《리바이어던》XXVI. 13 참조).[25] 이에 따르는 사람은 자연법이 요구하는 바를 행하도록 인도된다. 하지만 이들은 왜 자연법이 자신이 행할 바를 명령하는지 이해하지 못하기도 한다. 또한 이들은 올바른 대답을 제공하는 도덕적 결정을 내릴 방법을 지니면서도 옳은 행위를 옳게 만드는 바가 무엇인지 파악하지 못하기도 한다.

따라서 홉스는 대부분의 사람이 도덕 규칙과 실정법에 따르는 이유가 통치자, 즉 따르지 않는 이를 처벌할 권력을 소유한 존재가 이를 명령했기 때문이라고 보는 점에서 아퀴나스 및 수아레스와 의견

---

25) 앞서 홉스는 이 명령을 당연히 다른 사람도 그렇게 할 경우에만 모든 것에 대한 각자의 권리를 포기해야 한다는 두 번째 자연법과 동일한 것으로 인용했다(《리바이어던》XIV. 5).

을 같이한다. 대중은 규칙 자체는 이해하면서도 그것의 이론적 근거는 이해하지 못한다. 수아레스와 달리 홉스는 법에 따르는 일이 오직 법의식을 통해 자극된, 올바름에 대한 직접적인 관심으로부터 생길 수 있다고 말하지 않는다.[26] 홉스의 이론은 전반적으로 누구나 도덕적 자기규율을 발휘해야만 하는 자연 상태 외에는 거의 신경을 쓰지 않는다. 그의 이론을 이해한 사람은 자기규율을 발휘해 자신을 지배하는 통치자 아래에 머물기를 선택할지도 모른다. 하지만 이를 넘어서서 안정된 사회에서는 오직 통치자의 법이 침묵할 경우에만 사람들이 자기규율을 드러낼 것이다.[27]

4. 홉스의 주의주의

홉스는 이전 철학자들의 저술을 자주 비난하면서 자신이야말로 도덕법칙의 과학적 기초를 제시한 최초의 인물이라고 주장한다(《물체론》 I. 1; 《리바이어던》 XXX. 5, XXXI. 41, XLVI). 그가 이룬 혁신은

---

26) 홉스는 정의로운 행위와 정의로운 사람을 구별하면서 정의로운 사람은 자신의 모든 행위가 항상 정의롭도록 주의를 기울이는 사람이라고 묘사한다. 하지만 홉스는 그렇게 주의를 기울이는 동기가 무엇인지에 대해서는 분석하지 않는다(《리바이어던》 XV. 12).

27) 자기규율의 도덕적 측면을 강조하기 위해 나는 홉스가 사회 안에서 구성원이 어느 정도의 자유를 누린다고 생각했는가 하는 더욱 일반적인 질문은 되도록 피하려 했다. 홉스 자신은 종교적인 관용을 매우 강력하게 옹호했다. Flathman(1993)은 홉스적인 이론이 개인이 마음대로 선택할 수 있는 상당한 여유 공간을 남겨두었음을 강조하면서 통치자는 사람들의 삶 대부분에 관해서 오히려 침묵하는 편이 좋으리라고 주장한다.

주로 이론적이며 그다지 현실적이지는 않다. 앞서 살펴보았듯이 그는 자신이 증명하려고 하는 인간의 상호작용과 관련한 법칙이 그저 평범할 뿐이라고 생각한다. 이는 그리 놀라운 일이 아닌데 그 까닭은 이런 법칙에 따르지 않는다면 어떤 사회도 존재할 수 없었으리라는 점을 그의 이론이 이미 함축하기 때문이다. 홉스는 "아메리카의 야만인도 작은 수를 더하고 나눌 수 있듯이 다소 훌륭한 도덕적 문장을 표현할 줄은 안다"고 말한다. 그들이 갖추지 못한 바는 도덕이 아니라 과학이다(《리바이어던》 XLVI. 6).

또한 홉스는 당시에 통용된 또 다른 공통적 요소 하나를 자신의 이론에 포함시키려 애쓴다. 그는 자신이 확립한 바와 같은, 어떻게 살아야 하는가에 대한 이성의 명령이 오직 자기보존에 관한 정리(定理)에 지나지 않는다고 주장함으로써 도덕과 종교를 연결한다. 만일 신이 우리에게 이런 정리에 따르라는 명령을 내렸다고 생각하지 않는다면 이들은 법칙이라고 불릴 수조차 없을 것이다(《리바이어던》 XV. 41; XXVI. 8 참조; 《시민론》 III. 33, IV. 1). 홉스는 여기서 자연법에서 흔히 등장하는 구별, 즉 충고 또는 조언과 법칙 또는 명령 사이의 구별을 사용한다. 그는 수아레스, 그리고 수아레스를 추종한 영국 학자 컬버웰(Culverwell)과 유사한 견해를 선택하는 듯이 보이는데, 컬버웰은 홉스가 《리바이어던》을 출판한 다음 해인 1652년에 《자연의 빛에 관한 대화》(Discourse of the Light of Nature)라는 책을 출판하기도 했다. 당시 독자들은 이들의 견해를 법의 본성에 관한 이미 잘 알려진 주장으로 인식했던 듯하다. 그리고 이를 홉스의 악명 높은 언급, 즉 인간을 통치할 신의 권리는 "신이 인간을 창조했다는 사실이 아니라(신이 마치 우리에게 자신의 자비에 대한 감사를 요구하듯 복종을 요구하는 것이 아니라) 신이 우리가 저항할 수 없는 권능을 지닌다는 사실로부터 도출된다"(《리바이어던》 XXXI. 5) 주장과 연결 지었던 듯하다. 이를 통해 사람들은 홉스가 주의주의적인 도덕관을 제시했다고 결론지었다.

이런 인상은 홉스의 다른 몇몇 언급에 의해서 더욱 강화되었다. 아퀴나스와 결별하고 수아레스에 동조하면서, 홉스는 신이 생물뿐만이 아니라 무생물까지도 포함한 모든 피조물로 구성된 왕국을 소유한다는 말은 적절하지 않다고 주장한다. 처벌의 두려움과 보상이라는 선물 때문에 복종할 능력을 지니는 존재만이 오직 은유적인 의미에서라도 왕국의 국민이 될 수 있다(《리바이어던》 XXXI. 2). 신의 법은, 더욱 적절하게 말하자면 자연법은 우리 인간에게만 의미가 있으며 우주의 나머지 부분에는 적용되지 않는다. 루터와 칼뱅이 중요하게 생각했던 주의주의의 또 다른 측면은 바로 이 점에서 파생된다. 우리는 신을 이해하려 해서는 안 되며, 신의 행위에서 정의(正義)를 찾으려 해서는 더더욱 안 된다.

사람들은 여기 자신들 사이에서 약속과 계약을 통해 만들어 낸 바를 정의라는 이름으로 부르며, 이에 따라 올바르게 **정의롭다** 또는 **정의롭지 않다**는 말을 사용하고 설명할 뿐이므로 전능한 신의 행위를 정의롭다고 부르거나 평가해서는 안 된다. … 신이 행하는 바는 그저 그가 그렇게 행하는 바에 지나지 않는다. 나는 신에게 정의로운 바가 우리에게도 항상 정의로운 것은 아님을 말하려 한다(《전집》 IV. 249).

홉스는 욥(Job)에 대해 평가하면서 자신의 관점을 더욱 분명히 드러낸다. 신이 욥에게 고난을 준 까닭은 그가 죄를 지었기 때문이 아니다. 악행에 따른 결과만이 정당하게 처벌이라고 불릴 수 있다. 하지만 "고난을 줄 권리는 항상 인간의 죄로부터 생기지는 않으며 신의 권능으로부터 생긴다"(《리바이어던》 XXXI. 6; 《전집》 V. 17, 229). 악의 문제에는 해결책이 없다. 우리는 이 세계에서 이루어지는 선과 악의 분배에서 그 어떤 도덕적인 관점도 기대해서는 안 된다. 이런 분배가 인간의 눈에 아무리 부당하다 할지라도 이는 신의 권능에서 나오는 것이므로 그저 받아들이는 수밖에 없다. 이런 홉스의 평가와 예정 은총설 및 구원의 선택에 관한 신교의 교리 사이에 어떤 유사성이 성립한다는 점은 간과되지 않았다.

우리가 신을 파악할 수 없다는 홉스의 생각이 단지 정의의 문제에 한정된 것만은 아니었다. 신에게 적용되는 거의 모든 언어를 문자 그대로의 의미로 받아들여서는 안 된다. 신의 권능을 문자 그대로의 의미로 받아들일 수 있을지 모르지만 이를 넘어서면 오직 은유와 상징적인 언어밖에 사용할 수 없다. 신이 "의지"를 지닌다는 말은 신이 권능을 지닌다는 말 이상의 그 무엇도 의미하지 않는다. 그리고 우리가 신에 적용할 수 있는 다른 용어는 "유한하지 않다"처럼 부정형으로 표현되거나 아니면 경의를 표시하는 용어일 뿐이다. 신은 "선하다"고 말할 때 우리는 오직 그에 대한 무한한 찬양을 표현할 뿐이다. 신이 이 세계와는 달리 형태도, 부분도, 장소도 또는 정념도 없이 존재한다고 말하면서도 우리는 신을 찬양한다. 이런 언어를 통해 우리는 아무것도 서술하지 않는다. 오직 신에 대한 경외와 희망의 감정을 표현함으로써 그를 기릴 뿐이다(《리바이어던》 XXXI. 8~28). 이들 모두는 신은 우리가 지적으로 파악할 수 없는 존재라는 루터 및 칼뱅의 견해와 완전히 일치한다.

그저 타산적인 정리로부터 법칙을 이끌어 내기 위해 어떤 명령이 필요하다는 인식을 도입한 방식에서 홉스와 수아레스 사이에는 약간의 차이가 있다. 수아레스와 달리 홉스는 자연법이 "행위하도록 만드는 도덕적 자극"을 어떻게 만들어 내고 강요하는지를 설명하기 위해 신의 명령을 사용하지 않는다. 수아레스가 생각한 도덕적 자극은 아마도 올바름을 향한 자극 또는 법칙 자체로서의 법칙에 따르려는 자극일 듯한데, 앞에서 지적했듯이 홉스의 이론에는 이런 자극이 등장하지 않는다. 그 대신 홉스는 이성이 우리에게 여러 가지를 명령하므로 이들의 강제력은 신에 의존하지 않는다는 그로티우스의 생각에 동의한다. 법이 명령을 필요로 한다면 의무는 명령을 필요로 하지 않는다. 사실 홉스는 이성이 우리의 자기보존을 위해 반드시 필요하다고 알려 주는 바만을 신이 명령한다고 주장한다. 왜 홉스가 실정법과 관련해 신의 명령 이론에 의지하는지 그 이유를 알기란 그리 어렵지 않다. 통치자는 단지 명령을 내림으로써 자신의 국가에 질서를 부여할 수 있어야만 하며 이를 통해 국민 각자가 모두 계약을 준수함으로써 생기는 힘을 일상의 삶에 필요한 구체적인 법에 전달할 수 있어야 한다. 하지만 이 과정에서 자연법의 합법성이 어떤 역할을 하는지는 그리 분명하지 않다.[28] 바르베이락은 그로티우스의

---

28) Curley는 《리바이어던》의 라틴어 판에서는 타산적인 정리를 법으로 전환하는 데 필요한 신의 명령에 관한 언급이 등장하지 않는다는 점을 지적한다 (《리바이어던》 XV. 41, n. 7).
　　홉스의 저술 중 가장 자주 논쟁의 대상이 되는 대목 중 하나는 어떤 바보가 신의 존재를 부정함으로써 통치자에게 복종하기로 한 약속을 무효로 만들 수 있다고 생각하는 부분이다. 이 바보가 제기한 문제에 대한 홉스의 해

견해가 신을 불필요하게 만든다는 점을 들어 그를 비판했는데 이와 같은 비판이 홉스와 관련해서도 제기된다는 점은 어쩌면 당연한 일인 듯하다.

하지만 나는 이런 논의가 도덕에서 신의 역할에 대한 홉스의 견해를 이해하는 데 별로 도움이 되지 않으며 종교 일반에 대한 그의 견해를 이해하는 데는 더더욱 도움이 되지 않는다고 생각한다. 우리는 홉스가 무신론자였는지 아니었는지 결코 알 수 없다.[29] 종교에 관한 그의 몇몇 언급에 비추어 보면 이전에도 자주 그랬고 지금도 여전히 그렇듯이 그를 무신론자로 여기는 것은 충분히 납득할 만한 일이다. 그는 종교적 믿음에 대한 자연주의적 설명을 제시하며, 본성적 호기심과 우리의 안전에 영향을 미침에도 그 원인을 알 수 없는 일들에 품은 두려움에 종교적 믿음의 근원이 있다고 생각한다(《리바이어던》 XI. 25; XII). 그는 만일 존재한다면 신은 물질적이라고 주장한

결책에서 지적할 만한 점은 사후의 처벌에 전혀 호소하지 않는다는 사실이다. 홉스의 목적은 세속적인 요소만 고려하더라도 통치자에게 복종해야 한다는 점을 바보에게 충분히 납득시킬 수 있음을 보이려는 것이다(XV. 4). 이런 홉스의 논변에 대한 정확한 해석이 무엇인지는 학자 간에 의견이 일치하지 않는다. 그리고 그의 논변이 성공적인지에 대해서는 더더욱 의견이 일치하지 않는다.

29) 홉스의 종교적 입장에 관한 여러 학자의 의견은 극단적으로 나누어진다. 이에 관한 다양한 논문은 King(1993), vol. IV 참조. Martinich(1992)는 홉스가 진지한 종교적 사상가였다는 주장을 옹호하며, State(1991)은 자연법과 종교에 관한 홉스의 견해를 주의 깊게 논의한다. 자신이 편집한 《리바이어던》의 서문과 Curley(1992)에서 Curley는 홉스가 살았을 당시 신을 믿지 않는다는 사실을 공언하는 일에 뒤따를 현실적인 위험을 고려해 그가 '무신론자'였다는 쪽에 비중을 둔 주의 깊고 자세한 분석을 전개한다. 그리고 Arrigo Pachi(1988), "Hobbes and the Problem of God", in Rogers and Ryan에서는 서로 다른 견해들이 균형 있게 논의된다.

다. 그는 영혼 또한 그렇다고 주장하면서 본성상 영혼이 불멸한다는 점을 부정한다(XLIV. 14~15). 이를 비롯한 다른 많은 주장에 기초해 사람들은 홉스의 신앙 고백이 거짓이라고 믿을 만한 확고한 근거를 얻게 되었다. 하지만 그 이전에도 홉스와 유사한 견해를 보였던 기독교도들이 있었으므로 홉스를 매우 비정통적인 기독교도로 보는 것도 그리 무리는 아닐 듯하다.[30]

종교 일반과 기독교에 관한 논의는 홉스의 많은 저술에서 중요한 부분을 차지한다. 《리바이어던》의 절반은 이런 주제를 다룬다. 그는 우리가 신의 권능에서 벗어날 수 없다고 말하며, 자신의 견해를 지지하기 위한 근거로 자주 《성서》를 인용한다. 그는 《성서》의 여러 대목에 대한 자신의 특별한 해석을 제시하며, 구원을 위해서는 그리스도를 믿는 일이 필요하다고 말한다. 기독교도든 아니든 간에 그는 자신이 다루는 문제에 대해 강력한 견해를 내세웠다. 따라서 그의 개인적인 신앙은 그리 중요한 문제가 아니다. 그를 무신론자로 여기려는 독자들은 종교에 대한 그의 견해를 여전히 진지하게 검토해야 한다.

나는 홉스를 주의주의적 입장을 깊이 있게 제시한 인물로 보는 편이 가장 자연스럽다고 주장한다. 그리고 우리 앞에 놓인 문제는 그의 이론이 지니는 중요성에 관한 것이다. 홉스는 마키아벨리와 유사한 관심에서 종교를 탐구했다. 이 둘은 모두 시민종교(*civil religion*)가 시민을 기꺼이 통치자에게 복종하도록 만드는 데 영향을 미치기

---

30) Curley(1992) 참조. Martinich(1992)는 종교에 관한 홉스의 견해가 기독교적인 요소를 지닌다는 점을 부정할 수 없는 많은 예들을 든다.

때문에 중요하다고 생각한다. 홉스의 한결같은 목표는 통치자에게 복종할 필요성을 강화하는 신학을 제시하려는 것이다. 마키아벨리와 달리 그는 기독교가 적절한 시민종교임을 보이려는 진지한 노력을 계속한다. 그가 로마 가톨릭의 신앙을 거부한 것은 놀랄 만한 일이 아니지만, 기독교를 심각하게 분열시키는 결과를 낳았으며 당시 이미 확립되었던 교회와 상당한 갈등을 빚었던 신교를 받아들일 수 있다고 생각한 점은 놀라운 일이다.

실제로 그가 지지하는 것은 그로티우스가 제시했던 바와는(앞의 제4장 4절 참조) 다른, 최소화한 기독교이다. 구원받기 위해 필요한 두 가지는 "그리스도 안에서의 신앙과 법의 준수이다"(《리바이어던》 XLIII. 3). 우리는 그리스도가 신이 언약한, 영원히 모든 것을 다스리는 왕이라고 믿어야 한다. 이 사실은 《성서》에서 드러나므로 이 이상의 어떤 신학 이론도 필요하지 않다(XLIII. 11~18). 우리에게 요구되는 복종은 자연법에의 복종, 따라서 우리의 통치자가 규정한 법에의 복종인데 홉스는 이 두 법이 "서로를 포함하며 동일한 영역에 적용된다"고 말한다(XXVI. 8). 이로부터 등장하는 가장 중요한 결론은 어느 누구도 신이 통치자에게 복종하지 말 것을 명령한다고는 결코 생각할 수 없다는 점이다.

이미 지적했듯이, 홉스는 양심을 환원주의적으로 설명함으로써 저항이나 시민 불복종을 신의 명령을 근거로 하여 정당화할 가능성을 배제하는 방법 중 하나를 제시한다. 그는 신의 명령이 이성을 통해서 발견되는 특정 종류의 행위들을 의무로 전제한다는 견해를 통해 그 가능성을 다시금 배제한다. 또한 신과 특정한 사람들 사이의 이른바 개인적인 교감이 다른 어떤 이의 믿음도 제대로 정당화하지 못한다고 주장함으로써, 홉스는 세 번째 방법도 제시한다. 사실 홉스는 개인적인 계시를 그리 강력하게 부정하지 않지만 이를 공적인 목적을 위해 사용하는 일은 철저히 금지한다(XXXII. 5~6). 홉스는 신에게의 접근을 또 다른 방법으로도 차단하는데 이는 "분리된 본질"과 "실체적 형상"을 철학적으로 부정하는 것이다. 이런 실재는 인간의 감각 경험과 연결될 수 없으므로 신의 사고로 나아가는 가교의 역할을 하는 듯이 보이기도 한다. 하지만 홉스는 자신의 언어 이론이 그런 종류의 실재는 결코 존재하지 않으며 그저 신의 권능에 다가가려는 노력을 조장하기 위해 사람들이 만들어 낸 공허한 단어에 지나지 않는다는 점을 충분히 보인다고 생각한다(XLVI. 16~30). 이런 "공허한 철학"을 비판함으로써 홉스는 신에 관한 언급을 엄격하게 제한하여 오직 유의미한 언어만을 사용하도록 해야 한다는 주장의 또다른 측면을 드러낸다. 이로부터 도출되는 결론은 통치자가 제정한 법에 따를 의무를 거부할 근거를 제시하는 신이나 신의 명령에 대해 우리는 결코 아무것도 알 수 없으며 안다고 생각할 수조차도 없다는 것이다.

홉스는 삶을 위협하지만 정체를 알 수 없는 것을 두려워하는 성향 때문에 인간은 너무 많은 힘을 낭비하고, 어쩔 수 없이 종교적인 이야기를 만들어 내어 믿으며, 이에 따라 행위한다고 생각한다. 이런 위험한 성향을 통제하기 위해 통치자는 "종교 문제를 진단하는 최고의 의사"가 되어 국가 전체의 종교 영역을 관장하고 교회 조직을 지배해야 한다(《전집》 V. 269; 《리바이어던》 XXXI. 37~38). 종교에 대한 그의 설명은 통치자가 모든 사람에게 어떤 교리를 가르쳐야 하는지에 대해 그가 가진 생각을 보여 준다. 그는 만일 자신이 내세운 교리가 통치자가 금지한 어떤 새로운 것이었다면 미안하다며 사과한다. 하지만 자신의 교리가 현재에 반드시 필요한 것이라고 말한다(《리바이어던》 A review and conclusion, 13). 홉스의 신학은 우리가 통치자로 내세운 "지상의 신"(Mortal God)이 소유한 권력을 강화한다(XVII. 13). 우리가 내세운 지상의 신은 무엇이 선하고 무엇이 악한지, 천상의 신에 대한 믿음은 어떤 것이어야 하는지를 결정한다. 그는 주의주의에서 생각하는 신이 인간으로 변형된 존재이다. 31)

나는 홉스를 도덕을 '세속화한' 인물로 여겨서는 안 된다고 생각한다. 그는 종교적 신앙이 무정부 상태의 주요 원인이라고 생각한다. 따라서 종교와 도덕 간의 관계에 대해 자신이 주장한 것 외의 다른 어떤 주장도 불가능하도록 만드는 것은 그의 정치적 목적을 위해 결정적으로 중요한 일이었다. 그리고 주의주의적인 신 또한 홉스의 우선적인 전략에서 결정적인 역할을 한다. 만일 홉스가 주의주의적인 용어로 묘사한 신이 그의 명령으로 도덕을 구성함으로써 도덕에서 중요한 역할을 차지한다면, 홉스의 이론은 우리 삶의 영위가 전적으로 우리 자신에게 달려 있다는 점을 시사한다. 성직자나 교회, 《성서》는 어떤 권위도 지니지 못한다. 오직 지상의 신으로서의 통치자가 권위를 지닌다.

---

31) 브램홀 주교의 비판에 답하면서 홉스는 자신이 생각한 지상의 신이 폭군일 수도 있다는 비판을 무시한다. 폭군(tyrant)이라는 용어는 원래 그저 '왕'을 의미하며, 홉스가 생각한 지상의 신이 바로 이런 왕에 해당한다. 현재 폭군이라는 용어는 "사악하고 못마땅한 왕"을 의미하는데, 사악한 자들은 영원히 처벌받는다는 생각을 거부하는 홉스는 수백만의 사람에게 영원한 고통을 주기로 예정한 칼뱅의 신이 자신이 생각한 지상의 신보다 훨씬 더 사악하고 못마땅하다고 생각한다(Works V. 215~16).

루터와 칼뱅은 주의주의가 인간 사회에서 신을 배제하리라고 생각하지 않는다. 이들은 신이 우리가 헤아릴 수 없는 방식으로 우리의 사고 안에 항상 존재하며, 도덕은 단지 제한적으로만 우리를 규율한다는 점을 보임으로써 신이 우리의 일상적인 삶 안에 항상 자리 잡고 있음을 확인하기 위해 주의주의를 사용한다. 이들의 주의주의는 양심을 통해서 전달된 신의 말씀을 표현하는 것으로서, 에임스가 주장했던 독립적인 지위를 지니는 형태를 띤다. 반면 홉스의 주의주의는 이와는 전혀 다른 방식으로 작용한다. 그 핵심은 도덕의 내용과 준수는 오직 우리 자신의 임무라는 주장으로 돌아가려는 것이다. 신은 법이라는 형식적 지위를 갖추어 우리에게 정리를 부여한다. 하지만 신이 그 이상의 일을 한다고 생각해서는 안 된다. 신은 인간이 해야 할 일을 남겨 두었다.

자신이 회의주의를 무너뜨릴 도덕의 기초를 제시했다는 홉스의 주장을 오해해서는 안 된다. 자연법이 "영원, 불변한다"는 그의 말이 의미하는 바가 정확하게 무엇인지를 항상 염두에 두어야 한다. 그가 오직 의미한 바는 본성상 우리가 필연적으로 지닐 수밖에 없는 목적을 이루는 데 필요한 수단은 결코 수단이기를 멈출 수 없다는 점이다. 필연성은 과학의 일부로 제시되는 경우에만 우리가 다룰 과제이다. 그런데 과학은 언어상의 임의적 정의에 의존할 뿐이라고 홉스는 생각한다. 신이 우리에게 몇 가지 말을 가르쳐 주었을 때 우리는 이들을 어떻게 사용해야 하는지도 함께 배웠다. 이제 우리는 스스로 단어를 만들어 내고 이로부터 어떤 결론을 이끌어 낸다. 그리고 이런 체계 전체가 우리의 목적에 도움이 될 경우 이를 받아들인다.

우리의 말은 신의 말이 아니며, 우리의 목적 또한 신의 목적이 아니다. 왜냐하면 "신은 어떤 목적도 없기 때문"이라고 홉스는 말한다 (《리바이어던》 XXXI. 13). 제일원인에 이르려는 논증이 설령 신이 존재한다는 사실을 보인다 할지라도 이는 신에 관해 더 이상 아무것도 알려 주지 않는다(XII. 6). 신이 법의 형태로 전해 준 정리들은 오직 우리에게만 도덕법칙으로 성립할 뿐이다. 이들은 신에게는 법칙이 될 수 없다. 신에게는 통치자가 없으며 신에게 명령을 내리는 존재도 없기 때문이다(《전집》 V. 212). 더 나아가 우리는 우리의 본성 때문에 법칙을 일종의 의무로 인정하지만 신에게는 이런 본성이 없다. 만일 홉스의 도덕학이 회의주의를 무너뜨린다면 오직 우리에 대해서만 그럴 뿐이다. 그리고 홉스가 보기에 신은 우리 중 하나가 아니다.

제6장

사랑의 도덕: 컴벌랜드

영국 피터버러(Peterborough) 교구의 주교였던 컴벌랜드(Richard Cumberland, 1631~1718)는 자신이 "사악한 교설"이라고 불렀던 홉스의 이론에서 기독교적 도덕과 종교가 심각한 위협에 처했음을 발견했다. 1) 그 이전에도 소책자를 통해 홉스가 지은 요새의 외벽에 포탄을 날린 학자는 많았다. 하지만 컴벌랜드의 저술 《자연법에 관해》(*De Legibus Naturae*, 1672)는 리바이어던의 거대한 전체 체계에 대해 대규모 철학적 공격을 퍼부은 최초의 시도로 평가된다. 2)

---

1) Treatise, introd. xxx: 36면. 컴벌랜드의 저술을 인용할 경우 Maxwell의 번역에 따라 권, 절, 면수를 밝혔다. 원전에 등장하는 인쇄상의 특유한 표시 등을 그대로 따르지는 않았다.

2) 바르베이락은 컴벌랜드가 오직 홉스를 반박하기 위해 도덕철학 연구에 착수했으며, 또한 홉스의 끔찍한 견해가 그런 견해를 믿으려는 성향을 이미 띠고 있었던 이들을 크게 현혹시켰다는 사실에 대해 컴벌랜드가 마땅한 두려움을 느꼈다고 생각했다. 바르베이락은 컴벌랜드의 저서가 ─ 출판된 후부터

컴벌랜드는 홉스에 대항하기 위해 새로운 도덕 이론을 제시할 필요가 있다고 생각했다. 컴벌랜드에 따르면 경험은 우리가 가능한 최대의 행복을 얻고자 함께 일하기 위해 무엇이 필요한지 가르쳐 준다. 이런 특별한 기본 원리를 주장했기 때문에 컴벌랜드는 오랫동안 최초의 공리주의자로 여겨져 왔다.[3] 설령 이 원리가 지나치게 단순한 모습으로 등장했다 할지라도 여기에는 그를 마땅히 공리주의자로 여길 수 있는 명백한 근거가 여전히 존재한다. 하지만 그는 한참 후에 등장한, 이 원리를 나름대로 변형해 제시하면서 스스로를 공리주의자라고 불렀던 학자들과는 전혀 다른 이유에서 이 원리를 주장했다. 후에 등장한 공리주의자들은 정치적, 사회적 개혁을 위해 대중이 받아들일 수 있는 합리적 근거를 추구했다. 반면 컴벌랜드는 자신의 원리가 신과 인간에게 공통된 도덕을 구현할 수 있는 — 또한 이렇게 함으로써 그런 도덕의 가능성을 부정했던 홉스를 반박할 수 있는 — 유일한 것이라고 여겼다. 컴벌랜드는 개혁가가 아니었다. 하지만 그는 주의주의를 무너뜨리기 위해 도덕적으로 필요하다는 이유로 하나의 새롭고도 중요한 도덕 이론을 만들어 낸 최초의 철학자였다.

당시까지 70년 동안 — 영국에서 이루어진 홉스에 대한 철학적 비판 중 최고의 것이라고 평가했다(자신이 번역한 컴벌랜드의 저술에 대한 서문, iii~iv면). 컴벌랜드는 주의 깊은 비판자였다. 특히 그는 《리바이어던》의 영어판과 라틴어판을 비교해 일치하지 않는 대목을 일일이 지적했다(3.ii: 169면; 3.iv: 173면 참조).

3) 예를 들면 Albee(1901) 참조.

1. 법칙으로서의 사랑

홉스는 그로티우스의 문제의식을 받아들였지만 사람이 지닌 본성적
인 사교성을 부정함으로써 근본적으로 사회적 긴장을 강조하고, 자
신의 이론을 그로티우스가 제시한 것보다 훨씬 상세한 심리학과 연
결하려 했다. 또한 홉스는 감각 경험을 궁극적인 기초로 삼으면서도
도덕철학에 수학과 같은 확실성을 부여하려 했다. 그는 단 한 번도
그로티우스로부터 받은 영향을 스스로 인정하지 않았다. 하지만 이
들의 견해가 기본적으로 유사하다는 점은 부정할 수 없는 사실이다.
컴벌랜드는 그로티우스에게 대단한 존경을 표한다.[4] 그도 그로티
우스나 홉스처럼 수학이 자연법을 탐구하는 과학이 추구할 기준을
제공한다고 주장한다(4. iv, 185~187면). 또한 다른 모든 원리의 기
초가 되는 제일원리를 경험으로부터 이끌어 내지만 그로티우스의
문제의식은 받아들이지 않는다. 따라서 그는 전적인 근대 자연법 학
자는 아니며, 그렇다고 단지 고전적 학자이기만 한 것도 아니다. 기
본적 자연법에 관한 그의 언급을 보면 이 점을 명확하게 알 수 있다.
　컴벌랜드는 저술 속표지에 《성서》에서 따온 두 구절의 인용구를
써 넣었다. 하나는 〈마태오의 복음서〉 22장 37~39절의 사랑하라
는 계명이며, 다른 하나는 〈로마인들에게 보낸 편지〉 13장 10절에
서 사랑하는 것이 율법의 완성이라고 한 바울로의 간결한 언명이다.
그로티우스는 이익과 무관한 사랑을 위해 공간을 허용하며 자신의

---

4) Stewart(1854): 76~77면에는 컴벌랜드의 영향 때문에 그로티우스가 영국
　　에서 연구되기 시작했다는 주장이 등장한다.

지연법에 이를 포함시켰다. 홉스는 가끔 마지못해 이런 사랑의 존재를 인정했다. 이 둘은 모두 법을 도덕의 중심으로 삼아야 한다고 여겼다. 컬버웰은 다소 신비롭게 "법은 사랑의 구속이어야 한다"고(32면) 지적했다. 이들과는 달리 컴벌랜드는 사랑이 도덕의 핵심이며 법은 단지 그 수단에 지나지 않는다는 점을 보이려 한다. 이렇게 하면서 그는 오직 이 우주에만 호소한다.

"조화의 신전(*Temple of Concord*)5)의 주춧돌은 자연이 놓았다." (2. viii: 107면) 컴벌랜드의 이 언명은 그의 핵심적인 믿음을 드러낸다. 신의 창조는 조화로워야만 한다. 조화는 물질적 세계와 도덕적 세계 모두의 본성이어야만 한다. 이는 아퀴나스와 후커도 주장했던 견해이다. 물질적 우주는 위대한 질서와 아름다움을 갖춘 복잡한 통일체이다. 우주의 각 부분은 자기 자신뿐만 아니라 물질적인 전체를 보존하기 위해 작용한다. 컴벌랜드는 이런 견해를 확장해 도덕적 세계를 지배하는 조화에 대해 새로운 설명을 제시하는 것을 목표로 삼는다.

컴벌랜드는 물질의 소용돌이에 관한 데카르트의 이론을 두고 세계의 각 부분이 전체 세계를 계속 질서 잡힌 모습으로 유지하려고 협동한다는 사실을 증명한다고 생각한다(1. xxv: 70면). 6) 또한 동물

---

5) 〔옮긴이주〕 조화의 신전은 로마의 로마 광장 서쪽 끝에 위치하는데, 기원전 6세기 초에 세워졌으며 조화와 평화의 여신 콘코르디아(Concordia)에게 바친 것으로 전해진다.

6) Haakonssen (1996)에서 지적하듯이, 독자들은 컴벌랜드가 뉴턴, 말브랑슈, 로크보다 시대적으로 앞선 인물이며 아마도 그가 스피노자의 저술과 푸펜도르프의 초기 저술은 알지 못했으리라는 점을 기억할 필요가 있다.

의 삶에 관한 수많은 연구를 보면 동물이 어떻게 서로 협력하는지 잘 알 수 있다(2. xv: 119~120면). 동물은 같은 종에 속하는 다른 개체에게 한없는 공격성을 드러내지 않으며, 자신이 속한 종을 계속 이어 나가고자 동종의 다른 개체에게 관심을 보인다. 동물은 대개 서로에게 자비롭다(2. xvii~xxi: 121~142면). 이러한 사실 및 유사한 다른 사실들에 비추어 볼 때 제일원인인 "신, 즉 세계의 통치자"가 모든 것에 질서를 부여했다는 결론을 내리지 않을 수 없다. 이런 신은 서로 다른 종류의 존재가 상호작용을 주고받음으로써 앞으로 일어나게 될 일을 예지하며, 신이 수장이 되고 인간이 "복종하는 구성원"이 되는 "가장 확장된 사회"의 공동선을 위해 모두에게 명령을 내린다(2. iii: 101면; 5. xlix: 280면 참조).

이런 주장을 보면 컴벌랜드는 시대에 뒤떨어진 주지주의적 자연법 학자인 듯하다. 부분적으로는 실제로 그렇기도 하다. 하지만 그가 제시한 기본적 자연법에는 이전 학자들과 분명히 구별되는 요소가 있다. 컴벌랜드는 자신의 자연법을 다양한 방식으로 언급하는데 이들이 모두 명료하지는 않다. 비교적 명확한 언급 중 하나는 다음과 같다.

모두를 향해 모든 이성적 행위자가 드러내는 최대의 자비(*benevolence*)는 자신의 능력이 허락하는 한에서 모든 행위자의, 그리고 모든 자비로운 사람의 가장 행복한 상태를 만들어 내는 것이다. 이런 최대의 자비는 이들이 가장 행복한 상태에 도달하기 위해 반드시 필요한 조건이다. 따라서 공동의 선이 최고의 법칙이다(1. iv: 41면).[7]

비록 사실기술적인 언어로 표현했지만 컴벌랜드는 이 원리가 우리의 행위를 인도하는 역할을 한다고 여기는데, 그 이유는 3절에서 논의하려 한다. 이 원리는 사랑의 법칙을 제시한다. 그는 이 대목에서 자신이 사랑이 아닌 자비를 말하는 이유가 사랑은 단지 다른 사람의 선을 바라는 것일 수 있는 반면 자비는 다른 이의 선을 실현하려는 생각까지 포함하기 때문이라고 설명한다(1.iv: 42면). 또한 이 법칙을 주장하는 위 명제의 핵심은 "모든 이성적 존재를 향한 최대의 자비는 … 모두를 위한 최대의 선을 이루려는 끊임없는 의지작용으로 형성된다"는 점이라고 말한다(1.xiii: 53면). 모든 이성적 존재의 선의 총계는 그보다 수적으로 적은 존재들의 선을 합친 것보다 더 크며 따라서 "진정한 최대의 선이다"(2.iii: 97면). 이 공동선에는 "인류의 최대 행복"뿐만 아니라 신에게 돌리는 영예까지 포함되며 따라서 다른 모든 것보다 더욱 바람직하다(5.xxiv: 227면). 이런 과정을 거쳐 법칙을 형성함으로써 컴벌랜드는 동기와 결과를 모두 법칙에 포함시킨다. 앞으로 보게 되듯이 그는 이 둘에 모두 관심을 보인다. 하지만 다른 언급들에서 그는 때로 자비의 결과를 더욱 기본적인 것으로 여기면서 법칙이 단순히 최대의 공공선을 실현할 것을 명령한다고 말하기도 한다(5.iv: 196면; 5.lvii: 296면).

전체의 조화라는 개념은 각 개인이 공동의 선을 추구할 때에 개인의 개별적 선도 가장 잘 실현된다는 컴벌랜드의 가정을 통해 구체화되는데, 이에 아퀴나스와 후커도 동의할 것이다. 하지만 이 두 학자

---

7) 다른 비교적 명확한 언급은 introd.xxiv: 30면; 1.v: 43면; 1.xiii: 53면; 1.xv: 56면; 2.iii: 97면; 5.ix: 204면; 5.lvii: 296면; 6.v: 308면; 8.xiii: 342면 등을 참조.

가 선을 추구하고 악을 회피하는 것을 제1의 자연법이라고 말하면서 개별적인 선의 총계라는 측면은 고려하지 않았으며 이런 총계의 극대화도 분명히 염두에 두지 않았다. 선의 총계나 이것의 극대화라는 개념은 컴벌랜드에게서 처음 나타난다. 그는 선을 철저히 양적 측면으로만 파악해야 한다고 주장하며 이를 의심할 여지조차 남겨 놓지 않는다. 컴벌랜드는 우리의 참된 목적이 최대의 선이며 이는 개별적인 선을 총합하여 구성된다고 거듭해 묘사한다(예를 들면 1. xxxiii: 87면; 5. xix: 220면; 5. xxxv: 246면). 개별적인 선에는 개인이나 가족 또는 국가의 행복 등 다양한 형태가 있다. 컴벌랜드는 경험론을 채택해 우리가 무엇이 이 개별적 선인지 알 수 있음을 강조한다(5. xvi: 216면). 그는 공동의 선을 수학적 전체에 비유하면서 전체는 부분의 총합이라는 명제가 수학 외의 경우에서도 얼마든지 참이라고 말한다(1. xxxiii: 87면; 4. iv: 184면).

컴벌랜드는 현실적인 판단을 내릴 때 수학적으로 구성된 선에 호소할 수 있으리라고 생각한다. 그로티우스가 그랬던 것처럼, 그도 자신이 아리스토텔레스가 산출하려 생각조차 하지 못했던 무언가를 —즉 타산적인 사람을 위한 판단 "규칙 또는 측정법"을— 제시한다고 생각한다(introd. xxiv: 30면). 컴벌랜드는 모든 개별적 선의 상태에 절대적인 등급을 매길 수 있다고 주장하지는 않는다. 하지만 공동의 선이 "본성적으로 선한 모든 것의 총합이고 따라서 최대의 선"이기 때문에 이와 비교해 상대적 등급을 부여할 수 있다. 그 무엇도 공동의 선보다 선할 수는 없으므로 그리 엄밀하지 않더라도 무언가가 공동의 선보다 얼마나 덜 선한지 말할 수 있다. 이렇게 비교를 통해 행위에 등급을 매길 수 있는 까닭은 "최대의 〔선이〕 … 나머지 것보다 더욱 명확하게 이해되기 때문이다". 최대의 선은 "이미 분명하게 확정된 분량"으로 제시되므로 우리가 그것과 비교해 등급을 매기는, 그보다 적은 선의 합보다 더 잘 인식된다(7. xiii: 342~345면).

그로티우스는 자신이 제시한 사랑의 법칙이 정확하게 언급될 수 있다고 생각하지 않았으며 정의의 법칙을 위한 기초가 된다고 여기지도 않았다. 컴벌랜드는 사랑의 법칙이 무엇인지 정확하게 명시하고 이것이 모든 도덕의 유일한 기초라고 주장함으로써 근본적으로 새로운 도덕 이론으로 나아가는 단계를 매우 신중하게 밟아 나간다.

2. 사랑의 법칙이 차지하는 지위

컴벌랜드는 자신의 기본 원리를 사실기술적인 용어로 언급하는데 그 까닭은 그로티우스와 마찬가지로 그도 경험에 근거해 자연법의 기초를 제공할 수 있다고 생각하기 때문이다. 이는 그가 홉스를 공격하면서 홉스가 사용한 바로 그 방법을 자신도 사용하겠다고 선언한 것으로서 상당히 중요하다. 컴벌랜드는 본유 관념에 호소하지 않으며, "우리의 주된 논적인 에피쿠로스주의자조차도" 거부할 듯한 그 어떤 형이상학에도 호소하지 않는다(introd. v: 14면).[8] 홉스는

---

8) 그는 이른바 케임브리지 플라톤주의자들의(이들에 관해서는 제 10장에서 논의할 예정이다) 몇몇 저술을 알고 있었으며 이들의 계획이 자신과 일치한다고 생각해 이들을 비판하려 하지 않았다. 하지만 공동의 적에(홉스에) 맞서는 데 이들이 쓸모 있다고 생각하지는 않았다. 그는 허버트(Lord Herbert of Cherbury)의 본유주의(*innatist*) 이론을 잘 알 수 있었지만 이에 대한 어떤 지적도 하지 않는다(제 9장 2절 참조).

우리를 구속하는 법칙이 신에게도 구속력을 발휘하리라는 생각을 거부했다. 컴벌랜드는 경험을 넘어서는 바에 호소하지 않고도 홉스가 틀렸다는 점을 보일 수 있다고 생각한다.

컴벌랜드는 우리의 모든 관념과 믿음은, 내부적인 경험이든 감각적인 경험이든 간에, 경험에서 생긴다는 점을 받아들이면서 다소 평범하게 논의를 시작한다. 도덕법칙에 포함된 관념도 예외가 아니다. 우리는 우리 안에 있는 자비심을 발견함으로써 자비심이 무엇인지를 배우며, 이런 자비심이 자신과 타인에게 끼치는 결과를 손쉽게 관찰한다. 인간이 이 세계 안에서 처한 상황을 전제하여, 경험은 최대한의 자비심을 통해서 인간이 만들 수 있는 최대의 행복을 낳을 수 있다는 사실을 보여 준다. 우리는 좋은 것을 많이 소유할 때 행복하다고 배운다(1.v: 42~43면). 이 경우나 법에 적용되는 선의 관념도 관찰로부터 생긴다. 우리는 자연의 물체가 서로 돕는 것을 보는데 인간 또한 당연히 이렇게 한다. 따라서 우리는 "어떤 하나 또는 몇몇의 능력을 유지, 확장하거나 완벽하게 하는 것"의 관념을 형성하며 이를 통해서 우리는 '선'이라는 용어의 의미를 얻는다. 그래서 이 단어는 본성적인 선을 가리키며, 모든 종류의 사물이 지닌 본성과 연결된다. 아직 도덕적 선이 무엇인지는 구체적으로 검토하지 않았지만, 그럼에도 우리는 이제 기본적 자연법의 지위를 이해할 수 있다(3.i: 165~166면). 그것은 경험에 기초한 진리이자 그 이상의 무언가이다.

이를 설명하기 위해 컴벌랜드는 '선'의 의미에 대한 홉스의 견해를 공격한다. 홉스는 우리가 무언가를 원하기 때문에 그것을 선하다고 부른다고 생각했는데 이는 잘못이다. 컴벌랜드는 예를 들어 어떤 미친 사람이 계속 미친 상태에 있기를 원할 수도 있고 어떤 아픈 사람이 약을 원하지 않을 수도 있는데 이때 전자를 선, 후자를 악으로 부를 수는 없다고 지적한다. 홉스의 생각과 정반대로 우리는 먼저 무언가를 선하다고 생각한 후 오직 그렇게 생각하기 때문에 그것을 원하게 된다. 홉스는 우리가 공통적으로 사용하는 언어를 오해했다. 더욱 중요한 점은 그가 언어의 작용 방식을 오해했다는 것이다. 컴벌랜드는 우리의 단어와 연역적 체계가 욕구를 충족시키기 위해 만들어진 발명품이라는 홉스의 견해를 거부한다. 관념 및 여러 관념이 함께 형성하는 진리는 오히려 세계가 우리에게 각인한 인상이다. 사물에 대한 관념과 상들 그리고 긍정문의 형태로 표현된 진리들은 "동일한 대상들이 우리의 정신에 가인한 바를 파악하고 긍정의 형식으로 결합한 것이다"(2. vii: 105~106면). 따라서 진리란 우리의 관념이 그와 관련된 "사물 자체와" 일치함을 의미한다. 우리는 단어를 사용하여 서로 의사소통을 할 수 있는데 그 까닭은 이 단어들이 모든 사람이 지녔던 경험과 모든 사람이 만드는 추상물에 붙여진 이름이기 때문이다. 이렇게 공유된 기초가 없다면 우리는 결코 공동의 언어를 지닐 수 없다(2. ix~xi: 108~111면).

이로부터 컴벌랜드는 자신이 홉스와 완전히 결별한다고 생각하는 지점으로 나아간다. 컴벌랜드의 목적은 도덕법칙이 불변의 진리임을 보이려는 것이다. 이를 위해 그는 도덕법칙이 필연적으로 참임을 증명해야만 한다. 그리고 그는 우리가 경험을 통해 수학적 진리와 같은 수준의 필연성을 지니는 도덕적 진리를 확립할 수 있다고 생각한다(introd. xxviii: 34~35면). 그는 도덕적 주장에서 홉스가 진리라고 생각했던 것보다 더 멀리 나가려 한다. 하지만 유감스럽게도 어떻게 그런 지점에 이를 수 있다고 생각하는지 그리 명확하게는 밝히지 못한다. 그는 경험이 우선 우리에게 개별적인 관념들을 제공하고 그 다음에는 이 관념들이 서로 동일한 또는 서로 필연적으로 연결된 사태에 대한 관념임을 보여 준다고 생각한다. 따라서 경험은 우리에게 필연적 진리들을 제공한다. 점 하나의 운동이 필연적으로 선이라는 결과를 만들듯이 "최대의 자비"가 원인이 되어 필연적으로 "최대의 행복"을 초래한다. 최대의 자비심이 최대의 행복을 낳는다는 명제는 누군가가 모든 사람의 최대 행복을 자신의 목적으로 삼는 것과는 무관하게 "필연적으로 참이라고 증명될 수 있다. 왜냐하면 이 명제가 온전한 진리임은 … 이러한 행위가 원인이 되어 저러한 결과를 일으킨다는 본성적이고 필연적인 효력에 의존하기 때문이다" (1. v~vii: 42~45면).9)

컴벌랜드는 신과 우리가 하나의 도덕적 공동체를 형성한다는 사실을 부정하는 홉스의 주의주의적인 이론을 무너뜨리기 위해서 영원히 필연적 참인 도덕의 원리를 확립하는 일이 가장 중요하다고 생각한다. 그는 이에 도달하는 일이 긴급하고 필수적이라고 여긴다. 그렇게 하지 않는다면 우리는 신이 오직 우리가 저항할 수 없는 자신의 권능 때문에 우리를 지배한다는 홉스의 주장에 머물 뿐이다(7. vi: 319면; vii: 321면). 이런 주장을 받아들이면 우리는 자신의 목적을 위해 비도덕적인 힘에 의지하려는 유혹을 받게 된다. 더욱 근본적으

---

9) 컴벌랜드는 여기서 수학과의 완벽한 유비가 성립한다고 생각한다. 예를 들면 우리가 목표로 삼거나 삼지 않는 것과는 상관없이, 어떤 각을 이등분하려면 기하학의 법칙에 따라야 한다. 이 법칙은 우리의 목표와 상관없이 필연적이다.

로 이는 사랑의 법칙으로 결합된 공동체를 불가능하게 만드는데, 컴벌랜드는 그런 공동체를 형성해야 한다고, 그리고 여기에 신을 반드시 포함시켜야 한다고 생각한다(5. viii: 202면). 홉스와 달리 컴벌랜드는 우리가 신이 완벽한 이성, 사려 그리고 불변성을 지닌다는 점을 확신할 수 있다고 생각한다. 우리에게도 이런 속성이 어느 정도 있는데 만일 신 자신이 이들을 가지지 않는다면 창조주로서의 신은 이 속성들을 우리에게 부여할 수 없었을 것이다(5. xix: 220면).

또한 컴벌랜드는 단지 신이 존재하며 우주를 창조했다는 사실 이상의 무언가를 경험으로부터 배울 수 있다고 주장한다. 특히 우리는 신의 도덕을 배울 수 있다. 이를 깨닫기 위해 본유 관념이나 형이상학에 호소할 필요는 없다. 현재 과학은 물리적 우주에 적용되는 필연적인 기하학적 법칙들을 이미 확립했다(5. iv: 197면). 컴벌랜드는 자신이 도덕의 영역에서 이와 같은 일을 했다고 생각한다. 만일 영원히 필연적으로 참인 도덕법칙이 존재한다면 신은 틀림없이 이를 알고 이에 의해 인도될 것이다(introd. xxviii: 34~35면). 신과 우리는 도덕을 틀림없이 같은 방식으로 생각한다.

3. 자기애에서 자비심으로

아퀴나스는 기본적 자연법이 선을 행하고 악을 피하는 것이라고 주장하면서 모든 사물이 본성적으로 지닌 기본 성향을 지적하는 동시에 우리가 이성적 존재로서 이에 따라야만 한다는 점을 보여 주었다(앞의 제 2장 2절). 컴벌랜드는 더욱 과학적인 언어를 사용해 이를 다시 주장한다. 그는 자비심, 개인의 행복 그리고 모든 이성적 존재의 최대 행복과 관련된 필연적인 인과관계를 보여 주는 언명으로서 자연법을 제시한다. 이어서 그는 어떤 행위가 공동의 본성적 선에 기여한다는 주장은 공동의 선을 증진하라는 명령으로도, 또는 우리는 그런 선을 증진'해야만 한다'는 말에서 드러나는 "강제의 형태"로도 마찬가지로 잘 표현될 수 있다고 말한다. 이렇게 서로 다른 형태를 취하는 표현은 "이런 일을 하는 것이 최선이라는 지성의 판단으로 표현되든, 그렇게 하라는 명령이든 아니면 … 그렇게 하지 않으면 안 된다는 말로 표현되든 간에 결국 같은 것을 의미한다"(4. i: 180~181면). 뒤이어 컴벌랜드는 자신이 서술문으로 표현한 도덕 원리가 우리에게 무엇을 해야만 하는지 말해 주는 "실천적 명제"의 기초로 충분히 활용될 수 있다고 주장한다.[10)

서술적인 법칙에서 도덕적인 규정으로의 이행은 두 가지 관점에서 논의된다. 그중 하나는 심리적 측면이다. 컴벌랜드는 대개 자신의 선을 욕구하는 상태에서 자비심을 주로 띤 상태로, 따라서 모두의 선을 원하는 상태로 나아가는 것이 우리의 본성임을 보이려 한다. 다른 하나는 개념적 측면이다. 우리가 자비로울지라도, 욕구대

---

10) 실천적 명제는 이성적 행위자가 제기한 목적과 수단을 서로 연결한다. 기하학의 정리는 어떤 특별한 도형을 구성하려는 사람에게는 실천적 명제가 된다. 따라서 이성적 행위자가 자신의 행복 또는 공동의 선에 이르려 한다면 자연법은 실천적 명제가 된다(4. i~iv: 179~184면).
    어떤 명제든 그것이 일종의 법칙이 되려면 더 이상의 조건 하나를 반드시 충족해야 한다. 컴벌랜드는 루터주의자가 아니다. 그는 행할 수 없는 바가 우리의 의무가 될 수는 없다고 생각한다(5. iii: 194면; xviii: 219면). 경험을 통해서 모든 사람은 우리가 다른 사람들의 복지에 영향을 미칠 수 있음을 깨닫는다.

로 행위하는 것은 여전히 **도덕적으로** 선한 행위가 아니다. 컴벌랜드는 도덕이 어떻게 등장하는지 제시하기 위해 신의 의지와 의무 간의 관계를 설명한다. 그의 도덕 이론은 이 두 측면을 모두 필요로 한다. 이는 내부적인 사랑에 의해 사랑을 외면적으로도 행할 수 있다는 것, 그리고 이렇게 행하는 것이 도덕적으로 선하다는 것을 모두 보여 주고자 하기 때문이다. 나는 도덕적 발달에 관한 그의 심리 이론과 더불어 논의를 시작하려 한다.

  컴벌랜드는 우리가 강력하게 자기이익을 추구한다고 주장한다는 점에서, 즉 때로 자신의 선에 대한 관심이 타인에 대한 애정보다 강하다는 사실을 인정한다는 점에서 그로티우스주의자이다(5. xxviii: 234~235면). 하지만 사람에게는 다른 이들의 선을 추구하려는 욕구도 있으며, 이 때문에 홉스의 심리학은 대부분 잘못된 것이다. 홉스는 우리가 오직 자신만의 번영과 명예를 위해 타인을 공격하며 끝없이 자기과시에 몰두하는 성향에 압도된다고 주장하지만, 이는 많은 경험적 관찰에 의해 반박된다. 컴벌랜드는 사실 우리가 다른 사람에게 자비를 베풀려는 성향에 본성적으로 강력하게 이끌린다고 결론짓는다(2. xxii: 136~143면). 이에 더해 그는 어린아이는 아직 그렇지 않다는 점을 들어 이를 반박하려는 시도는 무익하다고 말한다. 어린아이가 아닌 완전히 성숙하여 이성을 사용하는 인간 안에서만 인간의 진정한 본성을 발견할 수 있기 때문이다(3. iv: 171~172면; 2. iii: 96면 참조). 11) 홉스조차도 인간이 때로는 자비롭게 행위한다는 점에 동의한다. 그리고 아무 선입견 없이 관찰하면 자비로운 행

---

11) 여기서 컴벌랜드는 홉스가 《시민론》 I. 2n에서 말한 바를 공격한다.

위가 그리 드물지 않다는 점을 발견한다(5. lv: 293면).

컴벌랜드는 삶의 필요뿐만 아니라 즐거움을 충족시키기 위해서도 다른 사람의 도움이 반드시 필요하다는 점은 명확하다고 생각한다. (1. xxi: 62~64면; 2. xvii: 122~123면). 하지만 우리는 오직 대가를 기대하며 타인을 돕는 것이 아니다. 자비심의 발휘는 우리 자신의 행복에서도 핵심적인 부분을 차지한다. 대체로 우리는 자신의 능력을 완전히 발휘할 때 행복을 느낀다. 그리고 다른 사람에게 최대한의 자비를 베푸는 일은 다른 어떤 일보다도 우리를 매우 힘든 노력까지 하도록 만든다. 자비심의 가장 큰 수혜자는 마땅히 영광을 받아야 할 신, 그리고 그 몫이 더 증진될 수 있는 인간이다. 따라서 다른 어떤 것도 자비심보다 더 강력한 요구를 할 수 없으며 더 큰 성취감을 줄 수 없다(5. xii~xvi: 207~216면). 자비로운 행위자는 자비심에 따라 다른 이들에게 선을 행함으로써 직접 행복을 느낀다. 여기서 컴벌랜드는 그로티우스가 선한 삶의 내용에 관해 아무 말도 하지 않음으로써 생겨난 공백을 메우기 위해 그로티우스의 사교성 개념을 다시 이끌어 내려고 노력한다.

동기에 대한 기본적 사실이 우리를 편협한 자기이익으로부터 자비심으로 나아갈 수 있도록 만들며 결국 그렇게 나아가도록 강제한다. 물리적 대상들이 밀고 당김에 의해서 움직이듯이 인간은 본성적으로 이성에 의해서 움직인다(5. lvii: 297면). 우리가 스스로 어떤 목적을 설정하는 것은 오직 맹목적인 욕구에 따른 것이 아니다. '선'이라는 용어의 의미 자체에서 드러나듯이 우리는 자신이 선하다고 생각하는 바를 원한다. 어떤 근거에 따라 행위할 때마다 명백히 악을 피하고 선을 얻고자 애쓰므로 우리는 자신이 선이라고 판단하는 바를 원하는 것이 틀림없다(5. xi: 206면; 3. ii: 168면; 3. iv: 173면).

컴벌랜드는 홉스에 정면으로 반대되는 이 명제에 의지하지만 이를 지지하기 위한 논증을 펼치지는 않는다. 또한 이 명제는 그의 사상이 기초한 기본 전제이다. 이로부터 그는 "우리가 사물들과 마찬가지로 필연적으로 서로 유사하게 판단되는 어떤 것들을 필연적으로 원함에 틀림없다"는 점을 이끌어 낸다. 컴벌랜드는 더 나아가 이런 일반화의 원리를 실천적 논리가 아니라 심리학의 진리로 여기며 이를 도덕적 발달에 관한 자신의 견해를 지지하는 근거로 삼는다. 우리는 자신의 감정을 알듯이 다른 사람들의 감정도 안다(5. xvi: 216면). 따라서 어떤 것이 나에게 선하다고 생각한다면 그것이 나와 유사한 다른 사람에게도 선하다고 생각할 수 있다. 그리고 그것을 선하다고 생각함으로써 그것을 나 자신을 위해 원하게 되므로 다른 모든 사람을 위해서도 그것을 원하게 된다. "따라서 우리는 우리 자신의 이익과 마찬가지로 … 다른 사람의 이익도 원한다."(5. xiv: 211면)

홉스와 달리 우리에게 중요한 것은 오직 우리가 실현할 수 있는 선의 총계이며 그것이 낳은 이익이 누구에게 돌아갈지는 문제가 되지 않는다(5. xii: 208면; xxvii: 233면). 모든 사람의 선이 우리 자신의 선보다 크다는 점은 이성을 통해서 알 수 있다. 이성은 우리가 이미 선택한 목적에 이르는 수단을 알려줄 뿐만 아니라 목적 자체도 바꿀 수 있기 때문에 실천적이다. 이성은 우리에게 "모든 사람이 선택해야 할 최선인 동시에 가장 필요한 목적이 무엇인지를" 알려 준다(2. vii: 105면). 홉스는 이성이 단지 욕구의 안내자에 지나지 않는다고 잘못 생각했다. 선에 대한 지식은 우리로 하여금 새로운 목적을 원하도록 만든다. 우리는 이성을 통해 오직 우리 자신의 선만을 원하는 데서 모든 사람의 선을 함께 원하는 데로 넘어갈 수 있다.

현재 자주 잘못 이해되는 '사랑은 가정(家庭)에서 시작된다'는 문구의 원래 의미는 위와 같은 컴벌랜드의 사상에서 잘 드러난다. 사랑의 명령은 자신을 사랑하듯이 다른 사람도 사랑하라고 말한다. 오랜 사상적 전통에 따르면, 이 말은 우리가 처음에는 자신의 경우를 통해 선의 의미와 그것을 지속적으로 신중하게 추구하는 방법을 배우고 난 후 이를 다른 사람들에게 일반화할 수 있음을 의미한다. 12) 사랑이 가정에서 시작되는(*Caritas incipit a se*) 까닭은 처음에는 내가 실현하려는 바를 행할 근거가 바로 나 자신의 이익이라는 형태로 제시되기 때문이다. 이로부터 한 걸음만 더 나가면 선한 바가 반드시 내게 이익이 되지 않더라도 그것을 실현할 충분한 근거를 제공한다는 점을 깨닫게 된다. 이전에 오직 나 자신의 선을 위해 행위하도록 이끌렸던 것처럼, 내가 다른 사람을 도울 수 있다는 사실을 배우게 되면 그 행위가 선하다는 생각에 이끌려 그렇게 행위하게 된다. 13) 이성에 이끌려 우리는 본성의 최초 상태가 아니라 본성이 완전하게 실현된 상태에 이르게 된다. 자연법은 최대의 선을 실현하는 데에 자기 몫을 하기 위해서는 우리가 완전하게 사랑해야 한다고 요구한다. 더욱이, 할 수 있는 한 완전하게 사랑함으로써 우리는 신과 동일

---

12) Schneiders(1971)에서는 이런 전통이 폭넓게 탐구되는데 나는 여기와 다른 곳에서 이로부터 큰 도움을 받았다.

13) 샤롱(Charron)은 다음과 같은 언급에서 이를 정확하게 표현한다. 사랑의 명령은 "한 사람이 다른 이에 대해 행해야 할 의무를 규정할 뿐만 아니라 … 그가 자기 자신에 대해 행해야 할 의무와 사랑의 유형에 따라 다른 사람에 대한 의무를 제시하고 규제한다. 바로 이 때문에 히브리인들은 사람은 자기 자신을 사랑하는 일부터 시작해야 한다고 말한다"(*Wisdom* III. v, 446면).

한 욕구를 지니게 된다. 오직 이렇게 함으로써만 우리는 자연법을 가장 충실히 따르게 되는 것이다(5. xlvii: 275면). 컴벌랜드에게는 동기도 결과만큼이나 중요하다.

4. 신, 법칙 그리고 의무

경험으로부터의 추론을 통해 우리는 컴벌랜드의 기본 원리가 불변하는 필연적 진리임을 알게 된다. 하지만 컴벌랜드는 우리가 발견한 원리가 진정한 법칙임을 설명하기 위해서는 더 이상의 무언가가 필요하다고 생각한다. 홉스는 이성이 우리 자신의 보존을 위해 명령하는 바가 오직 신이 이에 따르라고 명령할 때에만 법칙일 수 있다고 말했다. 컴벌랜드는 홉스가 이렇게 말한 것이 위선적이라고 생각한다(1. xi~xii: 51~53면; 4. i: 180~181면 참조). 하지만 그도 "도덕적 문제에 대해 이성이 내릴 결론"을 법칙으로 여기기 위해서는 신의 의지가 반드시 도입되어야 한다고 매우 진지하게 주장한다. 이성으로부터 배운 진리의 원인을 탐구함으로써 제일원인에 도달하게 되는데 "제일원인은 본질적으로 완전하며 보상과 처벌을 통해 내적인 제재를 가한다는 사실로부터 … 이 원인의 권위가 생겨난다". 그렇다면 우리가 이에 해당하는 것으로 인식할 수 있는 유일한 의지는 "신의 의지 또는 법칙이다"(introd. iv: 13면).

이전의 자연법 학자들과 마찬가지로 컴벌랜드는 도덕에 우리 행위를 지도하는 법칙의 존재가 필요하다고 생각한다. 우리는 욕구에 따라 본성적 선을 추구할 수도 있다. 하지만 앞서 지적했듯이, 모든 이성적 존재를 위한 최대한의 선을 추구하더라도 이를 명령하는 법칙이 없다면 도덕적이라 볼 수 없을 것이다. 여기서 컴벌랜드는 본성적 선과 도덕적 선 사이의 구별을 도입한다.[14] 이미 살펴보았듯이 본성적인 선의 관념은 무엇이 도움이 되고 무엇이 해가 되는지 인식함으로써 생겨난다. 여기에는 법칙의 관념이 필요하지 않다. 이와는 대조적으로 도덕적 선의 관념은 법칙과 관련된다. 오직 이성적 행위자의 행위와 습관만이 도덕적 선이라는 속성을 지닐 수 있다. 이런 행위와 습관은 본성적인 선을 산출하는 한에서만 도덕적으로 선한데 그 까닭은 본성적인 선을 산출하는 일이, 자연법칙이든 시민 사회의 법칙이든 간에, 법칙과 일치하기 때문이다(3. i: 165~166면). 그렇다면 법칙이란 과연 무엇인가?

컴벌랜드는 법칙을 오히려 아퀴나스적으로 정의한다. 법칙이란 "보상과 처벌이라는 제재를 통해서 인도되는, 공동선의 추구와 관련하는 실천적 명제이다."(5. xxxv: 247면) 앞서 그는 지시와 제재가 법칙의 일부를 형성한다고 말했다(5. i: 189면). 법칙을 통한 지시는

---

14) 그의 이런 구별은 이전 몇몇 학자들이 은연중에 주장한 바를 발전시킨 것이다. 칼뱅은 우리가 "본성의 이끌림"에 따라 추구하는 본성적인 복지 또는 선이 있음을 지적한 후에 이런 '선'이 덕이나 정의가 아니라 단지 인간이 사물과 조화를 이루기 위한 조건일 뿐이라고 경고한다(*Institutes* II. II. 26: 286면). 수아레스는 인간 행위의 선악은 올바른 이성에 일치하는가 그렇지 않은가에 달려 있다고 말한다. 그리고 이런 종류의 선에 더해 "인간 행위는 신성한 법을 포함하는 경우에는 신과의 관계에 따라 특별한 종류의 선 또는 악을 지닌다"(《법에 관해》 II. VI. 17, in *Selections*). 수아레스는 의무에 주된 관심을 기울이지만, 다음과 같은 그의 언급은 컴벌랜드의 생각에 상당히 가깝다. "자연법은 … 법이라는 주제 안에 이미 포함된 본성적인 악과 덕이라는 것에 더해 … 자신만의 도덕적 의무를 중첩해 부과할 수도 있다."(II. VI. 12)

충고를 통한 지시와는 다른데, 법칙은 명령하고 제정하는 사람으로부터 등장하는 까닭이다(4. i: 181면). 그렇다면 법칙은 우리 상위의 누군가를 전제한다(5. xix: 221면). 법칙이 초래하는 주요 결과는 사람들에게 법칙이 명령하는 바를 행할 의무를 부가한다는 점이다. 사람을 의무 아래에 둠으로써 입법자는 그들이 필연적으로 어떤 행위를 행하도록 만든다. 그렇다면 제재와 의무 사이의 관계 그리고 제재와 의무로부터 부과된 바를 행할 필연성 사이의 관계는 무엇인가?

이에 대한 컴벌랜드의 다소 모호한 설명에 따르려면 자연법 자체의 복잡한 성격을 항상 염두에 두어야 한다. 자연법은 행위자 각각의 선이 모든 이성적 존재의 공동선에 포함되며, 전자를 증진하는 최선의 방법이 바로 후자를 증진하는 것임을 알려 준다. 또한 고려해야 하는 것은 컴벌랜드가 개인의 선을 추구하는 욕구로부터 공동선을 추구하는 욕구로 일종의 도덕적 발전이 진행된다고 생각한다는 점이다. 이 두 가지는 다음의 핵심적인 언급에서 잘 드러난다.

> 의무의 부과는 입법자의 행위인데 이를 통해 그는 자신의 법에 부합하는 행위들이 그 법의 지배를 받는 사람들에게 필요하다는 점을 선언한다. 어떤 행위가 … 이성적 행위자가 본성적으로, 따라서 결국 필연적으로 원하는 행복에 반드시 필요한 원인임이 확실할 경우, 그 행위는 그가 반드시 행해야 하는 것이 된다(5. xxvii: 233면).

신은 우리가 모든 이성적 존재에게 최대의 선을 낳는 행위를 반드시 행해야 한다고 말함으로써 법칙을 제정한다. 이것이 참인 까닭은 우리가 자신의 선을 추구하든 아니면 타인의 선을 추구하든 간에 오직 최대의 선을 증진하는 방식으로 행위할 경우에만 우리의 목적을 완수할 수 있기 때문이다. 그렇다면 법칙에 따를 의무는 이런 목적을 전제할 때 우리가 무엇을 행해야만 하는지에 관한 진리를 알려 주는 신의 언급으로부터만 등장한다. 우리는 이 진리를 경험에서 배울 수 있다. 그리고 최대의 선을 증진해야 한다는 목적이 있으므로, 이 진리는 우리에게 실천적 명제가 된다. 하지만 이런 법칙에 따라 살아갈 도덕적 의무를 부여하는 것은 신이 그 법칙을 선언했다는 형식적인 사실이다.

법칙은 정의상 제재를 포함해야 한다. 하지만 제재의 핵심은 우리에게 의무를 부과하는 것이 아니다. 앞서 인용한 법칙에 대한 정의에 바로 뒤이어, 컴벌랜드는 자신이 법칙에 따를 의무를 제재로부터 이끌어 내지 않는다고 강력하게 주장한다(5. xxxv: 248면). 제재는 두 가지 기능이 있다(5. xlii: 266면). 첫째, 제재는 신이 명령한 바를 행하도록 "설득한다". 왜냐하면 설령 우리가 자신의 선을 증진하는 최선의 방법이 공동의 선을 추구하는 것이라는 점을 제대로 알지 못한다 할지라도 처벌의 두려움과 보상의 선물은 충분히 잘 이해하기 때문이다. 따라서 제재는 신이 공동의 선에 도움이 된다고 말하여 우리에게 의무로 부과한 것을 우리 자신의 선을 추구하기 위해 반드시 행하도록 만든다(5. xxii: 225면 참조). 도덕적 의무에 포함되는 필연성은 심리적인 것이다. 둘째, 제재는 신이 진정으로 자연법을 명령했음을 보여 준다. 그것은 우리가 지상에서 살아가는 삶 전반에 걸쳐 제재가 존재하기 때문이라고 컴벌랜드는 생각한다. 우리는 제재를 인식하기 위해 죽은 후까지 기다릴 필요가 없다. 과식과 과음의 처벌로 건강이 나빠지는 것과 마찬가지로 행복은 다른 사람을 행복하게 만들 수 있는 우리의 능력을 자비롭게 발휘한 데 따르는 보상이다(5. xxii: 224면; xxiii: 226면). 이런 측면에서 보면 경험적인 증거가 자연법의 참됨을 보여 준다는 컴벌랜드의 주장은 본성에 따른 제재에 대한 것이다. 이기심은 스스로 처벌받으며, 자비심은 스스로 보상받는다. 그리고 이런 사실은 공동선을 추구할 의무가 "선언되거나" 또는 공포되는 경험적인 방식이다(5. xxiv: 227면). 15)

컴벌랜드는 자신의 견해에 따르면 "본성적인 의무가 동일한 질서 안에 속하는 인간에 의해서 발견되는 것이 아니라 신이 부여한 본성 안에서 발견되고 확립된다는" 사실을 지적한다. 우리는 우선 우리 자신의 선에 영향을 미치는 본성의 제재에 응답한다. 그리고 점차 이런 본성의 제재가 모든 이성적 존재의 최대선에 관한 신의 의지를 가르쳐 준다는 점을 깨닫게 된다. 우리는 처음에 배우는 것을 — 제재의 이루어짐을 — 최대의 선을 향한 신의 의지, 즉 최후에 알게 되

---

15) 컴벌랜드가 자기이익이라는 조악한 재료로 자비심이라는 훌륭한 산물을 낳을 수 있다고 생각한 인물로 — 그가 이렇게 생각한 마지막 인물은 아니지만 — 보인다는 점은 피할 수 없는 사실이다. 만일 그의 법칙이 참이라면 완전한 자비로움은 나 자신에게 최대의 선을 가져다줄 뿐만 아니라 모든 이성적 존재의 최대선을 극대화하는 데도 기여한다. 하지만 내가 나 자신의 최대선을 원하고 완전한 자비로움이 나에게 최대선을 가져다준다는 점이 사실이라 할지라도 이로부터 내가 완전히 자비롭기를 원한다는 점은 도출되지 않는다. 의무에 포함된 필연성에 관한 컴벌랜드의 설명은 무언가를 자신의 최대선으로서 원하는 것과 무언가가 실제적으로 자신의 최대선을 가져다줄 것이기에 원하는 것 사이의 개념적인 차이를 무시하도록 요구하는 듯하다. 만일 의무의 필연성이 수단과 원하는 목적 사이의 합리적인 연결에 놓여 있다면 내가 이미 모든 이성적 존재의 공동선을 원하지 않는 한 신은 반드시 자비심에서 행위할 필연성을 내게 제시할 수 없을 것이다. 만일 내가 모든 이성적 존재의 공동선을 원하고 또 자비심에서 행위하는 것이 나의 목적에 기여할 최선의 방법이라면 비로소 나는 완전히 자비롭기를 원하게 될 것이다.

지만 존재의 질서에서는 가장 앞서는 그 의지를 통해 설명할 수 있다. 스스로가 도덕적으로 발전함으로써 우리는 무지하고 편협한 이기심으로부터 어디서나 누릴 수 있는, 모두의 선에 대한 합리적인 사랑으로 나아간다. 동시에 이는 신의 조화로운 우주에서 의무의 본성을 가르쳐 준다(5. xlv: 271~273면). 컴벌랜드는 자연이 우리를 바라는 바에서 진정 바람직한 바로 나아가도록 이끌며, 따라서 자연법은 우리를 신에게 인도하는 교사의 역할을 한다고 생각한다(〈갈라디아인들에게 보낸 편지〉 3장 24절). 16)

도덕적 의무가 부과하는 심리적 필연성은 "우리가 예상되는 선, 특히 최대한의 선을 추구하고 악을 피하도록 일종의 본성적 필연성에 의해서 결정되어 있다"는 기본적인 사실을 반영한다(5. xxvii: 233면; 5. xi: 206면 참조). 여기서 컴벌랜드는 자유가 위협받는다는 생각은 전혀 하지 않는다. 다소 성급하게 자유에 관한 논의에 뛰어든 듯도 하지만, 그는 자유가 더욱 선하게 또는 악하게 행위할 능력을 요구하지 않으며 이미 받아들인 선이 결정하는 바조차도 허용하지 않는 것은 결코 아니라고 기꺼이 말한다. 자유란 자기 자신이 판단한 최선의 것에 따라 행위할 능력이다(2. iv: 102면; 4. i: 180면 참조). 우리가 의무로서 해야만 할 바를 행하면서 — 즉 최대의 선을 추구하면서 — 자유롭게 행위한다면 그 이상은 필요하지 않다.

---

16) 스토아학파도 논의의 전개상 제일 마지막에 등장하는 것이 본성 또는 중요성의 측면에서는 제일 처음에 해당한다고 가르쳤다. 그로티우스도 이 점을 거듭 주장한다. *DJBP* I. II. I. 2. 〔이하 옮긴이의 첨가〕 본문에서 지적한 〈갈라디아인들에게 보낸 편지〉 3장 24절은 다음과 같다. "율법은 그리스도께서 오실 때까지 우리의 후견인 구실을 했습니다. 그러나 그리스도께서 오신 뒤에는 우리가 믿음을 통해 하느님과 올바른 관계를 맺게 되었습니다."

의무와 자유에 관한 자신의 견해를 통해 컴벌랜드는 신과 인간이 동일한 도덕법칙에 의해서 인도되는 일이 어떻게 가능한지 설명한다. 사실 신이 우리에게 오직 본성적으로 선한 것만을 행하라는 명령을 내릴 의무를, 말 그대로 의무를 지닌다고는 말할 수 없다. 의무는 법칙으로부터 생기며, 법칙은 오직 상위의 어떤 존재가 명령을 내림으로써 성립하는데 신보다 상위의 존재는 당연히 없기 때문이다. 하지만 컴벌랜드는 자신이 이런 어려움에서 벗어날 수 있다고 생각한다. 의지는 명백히 지각된 선을 추구해야 하므로 신이 선을 이해하는 바는 "자연법과 유사하다". 그리고 신의 이해는 무한하므로 신이 따르는 필연성은 제재를 통해서 도출되는 그 어떤 필연성보다도 훨씬 더 위대하다. 따라서 "신의 의지에는 어떤 본질적 성향이" 내재하는데 이는 신으로 하여금 최대의 선을 추구해야 한다는 명령을 위반하지 못하도록 만든다(7. vi: 317~318면).

이런 필연성은 우리의 자유와 양립할 수 있듯이 신의 자유와도 양립할 수 있다(7. vii: 320면; 5. xix: 211면 참조). 하지만 사실 신은 그 이상의 자유를 소유한다. 신에게는 이 세계를 구성할 무한히 다양한 방법이 있는데 우리는 이 중 어느 하나가 최선이라고 말할 수 없다. 만일 몇 개의 가능세계에 포함된 선의 총계가 서로 같다면 그리고 이들 세계에서 이성적 존재가 누릴 수 있는 선의 총계가 다른 어떤 세계에서 누릴 수 있는 것보다 더 크다면 신은 이 중 어떤 세계를 창조할 것인지 자유롭게 선택할 수 있다. 완전한 자유는 우리가 더 많은 선이나 더 적은 선을 실현할 수 있다는 사실을 필요로 하지 않는다. 신은 선의 총계가 최대한에 이르는 세계를 창조한 후 자유롭게 자신이 원하는 대로 선을 분배한다(7. vii: 320면).

5. 이성적인 도덕

이처럼 신이 우리와 같이 이성적으로 생각한다는 사실을 자신이 보였기 때문에 컴벌랜드는 우리가 홉스주의를 두려워할 필요가 없다고 생각한다. 신과 우리는 동일한 도덕법칙을 인식하고 이에 따름이 틀림없다. 우리는 신이 정의롭다는 결론을 이끌어 내기 위해 우리가 파악한 도덕을 안심하고 신에게 적용할 수 있다. 그리고 신은 "우리 이성의 정당한 결론과 반대되는" 그 무엇도 드러낼 수 없기 때문에 우리는 《성서》를 그대로 믿어야 한다(introd. vi: 15면; xxvii: 34면). 컴벌랜드는 주의주의에 반대하고 도덕이 이성적임을 강조하면서 몇 가지 중요한 논점을 추가적으로 제시한다.

이성적인 도덕을 강조함으로써 컴벌랜드는 우선 선의 개념을 쾌락주의적으로 해석하는 접근을 시도한다. 그는 항상 자신의 기본 법칙을 공동선의 극대화와 관련해 언급하지만 또한 이를 행복 혹은 지복의 극대화라는 측면에서 표현하기도 한다(introd. xx: 26면; 1. xv: 56면; 6. x: 312면). 그리고 그는 정신과 육체 모두의 완전성을 극대화하는 데도 관심을 보인다. 이런 요소는 우리에게 이익이 되는 능력을 "보존, 확장 또는 완전하게 하는" 것이라는 측면에서 본성적인 선에 관한 컴벌랜드의 설명과 연결된다(3. i: 165면). 하지만 여기서 일종의 문제가 생긴다. 신은 이성적이므로 우리는 신의 선을 증진하기 위해 노력해야 한다. 하지만 어떻게 그럴 수 있는가? 정의상 우리는 신의 선을 증진할 수 없는 듯하다. 왜냐하면 우리는 신의 능력이 지닌 완전성에 어떤 영향도 미칠 수 없기 때문이다. 이는 신과 우리가 공통의 목적을 공유할 수 없을 가능성을 열어 두며, 결국 주의주의로 나아가는 길로 이어지는 듯하다.

컴벌랜드는 선에 대한 이런 정의가 오직 피조물에게만 적용되며, 신과 관련해 선을 생각하는 방식에는 이와 유사한 의미가 포함된다고 말함으로써 이 문제에서 벗어나려 한다. 우리를 보존하고 완전하게 한다고 간주되는 모든 것은 우리의 정신이 평온함과 즐거움의 상태를 누리도록 만든다. 어쩌면 신은 더 이상 완전할 수 없는 존재인지도 모른다. 하지만 "평온함과 즐거움 또는 자기만족은 불완전함과 분리된 것으로 생각할 수 있기 때문에 이들은 충분히 신의 속성에 속한다고 여겨진다"(5. ix: 203면). 따라서 이런 정신의 상태는 다소간 신과 우리에게 공통적인 것일 수 있으며 우리는 모든 이성적 존재의 이런 상태를 극대화하기 위해 노력할 수 있다.

그런 정신의 상태가 곧 쾌락인가? 앞서 살펴보았듯이, 컴벌랜드는 우리의 능력을 완전히 사용하는 행위가 행복을 가져온다고 본다. 그리고 그는 행복이 우리의 능력을 가장 강력하게 드러내는 행위로 구성되는지 아니면 "가장 감사하게도, 쾌락으로 불릴 수 있는 평온함과 즐거움을 누리는 것으로" 구성되는지는 문제가 되지 않는다고 생각한다(5. xiii: 209면). 신의 행위는 신 자신에게 즐거움을 줄 것인데 우리도 신의 의지에 따름으로써 신에게 즐거움 또는 자기만족을 줄 수 있다(introd. x: 17면). 그렇다면 컴벌랜드가 볼 때 극대화되어야 하는 선은 한편으로는 우리 자신에게, 다른 한편으로는 신에게 적용되는 주관적인 조건이다. 선의 가치는 그것의 원인이 무엇인가 하는 것과는 무관하다. 설령 컴벌랜드가 쾌락주의자라 할지라도 이는 즐거움을 누리는 삶이 도덕의 핵심이라고 생각하기 때문은 아니다. 그는 에피쿠로스주의자가 아니다. 17) 하지만 도덕이 이성적

임을 확인하기 위해 그는 신과 우리가 함께 극대화할 수 있는 목표를 찾아야만 한다. 18)

도덕이 이성적임을 확인하려는 시도가 지닌 중요성에 근거해 컴벌랜드는 두 번째 논점으로 넘어간다. 만일 쾌락주의에 가까운 태도가 그의 원리로 하여금 신중한 사람의 선택을 돕는 분명한 지침이 되도록 돕는다면, 모든 구체적 도덕법칙이 하나의 보편적 기본 법칙으로부터 도출된다는 사실 또한 이러한 숙고에 도움이 된다. 예를 들면 권리에는 어떤 독립적인 지위가 없다. 신의 왕국에 "복종하는 구성원으로서" 우리 각각은 그 왕국에서 차지하는 중요성에 비례해 오직 그에 해당하는 개인적인 선만을 추구할 자격이 있다 — 이는 팔다리의 각 부분이 자신이 속하는 전체 육체에 도움을 주기 위해 필요한 정도의 영양분만 얻는 것과 마찬가지이다 (5. xlvii: 277면). 따라서 우리의 권리는 전체를 지배하는 자비심의 법칙에 의해서 규정된다 (1. xxii: 64면). 다른 많은 문제에 대한 것과 마찬가지로 홉스는 이 문제에서도 잘못 생각했다. 만일 "개인의 의지가 공동선에 기여한다

---

17) Sharp(1912)는 컴벌랜드가 쾌락주의자라고 주장한다. 어떤 측면에서 이는 분명히 맞는 말이지만 지나치게 단순한 주장이기도 하다. 컴벌랜드는 오히려 완성주의자(*perfectionist*)인 듯하다. 그의 쾌락주의는 주의주의에 맞서기 위한 싸움의 일부일 뿐이다. 〔이하 옮긴이의 첨가〕이 책에 자주 등장하는 *perfectionism*에 대한 번역어로 '완성주의'를 선택했으므로 이에 맞추어 *perfectionist*를 '완성주의자'로 번역했다. *perfectionism*의 의미와 번역어 선택에 관해서는 제1장 각주 13 참조.

18) 만일 우리가 그의 원리를 받아들인다면 "도덕적, 정치적 문제는 자연철학자가 사용하는 용어로, 예를 들면 특정 동력인이 어떤 특정한 결과를 초래할 수 있는가, 그렇지 않은가 등의 용어로 전환되어 표현된다. 그리고 이렇게 표현된 문제들에 대해서는 증명 가능한 대답이 주어질 수 있을 듯하다"(5. iv: 196면).

는 사실"이 먼저 인식될 수 없다면 누구에게나 자기보존의 권리가 있다는 것조차도 결코 인식될 수 없다. 간단히 말하면 개인의 권리는 오직 그런 권리를 지닌 우리의 공동선에 도움이 되는 한에서만 인정된다. 컴벌랜드는 심지어 덕에 대해서도 그것이 선한 까닭은 오직 공공의 선에 기여하는 행위를 불러일으키기 때문이라고 생각한다. 덕은 스토아학파가 주장과는 달리 결코 그 자체로 선한 것이 아니다 (5. v: 199~200면).

컴벌랜드는 실천이성은 완전하기 때문에 그에 인도되는 모든 사람은 공통의 목적을 공유할 수 있다고 생각한다. 그는 이 사실이 자신의 견해에서 어떻게 도출되는지 충분히 보았다고 생각한다. 그러면서 홉스에 반대해 자신의 주장을 지지하기 위한 간단한 논증 하나를 제시한다. 홉스의 견해로는 서로 다른 사람이 '선'이라는 단어를 사용할 때에는 각자 다른 사물을 의미한다. 즉, 나는 내가 원하는 바를, 상대방은 상대방이 원하는 바를 표현한 것이다. 이렇게 되면 언어가 "완전히 모호해지며" 따라서 "지식의 전달과 소통"이라는 언어 능력의 핵심이 손상되고 만다. 이런 언어상의 혼란을 피할 수 있는 유일한 방법이 바로 컴벌랜드의 이론이다. 우리는 '선'이 모든 사람을 위한 공통의 이익에 기여하는 것을 지시한다는 점에 동의해야 한다(5. xvi: 214~215면). 홉스의 견해는 선과 악에 관한 추론을 모두 불가능하게 만들 뿐이다.

만일 유일한 목적과 유일한 원리만이 존재한다면 도덕이 이성적이라는 사실은 보증되는 듯하다. 그러나 컴벌랜드는 사실 실천이성의 추가적인 법칙을 발견한다. 참인 두 개의 명제는 결코 서로 모순되지 않는다. 따라서 누군가가 어떤 행위가 자신의 삶을 영위하는

데 필요하므로 허용된다고 판단한다면, 다른 사람이 유사한 상황에서 행하는 유사한 행위 또한 허용된다는 것에 동의해야만 한다. "따라서 진실되게 판단을 내리는 모든 사람은 자신에게 진정으로 합법적이라고 생각하는 바와 동일한 것은 유사한 상황에 처한 다른 사람에게도 합법적이라는 사실에 동의해야만 한다(2. vii: 105~106면). 진정한 이성적 존재는 자신을 위해 행해야 한다고 생각하는 모든 것을 또한 다른 사람을 위해서도 기꺼이 원한다(5. xxx: 237면). 하지만 이 원리가 우리 각자의 행위를 통해 선을 극대화해야 한다는 자신의 주장을 어떤 방식으로든 위협한다는 사실을 컴벌랜드가 깨닫지 못한다는 점은 무척 흥미롭다. 오히려 그는 이 원리가 조화로운 우주에서 상호 신뢰라는 축복을 우리에게 충분히 납득시키리라고 여긴다. 동일한 경우를 서로 다르게 판단하는 모순을 피하는 것이 사회적 조화의 근원이다. 이는 또한 내적인 평화를 가져다준다. 왜냐하면 유사한 것을 서로 정반대로 판단하는 일은 "정신 활동을 통해 정신의 건강과 평화 그리고 만족을 크게 해치는 일종의 광기"인 반면 판단의 일관성은 마음의 평정을 낳기 때문이다(5. xvi: 215~216면). 우리의 판단을 보편화하는 일은 행복에 이르는 수단이다. 19)

---

19) 컴벌랜드는 이익에 관한 자신의 기본 법칙을 적용하는 일이 보편화 가능성이라는 이성적인 요구에서 생기는 구속으로부터 어떤 영향을 받을지에 대해서는 전혀 고려하지 않는다.

6. 무지와 복종

후에 등장한 벤담식의 공리주의는 권리와 의무가 선의 생성이라는 측면에서 정의될 수 있다고 생각한다. 반면 컴벌랜드는 의무와 선이 서로 별개의 범주에 속한다고 여긴다. 어떤 행위가 의무인 까닭은 그 행위가 초래하는 선의 총계가 아니라 신이 그 행위를 명령한다는 사실이다.[20] 벤담식의 공리주의는 그 어떤 권위적 존재를 요청할 필요에서도 벗어나려 하는 이론적 노력의 결과이다. 영국 국교회 (the Church of England)의 성직자였던 컴벌랜드가 왜 자신의 도덕 체계 안에 신의 권위를 위한 공간을 마련했는지 그 이유는 명약관화하다. 하지만 정확히 어떻게 그가 그렇게 할 수 있는지를 물어보는 일은 여전히 가능하다. 어쨌든 그는 법칙의 부여자로서의 활동을 제외하고 나면 신도 최대의 선을 추구하도록 구속당한다고 주장했다. 신의 의무는 자신이 스스로 부과한 것이다. 그렇다면 왜 우리의 의무는 상위의 존재에게 의존해야 하며, 왜 우리는 그것에 복종해야만 하는가? 신이 자기규율의 존재일 수 있는 까닭은 오직 최대의 선이 무엇인지를 알기 때문이다. 신과 유사한 정신을 지닌 우리는 왜 그럴 수 없는가? 이에 대한 대답은 우리가 신과 같은 지식이 없다는 것이다. 컴벌랜드는 그리 상세히 파고들지는 않으나 우리의 무지가 두 측면을 지닌다고 주장한다.

우리는 최대의 선이 무엇인지 그리고 우리의 선이 그것과 분리될

---

20) 이런 논점에 관해서는 Haakonssen(1996)과 Haakonssen(1990) 참조. 나는 이들 모두로부터 큰 도움을 받았다.

수 없음을 알려 주는 신의 명령을 필요로 한다. 이 세계에 존재하는 악 때문에 우리는 신이 모든 이성적 존재의 행복을 바라지 않는다고 잘못 생각할지도 모른다(introd. xvii: 22~23면). 이런 오해는 하지 않더라도 우리는 신의 계획을 이해할 정도의 충분한 지식이 없다. 신이 부여한 법칙에 따라야 하는 이유는 신과 그의 법칙 자체가 불가해한 것이기 때문이 아니라 우리가 단지 제한된 능력만을 지녀서 각자가 전체의 선에 어떻게 기여할 수 있는지 제대로 파악하지 못하기 때문이다. 컴벌랜드는 노동자 각 개인이 건축가의 설계 전체를 이해하기는 어렵다고 말한다. 그러므로 노동자에게는 전체 작업을 지시하는 상위의 감독자가 필요하다. 이와 마찬가지로 모든 구성원이 최대한 행복한 인간 사회를 구현하려는 계획은 "지금까지 설명했듯이 모든 사람들에게 공통되는 자연법을 준수함으로써 가장 완전하고 이성적인 최고의 행위자인 신 아래에 모든 이성적 존재가 속하고 신에게 복종하지" 않고서는 결코 성공할 수 없다(9. v: 348면). 우리는 오직 복종의 도덕을 통해서만 신과 우리가 함께 구상한 거대한 사업에서 각자가 담당할 부분으로 인도되어 이를 실행할 수 있다(7. vi: 319면 참조).

하지만 인간에게는 단지 지식의 부족 이상의 또 다른 문제가 있다. 만일 우리가 본성적으로 이성에 의해서 인도된다면 우리 중 왜 그렇게 많은 사람이 모든 이성적 존재의 최대선에 무관심한가? 왜 우리는 다른 사람의 더욱 큰 선을 희생하면서(사실 우리 자신까지도 희생해 가면서) 오직 우리 자신의 선을 추구하는 데 그토록 매달리는가? 컴벌랜드는 드러내어 원죄에 호소하지는 않는다. 하지만 그의 대답을 보면 그가 원죄의 개념을 배제하지도 않음을 알 수 있다. 우리가 자연법을 알지 못하고 그것에 따라 행위하지 못하는 까닭은 함부로 행위하며 생각이 깊지 못하기 때문이라고 컴벌랜드는 말한다. 우리는 자신의 목적을 이루기 위한 최선의 방법에 주의를 기울이지 않는다. 성급하고 격렬한 정념은 우리를 어지럽힌다. 만일 이렇지 않다면 모든 사람이 컴벌랜드가 제시한 이성적인 논증에 따라 최선의 목적에 대한 관심에서 생겨난 도덕적으로 선한 행위를 하도록 인도될 것이다(5. xxxv: 248면; xxvii: 234면; 3. iv: 172면).

이런 주장은 컴벌랜드의 견해에 몇몇 문제가 있음을 암시한다. 이 세계에 고통스러울 정도로 많은 악이 존재한다는 것을 인정한다면 이는 모든 이의 행복을 원하는 신의 의지에 일관성이 없다는 의심을 할 만한 증거가 된다. 또한 우리가 함부로 행위한다는 사실은 정념과 욕구가 도덕적 발전이 전제하는 지식에 의해서 변화될 수 없음을 암시한다. 선이 어떻게 실현되는지 알지 못한다면 행위를 인도하는 지침으로써 자신의 원리가 아리스토텔레스의 원리보다 훨씬 우월하다는 컴벌랜드의 생각은 그리 확실하지 않은 것이 되고 만다. 21)

컴벌랜드는 이런 문제에 대해 직접 답하지는 않으면서도 순전히 인간적인 문제에 대한 우리의 무지가 우리 자신의 도덕적 지위가 지닌 중요한 측면을 드러낸다고 생각하면서 나름대로의 결론을 이끌어 낸다. 그는 인간의 무지 때문에 현재의 사유재산 체계를 바꾸지 않고 그대로 유지하는 것이 정당화된다고 주장한다. 우리가 서로에

---

21) 컴벌랜드는 양심이 도덕적 지식의 독립적 원천이라고 생각하지 않는다 — 즉 양심을 도덕적 직관(synteresis) 또는 도덕 원리들의 저장소라고 여기지 않는다. 양심은 그저 즐거움이나 슬픔에 따르는, 우리 자신의 행위에 대한 우리 자신의 판단에 지나지 않는다(2. xii: 112면).

게 의존한다는 사실은 사물을 사적으로 사용하는 것이 공동선의 실현에 도움이 되도록 만든다. 따라서 올바른 이성은 신이 우리 전체에게 공동으로 부여한 재화를 구체적인 소유자와 그 자손에게 분배하고 할당하라고 명령한다(1. xxii~xxiii: 64~68면; 7. i~ii: 313~315면). 컴벌랜드는 이성이 정확히 어떻게 분배하라고까지는 명령하지 않는다고 생각한다. 하지만 정의는 소유자의 권리를 존중하는 것이며, 그런 권리는 결코 침해되어서는 안 된다(7. iii~iv: 315~316면). 더욱이 우리는 제비뽑기나 타고난 가문처럼 우연히 이루어진 재산의 분배조차도 묵인해야 한다. 왜냐하면 소유권을 정착시키는 일이 그만큼 중요하기 때문이다. 더욱이 그는 현재 이루어진 분배를 변화시키려는 그 어떤 시도도 득보다는 실이 크다고 생각한다. 현명한 재분배는 그 어떤 개인이나 단체가 지닌 것보다도 더 많은 지식을 필요로 한다. 각자의 의견이 근본적으로 다를 수 있기 때문에 오직 혼란만 초래될 뿐이다. 따라서 "재산에 속하는 대상과 관련된 제도를 완전히 바꾸려는 욕구는 정의롭지 못하다". 왜냐하면 최대의 선을 추구할 것을 요구하는 기본 법칙과의 상충이 반드시 일어나기 때문이다(7. ix: 323면). 오직 무지 때문에 우리는 모두 신에 복종하지 않으면 안 되는 상황에 놓이며, 이런 상황에서 우리 대부분은 이 세상의 부유한 자와 권력자에게 복종할 수밖에 없다.

제 7 장

중도적인 종합: 푸펜도르프

푸펜도르프(Samuel Pufendorf, 1632~1694)는 자연법 이론에 관한 자신의 위대한 저술을 1672년에 출판했는데 이 해는 같은 주제에 관한 컴벌랜드의 저술이 출간된 해이기도 하다. 그 다음 해에 푸펜도르프는 학생들을 위한 요약본의 형태로 자신의 저술을 다시 출판했다. 두 저술 모두 상당한 분량에 이르는데 먼저 출판된 책의 제목은 《자연법 및 국가의 법에 관해》(*De Jure Naturae et Gentium*)이며, 후에 출판된 요약본의 제목은 《자연법에 따른 인간과 시민의 의무에 관해》(*De Officio Hominis et Civis juxta Legem Naturalem*)이다. 이 두 책은 유럽의 다양한 언어로 번역되어 헤아릴 수 없을 정도로 거듭 출판되었으며 유럽 대륙과 스코틀랜드, 아메리카 식민지의 많은 개신교 대학에서 교과서로 사용되었다. [1] 푸펜도르프는 18세기에 등장

---

1) 로마 가톨릭 국가들은 푸펜도르프를 받아들이지 않았으며, 잉글랜드에도 알

한 자연법 역사서들에서 중요 인물로 다루어졌으며, 1798년에 이르러서도 가르베(Christian Garve)가 쓴 도덕철학의 중요한 체계들을 다룬 독일어 저술에서 흄은 아예 언급조차 되지 않은 반면 푸펜도르프는 한 장에 걸쳐 다루어졌다. 2) 하지만 1822년 스토이들린(Carl

려지기는 했지만 그리 큰 영향을 미치지 못했다. Othmer(1970)은 특히 바르베이락의 프랑스어 번역이 지닌 중요성을 중심으로 푸펜도르프의 저술이 확산된 과정에 관한 탄탄한 연구이다. Krieger(1965): 255~266면에 는 푸펜도르프가 미친 영향에 관한 훌륭한 요약이 등장한다(뒤의 각주 4 참조). Wieacker(1967)에는 이성법(*Vernunftrecht*) 학자들이 미친 영향 일반에 관한 탁월한 설명이 등장하는데, 272~280면에 특히 푸펜도르프와의 관계가 논의되며 305~312면에서 푸펜도르프가 더욱 상세히 다루어진다. 스코틀랜드 계몽주의에서 푸펜도르프의 위상에 관한 논의는 Duncan Forbes(1982), "Natural Law and the Scottish Enlightenment" in Campbell and Skinner: 186~204면; James Moore and Michael Silverthorne(1983), "Gershom Carmichael and the Natural Jurisprudence Tradition in Eighteenth-Century Scotland" in Hont and Ignatieff: 73~88면; 그리고 같은 책에 수록된 편집자들의 논문 "Needs and Justice in Wealth of Nations: An Introductory Essay": 1~44면 참조.

푸펜도르프와 라이프니츠에 관하여는 Schneider(1967)를 참조. Rüping(1968)은 푸펜도르프가 토마지우스와 그 추종자들에게 미친 영향에 관해 논의한다. Derathé(1950)은 루소와 푸펜도르프에 관한 선구적 논의이다. Wolker(1994)는 이를 더욱 발전시킨 중요한 저술이다.

근대 자연법이라는 주제에 관하여서 나는 1989년 6월 괴팅겐에서 열린, Istvan Hont와 Hans-Erich Bödecker가 주관한 푸펜도르프와 비사교적 사교성을 주제로 한 학회에서 발표된 기조 강연과 논문들에서 큰 도움을 받았다. 6절 내용은 내가 그 학회에서 발표한 논문을 더욱 발전시킨 것이다.

《자연법 및 국가의 법에 관해》 인용 표시는 C. H. & W. A. Oldfather의 번역본 페이지에 따랐으며, 《자연법에 따른 인간과 시민의 의무에 관해》의 인용 표시는 Silverthorne의 번역본 페이지에 따랐다.

2) Tuck(1979): 175~176면 참조. 가르베는 그로티우스를 최초의 근대 도덕 철학자로, 푸펜도르프는 그 추종자로 여기지만 푸펜도르프를 더욱 길게 다루었다. 그는 '잉글랜드' 도덕철학자로 오직 허치슨(Hutcheson), 퍼거슨

Friedrich Stäudlin)이 출판한, 윤리학의 역사를 폭넓게 다룬 최초의 선구적인 저술 《도덕철학사》(Geschichte der Moralphilosophie)에서 푸펜도르프는 그로티우스의 추종자로 단지 한두 면 정도로만 다루어졌다. 그리고 이 이후로 도덕철학에 관심을 가진 모든 사람은 도덕철학사에서 그를 그저 그 정도의 인물로만 여겨 왔다.[3] 하지만 그의 이론은 유럽의 자연법 사상에 지속적으로 폭넓은 영향을 미쳤으므로 그를 근대적으로 변형된 자연법 이론의 전형을 제시한 인물로 여기는 것이 마땅하다.[4]

푸펜도르프는 상당히 폭넓은 주제에 대해 나름대로의 견해를 가지고 있었으며 이를 무척 상세히 밝혔다. 그는 자연법뿐만 아니라

(Ferguson), 아담 스미스(Adam Smith), 클라크(Clarke) 그리고 울러스턴(Wollaston)만을 (이 순서대로) 다룬다. 그의 저술에서는 칸트의 윤리학에 대한 설명이 대부분을 차지한다.

1808년에 이르러서도 푸펜도르프는 여전히 널리 알려져 19세기 유명한 독일 극작가 클라이스트(Kleist)가 희극의 한 대목에서 무심코 그의 이름을 인용할 정도였다. 그 대목은 다음과 같다. "속담에서 이르듯이 세계는 항상 더 현명해져 간다네. 나는 우리 모두가 푸펜도르프를 읽었음을 알고 있다네. …"(Die Welt, sagt unser Sprichwort, wird stets klüger, / Und alles liest, ich weiss, den Pufendorf. …) Kleist, *Der Zerbrochene Klug*, I. 4.

3) 푸펜도르프는 Sidgwick(1889)에서도 거의 간과해도 좋을 정도의 주목만을 받았으며, MacIntyre(1966)에서는 이조차도 받지 못했다. 푸펜도르프를 무시하는 태도는 도덕철학사 서술에서 드러나는 대표적 특징인 듯하다. 반면 정치사상사에서 그는 항상 중요한 인물로 고려된다. Leidhold(1985)는 예외적으로 허치슨의 정치학뿐만 아니라 그의 윤리학에도 관심을 보인다.

4) 푸펜도르프에 관한 가장 폭넓은 연구는 Denzer(1972)이며 나는 이 저서로부터 많은 도움을 받았다. 여기에는 탁월한 참고문헌 목록이 등장한다. 또한 Welzel(1986), Krieger(1965), Medick(1973) 그리고 Laurent(1982) 참조. 푸펜도르프는 Schneider(1971)에서도 중요한 인물로 다루어진다. 또한 Zerbrucken(1971)과 Dufour(1991), in Burns도 참조.

정치 이론, 역사, 신학 그리고 교회와 국가 사이의 관계에 대한 저술도 남겼다. 이 모든 주제에서 그는 수많은 비판자들로부터 공격을 받았으며 때로는 그들과 격렬한 논쟁을 벌이는 일도 서슴지 않았다.[5] 하지만 이 대부분을 제쳐 두고 이제 그의 사상 중 도덕철학의 핵심을 구성한다고 여겨지는 영역만을 떼어 내 다루려 한다.

1. 도덕적 실재들

앞서 제4장 5절에서 언급했듯이 그로티우스는 우리의 사회적 성향 또는 욕구와 반사회적 성향 또는 욕구 사이에 지속적인 긴장 관계가 성립함을 핵심으로 여기면서, 이런 긴장 관계에도 불구하고 함께 살아나가기 위해 경험을 통해서 발견한 규정이 바로 자연법이라고 생각한다. 그리고 최고선이라는 어떤 독립적인 실체적 개념을 사용해 구체적인 법을 이끌어 내려는 시도를 거부한다. 이런 용어들에 비추어 본다면 푸펜도르프는 의심의 여지없이 그로티우스주의자이다. 그는 또한 그로티우스주의의 다른 많은 요소들도 받아들여 더욱 정교하게 제시한다. 하지만 그는 자신이 뚜렷하게 그로티우스로부터 벗어났다고 여기는 지점에서 논의를 시작한다.

《자연법 및 국가의 법에 관해》(이하 *DJN*으로 약칭)의 첫머리에는 도덕의 존재론적 지위에 관한 그의 이론이 등장하는데 여기서부터

---

5) Döring(1992)에는 푸펜도르프가 남긴 모든 방면의 저술과 그것이 미친 영향에 대한 상세한 참고문헌과 더불어 역사가로서 또 신학자로서 그의 생애와 저술에 관한 선구적인 논문이 등장한다.

그는 자신과 그로티우스 사이의 불일치에 대한 견해를 분명히 드러낸다. 그리고 그 핵심에는 물리적 실재와 도덕적 실재의 구별이 놓여 있다.[6] 물리적 실재란 그것의 인과적 능력 또는 힘 때문에 생겨난 운동이 지각이나 반성과는 전혀 또는 거의 무관한 방향으로 진행되는 실재를 말한다. 이런 의미에서 인간은 완전한 물리적 실재는 아니다. 왜냐하면 우리에게는 지성과 의지를 통해 우리의 운동을 인도할 능력이 있기 때문이다. 푸펜도르프는 우리가 순전한 인식적 능력을 통해서 무엇을 할 수 있는지 밝히는 일은 다른 학자들에게 넘긴다. 그의 임무는 다음과 같다.

> 주로 의지 활동의 방향과 관련해, 어떻게 어떤 특별한 종류의 속성이 인간 행위에 적절함을 불러일으키는 사물들과 그것의 본성적 운동에 부여될 수 있었는지를 지적하려 한다. … 이제 이런 속성은 도덕적 실재로 불린다. 왜냐하면 이들에 의해서 도덕과 인간 행위가 판단되고 조절되기 때문이다(I. i. 2: 4~5면).

오직 인과적으로 상호작용을 주고받는, 운동하는 물체만을 포함하는 세계는 "물리적"이라고 할 수 있으며 이 세계 안의 사물은 신에 의해서 "창조"되었다고 적절하게 말할 수 있다. 반면 도덕적 실재는 "부과"된다고 말하는 편이 더 낫다. 이들은 물리적 실재의 존재를 전

---

6) 푸펜도르프는 이런 구별을 바이글(Erhard Weigl)에게서 배웠다. Denzer (1971) : 69면, 더욱 상세한 연구로는 Röd(1969) 참조. 하지만 바이글의 저술은 거의 읽히지 않았으므로 이 구별이 유럽에서 중요성을 지니기 시작한 것은 푸펜도르프를 통해서였다.

제한다는 의미에서 물리적 실재에 의존한다. 하지만 푸펜도르프는 "도덕적 실재가 사물의 물리적 속성이 지닌 내재적인 본성으로부터 등장하는 것이 아니라 이미 현존하고 물리적으로 완성된 사물에 지적인 존재의 의지에 따라 특별히 더해진다"고 강조한다. 물리적 존재와 달리 도덕적 실재는 인과적 능력이 없다. "도덕적 실재가 가진 능동적인 힘은 어떤 사물 안에서 어떤 물리적인 운동이나 변화를 직접 산출하는 능력이 아니라 오직 이것, 즉 인간이 자신이 지닌 행위의 자유를 어떤 방식으로 규제해야 하는지를 명확하게 드러내는 능력에 있다."(I. i. 3~4: 5~6면)

신은 모든 인간에게 몇 가지 도덕적 실재를 부과했는데 이들은 "본성적"이라고 불린다. 우리가 부과한 도덕적 실재는 이런 의미에서 본성적이지는 않지만 이 두 도덕적 실재는 같은 종류이다(I. i. 7: 7면). 이 둘은 인간의 삶에 질서를 부여하는 데 기여한다(I. i. 5: 6면). 도덕과 법에서 핵심적인 위치를 차지하는 본성적 의무와 권리는 명백히 이런 역할을 수행한다(I. i. 19~20: 18~19면). 어떤 개인이나 집단에 사회적으로 규정된 역할, 예를 들면 남편, 시장, 마을 의회 의원 등의 역할을 부여함으로써 우리의 삶을 조직하려 할 때에 우리는 물리적 존재에게 도덕적 실재를 부과하는 셈이 된다(I. i. 12: 11면). 우리가 사물에 매기는 가격도 도덕적 실재이다. 우리가 사람들에게 표하는 존경도 마찬가지이며 직위나 명예, 지위를 구성하는, 문화적으로 다양한 모든 구별도 존경받을 권리를 규정한다(I. i. 12~13: 11~13면; I. i. 17~18: 17~18면). [7] 물리적이고 생물학적인

---

7) 푸펜도르프는 상당한 분량의 한 장 전체에서(*DJN* VIII. iv: 1229~1273면)

존재인 우리는 도덕적 실재로부터 독립되어 있다. 하지만 도덕적 실재라는 특성이 인간 세계의 다른 모든 측면을 구성한다. 8)

도덕적 실재에 관한 이론은 《자연법 및 국가의 법에 관해》에서도 그다지 상세히 제시되지 않으며 《자연법에 따른 인간과 시민의 의무에 관해》에서는 전혀 등장하지 않는다. 하지만 푸펜도르프는 이 이론이 도덕에 관한 자신의 견해를 그로티우스의 견해와 매우 뚜렷하게 구별해 준다고 여긴다. 그로티우스는 어떤 행위가 본래 지니는 "도덕적 천박함 또는 필연성이라는 성질"이 존재하며 이에 따라 신이 법칙을 규정한다고 생각한다. 이에 푸펜도르프는 "무언가가 그 어떤 부과도 없이 그 자체로 고귀하거나 천박하며 이것이 자연법과 영원한 법의 대상이 된다는 생각은 잘못이며, 이와는 반대로 실정법의 수장에 해당하는 입법자의 의지에 따라 좋은 평판이나 천박함이 생겨난다"고 주장한다(I. ii. 6: 27면). 9)

"개인을 다른 개인과 동일시하거나 비교하고 전후 등급을 매겨 그들이 공동의 삶에서 지니는 가치를 정하는" 문제를 다룬다. 이런 종류의 가치는 권리나 의무와는 다르며 한 개인이 받을 만한 "단순한 존경"의 총계가 그가 제대로 수행해야 하는 의무의 범위를 결정하는 역할을 한다(VIII. iv1~6: 1229~1233면). 이와는 다른 종류의 존경, 즉 "집중적인 존경"은 통치자가 부여하는 직위나 명예로부터 생겨나며, 이것이 이 장의 주요 주제이다.

8) 푸펜도르프는 자연법에 관한 저술들에서 더욱 발전된 인식론을 제시하지는 않는다. 후에 지적하겠지만 그는 경험론자의 태도를 취한다. 만일 의지작용이 도덕적 실재를 구성한다면 이론적 실재 또한 그러리라는 생각은 그에게서 등장하지 않는다. 따라서 그는 이론적 또는 사실적 지식의 사회적 구성이라는 주제에 관해서는 논의하지 않는다.

9) 앞의 제4장 4절에서 지적했듯이 이 문제에 관한 그로티우스와 푸펜도르프의 견해가 현재 푸펜도르프가 주장하는 것처럼 그렇게 확연히 갈라지는지는 불분명하다.

그는 자신의 견해에 몇 가지 근거를 제시한다. 먼저 제시하는 근거는 행위의 고귀함 또는 천박함이 그 행위의 합법성 여부에 따라 생긴다는 것이다. "법은 상위의 존재가 내린 명령"이므로 법 이전에는 고귀함이나 천박함이 성립할 수 없다.[10) 또 다른 근거로는 인간 이성만으로는 죄를 짓는 육체 운동과 그렇지 않은 운동 간의 차이를 제대로 설명할 수 없음을 든다. 이성만으로도 동물처럼 더욱 영리하고 능률적으로 행위할 수 있으며 따라서 효과적인 행위와 그렇지 않은 행위를 구별할 수 있을지는 모른다. 하지만 법이 없이는 "인간의 행위에서 그 어떤 도덕이라도 발견하는 일"은 결코 불가능하다.

이런 주장들은 그럴듯하지만 푸펜도르프의 주된 관심을 드러내지는 않는다. 그의 주된 관심사는 주의주의이다. 어떤 이들은 "신이 부과한 바를 넘어서서 인간 행위의 도덕에 적용되는 영원한 규칙"을 확립하기 위해서는 "신 자신이 여러 존재에게 형상을 부여할 때 따라야만 했던" 어떤 외부의 원리가 신과 영원히 공존한다는 점을 인정해야 한다고 생각한다. 하지만 푸펜도르프는 이런 생각을 결코 받아들일 수 없다고 주장한다. 이런 원리는 인간을 창조하는 행위에서 드러나는 신의 자유를 제한한다. 하지만 모든 사람은 신이 인간과 인간의 속성을 완전히 자유롭게 창조했다는 사실에 동의한다. 따라서 신은 자신이 원하는 그 어떤 본성도 인간에게 부여할 수 있었음에 틀림없다. 그러므로 사물 안에는 그 어떤 영원하고 독립적인 도덕적 속성도 존재할 수 없다(I. ii. 6: 27~28면; II. i. 3: 146면). 도덕은 다

---

10) 또한 *DJN* II. iii. 4: 183~184면 참조. 내가 지적했듯이 그로티우스는 '법'에 대해 이와는 다른 정의를 내린다.

른 어떤 것이 아니라 오직 신의 의지작용으로부터 이 세계에 처음 등장하게 된다.

도덕적 실재에 관한 자신의 이론을 상세히 설명하면서 푸펜도르프는 신의 절대적 권능과 신의 질서 지어진 권능 사이의 구별과 같은, 주의주의의 전문적인 용어를 사용하지는 않는다. 하지만 신의 명령으로서의 도덕 이론에 대해 자주 제기되는 반박, 즉 신이 지금과는 다른 명령을 내릴 수도 있으므로 그렇다면 — 물론 생각할 수 없는 일이기는 하지만 — 강간이나 살인 등도 의무로 여겨질지도 모른다는 반박을 고려하면서 이런 구별을 염두에 두고 있음을 드러낸다. 이런 반박에 답하면서 푸펜도르프는 신이 이미 명확히 행한 바를 놓고 "신이 그렇게 **할 수도 있었던** 바를 탐구하는 것은 쓸데없고 유치한 일"이라고 말한다. 더욱이 이런 질문 자체가 불합리하다. 신은 자신의 의지와 모순을 일으킬 수 없다. 신은 군이 인간을 창조하거나 인간에게 현재와 같은 본성을 부여할 필요가 없었다. 하지만 일단 신이 이성적이고 사회적인 동물로서의 인간을 창조하기로 결정했다면 "자연법이 인간을 구성하는 본성과 일치하지 않는 일은 불가능하다. 그러나 이는 절대적인 필연성이 아니라 가정적인 필연성을 띤다. 만일 인간이 지금과는 반대되는 의무를 져야 했다면 인간은 사회적 동물이 아니라 어떤 거칠고 야수와 같은 피조물로 창조되었을 것이다". 간단히 말해 만일 인간이 사회적 본성을 지닌다면 (이는 필연적인 것은 아니다) 현재의 자연법이 적용되어야 한다. 신은 그런 본성을 지닌 인간을 창조했다. 신이 인간의 본성을 바꾸지 않는 한 동일한 자연법이 효력을 발휘한다. 그리고 신이 인간의 본성을 바꾸리라고 생각할 어떤 근거도 없다(II. iii. 4: 184~185면). [11]

푸펜도르프는 몇몇 행위가 사악함을 함축하는 단어 ― 예를 들면 "간통" ― 로 불리고 있다는 점에 주목한다. 이런 사실은 도덕이 물리적 실재에 뿌리를 두고 있다거나 법과 무관함을 보여 주지는 않는다. 이런 종류의 단어는 일종의 물리적 운동만을 지시하지는 않는다. 이들은 그런 운동이 법에 위배된다는 점까지도 이미 포함한다. 따라서 법이 없다면 어떤 행위도 간통으로 여겨지지 않을 것이다 (I. ii. 6: 29~30면). 실제로는 그런 지위도 없으면서 도덕에 어떤 지위를 부여하는 듯이 보이는 언어에 속지 않는 일은 홉스에서와 마찬가지로 푸펜도르프에게도 무척 중요하다.

2. 도덕적 선과 본성적 선

도덕적 실재에 관해 충분히 이해하려면 이런 실재와 선 사이의 관계를 살펴보아야 한다. 푸펜도르프는 "도덕적 선"과 "본성적 선" 사이의 분명한 구별을 계속 유지하려고 애쓴다. 홉스도 이런 구별을 했지만 이에 큰 중요성을 부여하지는 않았다. 12) 하지만 앞의 제 6장 2

---

11) 바르베이락은 더욱 극단적인 형태가 아닌 바로 이런 형태의 주의주의를 내세우며 따라서 그와 그로티우스는 별 차이가 없다고 주장한다. 바르베이락의 프랑스어 번역을 영어로 번역한 Kennett의 번역본 중 *DJN* I. I. iv에 대한 바르베이락의 역주 7: 3면; I. II. vi에 대한 역주 2: 20면; 그리고 *DJN* II. III. iv에 대한 역주 5: 122면 참조. 또한 바르베이락의 저술 《한 무명 학자의 판단》(*Jugement d'un anonyme*) 도 참조. 이에 관해서는 제 12장 4절에서 논의할 예정이다. 설령 신이 아무것도 창조하지 않았더라도 그의 영광이 줄어들지 않았으리라는 푸펜도르프의 주장도 지적할 만하다. 세계의 현존은 세계를 구성하는 법칙만큼이나 우연적이다.

절과 4절에서 지적했듯이 컴벌랜드에게는 이 구별이 매우 중요하다. 푸펜도르프의 구별 방식이 컴벌랜드의 방식과 유사하게 보일지 몰라도 이 둘이 시도한 구별은 전혀 다른 가정에 기초한다.

푸펜도르프가 선택한 가정은 그가 본성적인 선에 관한 논의를 도입하는 부분에서 드러난다. "오늘날에는 선을 절대적인 방식으로 생각해 실제로 현존하는 모든 실재가 선할 수 있다고 여기는 듯하다. 하지만 우리는 이런 의미에는 주의를 기울이지 않으려 한다."(I. iv. 4: 55면) 다소 가벼운 듯도 한 이런 지적을 통해 푸펜도르프는 선과 존재를 동일시해 온 오랜 전통을 무너뜨린다.[13] 그로티우스는 최소한 이런 전통에 호의적이었으리라 생각되며, 컴벌랜드는 "선은 존재와 범위가 같다"고(5. xiii: 210면) 봄으로써 이런 전통을 명백히 받아들인다. 선을 욕구의 측면에서 정의하는 홉스는 선과 존재 사이의 등식을 거부하지만 이런 형이상학적인 문제는 굳이 지적할 필요가 없다고 생각했다. 푸펜도르프는 홉스뿐만 아니라 컴벌랜드와도 결별하는 방식으로 자신의 주장을 더욱 정교하게 제시한다.

푸펜도르프는 개인의 관점에서 무엇이 선이고 무엇이 악인가 하

---

12) 홉스는 브램홀 주교와의 논쟁 중에 선이란 "그것에 대해서 즐거움을 느끼는 사람에 따라 상대적"이라는 자신의 주장을 지지하기 위한 논증을 펼치면서 이런 구별을 제시한다. 브램홀은 올바른 이성이 우리에게 도덕적 선을 알려 준다고 말한다. 이에 답하면서 홉스는 혈통이 좋고 믿을 만한 말은 좋기는 하지만 도덕적으로 선하지는 않으며, "바로 법으로부터 도덕적 선과 본성적 선 사이의 구별이 생긴다"고 주장한다. 이런 두 종류의 선을 구별해 주는 "올바른 이성"이라는 용어를 통해 브램홀이 의미할 수 있는 바 또한 오직 법뿐이다(*Works*, ed. Molesworth, V. 192~193).

13) 이런 논점의 역사와 복잡한 구조에 관해 논의하는, MacDonald(1991)에 수록된 논문들 참조.

는 문제에 집중한다. 그는 이렇게 이해하면 "선의 본성은 다른 사람을 돕거나 보호하고 완전하게 만들기에 적합한 성향으로 이루어지는 듯하다"고 말한다. 이런 성향은 사물의 본성 중 일부로서 사람들이 그들에게 원하는 바나 생각하는 바에 따라 달라지지 않는다. 컴벌랜드에 동조하고 홉스에 반대해 푸펜도르프는 하나의 사물을 다른 사물에게 선한 것으로 만드는 관계가 전적으로 객관적이라고 여긴다. 나아가 그는 선이 지각될 때마다 욕구를 불러일으키지만, 선이 잘못 지각되거나 간과될 경우에는 욕구도 "상상적인 헛된" 선을 추구하도록 몰아붙인다고 주장한다(I. iv. 4: 56면). 도덕적인 선은 본성적인 선과 전혀 다르다. 도덕적 선은 오직 법과 일치하는 행위에 속하는 성질이다. 완벽하게 도덕적으로 선하기 위해 행위는 내용상 법 또는 도덕 규칙과 일치해야 할 뿐만 아니라 바로 그 일치를 이유로 행해져야 한다(I. vii. 3~4: 114~116면).[14]

법을 정의하면서 푸펜도르프는 선과 존재 사이의 등식을 포기했을 때 그랬던 것만큼이나 근본적으로 전통을 무너뜨린다 — 그는 이 또한 매우 가볍게 시도한다. "법은 상위의 지배자가 피지배자에게 자신의 명령에 순응하는 행위를 할 것을 강요하고 그런 의무를 부과하는 결정들"로 간단하게 정의된다(I. vi. 4: 89면).[15] 수아레스와 컴

---

14) 푸펜도르프는 이 절에서 도덕적 행위자의 선에 관한 논의를 계속하지는 않는다. 대신 그는 정의에 관해 논의한다. 한 개인은 "정의롭게 행위하는 데서 기쁨을 느끼고 … 오직 정의에 전념할 때" 정의롭다. 따라서 정의로운 개인도 어떤 정의롭지 않은 행위를 할 수도 있다(DJN I. vii. 6: 117면). 개인의 선을 설명하기 위해 푸펜도르프는 자신이 생각한 공적인 개념을 필요로 하는데 이는 결국 불완전한 의무의 개념을 필요로 한다. 이에 관해서는 5절에서 논의하려 한다.

벌랜드는 아퀴나스를 따라 법이 공동선을 위해 필연적으로 명령된 바라고 주장했으며 심지어 홉스조차도 최고선, 즉 생존에 대한 자신의 견해를 따라 법을 정의했다.[16] 그로티우스는 이와는 명백히 다른 관점을 제시한다. 그는 법에는 편리함을 보장하기 위한 측면이 있다고 주장하지만 편리함을 법에 대한 정의의 일부로 포함시키지는 않는다(DJBP, prol. 16). 푸펜도르프의 정의는 선과의 모든 연결을 끊어 버림으로써 도덕적으로 옳거나 선한 행위가 그 어떤 본성적인 선도 유발하지 않을 수 있다는 주장을 가능하게 한다. 이런 논점은 도덕적 실재가 원리상 물리적 사물의 본성적 속성과는 무관하다는 그의 더욱 일반적인 견해와 연결된다.[17]

도덕적 선과 본성적 선이 서로 무관하다는 사실은 실천적 함의를 지닌다. 어떤 도덕적 실재는, 예를 들면 남편의 역할은 오직 구체적인 물리적 성질을 지닌 물리적 실재에만 부과될 수 있는데 본성적인 선을 낳을 수 있게 하는 능력은 이런 성질에 속하지 않는다. 힘이나

---

15) 뒤의 6절에서 의무에 관한 푸펜도르프의 견해를 비롯해 의무의 정당화 또는 타당성과 관련해 그가 직면한 문제, 즉 타당한 의무의 인식에서 생기는 동기의 힘과 관련된 문제를 논의하려 한다.

16) 아퀴나스의 법 개념에 관해서는 ST Ia. IIae. 90. 2 참조. 초기 저술에서 그로티우스는 아퀴나스를 따른다. Jurisprudence of Holland, I. ii. i: 5면 참조. "법은 인간의 공동체 전반에 대해 권위를 지닌 존재가 확립하고 공포한, 진정 찬탄할 만한 공동의 선을 위해 규정된 이성의 산물이다." 이런 견해는 후기 저술에서는 모습을 감춘다.

17) DJN I. i. 15: 15면에서 푸펜도르프는 인류에게 어떤 이익이 생길 때만 도덕적 실재들이 부과되지만 때로는 이런 이익과 무관하게 도덕적 실재가 형성될 경우도 있다고 지적한다. 그는 이런 방식으로 실재를 부과하는 일을 비판하지만 그런 일이 불가능하다고 주장하지는 않는다.

아름다움 또는 재치 등은 우리에게 그 어떤 자격도 부여하지 않는다. 또한 생물학적 혈통과 관련된 사실이 그렇게 하지도 않는다. 도덕적 실재의 논리는 본성상 세습 통치자를 인정하는 일이 도덕적으로 요구되지 않음을 함축한다. 그리고 오직 권력만으로는 어느 누구도 — 심지어 신조차도 — 권위를 지닐 수 없다.

푸펜도르프는 본성적 선을 무시하지는 않는다. 그는 오직 본성적 선이 도덕적 실재의 결정 요소가 아니라는 점을 강조할 뿐이다. 본성적 선은 법에 의해서 명령되어 법 때문에 자발적으로 생겨날 경우 도덕적으로도 중요하다. 하지만 본성적으로 인간에게 도움이 되고 따라서 본성적으로 선한 많은 것이 도덕적으로 선할 필요는 없다. 왜냐하면 이들이 자발적인 행위로부터 등장할 필요는 없기 때문이다. 예를 들면 우리에게 도움이 되는 행위 중에는 동물이 행하는 것도 있는데 이는 어떤 도덕적 성질도 지니지 않는다. 앞으로 보게 되듯이 푸펜도르프는 자연법이 인간에게 도움을 주거나 손해를 입히는 것과 항상 어떤 관계를 지닌다고 주장한다. 하지만 본성적으로 선한 모든 것이 자연법의 대상은 아니다(I. i. 6: 28~29면).

도덕적 선과 본성적 선 사이에는 다른 중요한 연결점이 더 존재한다. 푸펜도르프는 "인간 본성은 존엄하기 때문에" 우리의 선이 단지 육체적 선에만 한정되지 않는다고 말한다. 영혼은 육체의 생명을 유지하는 것 이상의 일을 한다. 그리고 이런 일은 "그리 크게 공들이지 않더라도" 얼마든지 할 수 있다(II. i. 5: 148면). 그는 계속해서 "다음과 같은 사실은 상당히 중요하다"고 말한다.

신은 인간에게 적절한 질서를 인식할 수 있는 정신과 더불어 그런 질서와 조화를 이루도록 행위할 능력을 부여했다. 하지만 인간이 신의 더욱 큰 영광과 자신의 더욱 값진 지복을 위해 신이 부여한 능력을 사용하는 것은 분명히 인간의 의도와 관련되는 문제이다(II. i. 5: 149면).

여기서 푸펜도르프는 신이 우리에게 특별한 본성을 부여하고 이를 통해서 성취하기를 원한 바는 단지 본성적인 선에 그치지 않는다고 말한다. 여기에는 인간 본성이 지닌 더욱 상위의 측면이 — 즉 이성과 의지가 — 드러내는 선도 반드시 포함되어야 한다. 이런 특별한 인간 능력에 의해서 우리는 법칙을 인식하고 따를 수 있으며, 신이 이런 법칙과 일치하는 삶을 살도록 인도했다는 사실을 깨닫는다 (II. i. 1~5: 145~149면). 이로부터 도출되는 것은, 심지어 신의 관점에서도, 자연법이 자연법 없이도 구체화할 수 있는 인간의 선을 성취하기 위한 도구적인 것만은 아니라는 사실이다. 루터와 마찬가지로 푸펜도르프는 우리가 신을 기쁘게 하기 위해 행해야 하는 바가 자연법을 통해서 드러난다고 주장한다. 동시에 그는 루터와 달리 우리가 할 수 없다고 덧붙이지 않는다. 창조주에게 복종한다는 도덕적 선은 행복이라는 본성적 선 못지않게 현재 우리가 실현하려고 노력하는 목적의 일부이다.

3. 자연법의 인식

푸펜도르프는 우리의 타고난 지성은 원죄 때문에 어떤 결함을 지닐 수밖에 없지만 자연법을 인식하지 못할 정도로 타락하지는 않았다고 생각한다. 이와는 반대로 선과 악의 근거를 평가하고 무엇을 행해야 하는지 판단하는 특별한 기능을 지닌 지성의 한 부분은 "본성적인 정직함을 지니므로 도덕적 문제에서 우리가 잘못 인도되는 일을 허용하지 않는데" 이는 지성 중 한 부분이 물리적 세계를 본성적으로 건전하다고 인식하는 것과 마찬가지이다(I. iii. 1~2: 38~39면). 평균적인 능력을 지닌 성숙한 개인이 "최소한 자연법의 일반적인 가르침을 파악하지 못할 정도로 어리석은 경우는 없다"(I. iii. 3: 40면). 하지만 이전의 자연법 학자와 마찬가지로 푸펜도르프도 일반인이 자신의 힘만으로 자연법의 세부 조항까지 이끌어 내기는 어렵다고 생각한다. 일반인은 다른 사람으로부터 이를 배워야 하며 이를 근거로 자연법을 받아들인다(II. iii. 13: 204면). 반면 몇몇 사람은 스스로 자연법을 발견할 수 있다. 설령 계시를 통해서 자연법을 배울 수 있다는 점을 인정한다 할지라도 "자연법은 여전히 계시의 도움 없이도 이성의 능력을 통해서 탐구되고 명확히 증명될 수 있다"(II. iii. 13: 201면; II. iii. 20: 220면 참조). 《자연법 및 국가의 법에 관해》라는 저술의 주요 목표 중 하나는 어떻게 이런 본성적 지식을 얻을 수 있는가 설명하는 것이다.

이에 대한 예비 작업으로 푸펜도르프는 자연법에 관한 지식이 확실성에 이를 가능성을 옹호한다. 이런 가능성을 부정하는 사람도 있는데 이는 그들이 단순한 오류에 빠졌기 때문이다. 이들은 확실성에 이르기 위해서는 원리로부터 결론을 이끌어 내어야 한다고 보는데 이는 올바르다. 이 경우 결론은 필연적이다. 하지만 그들이 잘못 가정하듯이 이로부터 결론의 주어가 그 자체로 필연적으로 현존하는 실재라는 사실은 도출되지 않는다. 우리는 우연적인 존재에 대해서도 확실한 지식을 지닐 수 있다 ─ 그리고 이것이 바로 우리가 도덕적 실재에 관한 지식을 가질 수 있다고 주장하기 위해 푸펜도르프가 필요로 하는 논점이다(I. ii. 2: 23면).

또 다른 이들은 우리를 도덕적으로 인도하는 일은 수학적 정확성이 없기 때문에 지식을 포함할 수 없다고 반박한다. 푸펜도르프도 이들이 말하는 부정확성에는 동의한다. 도덕적 실재를 물리적 실재와 같은 방식으로 측정할 수는 없다. 하지만 그 까닭은 도덕적 실재가 기여하는 목적은 양적인 정확성을 요구하지 않기 때문이다. 푸펜도르프는 다음과 같이 말한다. "인간 삶의 목표를 위해서는 개인과 사물 그리고 행위를 그리 엄밀하지 않게 평가하고 비교하는 것만으로도 충분하다."(I. ii. 10: 35면) 실천적 지식은 ─ 즉 도덕적 실재에 관한 지식은 ─ 물리적 세계에 관해서는 아무것도 말해 주지 않는다. 그러나 이것이 의도된 것은 아니다. 실천적 지식에는 자신만의 역할이 있기 때문에 다른 기준이 적용된다.

카르네아데스(Carneades)를 포함한 몇몇 회의주의자는 도덕이 단지 개인적인 효용의 문제에 지나지 않기 때문에 사회에 따라, 또 개인에 따라 크게 다를 수밖에 없으며 따라서 도덕에 이르려는 우리의 노력을 인도할 불변적이고 확실한 원리를 얻을 수 없다고 말했다(II. iii. 10: 194~199면). 푸펜도르프도 자기이익에 이런 결함이 있다는 점에 동의한다. 하지만 그는 도덕이 개인적인 이익의 문제는 아니라고 주장한다. 도덕의 원리는 이런 불확실성을 지니지 않는다. 이들은 매우 확고하며 이들로부터 도출된 결론은 회의의 공간을 허용하지 않는다(I. ii. 4: 24~25면). 이 점을 명백히 밝히는 것이 푸펜도르프 저술 전체의 목적이다.

푸펜도르프는 도덕적 지식의 획득에 관한 몇몇 견해를 단호히 거부한다. 예를 들면 그는 도덕 규칙이 태어날 때부터 우리의 정신에 너무나 분명하게 각인되어 있으므로 이들을 인식하기 위해서는 우리 자신의 내부를 들여다보기만 하면 된다는 견해를 거부한다. 그는 우선 인식론적인 근거에서 이를 반박한다. 푸펜도르프는 경험론자로서 우리가 경험에서 얻을 수 있는 증거로부터 자연법을 배워야 한다고 생각한다. 18) 그는 〈로마인들에게 보낸 편지〉 2장 14절과 15절에 등장하는 바울로(St. Paul)의 주장, 즉 이방인에게도 마음속에 새겨진 율법이 있다는 주장을 통해 자신의 경험론을 강조한다. 푸펜도르프는 바울로에 대해 평가하면서 바울로의 언급은 오직 우리 자신의 관찰이나 습관과 훈련을 통해서 알 수 있을 만큼 자연법이 명확하며 우리 안에 깊이 새겨져 있음을 의미하는 "수사적 표현"이라고 말한다(II. iii. 13: 202면). 19) 푸펜도르프는 거의 데카르트적으로 보이는 지식의 조건을 ― 즉 회의할 수 없는 기본 명제로부터 지식의 연역 가능성을(I. ii. 2~3: 22~23면) ― 제시하면서도 "건전한 이성의 명령은 적절하게 관찰되고 검토된 사물의 본성과 일치하는 참인 원리들"이라고 주장한다(II. iii. 13: 203면). 그의 실제 작업에서 볼 수 있듯이, 이는 그가 자연법의 공리 또는 기본 원리라고 부르는 바가 경험으로부터 얻어짐을 의미한다. 그리고 이 문제에 관해 푸펜도르프는 그로티우스나 홉스, 컴벌랜드와 의견이 같다.

---

18) 이 점에 관해서는 Denzer(1972): 40~48면 참조.

19) 이에 더해 어린 시절의 훈련 때문에 우리가 얼마나 도덕적 성질들을 본성적이라고 생각하게 되는지에 관한 푸펜도르프의 지적도 참조, *DJN* I. ii. 6: 29~30면.

본유적 원리에 의존하는 방법에 대한 푸펜도르프의 두 번째 반박은 도덕적, 더욱 넓은 의미에서 실천적이라고 부를 수 있다. 이런 반박은 양심에 관한 그의 논의에서 등장한다. 그에게 양심이란 단지 법칙의 관점에서 행위를 판단하는 인간 능력이다. 따라서 그는 다음과 같이 말한다. "만일 누군가가 실천적 판단력 또는 양심을 법칙으로부터 등장하거나 생겨나지 않으면서도 행위를 명령하는 어떤 특수한 능력으로 여기고자 한다면, 그는 법칙을 형성하는 능력을 순전히 공상적인 인간 능력으로 만들어 버림으로써 인간사에 가장 큰 혼란을 초래하고 말 것이다."(I. iii. 4: 41면) 그로티우스와 홉스, 컴벌랜드는 아마 이런 방식으로 양심을 정의하는 데 공감을 표시했을 것이다. 푸펜도르프와 더불어 이들 모두는 관찰 가능한 증거에 근거해 도덕적 주장을 지지하는 일이 인간의 비사교성이 낳은 가장 심각한 갈등을 해소할 수 있는 방법을 제공하리라고 기대했다.

푸펜도르프는 경험론에 관해서는 홉스와 컴벌랜드에 동의했지만 도덕적 지식을 얻는 방법에서는 다른 견해를 제시한다. 그는 개인적인 목적을 안전하게 보장해 주는 수단이 무엇인지 고려함으로써 자연법의 내용을 이끌어 내는 홉스의 방법을 채택하지 않는다. 푸펜도르프는 홉스가 인간의 동기는 오직 자기이익뿐이라 간주한다고 보고 이에 동의하지 않는다.[20] 하지만 그는 인간 본성을 어떻게 평가하더라도 자기이익이 가장 우선한다는 점에는 동의해야 한다고 주

---

[20] 이런 일반적인 견해와 일치하지 않는 언급들도 가끔 등장한다. 예를 들면 *DJN* VII. i. 2: 951면의 다음과 같은 언급 참조. "개인이 어떤 선을 사랑하는가는 그들 각각이 무엇을 자신에게 선한 것으로 판단하는가에 달려 있지 않겠는가?"

장한다. 자기이익은 무엇을 행해야 할지 판단하는 유일한 기준이 아니다. 그것은 자연법을 이끌어 내는 과정에서 고려해야 할, 우리 자신에 관한 중요한 사실이다(II. iii. 14: 207면).

또한 푸펜도르프는 무엇이 신의 궁극적인 목적에 기여하는지 발견함으로써 자연법에 관한 지식을 도출해 낼 수 있다는 주장도 거부한다. 이런 주장을 거부하는 그의 견해는 자신의 주의주의로부터 처음 등장한다. 그는 "신이 자기 자신과 인간 앞에 공통의 목표를 설정했다거나 신이 인간을 위해 구성한 질서가, 즉 자연법의 준수가 신이 행한 창조의 목적에 도움이 된다는 말이 과연 최소한의 유용한 의미라도 지니는지" 의문시한다.21) 이에 더해 그는 설령 이런 가능성을 인정하더라도 우주 전체를 위한 신의 목적과 "자연법에 포함되는 각각의 지침 사이의 필수적 관계를 명확하고 뚜렷하게 이해하는 일은 불가능하다"고 말한다. 우리에게는 자연법의 상세한 내용을 발견하는 데 필요한 계산 능력이 없다(II. iii. 12: 201면). 여기서 푸펜도르프는 컴벌랜드가 아닌 유럽 대륙의 철학자들을 공격한다. 하지만 그의 이런 반응이 도덕적으로 인도되는 방법에 관한 컴벌랜드의 생각, 즉 신과 우리가 공통의 목적을 공유한다는 믿음에 의지하는 관점을 부정한다는 점은 명백하다.

푸펜도르프는 결과를 고려함으로써 자연법을 이끌어 내는 여러 방법을 부정한다. 하지만 본성적 선과 악은 도덕과 무관하다는 주장에 의지하는 것은 결코 아니다. 오히려 이와 정반대이다. 푸펜도르

---

21) 이 장의 마지막 절에서 신과 인간이 공통의 목표를 지닌다는 주장을 부정하는 푸펜도르프의 견해가 지닌 중요성을 다시 살펴보려 한다.

프는 "창조주의 지혜에 의해 자연법은 인간의 본성에 적합하도록 만들어졌으므로 이를 준수하는 일은 항상 인간의 이득이나 유익과 연결된다"고 확신한다(II. iii. 18: 213면). 그렇다면 행위의 도덕적 옳고 그름을 발견하는 것은 본성적 선에 관한 결과적 지식에 어떻게 포함되는가 하는 질문이 제기된다. 푸펜도르프는 이에 대답하면서 전통적 자연법 이론에서 이미 논의되었던 몇몇 개념을 근대 자연법 이론의 핵심적 내용으로 발전시켰다.[22]

이전 철학자들의 견해와 마찬가지로 그의 방법은 종교에 기초한다. 푸펜도르프가 스스로 인정한 목표 중의 하나는 도덕 또는 자연법이 논쟁거리가 되는 종교적 주장들에 좌우되지 않는 확고한 기초 위에 서 있음을 보이는 것이다(pref. : ix면). 하지만 그의 견해에 따르면 이런 목표 때문에 종교를 자연법 이론에서 완전히 배제할 필요는 없다. 모든 합리적인 사람이 공유하는 종교적 신념도 있으므로 이런 신념에 얼마든지 호소해도 좋다. 따라서 그는 "신이 이 우주의 창조자인 동시에 지배자라는 사실은 … 분별력을 갖춘 이들이 이미 오래 전에 확립한 바"라는 것과 인류가 공통적으로 이런 믿음을 지닌다는 것 모두를 전제한다(II. iii. 20: 217면; III. iv. 4: 383면 참조). 자연법 이론에서 배제되어야 할 바는 오직 계시종교이다. 자연종교는 자연법 이론에 반드시 필요하다.[23]

---

22) 《법에 관해》 II. viii. 4 (*Selections*: 219면) 에서 수아레스는 푸펜도르프가 사용하는 방법과 유사하지 않은 방법을 사용하면서 논의를 전개한다. 또한 St. Thomas, *ST* Ia. IIae. 94. 2 참조.

23) 푸펜도르프는 계시종교에 대해 항상 명확한 태도를 취하지는 않는다. 그는 인류가 원래 전쟁 상태에 놓여 있었다는 홉스의 주장에 맞서기 위해 《성

서로 다른 여러 종류의 존재가 최소한 각자가 지닌 중요한 특성 면에서 어떤 선한 목적을 위해 창조되었다고 가정할 수 있다면, 이런 특성은 신이 그 존재가 어떻게 행위하고 작용하기 원했는지 밝히는 데 이용될 수 있다. 각종의 존재가 지닌 특별한 또는 두드러진 특성이 무엇인지 확인하기 위해서는 경험적 관찰이 필요하다. 하지만 인간의 경우에는 이런 특성들이 너무나 잘 알려져 있고 또 명백하므로 이를 확립하기 위해 어렵고 복잡한 탐구를 할 필요가 없다. 이에 관한 주장 또한 분명하고 확실하므로 회의의 대상이 되지 않는다. 그렇다면 사실상 의심의 여지없는 이런 전제들로부터 신이 우리가 어떻게 행위하기 원했는지 결론을 도출할 수 있다. 그리고 우리는 창조에서 드러나는 신의 의도를 우리의 법칙으로 받아들여야 한다. 여기서 최소한 푸펜도르프는 컴벌랜드와 같은 의견을 보인다.

인간의 특성은 신의 의도를 우리에게 알려 주는 명확한 표현이기 때문에 자연법을 배우는 최선의 방법은 인간이 처한 상황, 특히 "인간에게 이익이나 손해를 끼치는 것들"에 주의를 기울이면서 "인간의 본성과 상황, 욕구"를 고찰하는 것이다. 우리가 자연법을 인간의 행복을 돕는 것으로 보는가 아니면 인간의 악한 성향을 제한하는 것으로 보는가와 무관하게, 자연법을 배우는 최선의 방법은 "인간이 언제 도움을 필요로 하고 또 언제 제한을 필요로 하는지 관찰하는 것이다"(II. iii. 14: 205면).

서》에 이런 내용이 등장하지 않는다고 말함으로써 계시에 호소하는 듯 보인다(*DJN* II. ii. 7: 168~169면). 앞으로 보게 되듯이 그는 자연법을 어기는 사람에게는 신의 처벌이 뒤따른다는 점을 보이기 위해 《성서》에 호소한다(II. iii. 21: 224면). 하지만 이렇게 한 것을 상당히 불만스럽게 생각한다.

우리는 첫 번째 자연법의 도출 과정을 추적함으로써 이런 방법이 어떻게 작용하는지 알 수 있다. 인간이 도움을 받거나 손해를 입을 수 있다는 사실이 경험을 통해서 드러나므로 여러 존재는 인간에게 선하거나 악할 수 있다. 우리는 인간이 이성적이고 자유롭다는 사실을 아는데 이는 인간이 법 아래에서 살도록 만들어졌음을 암시한다 (II. i. 1~5: 145~149면). 명확하게 규정된 자연법에 이르기 위해서는 이런 명백한 논점을 넘어서야 한다. 인간의 두드러진 특성 중 첫 번째는 자기애다. 자신의 이익에 대한 관심이 절대적이거나 예외 없지는 않다 할지라도 — 자식이나 친구를 사랑하므로 — 일반적으로 각 개인의 마음에 맨 먼저 떠오르는 것은 자신의 이익이다. 우리는 항상 가장 먼저 자신을 보호하려 하고, 필요한 것을 얻으려 하며, 삶을 위협하는 모든 것에서 벗어나려 한다. 더욱이 우리는 "항상 다소의 악의를 지니고, 성미가 급하며, 쉽게 짜증을 낸다". 따라서 바로 본성의 두드러진 특성 때문에 우리는 쉽게 함께 어울려 살지 못한다. 하지만 인간의 두 번째 두드러진 특성은 우리가 반드시 어울려 살아야 함을 명확하게 드러낸다. 우리는 다른 동물보다 훨씬 약하다. 다른 사람의 도움이 없다면 우리는 자신의 이익을 효과적으로 추구할 수 없으며 우리가 돌보아야 하는 이들의 이익은 더 말할 나위도 없다(II. iii. 14: 205~207면). 인간은 다른 어떤 동물에 비해서도 더욱 도움을 필요로 하며 또 그런 도움을 줄 수도 있다.

이제 이런 특성을 함께 고려하면서 이러한 특성이 인간의 이익을 위해 가장 잘 작용할 수 있는 방법이 무엇인지, 즉 신이 이들을 어떻게 작용하도록 만들었는지 물어보자. 이에 대한 대답은 우리가 사회를 이루어 서로 도움을 주고받는 집단을 구성해 살아갈 때 이 특성들이 우리의 이익을 위해 가장 잘 작용한다는 것이다. 그리고 이로부터 푸펜도르프는 첫 번째의 기본적 자연법을 이끌어 낸다. "모든 사람은 힘이 닿는 한에서 타인에 대한 사교적인 태도를 기르고 유지해야 한다. 이것이 인류의 본성과 목적에 대해 항상 평온하고 합당한 것이다."(II. iii. 15: 207~208면)

이 기본적 자연법은 우리에게는 사교적인 삶이 필요하지만 본성적으로는 그런 삶에 적합하지 않다는 사실에 그로티우스와 유사한 방식으로 대응한다. 이외의 자연법은 모두 이런 부적합성 때문에 제기된 문제들의 서로 다른 수많은 측면을 잘 처리하기 위한 수단을 보여 주기 위한 것으로 제시된다. 만일 우리가 어떤 목적을 추구해야 한다면 그것을 위한 수단 또한 추구해야 한다. 따라서 "이런 사교적 태도에 필연적으로 따르는 모든 것은 자연법이 명령하는 것이라 이해해야 한다"(II. iii. 15: 208면). 무엇이 우리를 사교적 태도로 이끄는지 발견하는 데는 경험적 탐구가 필요하다. 이런 탐구는 무엇보다도 삶의 한 영역을, 즉 그저 일상적인 사실들을 관찰함으로써 이루어진다. 예를 들면 몇몇 사람을 상위의 존재로 여길 필요가 없는 한 모든 사람을 동등하게 대우한다면 이는 사교성에 크게 도움이 된다 (III. ii: 330면 이하). 타인에게 손해를 입히지 않는 습관 또한 사교적 태도를 위해 명백히 필요하다. 하지만 이 정도만으로는 충분하지 않다. 다른 이들에게도 적극적으로 이익을 줄 때 사교적 태도는 크게 강화되므로 이렇게 해야만 한다는 것이 자연법이다(III. iii. 1: 346면). 일반적으로 다른 사람에게 이익을 주기 위해서는 결국 자신의 재능을 계발해야 한다. 그리고 비용 부담 없이 다른 이에게 줄 수 있는 것, 예를 들면 자기 소유의 샘에서 나오는 물이나 사유지를 가로

질러 난 길 등은 기꺼이 이용하도록 허용해야 한다. 그리고 항상 다른 사람에게 친절하고 공손해야 한다(III. iii. 2~9: 347 ~363면).

계약, 결혼, 상거래 그리고 국제적 관계 등을 규정하는 상세하고 구체적인 자연법을 끈기 있게 다듬어 제시한 바를 보면 푸펜도르프의 방법에서는 서로 다른 가능한 법이 산출하는 선과 악의 총계를 계산할 필요가 없다는 점을 알게 된다. 그의 방법에는 효용을 비교하거나 좋은 결과를 극대화하는 일은 포함되지 않는다. 그는 자연법에 따르는 것이 우리에게 이익을 끼치는 까닭은 신이 그렇게 만들기 때문이라고 말한다. 하지만 어떤 법의 근거나 사교적인 태도를 취해야 하는 이유를 제시하면서 "그것으로부터 직접 얻는 이익보다는 모든 인간의 공통적 본성을 고려해야 한다"(II. iii. 18: 213~214면).

인간 특유의 선에 관한 푸펜도르프의 견해는 그 자체가 자신이 자연법을 이끌어 내는 데 사용한 일종의 목적론적 논증을 적용한 결과이기도 하다. 우리 인간이 다른 피조물과 가장 두드러지게 다른 점은 법칙을 인식하고 그것에 따를 수 있다는 점이다. 하지만 그렇게 하는 것은 바로 신이 우리에게 요구하는 바다. 자신의 사교성을 높임으로써 기본적인 자연법에 따를 때 우리는 어떤 특성을 발전시키게 된다. 이 특성은 우리가 함께 살아가는 삶에 적합하도록 만들며 따라서 인간에게 필요한 바를 충족시키는 데도 유용하다. 그리고 이런 특성을 발전시킴으로써 우리는 신이 깨우쳐 준 복합적 선이 우리를 위해 마련한 신의 목적임을 깨닫고 이를 실현하게 된다. 이를 통해 우리는 신을 기쁘게 하리라는 기대도 품게 된다.

4. 완전한 의무와 불완전한 의무

푸펜도르프가 제시한 자연법이 가장 직접적으로 명백하게 드러내는 바는 그가 구체적인 의무의 수행을 무척 강조한다는 사실이다. 실제로 그는 《자연법 및 국가의 법에 관해》에서 사회적 삶의 무수한 측면을 규제하는 상세한 규칙을 수백 면에 걸쳐 자세히 설명한다. 푸펜도르프는 우리의 특성과 내적인 삶에 관심을 두지만, 그러한 관심이 그리 명확하게 드러나지는 않는다.[24] 그는 이 외적으로 드러나는 행위를 강조하는 관점을 자연법이 이성을 통한 인식에 제한된다는 주장과 명백히 연결한다. 우리는 우리의 불멸성을 알 수 없으며 또한 계시가 없이는 불멸성에 근거해 무엇을 희망해야 하고 무엇을 두려워해야 하는지 알 수 없다. 따라서 도덕신학보다는 자연법 이론이 이 문제를 다루기에 더욱 적절한 분야이며 이를 통해서 우리를 구원받도록 만드는 내적 조건까지도 논의할 수 있다.

수아레스는 자연법을 다루기 적절한 권위는 도덕신학자에게 있다고 주장했는데 그 근거는 이들이 다소 불완전하게라도 구원의 조건에 관해 언급한다는 것이었다. 하지만 푸펜도르프는 《자연법에 따른 인간과 시민의 의무에 관해》의 서문에서 자연법은 순전히 세속적인 분야이므로 도덕신학자가 개입할 공간이 전혀 없다고 주장한다.

---

24) 푸펜도르프는 우리가 자기애 때문에 다른 사람이 우리를 돕기 원한다고 생각하는 특성을 가지려 한다고 말한다. 따라서 우리는 "악의를 지니거나, 배반하거나, 은혜를 모르거나, 몰인정하지 않도록" 애써야 한다(*DJN* II. iii. 16: 213면). 이런 특성은 내가 뒤이어 논의할 불완전한 의무와 관련해 더욱 큰 중요성을 지닌다. 또한 Döring(1992) : 79~80면 참조.

(*De Officio*, pref. i: 7면). 따라서 그는 "자연법의 각 조항은 오직 인간의 법정에만 적합하다"고 주장하면서 다음과 같이 결론짓는다.

인간의 사법권이 오직 인간의 외부적 행위만을 다루며 외부적 결과나 표현으로 드러나지 않고 마음 안에 숨겨진 바를 꿰뚫어 볼 수 없으므로 결국 이를 따질 수 없듯이, 자연법 또한 주로 인간이 외부적 행위를 형성하는 과정만을 다룬다(pref. vii: 9면).

"주로"라는 단어에서 은연중에 드러나듯이 자연법은 외부적 행위만을 다루는 것으로 제한되는데, 푸펜도르프 자신도 명확히 했듯이 이러한 제한은 상당히 중요하다. 그는 구세주 그리스도가 모든 법을 신을 사랑하라, 그리고 네 이웃을 사랑하라는 두 명령으로 압축했다고 말한다. 그리고 푸펜도르프의 견해에 따르면 이 두 명령은 실제로 모든 자연법을 포괄한다. "왜냐하면 우리가 자연법의 기초로 생각한 사교성을 우리 이웃에 대한 사랑으로 얼마든지 환원할 수 있기 때문이다."(pref. viii: 12면) 첫인상과는 달리 푸펜도르프는 자연법 윤리뿐만 아니라 사랑의 윤리도 제시하는 인물로, 아니면 차라리 도덕 안에서 법과 사랑의 적절한 관계를 정확히 밝히려 애쓰는 인물로 여겨져야 한다.

푸펜도르프는 이 관계를 주로 《자연법 및 국가의 법에 관해》에서 완전한 의무와 불완전한 의무를 구별하면서 다룬다. 그의 구별 방법은 그로티우스가 완전한 권리와 불완전한 권리를 구별한 방식을 더욱 발전시킨 것이다(앞의 제4장 8절 및 각주 39 참조). 푸펜도르프는 그로티우스보다 더 이론적인 태도로, 더욱 명확한 해명을 시도한다. 따라서 푸펜도르프는 완전한 권리 및 의무와 불완전한 권리 및 의무에 대한 그로티우스의 구별을 받아들일 뿐만 아니라 이를 좀더 세련되게 다듬는다. 일반적으로 권리는 법 아래에서 — 자연법이든 제정된 법이든 간에 — 얻어지는 도덕적 능력인데, 두 종류의 도덕적 능력이 존재하므로 권리 또한 두 종류로 나뉜다. 완전한 권리의 경우 정의상 나는 나의 능력 발휘를 보호하기 위해 폭력을 사용할 자격을 지닌다. 정치 사회에서 이는 소송을 제기할 수 있음을 의미하며, 국가 사이에서 이는 전쟁이 정당화됨을 뜻한다. 불완전한 권리는 정의상 권리의 소유자가 폭력을 통해 권리의 준수를 강요할 수는 없다. 하지만 이런 권리의 행사를 그릇되게 방해하는 것은 몰인정하다고 여겨진다(DJN I. i. 19~20: 18~20면).

불완전한 의무의 영역은 "보편적 정의"로서 엄격한 정의의 영역에 속하지 않는 모든 의무를 포괄한다.[25] 푸펜도르프는 이에 속하는 예로 "충고나 재화 또는 개인적인 지원을 통해" 다른 누군가에게 도움이 되는 일 또는 "경건함, 존중, 감사 또는 관대함"을 실천하는 행위를 드는데, 이 경우 우리는 어떤 방식으로든 그런 도움을 베푸는 사람으로부터 은혜를 입게 된다. 이런 불완전한 의무의 중요한 점은 오직 불완전한 권리를 소유한 사람에게 어떤 선이나 이익 등을 베푼다는 사실이다. 이런 행위는 "그 행위가 의무의 근거와 동등한 비중을 지니는지 아니면 그보다 덜한 비중을 지니는지 등을 따지지 않고"

---

25) 푸펜도르프는 자신에 대한 의무는 존재할 수 없다고 생각한다. 자기 자신에 대해 또는 자신을 위해 무언가를 행하는 것을 핵심으로 삼는 의무, 예를 들면 앞서 간단히 언급했듯이 자신의 재능을 발전시킬 의무는 성립한다. 하지만 의무는 다른 누군가를 향한 것이어야만 한다(DJN I. vi. 7: 94면).

행해진다(I. vii. 7~9: 118~121면). 이와는 대조적으로 완전한 권리와 의무는 정확하게 규정된 구체적 행위를 요구한다. 우리는 자신의 생명에 대한 완전한 권리를 지닌다. 따라서 모든 사람은 우리를 죽이지 않을 의무가 있다. 자신의 육체에 대해서도 유사한 권리가 있으므로 어느 누구도 우리의 동의 없이 우리의 육체를 이용할 권리는 없다. 우리는 이런 권리를 보호하기 위해 폭력을 사용할 수 있다. 계약 또한 완전한 권리와 의무를 만들어 내므로 우리는 모든 사람에게 계약에 포함된 요구 사항을 강제하도록 법정에 호소할 수 있다. 따라서 정확성과 강요 가능성이 완전한 권리와 의무의 특징인 반면 부정확성과 강요 불가능성은 불완전한 권리와 의무를 특징짓는다.

푸펜도르프는 그로티우스보다 명쾌하게 권리의 종류를 구별하고 이 구별을 기능적으로 설명하는 데도 더 큰 관심을 보인다. 그는 두 단계로 설명을 제시한다. 첫 단계에서는 완전한 권리가 강요될 수 있는 이유를 설명한다. 자연법 중 몇 가지는 사회가 성립하려면 반드시 준수되어야 하는 반면, 다른 것은 사회를 "더욱 향상된 상태로 존재하도록" 이끈다. 완전한 권리와 의무는 첫 번째 종류의 자연법에 대응하는 특성을 지니며, 불완전한 권리와 의무는 두 번째 종류에 대응한다. 그 다음 단계의 설명은 불완전한 권리 및 의무와 완전한 권리 및 의무가 어떻게 서로 보완하는지 명확히 밝힌다. 인간은 오직 다른 사람의 도움으로만 충족될 수 있는 많은 욕구를 지닌다.

하지만 모든 사람이 순전히 자비와 사랑에서 타인을 돕기 위한 모든 일을 기꺼이 행하려는 성향을 띠지는 않는다. … 사실 다른 사람이 우리에게 행하는 일에 대해 정말 아무 대가를 바라지 않고 우리를 위해서 그 일을 행했냐고 뻔뻔스럽게 물어보고 싶은 경우가 자주 일어난다. … 따라서 자비의 진정한 열매인 상호간의 호의가 더욱 자주 실천되기 위해서는, 단지 자비의 법칙에 의존해서는 자기 자신도 그런 행위를 하리라고 확신할 수 없는 인간으로서 사람들 스스로가 그런 행위를 서로 주고받는 데 합의하는 일이 필요하다(III. iv. 1: 379면).

완전한 권리가 반드시 필요한 것을 반영하며 따라서 불완전한 권리보다 더욱 중요하다 할지라도, 불완전한 권리는 이와는 다른 측면에서 주목의 대상이 된다. 공적(功績)이라는 개념, 즉 푸펜도르프가 주의 깊게 덧붙이듯이 "몇몇 사람의 주장에 따르면 심지어 신 앞에서조차도 통용될 효력을 발휘하여" 어쩌면 죄를 상쇄할 만한 공적의 개념은 오직 불완전한 권리를 통해서 등장한다. 여기서 푸펜도르프가 주의를 기울이는 까닭은 신을 구속받지 않는 존재로 유지하기 위해서이다. 신은 인간의 공적을 반드시 보상해 주어야 하는 채무자일 수 없지만, "오직 신이 자신의 선함 때문에 스스로 어길 수 없는 자유로운 약속을 한 경우에는 그럴 수 있다" ― 푸펜도르프는 그리스도를 통해서 이런 약속이 주어졌지만 이를 이 책에서 언급하는 것은 부적절하다고 생각한다. 우리는 다른 사람에게 빚지지 않은 무언가를 행할 경우에만 공적을 쌓게 된다(I. ix. 5: 138~140면). 따라서 푸펜도르프가 사랑의 행위라고 부르는 바는 반드시 적절한 사랑의 동기에서 행해져야 한다. 이런 행위는 완전한 의무를 인식함으로써는 등장할 수 없다. 그 까닭은 완전한 의무의 경우 사람은 진정 자신에게 속한 그 어떤 것도 기꺼이 내놓지 않기 때문이다. 또한 이런 행위는 개인의 이익으로부터 등장할 수도 없다. "왜냐하면 어떤 친절한 행위를 개인의 이익을 위해서 행하는 순간 그 행위는 곧바로 그 의미와 본질을 잃어버리기 때문이다."(III. iv. 1: 380면) 반면에 우리에게 강요되는 정의의 행위는 그 어떤 형태의 사랑으로부터도 등장할 필요가 없다. 푸펜도르프는 사랑의 행위가 다른 사람의 마음을 얻으며 따라서 원하지 않더라도 강제로 해야만 하는 행위가 결코 낳을 수 없는 일종의 사회적 결속을 제공한다고 말함으로써 이런 행위가 지닌 또 다른 측면의 중요성을 드러낸다(III. iv. 6: 386면).

5. 법과 의무

신은 우리 모두가 따라야만 하는 법을 규정함으로써 우리에게 도덕적 실재를 부과한다. 도덕과 관련된 다른 모든 기본 개념은 직접적으로든 간접적으로든 이런 법의 개념으로부터 도출된다. 우리는 무언가를 합법적으로 취득해 보유할 때 그것에 대한 권리를 지닌다(I. i. 20: 19면). 다른 이들은 우리가 그것을 소유하거나 양도하는 것을 인정해야 할 의무를 지는데 바로 이것이 법이 우리에게 부여하는 권리이다.[26] 도덕적 선과 공적은 모두 법의 준수와 관련해서 이해되어야 한다. 그리고 법은 의무에 대한 정의를 포함하는데 푸펜도르프는 이것이 도덕의 핵심이라고 본다.

---

26) 한 대목에서 푸펜도르프는 권리의 부과가 완성되기 위해 이에 상응하는 의무의 부과도 필요하다고 주장한다(*DJN* III. v. 3: 391면). 이것이 권리와 의무의 상관관계를 주장한 것인지, 만일 그렇다면 푸펜도르프가 이를 맨 처음 주장한 인물인지 등은 여전히 학문적 논쟁 대상이다. Mautner(1989) 참조.

어떤 상위의 존재가 자신의 피지배자들에게 무언가를 행하라고 말하고 이에 따르지 않을 경우 처벌받을 것이라고 위협함으로써 자신의 명령을 뒷받침한다면 그는 법을 만들고 있는 것이다(I. vi. 4: 89면). 이렇게 함으로써 그는 피지배자에게 의무를 부과한다. 의무란 "우리를 무언가 행하거나, 받아들이거나 아니면 겪을 도덕적 필연성 아래에 놓는 것이다"(I. i. 21: 20면). 법과 입법자, 의무, 도덕적 필연성 사이의 관계는 컴벌랜드의 이론에서와 마찬가지로 푸펜도르프의 이론에서도 상당히 복잡하다. 하지만 컴벌랜드의 이론에서 특히 혼란스러웠던 도덕적 필연성의 개념이, 푸펜도르프의 이론에서는 의무에 대한 설명으로부터 비교적 쉽게 도출된다. 의무를 부과한다는 것은 누군가의 행위를 어떤 특별한 방식으로 규정하는 것이다. 이는 충고나 조언과는 다르며 또한 위협이나 강요와도 다르다. 누군가에게 충고할 때 나는 "현재 문제가 되는 바로부터 도출한 여러 근거"에 비추어 그에게 무언가를 하도록 권고한다. 반면에 어떤 권위를 지닌 존재가 법을 규정함으로써 의무를 부과할 경우, 물론 법의 제정에 대한 타당한 이유가 있어야 하지만 "이러한 이유는 법을 따라야 하는 진정한 근거가 아니다. … 오히려 입법자의 권능으로 인해" 일단 알려진 명령이 곧바로 의무가 되는 것이다. 조언자는 조언을 받는 사람이 자신의 조언을 받아들이든 무시하든 상관하지 않는다. 반면에 의무를 부과하는 사람은 피지배자가 의무에 따르든 말든 의무에 따르지 않는 피지배자를 그대로 내버려두지 않는다(I. vi. 1: 87~88면). 더욱이 피지배자는 어떤 명령이 왜 내려지며 왜 이를 받아들여야 하는지 그 근거를 이해할 필요가 없다. 그는 여러 제재를 통해 자신을 위협할 수 있는 상위의 존재가 내린 명령에 따라 그저 의무를 지게 될 뿐이다.

그렇다면 의무는 어떻게 강요와 구별되는가? 푸펜도르프는 이들 둘 모두 누군가를 명령대로 행하도록 만들기 위해 "궁극적으로는 어떤 공포의 대상을 지적하는 것"이라고 말한다.

> 하지만 강요가 외부적 폭력을 통해서 의지를 뒤흔들어 오직 임박한 악을 막는다는 명목으로 어떤 원하지 않는 대상을 선택하도록 압박하는 것인 반면, 의무는 폭력과 더불어 어떤 사람으로 하여금 공포된 법에서 지적한 개인이 저지르는, 자신에게 닥칠지도 모를 악을 정당하게 막을 수 있음을 인정하도록 하는 것이다(I. vi. 5: 91면).

의무는 우리에게 어떤 행위를 정당하게 요구할 수 있는 존재가 명령을 내린다는 점을 전제하며, 이를 바탕으로 제재 또한 정당화된다(De Officio I. 2. 4: 27~28면). 상위의 존재는 "왜 자신의 즐거움을 위해 우리 의지의 자유가 제한될 것을 요구할 수 있는지에 대해 정당한 근거"를 지녀야만 한다. 따라서 푸펜도르프는 신이 오직 자신의 권능만으로도 의무를 부과하는 법을 규정할 자격을 지닌다는 홉스의 생각은 잘못이라고 결론짓는다(DJN I. vi. 9~10: 95~99면).

이런 푸펜도르프의 설명은 추가적 논의가 필요한 두 가지 논점이 있다. 그중 하나는 신이 우리를 지배하는 권능뿐만 아니라 우리를 압도하는 권위를 지닌다는 주장을 정당화하는 문제와 관련된다. 다른 하나는 처벌의 위협이 의무가 동반된 도덕적 필연성과 맺는 관계에 대한 것이다.

신의 권위를 정당화하는 문제는 컴벌랜드보다 푸펜도르프에게 더욱 어려운 것으로 부각된다. 이들 둘은 모두 신이 명령한 내용이 아니라 그 명령을 내린 형식이 의무를 부과한다고 생각한다. 하지만 수아레스와 마찬가지로 컴벌랜드는 신이 명령한 바에 호소해 명령을 내리는 신의 행위가 정당함을 설명할 수 있다. 신은 우리를 사랑하며 자신의 명령이 우리에게 최선이 되리라는 점을 알기 때문에 우리에게 자신처럼 행하라는 명령을 내린다. 법칙을 규정하는 신의 행위에 대해 더 이상 어떤 정당화가 있을 수 있겠는가? 우리가 어떤 명령을 내리는 데도 이와 같은 종류의 정당화가 적용될 것이다. 하지만 푸펜도르프는 이렇게 말할 수 없다. 그는 자연법의 내용과 일치하는 방식으로 행위하도록 우리를 창조한 신이 어떤 근거에서 그렇게 했는지를 알 수 없다고 생각한다. 우리는 우리를 창조한 신의 목적을 알지 못한다. 따라서 우리에게 복종을 요구하는 신을 정당화하는 데는 다른 근거가 있어야만 한다.

도덕적 실재의 이론은 푸펜도르프가 이런 근거를 제시하는 일을, 완전히 불가능하지는 않더라도, 무척 어렵게 만든다. 그는 도덕적인 개념을 본성적이거나 자연적인 개념으로 환원하려는 그 어떤 자연주의적 시도도 거부했다. 하지만 도덕적 실재의 이론은 일종의 환원주의를 함축함으로써 신이 단지 권능뿐만 아니라 권위까지도 지닌다고 주장하려는 그의 바람을 위협하는 듯하다. 오직 자신의 권능을 정당한 범위 안에서 사용하려 하는 존재만이 권위 또한 가질 수 있다. 하지만 만일 정당한 범위 자체가 궁극적으로 신의 의지에 따라 설정된다면 어떻게 신이 강력한 권능에 더해 권위까지도 지닌다고 주장할 수 있는지 파악하기란 몹시 어려운 일이 되고 만다. 사실 푸펜도르프가 신이 정당하게 지배한다는 말을 통해 동어반복이 아닌 그 무언가라도 의미할 수 있는지는 상당히 의심스럽다. 그의 주의주의는 그에게 순전한 홉스주의를 강요하는 듯하다.

푸펜도르프는 이 문제를 전면에 부각시키지는 않지만 최소한 어느 정도 다루기는 한다. 그는 신이 인간에게 의무를 진다는 뜻을 함축하는 그 어떤 의미에서도 신을 정의롭다고 부를 수 없다고 말한다(*DJN* II. i. 3: 146면; II. iii. 5: 186면). 하지만 신은 우리를 의무 아래에 놓을 수는 있다. 이렇게 하는 과정에서 신의 강력한 권능은 단지 필요조건일 뿐 충분조건은 아니다. 푸펜도르프에 따르면 누군가가 나에게 의무를 부과하기 위해서는 "그가 (나에 대한 통제력과 더불어) 나에게 어떤 특별한 도움을 베풀거나 아니면 내가 그의 명령에 따르는 일에 스스로 동의해야" 한다(I. vi. 12: 101면). 그런데 신은 우리 각자에게 큰 도움을 베풀었다. 신은 우리에게 그가 창조한 선을 누릴 수 있는 사교적 본성을 부여했다. 신이 이런 본성을 지닌 우리를 창조하도록 요구받지 않았다는 바로 그 사실 때문에 우리는 신의 정의로움이 아니라 선함을 찬미한다. 우리에게 선을 베푸는 누군가에 대한 적절한 반응은 감사이다. 그리고 아무것도 원하지 않는 존재에게 감사를 표시하는 유일한 방법은 그의 바람에 따르려고 애쓰는 것이다. 따라서 우리는 신이 우리에게 바라는 바가 무엇인지 밝히려고 노력해야 하며 그 다음에는 그것에 따라야 한다. 우리는 자신을 신이 보기에 즐거운 존재로 만들어야 한다.

이런 식의 생각은 신이 내린 명령 자체가 그런 근원과 무관하게 정당화될 수 있다고 주장하지 않으면서도 신을 우리가 복종해야만 하는 권위를 지닌 존재로 여겨야 하는 까닭을 설명해 주는 듯하다.[27] 하지만 이런 설명은 두 종류의 반박에 직면한다. 그중 하나는 우리가 얻은 이익에 대해 감사를 표하는 것 자체가 신이 부과한 도덕적 실재임이 분명하므로 이는 정당화의 문제를 불러일으킨다는 반박이다. 다른 하나는 감사란 단지 불완전한 의무에 지나지 않으므로 처벌의 위협 아래에서 행해지지 않을 수도 있다는 반박이다. 그런데 푸펜도르프는 신의 명령에 복종하는 것이 단지 불완전한 의무라는 점을 허용할 수 없다. 따라서 감사에 호소하는 것은 제 구실을 못하는 듯하다. 28)

컴벌랜드뿐만 아니라 푸펜도르프도 의무가 도덕적 필연성을 동반한다는 점에 동의한다. 그런데 왜 의무의 부과에서 처벌의 위협이 중요한가? 이에 대한 형식적 대답은 법이 정의상 명령과 제재를 모두 포함하며 또한 법은 의무를 제시해야만 하므로 제재 또한 뒤따라야 한다는 것이다(I. vi. 14: 104면). 29) 내용상으로 제재는 신이 제시한 법에 따르도록 우리를 자극한다. 푸펜도르프는 제재가 신의 명령을 따르는 방향으로 나아가야겠다는 특별한 감정을 불러일으키는

---

27) 신의 명령으로서의 도덕 이론에 관한 논쟁은 계속 이어지는데, 이 과정에서 내가 푸펜도르프의 전략이라고 여기는 바가 다시 등장하기도 한다. 이 도덕 이론이 궁극적으로 얼마나 만족스러운지는 심지어 종교를 굳건히 믿는 사람들 사이에서조차도 여전히 의문으로 남는다. 예를 들면 Chandler(1985) 참조. 여기서는 특히 Robert M. Adams(1987)의 신의 명령으로서의 도덕 이론에 관한 견해가 논의된다.

28) 이 문제 및 이와 관련된 논점에 관해 푸펜도르프를 비판한 라이프니츠의 견해, 푸펜도르프를 옹호한 바르베이락의 견해를 뒤의 제12장 5절에서 다루려 한다.

29) 같은 부분에서 푸펜도르프는 컴벌랜드가 보상을 제재의 항목으로 포함시킨 것을 비판한다. 푸펜도르프는 제재에는 오직 처벌만을 포함시키는 것이 이미 확립된 바라고 말한다.

데 도움이 된다고 주장한다. 그는 우리가 "올바름"에 의해서 신의 명령에 따르는 방향으로 나아갈 수 있다는 수아레스의 견해를 알고 있었음에 틀림없다(앞의 제4장 3절 참조). 하지만 푸펜도르프 자신은 이런 생각을 발전시키지 않는다. 그 대신 그는 제재 자체가 신의 명령에 따를 충분한 동기를 제공한다고 말한다. 하지만 — 실제로 자주 그렇듯이 — 더욱 미묘한 다른 자극 때문에 신의 명령에 따르지 못하기도 한다.

신의 제재를 의식하고 여기에 신에게 감사해야 한다는 인식이 더해져 "이성 능력 안에" 두려움과 경외가 결합한 상태가 만들어진다. 하지만 "두려움이 없이 오직 경외만으로도 신의 명령을 선한 판단의 근거로 받아들이도록 충분히 이끌 수 있다"(I. vi. 9: 95면). 우리는 우리를 위해 너무나도 많은 일을 한 신에게 마땅히 경외를 느껴야 하며 결국 신에게 복종하는 방향으로 나아가야 한다. 여기서 푸펜도르프는 법이 신의 명령이라는 사실을 단지 깨닫기만 해도 그것에 따르겠다는 동기가 우리 안에 형성된다고 주장하는 듯하다. 하지만 대부분의 사람이 반드시 신에게 복종해야 한다는 점에 동의하면서도 신의 명령에는 크게 주의를 기울이지 않는다고 그는 생각한다. 그러므로 대부분의 사람이 신에게 복종하도록 만들기 위해서는 "신의 올바름을 보고 수치심이나 감사의 감정을 갖는 것" 이상의 무언가가 필요하다(I. vi. 12: 101면). 바로 여기서 필요한 것이 두려움, 즉 의지를 강력하게 움직여 우리를 반드시 신에 따르지 않을 수 없도록 만드는 두려움이다. 우리는 다만 우리보다 상위의 존재가 내린 명령에 의해서 의무를 지게 된다. 하지만 의무의 필연성은 처벌의 위협이 우리에게 불러일으키는 두려움에서 발생한다(I. vi. 14: 105~107면).

신의 법에 따르도록 인도하는 다른 어떤 자극이 있기를 푸펜도르프가 바라는 데에는 충분한 이유가 있다. 왜냐하면 그는 도덕법칙에 적용되는 제재가 무엇인지 제대로 설명하지 않으며 또 설명할 수도 없기 때문이다. 그는 우리의 본성이 도덕법칙에 따르도록 이끌기에 충분한 제재를 신이 마련했다는 컴벌랜드의 확신을 어디서도 기꺼이 공유하지 않는다. 그리고 푸펜도르프는 내세에서 이루어지는 보상과 처벌에 호소하려 하지 않는다. 왜냐하면 이에 관한 지식은 계시에 의존하기 때문이다(II. iii. 21: 224면). 30)

제재에 호소하는 일은 푸펜도르프에게 또 다른 방식의 문제를 낳는다. 그는 자유의지론을 강력하게 지지하며 여기서 다시 한 번 홉스에 반대한다. 앞서 제5장 2절에서 시적했듯이 홉스에게 의지란 대안이 될 수 있는 여러 욕구 가운데 어떤 입장에서 발생하는 단지 하나의 욕구에 지나지 않으며, 이에 앞서는 세계의 상태에 의해서 완전히 결정된다. 푸펜도르프는 의지를 욕구와 구별되는 능력 또는 힘으로 여긴다. 의지의 중요한 성질은 어떤 정해진 행위 방식에 따르도록 본래부터 규정되지 않는다는 점이다. 의지는 행위에 필요한 모든 요소를 전제한 후 "어떤 하나 또는 몇 가지를 선택하고 나머지는 버릴 수" 있으며 아무것도 하지 않을 수도 있다. 그는 컴벌랜드에서 발견할 수 있는 전통적 주장, 즉 의지는 본성적으로 선하다고 드

---

30) 더욱이 그는 사람들 대부분이 이성이 아니라 충동에 따라 살아가며, 현세에서의 처벌에 비해 내세에서 이루어지는 신의 처벌에 주의를 덜 기울인다고 생각한다. 따라서 신의 제재만으로는 대부분의 사람에게 의무를 부과하기가 쉽지 않다(*DJN* VII. i. 11: 964~965면). 그리고 만일 신의 제재가 의무에 반드시 필요하다면 무신론자들은 자신이 아무런 의무도 지지 않는다고 생각할 것이다(IV. ii. 6: 501면).

러나는 바를 추구한다는 주장을 다소 약하게 변형시켜 받아들인다 (I. iv. 4: 56면). 하지만 그는 이 주장에 전적으로 동의하기를 거부한다. 의지는 비록 선을 향하려는 일반적인 성향을 지니기는 하지만 제시된 어떤 선에는 관심을 보이지 않을 수도 있다(I. iv. 2~3: 53~54면). 그는 "개인의 의지는 특정한 선과 악에 무관심함으로써 자신의 능력을 발휘한다"고 말한다(I. iv. 4: 56면).

이런 종류의 자유는 매우 중요하다. 푸펜도르프는 이런 자유가 없다면 "인간 행위의 도덕은 단번에 무너지고 만다"고 말한다(I. iv. 3: 54면). 우리는 오직 이러한 자유를 가지고 있기에 스스로 완전히 자발적이고 자의적인 행위를 할 수 있다(I. v. 5: 70~71면). 또한 푸펜도르프는 우리가 본성적인 선뿐만 아니라 의무도 자유롭게 받아들이거나 거부할 수 있다고 주장한다. 우리가 어떤 의무를 받아들일 경우 의지는 의무적인 행위를 하려는 성향을 보이게 되지만 자신의 "본질적인 자유"를 잃지는 않는다(I. iv. 8: 62면; I. vi. 6: 91면 참조). 따라서 자유롭게 따르거나 따르지 않을 능력이 전제되지 않으면 의무는 성립할 수 없다. 하지만 의무는 도덕적 필연성을 요구한다. 제재란 이런 필연성을 형성하기 위해 등장한다. 그런데 만일 우리가 자신이 인식하는 최대의 선을 추구하지 않을 자유가 있다면 최대의 악도 자유롭게 무시할 수 있다. 그렇다면 처벌의 위협이 무슨 소용이 있겠는가? 그리고 처벌의 위협이 소용이 없다면 어떻게 의무에 도덕적 필연성이 존재할 수 있는가?

나는 이런 질문에 대해 푸펜도르프가 어떤 대답을 했다고 생각하지 않는다. 하지만 대답이 없는 것이 그렇게 놀라운 일도 아니다. 지금 그는 도덕적 실재와 물리적 존재가 교차하는 지점에 직면해 있다. 의무는 도덕적 실재이다. 의무는 도덕적 실재이기 때문에 그 자체만으로는 인과적 능력이 없다. 반면 우리의 물리적 본성 중 일부인 욕구는 우리를 시간, 공간상에서 행위하도록 만들 수 있다. 하지만 의무를 인식함으로써 우리는 욕구가 작용하는 힘의 영역에서는 작용하지 않는 행위를 고려하고 그 근거를 고찰하게 된다.

따라서 욕구와 의무는 행위를 지지하거나 반대하면서 서로 공약 불가능한 종류의 근거를 제시한다. 홉스는 의무를 욕구의 영역으로 끌어당김으로써 행위를 공약 가능한 욕구의 결과로 설명할 수 있었을지 모르지만 푸펜도르프는 그렇게 할 수 없다. 따라서 그는 도덕적 실재가 어떤 인과적 힘을 지니지 않음에도 불구하고 어떻게 인간의 삶에 영향을 미칠 수 있는지 설명하기 위해 자유의지라는 독립된 능력을 필요로 한다. 하지만 그는 도덕적 실재를 인식하는 것이 어떻게 물리적 세계에 영향을 미치는지 어떤 설명도 제시하지 않는다. 그는 이 문제를 도덕 형이상학의 핵심에 놓고 정면으로 다룬 최초의 근대 철학자이다. 그리고 이 문제는 그 후 계속 이어지게 된다.

6. 푸펜도르프의 주의주의가 지닌 중요성

푸펜도르프가 자연법을 설명하는 데 성공함으로써 유럽의 도덕철학은 주의주의에 대해 큰 관심을 갖지 않을 수 없게 되었다. 주의주의는 그 자체로 도덕 이론의 중요한 두 측면과 관련된다. 이는 세계에서 도덕이 차지하는 존재론적 위치에 대한 이해와 신과 우리의 도덕적 관계에 대한 이해 모두에 영향을 미치는 것이다.

도덕적 실재 이론이 갖는 존재론적 중요성은 매우 명확하다. 이 이론은 가치 및 의무와 물리적 세계 사이의 관계를 새롭게 이해하려는 주요한 시도였다. 이는 또한 세계를 가치 측면에서 중립적으로 보려는 과학적 관점의 발전에 새롭게 대응하려는 모습을 보여 준다. 순전히 본성적인 선이 사물과 인간 간의 물리적 관계에 의존한다는 개념을 받아들이면서도 푸펜도르프는 이것이 유일한 종류의 가치라고 생각하지는 않으며, 모든 종류의 도덕적 규범과 규약적 가치는 개념상 이와 무관하다고 주장한다. 그는 선과 존재를 동일시한 전통적 등식과 사물의 본성 안에 특별한 도덕적 성질이 형성된다는 그로티우스의 주장을 거부한다. 또한 그는 홉스와 컴벌랜드의 환원주의, 즉 물리적 세계를 기술하는 용어로 가치를 규정하는 모든 용어까지 정의하려는 시도를 부정한다. 도덕적 실재는 사물이 세계 안에서 드러나는 방식과는 전혀 관련이 없는 관념과 믿음들을 포함한다. 도덕적 실재는 일종의 발명품으로서 그들 중 일부는 신이, 대부분은 인간이 만들었다. 이들의 존재론적인 지위를 근거로 이들이 자신의 목적에 기여할 능력을 회의해서는 안 된다.

푸펜도르프가 이런 관점을 선택한 중요한 이유는 오직 이를 통해서만 신을 제대로 이해할 수 있다고 생각하기 때문이다. 오직 주의주의만이 신을 속박하지 않는다. 푸펜도르프 이전의 종교적 주의주의자들도 이런 주장을 대부분 받아들였을지 모른다. 하지만 그 주의주의자들이 받아들일 수 없었을, 따라서 도덕을 구성하기 위한 푸펜도르프의 주의주의적 설명을 매우 놀랍도록 만드는 점은 바로 인간도 신과 동일한 방식으로 그리고 동일하게 효과적으로 도덕적 실재를 작용하게 만들 능력을 부여받았다는 사실이다. 물론 신은 이런 과정의 시작점이다. 하지만 신은 우리가 의지를 통해 우리의 규범적인 이성적 활동 중 일부를 구성할 수 있도록 만들었다. 이것이 푸펜도르프의 주의주의가 지닌 두 번째 중요한 측면이다.

푸펜도르프는 자연법에 관한 저술에서는 다루지 않았던 내용, 즉 신에 대한 특별한 의무를 인간과 시민의 의무에 대해 다룬 요약본에 포함시킨다(De Officio I. 4). 여기서 그는 신이 존재한다는 것과 섭리를 통해 우리를 돌본다는 것을 믿어야 하며 공적으로나 사적으로 신을 숭배해야 한다고 말한다. 또한 그는 오직 신을 "찬양하고 그에게 복종한다"는 것을 보이기 위한 경우에만 신에 관해 적극적인 언급을 할 수 있다고 주장한다(I. 4. 4~5: 41~42면). 종교적 언어에 대한 그의 견해는 홉스와 유사하지만, 그에게는 홉스에게 제기되었던 것과 같은 질문, 즉 자신의 주의주의가 무신론을 감추기 위한 방어막이 아닌가 하는 질문은 제기되지 않는다. 푸펜도르프는 독실한 루터교도였다.[31] 그는 신을 우리가 파악할 수 없는 존재로 여긴다. 신은 우리의 창조자이며 통치자로서 우리는 마땅히 신에게 영예를 돌리고 복종해야 한다. 하지만 컴벌랜드는 신과 우리가 하나의 동일한 공동체에 속한 구성원이라고 생각했던 반면 푸펜도르프는 어떤 점에서도 결코 그렇지 않다고 주장한다.

푸펜도르프의 견해에 따르면 자신보다 상위의 존재가 없는 신은 당연히 어떤 법 아래에도 놓일 수 없으며 따라서 어떤 의무도 결코 지닐 수 없다. 이런 사실에도 불구하고 우리를 구속하는 도덕적 필연성에 대응하는 부분이 신 안에도 존재한다는 컴벌랜드의 주장에

---

31) Döring(1992): 115~122면 참조.

관해서 푸펜도르프는 거의 논의하지 않는다. 하지만 푸펜도르프는 컴벌랜드와 유사한 주장을 또 다른 동시대인이 제기하였을 때에는 이에 맞서서 강력하게 반발하였다(*DJN* II. iii. 6: 187~188면). 우리의 도덕에 적용되는 개념적인 장치는 모두 법으로부터 도출되므로 신에게는 이러한 장치가 전혀 적절하지 않다(II. i. 3: 146면).

　도덕의 가장 기본적인 법칙은 우리가 사교성을 증가시켜야 한다는 것이다. 그 까닭은 우리가 싸우기를 즐기는 동시에 서로의 도움도 필요로 하기 때문이다. 신은 이런 속성을 우리와 공유하지 않기 때문에 자연법은 오직 인간 사이에만 적용된다. 그리고 다른 모든 법은 이로부터 도출되기 때문에 신에게 적용되는 법은 있을 수 없다. 심지어 정의조차도 이른바 신의 정의를 모범으로 삼아 형성될 수 없다. 왜냐하면 "본성상 동일한 개인 사이에서 권력을 차지할 권리"는 서로 철저히 다른 신과 인간 간의 관계를 본떠서 형성될 수 없기 때문이다(II. iii. 5: 186면). 푸펜도르프는 신과 인간에게 공통되는 그 어떤 도덕이 존재할 수 있다는 생각을 비웃는다. 그러면서 그는 다음과 같이 묻는다. "감히 누가 다음과 같이 추론할 수 있는가? 신도 빚을 갚으니 너도 갚으라. 신도 자신에게 도움을 준 것에게 친절하게 대하니 너도 네게 도움을 준 사람을 고맙게 여기라. 신도 자신을 다스리는 존재에게 복종하니 너도 통치자에게 복종하라. 신도 부모를 공경하니 너도 부모를 공경하라. 이런 추론이 터무니없음은 명백하지 않은가?"[32]

---

[32] *DJN* II. iii. v: 123면에 대한 Kennet의 번역과 역주 5 참조. 역주에서 밝히듯이 이런 예들은 바르베이락이 푸펜도르프가 논쟁을 위해 쓴 저술에서 인용해 첨가한 것이다.

푸펜도르프는 주의주의적 견해가 함축하는 도덕이 결국에는 우연적이라는 점을 놀랍도록 명확히 한다. 이미 우리를 현재와 같은 본성을 지닌 존재로 창조하기로 결정했기 때문에, 신은 필연적으로 우리의 선을 증진하는 법을 따르라고 우리에게 명령하지 않을 수 없다. 법 자체는 오직 선의 증진이라는 목적을 위한 수단으로써만 필요하다. 신이 법을 창조했기 때문에, 또는 신이 우리를 현재와 같은 독특한 본성을 지닌 존재로 창조했기 때문에 필요하지도 않다. 우리는 신이 우리를 현재와 같이 창조한 궁극적 목적이 무엇인지 알지 못한다. 따라서 신의 의지는 어떤 의미에서 도덕의 기초지만 다른 의미에서 도덕에는 어떤 기초도 없다. 도덕은 어떤 본래적 합리성도 없다. 자명한 원리에 의존하지도 않는다. 영원하지도, 필연적이지도 않다. 도덕은 창조된 세계의 구성만큼이나 우연적일 뿐이다.

신이 자신이 창조한 바를 지켜본다는 사실은 우리가 신에게서 어떤 특별한 도움을 기대할 수 있음을 함축하지 않는다. 신은 살아남을 힘을, 더 나아가 번영할 능력을 갖춘 우리를 세계 안에 던져 놓았는데 이는 신이 우리로 하여금 이런 능력을 활용해 동물보다 더 나은 삶을 살도록 원했음을 보여 준다. 물론 신은 다른 누구보다도 우리를 위해 얼마든지 더 많은 것을 해줄 수도 있다. 하지만 푸펜도르프는 현세에서 서로 의지하면서 살아가라는 것을 신이 우리에게 전하는 바로 여긴다. 우리가 현재 얻는 모든 이익은 "사람이 서로 도움으로써" 생겨난 것이다(*De Officio* I. 3. 11: 36면; 3. 3: 34면). 이성을 통해서 우리는 신이 전하는 가장 일반적인 교훈을 깨닫는다. 나머지는 우리에게 달려 있다.

제8장

근대적 자연법의 쇠퇴: 로크와 토마지우스

바르베이락은 베이컨(Bacon)이 그로티우스에게 큰 영향을 미쳤다고 말하며, 컴벌랜드는 자신의 저술이 도덕 영역의 경험적 탐구를 요구한 베이컨에 답하려는 시도라고 주장한다.[1] 우리는 앞에서 그로티우스와 컴벌랜드 모두에게 경험론적 관점이 얼마나 중요한지 살펴보았다. 하지만 베이컨 자신은 이 둘 중 어느 누구도 받아들이지 않을 견해를 주장했다. "신앙 고백"(*Confession of Faith*)에서 베이컨은 자신의 믿음을 다음과 같이 밝힌다.

> 신은 인간을 자신의 형상에 따라 창조했으며 … 신은 인간에게 법과 계명을 주었는데 … 인간은 신이 내린 계명과 금지를 선과 악의 규칙으로 보는 대신 선과 악이 스스로의 원리와 출발점을 지닌다고 잘못 가정함으로

---

[1] Barbeyrac, *Historical Account*, XXIX: 79면; Cumberland, *Laws of Nature*, introd. iv. 13.

써 신을 완전히 저버렸다. 인간은 이렇게 잘못 상상된 출발점에서 지식을 갈망하다가, 종국에는 더 이상 계시된 신의 의지에 의존하지 않고 마치 신처럼 자기 자신과 자신의 통찰에 의존하게 된다. 신이 내린 법 전체와 맞서는, 이보다 더 큰 죄는 없을 것이다. 2)

우리 자신에 비추어 신의 명령을 이해할 수 있어야 한다고 고집하는 것은 우리의 자만심 탓이라는 믿음, 경험론 그리고 주의주의를 결합했던 인물이 오직 베이컨뿐이었던 것은 아니다. 푸펜도르프의 체계 또한 이런 종류의 도덕적 견해를 함축하는, 가장 풍부한 근대적 설명을 보여 준다. 로크는 푸펜도르프의 저술을 모든 신사의 자녀를 교육하기에 적합한 것으로 추천하면서, "이런 종류의 책 중에 최고"라고 말한다. 3)

로크는 자신의 저술에서 도덕에 관해 몇 가지 중요한 측면에서 푸펜도르프와 유사한 견해를 제시한다. 이러한 견해는 또한 격렬한 반대에 직면하기도 했는데 비판자 중 한 사람이 지적한 바에 그 내용이 잘 드러난다. 로크를 비판했던 버닛(Thomas Burnet)은 자신이 로크가 암시했던 반대자들에 속한다는 사실은 부정하면서도 로크에 대해 일반적으로 제기되었던 몇 가지 비판점을 제기한다.

나는 다음과 같은 체계, 예를 들면 지각과 분별력을 지닌 물체, 불멸하지 않는 영혼, 마니교의 신(또는 도덕적 속성을 지니지 않은 신) 그리고 선과 악에 대한 임의적인 법칙 등을 인간 지성의 몇몇 원리가 증명하거나

---

2) "A Confession of Faith", in *Works*, II. III. 150~151.
3) *Some Thoughts concerning Education*, sec. 186.

보증할 수 있기를 바라는 사람들을 비난하지는 않는다. … 하지만 이런
광풍을 모두 막을 수 있는 신속하면서도 쉬운 방법은 당신의(로크의) 원
리에 관해 기교나 궤변을 포함하지 않은 명확한 설명을 제시하는 것이다.
그러면 위에서 언급한 바에서 비롯되는 그 어떤 두려움도 충분히 치료하
고 제거할 수 있을 듯하다. 4)

비판자뿐만 아니라 친구들도 몇 차례나 로크에게 도덕 이론에 관
한 "명확한 설명"을 제시하라고 요청했지만 그는 이런 내용이 포함된
어떤 책도 저술하지 않았다. 친구들의 요청까지 거절한 것은 다소
퉁명스럽게 보이기도 한다. 5) 로크의 친구 중 한두 사람은 그가 젊은
시절 옥스퍼드에서 학생들을 가르쳤을 때 자연법에 관해 많은 글을
썼다는 사실을 알고 있었지만 그가 초기에 쓴 글들을 개정해 공개했
다는 주장은 거의 주의를 끌지 못했다. 6) 그가 출판한 저술들에 등장
하는 몇 가지 언급에 따르면 그는 우리가 충족시켜야 하는 도덕적 요
구들을 이성이 어떻게 드러낼 수 있는지 설명하는 포괄적인 윤리 이
론을 자신이 마련했다고 생각했다. 하지만 그는 독자로 하여금 여기
저기 흩어져 있는, 때로는 몹시 혼란스러운 수많은 단편으로부터 그
의 이론이 과연 무엇인지 추론하지 않을 수 없도록 만든다. 로크가

---

4) Burnet, *Second Remarks*: 11면. Burnet은 *Third Remarks*: 16면에서도 이
런 구체적 비판을 반복하면서 자신이 어떤 음모에라도 가담했다는 점을 다
시 한 번 부정하고 누구라도 로크에게 대답을 요구할 수 있다고 주장한다.
5) 1690년 8월 4일자 Tyrrell에게 보낸 편지, Locke, *Correspondence*, IV,
letter 1309 참조. 앞서 언급한 Burnet은 첫 번째 *Remarks*에서 도덕 원리의
증명 문제에 대해 답하라고 로크를 압박했는데 이에 대한 로크의 대답 또한
신랄할 뿐 별 도움이 되지는 않는다.
6) 같은 책, IV, letter 1301, 1307, 1309 참조.

단 한 번도 조화롭게 정리하려 하지 않았던 여러 저술로부터 포괄적인 도덕 이론을 이끌어 내어 종합하려 한다면 우리는 심각한 역사적 왜곡을 각오해야 한다. 어쩌면 그에게는 그런 도덕 이론이 전혀 없었는지도 모른다. 7)

1. 로크와 그로티우스적인 문제의식

로크가 실제로 그러했든 그러하지 않았든 간에 그의 견해를 앞서 논의했던 다른 자연법 학자들과 관련짓게 만드는 그의 적극적 주장은 얼마든지 발견할 수 있다. 로크는 《정부에 관한 두 논고》(*Two Treatises*, 이하 《논고》로 약칭) 중 두 번째 글에서 후커(Hooker)를 자주 인용한다. 하지만 푸펜도르프를 강력하게 지지한다는 사실에서 드러나듯이 로크는 아퀴나스의 견해를 활용하기보다는 근대 자연법의 구도 안에서 논의를 전개한다고 보는 편이 나을 듯하다. 특히 자연상태에 관한 그의 묘사는 홉스적인 색채가 전혀 없이 순전하게 그로티우스적이다. 8) 그로티우스가 말한 사교성뿐만 아니라 우리가 서로 협력할 필요성에 비추어 볼 때, 자연법은 통치자가 제정한 법령에 선행해 타당하며, 전쟁이 일어나기도 하지만 이는 피할 수 없는

---

7) 로크의 윤리학에 관해서는 Colman (1983) ; Marshall (1994), 5장과 7장; Spellman (1988), 4장과 7장; Tully (1980, 1993), 특히 6장 참조.

8) 학자들은 로크가 자신의 견해가 홉스와 대체로 유사하다거나 홉스가 자신에게 영향을 미쳤다는 사실을 부정하려는 강력한 욕구를 지녔음을 자주 지적한다. 《논고》의 인용 표시는 Laslett가 편집한 판의 페이지에 따랐다.

것도 그리 잦아야 하는 것도 아니다. 동시에 불화도 많이 일어나므로 우리는 이를 해소하기 위해 통치자를 구하게 된다. 불화가 일어나는 까닭은 자연 상태에서 자신의 여러 행위가 허용되는 것인지 아닌지 여부를 우리가 각자 제멋대로 판단하기 때문이다(《논고》II. 13: 275~276면). 로크는 이로부터 생겨난 "불편함"을 — 즉 다툼을 — 피하기 위해 정치적 질서를 형성해야 한다고 생각한다(II. 90: 326면). 일단 정부가 제자리를 잡으면 불화의 다른 여러 근원이 작용하기 시작한다. 《논고》 중 두 번째 글에서 로크는 이런 근원 중 하나로 화폐를 지적하는데, 화폐는 많은 부를 축적하는 것을 가능하게 하지만 사람들 사이에 불화를 일으키기도 한다. 또 다른 곳에서 그는 종교와 같은 중요한 문제와 관련해 본성적으로 서로 크게 다른 견해를 내세우면서 다른 사람이 오직 자신의 의견에 동의해야 한다고 고집하는, 우리 모두가 지닌 강력한 성향을 불화의 원인으로 들기도 한다. 하지만 그는 불화를 설명하면서 원죄에 호소하지는 않는다.

따라서 사교성을 지닌 인간 간의 논쟁이 야기하는 문제는 법에 유용성을 부여하는 듯이 보인다. 법은 자유로운 이성적 행위자가 자신의 이익을 추구하도록 이끌며 "법 아래 놓인 사람 전체의 선을 위한 것 이상을 규정하지 않는다. 만일 이들이 법이 없을 경우 더욱 행복하다면 그런 **법**은 아무 쓸모없는 것으로서 저절로 사라지고 말 것이다". 여기에는 우리가 자연법의 근원인 신의 이성에 참여한다는 후커의 아퀴나스적인 믿음이나 우리가 본성적으로 자신의 선뿐만 아니라 타인의 선을 위해 노력한다는 생각이 전혀 등장하지 않는다. 법은 전체적 조화에서 우리가 영원히 담당하는 역할을 알려 주지 않는다. 법은 단지 우리 사이의 분쟁을 막을 뿐이다.

여기서 "전체의 선"이라는 표현을 오해해서는 안 된다. 로크의 의
도는 실재하는 공동선을 선전하려는 것이 아니다. 그는 법이 우리
각각에게 우리가 원하는 바, 즉 자신의 인격, 행위, 소유를 스스로
원하는 대로 다룰 수 있도록 안전하게 보장해 준다는 점을 말하려 한
다(《논고》 II. 57: 305면). 그는 그로티우스주의자들과 마찬가지로
최고선에 관한 논의를 거부한다. 사실 그는 이런 논의는 핵심을 잃
게 되리라는 점을 자신의 심리학에 기초해 논증한다.[9] 그는 동기와
관련해 쾌락주의를 받아들여 오직 쾌락과 고통에 대한 예상만이 우
리에게 동기가 된다고 주장한다. 하지만 사람은 서로 다른 것에서
쾌락을 발견한다. 어떤 사람은 사냥을, 다른 사람은 장기를, 또 다
른 이는 포도주를 좋아한다. 설령 이들을 모든 사람이 즐긴다 해도
이들이 모든 사람의 취향에 모두 똑같이 들어맞지는 않는다. 따라서
로크는 최고선에 관한 논의가 마치 "사과와 자두, 호두 중에 어떤 것
이 가장 맛있는지" 논쟁을 벌이는 것과 같이 핵심을 잃게 된다고 생
각한다. 에피쿠로스나 가상디(Gassendi)처럼 좋은 삶이 쾌락의 존
재와 고통의 부재로 이루어진다고 말하는 것은 어떤 구체적 충고도
되지 않는다. 로크에게 "쾌락"은 그저 "그 무엇이든 우리가 끌리거나
선호하는 바"를 나타낼 뿐이다. 그렇다면 쾌락을 주는 것을 취하고
고통을 주는 것을 피함으로써 최대의 행복에 이를 수 있을 것이다.
하지만 "쾌락과 고통이 무엇인지는 사람에 따라 크게 다르므로" 최고
선이 무엇인지를 묻는 고대철학에 대하여 모든 이에게 타당하면서
도 행위를 인도하는 데에 유용하도록 대답하는 것은 불가능하다

---

9) 나는 로크의 심리학을 제14장 6절에서 더욱 상세히 논의하려 한다.

(《인간지성론》 II. XXI. 55: 269~270면).

따라서 자연법에 관한 로크의 생각은 내가 근대적 형태의 견해가 지닌 특징이라고 불렀던 세 가지 논점을 중심으로 형성되었다. 즉, 비사교적인 사교성이라는 우리의 심리가 기본적인 문제를 일으키는 데, 최고선이라는 실재하는 개념에 호소하지 않고도 경험적으로 발견할 수 있는 법칙을 통해서 이 문제에 대한 해결책을 발견할 수 있다는 것이다. 하지만 윤리학사에서 그가 중요한 까닭은 단지 그로티우스의 문제의식을 받아들였기 때문만은 아니다. 그것은 오히려 그가 약속했던 바 때문이다. 그러나 그는 이를 자신의 견해와 연결해 완성하지는 못했다.

2. 도덕학의 여러 요소

로크는 일종의 도덕학(a science of morality)을 세우겠다고 약속한다. 그가 왜 이런 약속을 하며 이를 어떻게 수행하려고 하는지를 파악하기 위해서는 《인간지성론》(Essay concerning Human Understanding) 1권에 등장하는, 본유 관념에 관한 그의 공격을 먼저 살펴보아야 한다. 여기서 로크는 도덕이 어떤 본유적 측면이라도 지닌다는 점을 강력하게 부정한다. 10) 도덕 원리나 준칙이 명령하는 바는 사변적인 원리에 비해서도 일치가 이루어지지 않는다. 따라서 만일 후자가 본

---

10) 로크가 공격 대상으로 삼는 인물 중의 한 사람은 허버트 경(Lord Herbert of Cherbury)인데 그에 관해서는 제 9장 2절에서 논의하려 한다. 《인간지성론》에 대한 인용 표시는 Nidditch의 편집본 페이지에 따랐다.

유적이 아님이 그 불일치에서 드러난다면 전자가 본유적이라고 주장할 근거는 더욱 크게 약화된다(I. III. 1~2: 65~66면). 몇몇 사변적 원리는 최소한 자명하여 본유적이 아님에도 어떤 증명도 필요로 하지 않는다. 하지만 어떤 실천적 원리에 대해서도 얼마든지 그 근거를 물을 수 있는데 만일 실천적 원리가 본유적이라면 그렇게 할 수 없을 것이다(I. III. 4: 68면). 덕이 칭찬할 만한 것이라는 사실에 대해 일반적인 동의가 이루어진다는 점은 덕이 사회에 유용하다는 사실을 일반적으로 인정한 결과로 설명할 수 있다(I. III. 6: 69면). 사람이 도덕 원리를 배우는 데는 "마음에 새겨진 바"를 파악하는 것 이외에도 다른 많은 방법이 있기 때문에 군이 도덕 원리가 우리의 양심 안에 본유적으로 존재한다고 주장할 필요는 없다. 11) 양심이란 단지 자신의 행위가 옳은지 그른지 판단하는 각자의 의견에 지나지 않으며, 각 개인의 의견은 교육과 관습 또는 그의 동료들로부터 형성되기도 한다(I. III. 8: 70면). 사람들은 기본적인 도덕 규칙을 어기면서 수치심이나 죄의식 같은 내적 감각을 느끼지 않는 경우가 잦은데 이 또한 그런 규칙이 본유적이 아님을 드러낸다(I. III. 9~13: 70~75면). 마지막으로 지금까지 어느 누구도 이른바 이런 본유적인 규칙들이 무엇인지 명확히 제시할 수 없었다. 이를 위한 시도는 일반의 동의를 얻는 데 실패했거나 아니면 우리의 행위를 인도하지 못하는, 지극히 공허한 명제의 나열에 그치고 말았다. 예를 들면 "인간은 반드시 자신이 지은 죄를 뉘우쳐야 한다"는 원리가 본유적이라는 말은

---

11) 따라서 로크는 〈로마인들에게 보낸 편지〉 2장 14~15절을 푸펜도르프와 같은 방식으로 설명한다.

무엇이 죄인지 상세한 지식이 주어지지 않으면 아무 도움도 될 수 없다 — 그런데 아무도 그런 지식을 제시하지 않았다(I. III. 14~19: 76~80면).

여기서 로크의 논점은 홉스와 컴벌랜드, 푸펜도르프에서 드러나는 유사한 견해와 일치한다. 로크는 도덕 원리가 본유적임을 부정하는 추가적 근거를 제시하면서 이들과 의견이 일치함을 더욱 분명히 보여 준다. 도덕 원리를 구성하고 파악하는 데 필요한 관념이 본유적일 수 없는 또 다른 이유는 도덕이 법칙 및 의무와 관련하는데 법칙이나 의무는 오직 입법자라는 측면에서만 파악 가능한 개념들을 필요로 하기 때문이다. 도덕에 관여한 최초의 입법자는 신이다. 우리에게 의무를 부과하는 신의 능력은 관찰 가능한 현세의 삶 이후의 내세를 필요로 한다. 왜냐하면 신이 현세에서 이루어지는 보상과 처벌을 통해서 우리를 자신에게 복종하도록 만들지 않는다는 것은 너무나 명백하기 때문이다(I. IV. 8: 87~88면; I. III. 12: 74면). 그렇다면 신, 법칙, 의무, 처벌 그리고 인간 영혼의 불멸성 등의 관념이 모두 본유적일 경우에만 도덕 원리들도 본유적일 수 있는데, 로크에 의하면 이런 관념들은 결코 본유적이 아니다.

도덕 원리가 본유적이라는 생각을 다양하게 반박한 배경에는 신이 우리에게 현재와 같은 존재로 살아가는 데 필요한 모든 지식을 발견할 수 있는 이성 능력을 부여했다는 로크의 믿음이 놓여 있다. 신은 우리가 스스로 생각하기 원했다(I. IV. 12: 91면). 로크는 우리가 어떻게 살 것인가 하는 문제에 가장 큰 관심을 가지고 있다고 주장한다. 우리의 영원한 행복뿐만 아니라 지상에서의 행복도 몹시 중요하다. 따라서 우리는 우리에게 필요한 바를 스스로 발견하고 추론할 수 있어야만 한다(I. I. 5: 45면; II. XXIII. 12: 302면). 일련의 원리들이 본유적이라고 주장하는 것은 곧 그들이 관여하는 문제를 더 이상 숙고할 필요가 없다고 주장하는 것이다. 그리고 이는 결국 이런 원리에 더 이상의 탐구 없이 곧바로 권위를 부여하려는 사람들이 택하는 탁월한 전략이 된다. 하지만 신은 우리의 이성적 능력을 사용하는 것이 이런 식으로 차단되기를 결코 원하지 않았을 것이다(I. IV. 24: 101~102면). 스스로 생각하는 것의 중요성이라는 주제는 로크가 구상한 도덕적 인격에서 우리는 신의 법 아래 놓여 있으며 신에게 복종할 의무를 진다는 그의 믿음만큼이나 핵심적이다.

우리는 《인간지성론》이 도덕에 관한 논의로부터 발전했음을 알고 있다.[12] 이 책에서 도덕이라는 주제에 어떤 특별한 지위도 부여하지 않음으로써 로크는 자신이 홉스나 컴벌랜드와 동일한 믿음, 즉 도덕 관념과 신념은 다른 어떤 영역에서의 관념이나 신념을 설명하는 용어로도 충분히 설명될 수 있다는 믿음을 공유함을 강조한다. 따라서 그 어떤 분리된 능력이나 정신 작용을 도덕의 근원으로 삼을 필요가 없다.

선과 악에 대한 관념은 쾌락과 고통에 대한 경험으로부터 구성된다. 선은 쾌락을 일으키는 원인을 말하며, 악은 고통을 일으키는 원인을 말한다(II. XX. 2: 229면). 로크는 본성적 선과 도덕적 선에 대한 컴벌랜드의 구별을 받아들이지만, 도덕적 선에 관여하는 법칙이 우리를 본성적 선으로 이끌어야 한다고 요구하지 않는 점에서는 푸펜도르프와 일치하는 듯하다.[13] 어떤 자발적인 행위가 도덕적으로

---

12) Aaron & Gibb, *Early Draft*, xii면.

선하다는 말은 입법자가 복종 행위에는 본성적인 선을, 위반행위에는 본성적인 악을 부여하는 함으로써 — 바꾸어 말하면 보상 또는 처벌의 위협을 통해 — 보호하는 법에 순응함을 의미한다(II. XXVIII. 5: 351면). 이어서 로크는 사람들이 실제로 행위를 판단하는 데 항상 사용하는 종류의 규칙 또는 법을 언급하는데 여기에는 신법, 시민법 그리고 "의견이나 평판"의 법이 있다(II. XXVIII. 7: 352면). 이런 종류의 법에 대한 관념은 우리가 가진 몇몇 도덕 관념에 반드시 삽입된다. 신법, 즉 신이 계시 또는 이성의 빛을 통해서 우리에게 알려 준 법은 **"엄격한 도덕**의 유일하고 진정한 시금석이다". 이를 통해서 판단할 때 우리는 죄가 되는 행위 또는 의무적 행위에 대한 관념을 얻는다. 우리의 정부는 이 법을 받아들여 범죄 행위나 무죄 행위에 대한 관념을 제시한다. 그리고 우리는 사회에 속한 다른 이들의 일반적 평가를 적용해 행위를 고려할 때 행위를 덕과 악덕이라는 관념으로 보게 된다(II. XXVIII. 8~10: 352~354면).

규칙 또는 법에 따르려면 우리는 의지를 지녀야만 한다. 그리고 경험을 통해서 의지가 어떤 작용을 하는지를 알게 된다. 《인간지성론》의 개정판 이후 로크는 계속해서 의지에 대한 몹시 복잡한 견해를 제시한다. 그는 의지작용이란 그저 "어떤 행위가 없을 경우보다

---

13) 내가 이런 논의를 직접 이끌어 낸 부분에서 로크의 논점이 무엇인지는 그리 명확하지 않다. 로크는 시민법 또는 사람의 의견에 따른 법이 실제로 우리를 선으로 인도해야만 하며 그렇지 않다면 법으로서의 지위를 상실한다고 말하지는 않는다. 신의 법과 관련해 그는 신은 우리를 선한 방향으로 이끌 선과 지혜를 지녔다는 점을 지적한다. 하지만 그는 신이 우리를 항상 본성적 선으로 이끌어야만 한다거나 심지어 실제로 그렇게 한다는 말조차 덧붙이지 않는다 — 컴벌랜드라면 아마 이런 점을 덧붙였을 것이다.

있을 경우를 선호하는 것"이라고 주장한다(II. XXI. 21: 244면). 그런데 이런 선호는 어떤 유형의 행위가 최대선을 초래하는지에 대한 우리의 믿음을 근거로 결정되지 않는다고 주장함으로써 로크는 이전 대부분의 학자들과 의견을 달리한다. 만일 이런 선호가 우리의 믿음에 의해 결정된다면 어느 누구도 죄를 짓지 않을 것이다. 왜냐하면 영원한 축복과 고통에 대한 전망이 다른 모든 요소를 압도할 것이기 때문이다. 따라서 우리의 욕구를 일깨우는 것은 오직 행위자 자신의 행복과 쾌락에 대한 예상뿐이다(II. XXI. 41~42: 258~259면). 앞서 살펴보았듯이 이런 내용은 우리가 어디서 쾌락을 얻는가에 대해서는 아무것도 알려 주지 않는다. 쾌락이 오직 우리 자신의 이익일 필요는 없다. 더욱 중요한 점은 우리가 욕구에 따라 기계적으로 움직이지 않는다는 사실이다. 자유로운 행위자로서 우리는 행동하는 것을 잠시 멈추고 자신이 느끼는 서로 다른 욕구와 혐오에 대해 고려하여, 과연 어떤 행위가 가장 만족스러운지 결정한 후 이에 따라 행위할 능력을 지닌다. [14] 하지만 의지가 아니라 오직 개인이 자유롭다

---

14) 의지에 관한 로크의 견해를 더욱 폭넓게 논의한 저술로는 Darwall(1995), 6장 참조. 여기서는 《인간지성론》 초판에 등장하는 로크의 견해도 논의된다. 자유에 관한 로크의 이론은 말브랑슈의 이론과 상당히 유사한데 적어도 이 문제에 관해서는 로크가 말브랑슈의 영향을 받았을 수도 있다. 하지만 다른 문제와 관련해서 둘은 매우 큰 의견 차이를 드러낸다. Brown(1991)에 수록된 Vienne의, 연구를 자극하는 논문과 Riley가 번역한 말브랑슈의 《자연과 은총에 관해》(*Treatise on Nature and Grace*)에 실린 옮긴이 서문: 61면 참조. 하지만 의지가 판단을 보류할 수 있다는 생각은 당시에 일반적으로 통용되었다. 따라서 에임스(William Ames)는 의지가 행위를 보류해야겠다는 판단을 미리 내리지 않고도 그렇게 할 수 있다 말한다(*Conscience* I. 5~6: 24~25면).

고 말하는 편이 더욱 적절하다. 의지는 관념들을 고찰해 행위를 보류하거나 결정하는 능력인데, 어떤 능력을 자유롭다고 말하는 것은 무의미하기 때문이다(II. XXI. 5: 236면; 8~14: 237~240면; 21~28: 244~248면).15) 만일 천국에 이르지 못한 것보다 현재의 음식이 부족한 것이 더 불편하다면 의지는 우리가 더 큰 불편함을 해소하는 방향으로 행위하도록 만들 것이다(II. XXI. 31~38: 250~256면). 하지만 오직 쾌락과 고통을 생각할 경우에만 불편함이 생겨난다. 의지는 당장 어떤 선이나 악이 중요하고 위급하다고 생각할 경우에만 활동한다.

　로크가 이와 같은 고찰을 시도하는 까닭은 도덕 관념을 ─ 예를 들면 신, 법, 선, 보상 그리고 행복 등의 관념을 ─ 설명하는 데 필요한 모든 요소를 경험에서 주어진 자료로부터 얻을 수 있다는 점을 보이기 위해서이다. 도덕적 개념의 복잡한 목록을 구성하는 데에 다른

---

15) 몇몇 학자들은 동기에 관한 로크의 쾌락주의 이론과 "오직 이성만이 무엇이 진정으로 선한지 결정할 수 있다"고 주장하는 윤리적 '이성주의' 사이에 〔Aaron(1971): 257면〕, 아니면 그의 쾌락주의와 법이 신의 명령에서 비롯된다는 그의 주의주의적인 견해 사이에(Laslett, 《논고》에 대한 그의 서문: 82면) 모순이 발생한다고 주장한다. 하지만 설령 선이 쾌락으로 구성된다 할지라도 우리가 이성을 사용해야만 선이 어디서 발견되는지 알게 된다는 주장은 이와 아무런 모순도 일으키지 않는다. 왜냐하면 장기적으로 볼 때 과연 무엇이 최대의 쾌락을 낳는가에 관해 얼마든지 잘못된 견해를 지닐 수도 있기 때문이다. 나는 로크가 출판한 저술들에서 도덕법칙과 관련해 직관주의적인 이성주의를 주장하는 어떤 확실하고 명확한 부분도 발견하지 못했다. 그리고 신의 명령에 복종함으로써 궁극적으로 우리 자신의 최대선에 이를 수 있다면 설령 신의 명령이 우리의 의지가 아닌 신의 의지에 의존한다 할지라도 동기에 관한 쾌락주의적인 견해에 따라 우리는 신의 명령에 복종하는 쪽으로 이끌릴 수 있다.

관념은 필요하지 않다. 다음과 같은 예가 이를 잘 드러낸다. 살인에 대한 관념에는 인간의 생명을 종식시키는 행위라는 관념, 의도적이고 자발적으로 그 행동을 한다는 관념, 행위자의 사회 구성원 대부분이 비난하거나 시민법 또는 신법이 금지하는 행위라는 관념 등이 포함된다. 따라서 다른 모든 복합 관념과 마찬가지로 살인의 관념도 "원래 감각 또는 반성으로부터 받아들인" 단순 관념들로 구성된다 (II. XXVIII. 14: 358면). [16)]

3. 일종의 과학으로서의 도덕

도덕 관념이 그가 "혼합된 양태" (mixed modes) 라고 부르는 복합 관념이라는 점은 로크에게 상당히 중요하다. 혼합된 양태는 어떤 주어진 복합적인 것을 관찰해 그대로 모사한 것이 아니라 우리가 구성한 것

---

16) 보일 (Robert Boyle) 은 1671년에 출판한 《특수한 성질들의 역사 입문》(*An Introduction to the History of Particular Qualities*) 에서 다음과 같이 말한다. "오히려 사물의 상태로 여겨져야만 하는 성질로 또는 특수한 성질의 양상으로 간주되어 온 것들이 몇 가지 있는데 **동물, 무생물 등과 건강, 아름다움**이 이에 속한다. 특히 아름다움이라는 속성은 형태, 균형 또는 적절한 비율 그리고 외관의 특정한 부분이 지닌, **즐거움을 주는 색채** 등으로 구성되는 듯하다."(*Selected Papers*: 96면) 여기서 보일은 아름다움에 대한 자연주의적이고 환원주의적인 설명을 제시하는데 로크도 도덕 관념에 대해 이런 종류의 설명을 한다. "양태"라는 용어가 의미하는 바를 설명하면서 로크는 아름다움의 관념을 일례로 들면서 아름다움은 "보는 사람에게 즐거움을 불러일으키는, 색채와 형태의 어떤 결합으로 이루어진다"고 말한다(《인간지성론》 II. XII. 5: 165면). 앞서 7장 5절에서 푸펜도르프가 "간통" 같은 용어를 이와 유사한 방식으로 다룬다는 점을 지적했다.

이다. 이들은 실체의 관념과는 달리 외부의 어떤 실재를 반영하기 위한 것이 아니며 또한 그렇게 하기에 부적합하다. 이들은 차라리 "사물을 배열하고 이름을 붙여 부르기 위해 정신이 만들어 낸 일종의 전형"으로서 우리가 그들 안에서 결합하려 하는 요소 사이에 어떤 양립 불가능성이 발생하지만 않는다면 결코 오류에 빠지지 않는다(II. XXX. 3~4: 373~374면; II. XXXI. 3~4: 376~377면). 따라서 우리가 사용하는 도덕적 언어가 나타내는 도덕 관념들이 완벽히 명확하다면 우리는 도덕적 속성들이 지닌 명목상의 본질뿐만 아니라 실재하는 본질까지도 인식할 것이다(III. III. 18: 418면; III. XI. 15: 516면).

로크의 혼합된 양태라는 개념은 어쩌면 그런 목적에서 만들어졌다 싶을 정도로 푸펜도르프의 도덕적 실재 이론을 성공적으로 보완한다. 컴벌랜드와는 달리 푸펜도르프 스스로는 우리가 어디서 도덕적 실재를 인식한다는 생각을 얻게 되는지 설명하려는 시도를 전혀 하지 않고 이런 실재는 그 자체로 신이 부과한 것이라고만 주장한다. 로크는 정신의 직접적인 활동을 신에 호소해 설명하려는 어떤 시도도 단호히 거부한다. 모든 혼합된 양태의 관념은 우리가 만들어 낸 것이다. 이들은 신이 우리에게 이성을 부여하면서 우리가 무엇을 행하도록 원했는지 보여 준다. 즉, 우리가 삶을 헤쳐 나가는 데 필요한 지침을 제공하는 것이다. 로크가 도덕 관념과 용어가 우리의 창조물이라고 생각한 까닭은 도덕의 논증 가능성에 대한 자신의 가장 강력한 주장을 내세울 근거를 마련하기 위해서이다(III. XI. 17~18: 517~518면; IX. XII. 8: 643면).

사람은 일반적으로 의견에 의한 법과 시민법에 따라 도덕적 관점을 형성하지만 진정한 도덕법칙은 신이 명령한 법이다. 이 법은 다른 어떤 법보다 우리에게 밀접하게 관여한다. 왜냐하면 우리의 영원한 행복이나 불행은 우리가 신법을 얼마나 따르는가에 의해서 결정되기 때문이다. 그렇다면 신법이 우리에게 명령하는 바를 어떻게 알 수 있는가? 널리 알려진 한 대목에서 로크는 이 질문에 대해 어떤 종류의 대답을 기대해야 할지 다음과 같이 말한다.

최고의 존재라는 **관념**에는 권능과 선, 지혜가 무한하다는 점이 포함되는데, 그의 작용으로 우리가 존재하며 또한 우리는 그에게 의존한다. 우리 자신의 **관념**에는 지성, 이성적 존재가 포함된다는 점이 명확하게 드러난다. 이런 존재인 우리가 충분히 숙고하고 추구한다면 우리의 의무와 행위 규칙에 대한 기초를 **논증 가능한 과학 중 하나인 도덕**의 수준으로 제시할 수 있으리라 생각한다. 이런 도덕의 필연적 결과로 수학에서와 같이 논쟁의 여지없이 자명한 명제를 이끌어 내어 옳고 그름의 기준으로 확립하고 이를 누구든지 자기 자신에게도 적용할 수 있으리라는 점을 나는 의심하지 않는다(IV. III. 18: 549면).

로크는《인간지성론》IV. X에서 전지전능하고 영원한 존재로 여겨지는 신이 현존한다는 사실은 논증 가능하다고 말하며, 신의 피조물인 우리가 신에 의존한다는 것 또한 명백하다고 생각한다. 신과 인간이라는 두 존재의 관념에 대해 잠시 고찰해 보기만 하면 우리는 "열등하고, 유한하고, 의존적인 존재가 최고의 무한한 존재에 따를 의무 아래 놓인다는 점을 확실히 발견하는데" 이는 2와 3이라는 관념을 고찰해 2 더하기 2는 3보다 크다는 점을 발견하는 것과 마찬가지이다(IV. XIII. 3: 651면).

로크는 더욱 구체적인 도덕적 진리에 대한 논증이 어떻게 구성되
는지 보이기 위한 예를 제시한다. 불의와 같은 도덕적 개념을 생각
해 보자. 이 개념에는 소유의 개념, 즉 누군가가 무엇에 대한 권리를
지닌다는 개념이 한 부분으로 포함된다. "불의"란 무언가에 대한 누
군가의 권리를 침해한다는 혼합된 양태 관념에 붙인 이름이다. 이로
부터 소유가 없이는 불의도 없다는 점이 논증된다. 여기서 도덕적
논증의 모형이 발견된다. 우리는 또 다른 논증을 만들어 내기 위해
노력해야 한다(IV. III. 18: 549면). 17)

로크는 이렇게 하는 데 특별한 어려움이 있음을 인정한다. 도덕
관념은 수학에 관련된 관념에 비해 명확하게 제시하기가 어려우며
"대체로 더욱 복잡하다". 18) 사람은 개인적인 이익과 자신의 소속에
따라 도덕 관념을 두고 논쟁을 벌이지만 수학적 관념에서는 이런 일
이 일어나지 않는다(IV. III. 20~21: 552~553면). 그럼에도 불구하
고 로크는 자신이 도덕적 논증이 어떻게 확실성을 산출하는지 보였
다고 생각한다. 그러나 이 확실성이란 단지 "우리의 **관념들이** 일치하
는지 그렇지 않은지 지각하는 것"에 지나지 않는다. 설령 지금까지
덕이 있는 사람이 단 한 명도 없었다 할지라도, 정의로운 사람은 다
른 사람의 권리를 침해하지 않는다는 사실은 여전히 논증 가능한 확
실성을 지닌다. 물론 우리는 스스로 이름 붙인 관념들에 동의해야만

---

17) 여기서 로크가 예로 든 논증과 홉스가 《시민론》의 "헌사"에서 예로 제시한
   설명은 서로 놀랄 만큼 유사하다.
18) 이와 관련해 로크는 다음과 같이 말한다. "종교, 법, 도덕에 관한 논의"는
   우리가 "가장 큰 관심을 갖는 것이지만" 동시에 "가장 어려운 것이기도 하
   다"(《인간지성론》 III. IX. 22: 489면).

한다. 만일 신이 어떤 도덕적 명칭을 정의했다면 "이들을 다른 방식으로 적용하거나 사용하는 일은 안전하지 않다". 하지만 오직 인간이 내린 정의만을 다룰 경우에는 일어날 수 있는 가장 나쁜 일이란 말의 부적절한 용법이다. 그리고 만일 명칭만을 사용하는 대신 복합관념 자체를 다룬다면 우리는 항상 엄밀한 논증에 이를 수 있다(Ⅳ.Ⅳ. 7~10: 565~568면).

"여기서 우리의 임무는 모든 것이 아닌 오직 우리의 행위와 관련되는 것에 대한 인식이다."(Ⅰ.Ⅰ. 6: 46면) 도덕은 이런 임무에 반드시 필요한 인도자의 역할을 한다. 로크는 사변적인 지식을 얻는 우리의 능력에 많은 제한을 부과한다. 하지만 그는 자신의 주장에 부합하는 기초를 지닌 도덕학 또한 결코 제시하지 않았다.

4. 로크의 주의주의

앞서 언급한 버넷이 어떻게 로크가 "도덕적 속성을 지니지 않는 신"을 드러내었다고 말할 수 있었는지 살펴보기란 그리 어렵지 않다. 로크의 설명에 따르면 도덕적 선이란 제재를 통해서 뒷받침되는 어떤 법칙과 일치하는 행위에 대해 우리가 부여하는 술어이다. 신에게는 어느 누구도 이런 법칙을 부과할 수 없기 때문에 신의 행위는 도덕적으로 선하거나 악할 수 없다. 마찬가지로 신의 행위는 죄악이거나 의무일 수도 없다. 이들은 모두 신의 제재를 통해서 뒷받침되는 법칙을 전제하기 때문이다. 로크는 신을 지배하는 법칙으로부터의 유비에 근거해 경험에 기초한 필연적 진리가 존재한다는 점을 보이려는 컴벌랜드의 시도를 알고 있었다. 하지만 이에 대해서는 언급조차 하지 않는다.

더욱이 몇 대목에서 로크는 우리가 지닌 혼합된 양태로서의 도덕 관념에 대응하는 것이 본성 안에는 존재하지 않는다고 주장한다(III. IX. 5: 477면; III. IX. 11: 481면; III. XI. 9: 513면). 따라서 본성 안에는 신의 의지에 도덕적 제한을 가할 수 있는 것이 존재하지 않는다. 법칙도 본성도 로크가 생각하는 신을 구속할 수 없는 경우, 로크는 결국 신의 의지가 도덕적 속성의 원천이라는 주의주의적인 입장을 취하게 된다. 신은 물론 자신의 권능 때문에 쾌락이나 고통의 원인이 될 수 있으며 따라서 본성적인 선이나 악으로 여겨지기도 한다. 하지만 이는 문제의 해결에 별 도움이 되지 않는다. 무제한적인 권능을 소유한다는 사실은 신이 기껏해야 자비로운 전제군주가, 최악의 경우에는 폭군이 될 수 있도록 할 뿐이다. 로크의 견해에 따르면, 신이 우리를 위해 규정한 법칙이 "순전히 임의적"이라는 버닛의 주장에는 충분한 근거가 있는 듯이 보인다.

로크는 이런 비난에 맞서 자신은 신이 무제한적인 권능과 지식뿐만 아니라 무제한적인 선 또한 지닌다는 것을 보일 수 있다고 반박할지도 모른다. 그리고 로크는 실제로 우리가 "영원하고, 모든 것을 알고, 완벽하게 현명하고 선한" 어떤 존재에 의존한다고 주장한다(IV. XIII. 3: 651면). 그는 도덕학이 가능하다고 주장하면서 바로 이런 속성들에 호소한다. 하지만 신의 현존에 대한 그의 증명은 신이 본성적으로 선하다는 사실을 보이지 못한다. 그의 신 존재 증명을 간단히 표현하면 다음과 같다. 우리는 우리 자신이 현존한다는 사실을 알며, 우리가 지각하고 인식할 수 있다는 사실도 안다. 이런 사실을 설명할 수 있는 유일한 방법은 영원하고, 가장 강력하고 지적인 어떤 존재가 우리를 창조했다고 보는 것뿐이다(IV. X. 3~5: 620~621면). 로크는 "정당하게 고찰된 이런 **관념**으로부터 이 영원한 존재에 속한다고 여겨야만 하는 다른 모든 속성을 손쉽게 이끌어 낼 수 있으리라"고 주장한다(IV. X. 6: 621면). 이런 증명을 확장한 내용이 대부분을 차지하는 《인간지성론》의 4권 10장의 나머지 부분과 다른 부분에서도 로크는 신이 본질적으로 자비롭다는 사실을 어떻게 도출할 수 있는지 전혀 제시하지 않는다. 설령 이런 사실을 이끌어 내는 과정이 그에게는 쉽게 보였을지 몰라도 그의 독자에게는 전혀 그렇지 않았다. 19)

---

19) 킹 경(Lord King)이 쓴 《로크의 생애》(*The Life of John Locke*)에는 한 필사본(1681년 8월 7일자)에서 인용한 대목이 등장하는데 여기서 로크는 신이 전적으로 완벽하고 아무것도 필요로 하지 않기 때문에 자신의 선을 위해 권능을 사용하지 않으며 따라서 오직 피조물의 선을 위해서만 자신의 권능을 사용한다고 주장한다(King(1830): 123면; Colman(1983): 191~192면에서 재인용). 이 논증을 진지하게 고려할 경우 이는 분명히 악의 문제라는 난점을 일으킬 듯하다. 이 논증이 지닌 장점이 무엇이든 간에 어쨌든 로크는 이를 출판하지 않았다. 《기독교의 합리성》(*Reasonableness of Christianity*)에서(*Works* II. 528~529) 로크는 다음과 같이 말한다. "자연이 하는 일을 보면 〔신의〕 지혜와 권능이 드러난다. 하지만 신이 특별히 인간들을 보살핀다는 것은 특히 신이 인간들에게 한 약속에서 가장 분명히 발견되는데 여기서는 신의 관대함과 선이 드러난다." 그렇다면 어떻게 신의 약속을 알 수 있는가? "신은 … 자신이 선하고 자비롭다는 점을 이성의 빛을 통해 모든 인류에게 계시했다"는 로크의 말에서 암시되듯이 설령 이성을 통해 신의 약속을 알 수 있다 할지라도 원래의 문제는 해결되지 않는다.
　첫 번째 《지적》(*Remarks*)에서 버닛은 로크가 신이 성실하다는 사실을 증명할 방법을 설명하지 않았다는 점을 들어 로크에 반대한다. 버닛은 "신의 본성을 알기 위해서는 물리적 또는 형이상학적 속성을 인식하는 것만으로는 충분하지 않다. 우리는 신의 도덕적 속성들을 … 예를 들면 선함, 정의로

도덕적 진리를 어떻게 논증할 것인가에 관한 로크의 견해는 문제를 더욱 악화시킨다. 왜냐하면 그의 견해는 자신의 기준을 만족시키는 어떤 도덕 원리에 대한 논증도 존재할 수 없음을 암시하기 때문이다. 앞서 지적했듯이 로크는 원리가 진정한 인도자의 역할을 해야 한다고 주장한다. 즉, 원리는 사소하거나 공허해서는 안 되며 우리에게 올바른 행위를 제시하지 못하는 언어적 진술에 그쳐서도 안 된다. 로크는 우리가 자명한 원리로부터 출발하는 도덕적 논증과 더불어 논의를 시작해야 한다고 말하지만 동시에 어떤 실체적인 내용을 지니는 자명한 **도덕** 원리가 존재하지 않는다고 말하기도 한다. 논증은 하나의 복합적 양태 안에 포함된 관념들을 명확히 드러낸 후, 어쩌면 매개적인 복합 관념을 사용해 이들이 다른 양태 안에 포함된 관념들과 언어상 겹치는 부분을 드러내는 것으로 이루어진다. 당시 로크를 비판했던 한 인물이 지적하듯이 어떻게 이런 과정이 로크가 본유주의자들이 제시하는 바라고 비판한, 일종의 "하찮은" 또는 공허한 명제 이상의 무언가를 산출할 수 있는지 보이는 일은 그리 쉽지 않다.[20] 또한 이 문제는 우리 자신이 도덕 관념의 구성요소를 조직

움, 신성함 그리고 특히 성실함을 인식해야만 한다"고 말한다. 그리고 계속해서 로크가 신의 성실성을 증명하지 않는 한 계시에 호소해서 도덕적 속성을 증명할 수는 없으며 또한 로크는 성실성이라는 속성을 포함하는 신의 완전성에 대한 설명도 제시하지 않았다고 주장한다(5~8면).

[20] 리(Henry Lee)는 《반회의주의》(*Anti-Scepticism*): 252면에서 로크의 방법을 통해서 우리가 이끌어 낼 수 있는 결론들도 사소할 뿐이라는 점을 들어 로크에 반대하면서 그런 명제들은 "로크 자신의 원리에 따르더라도 별로 소용이 없다. 왜냐하면 이들은 어떤 의미에서 **동일하기 때문**"이라고 말한다. 버클리(Berkeley)도 이와 같은 점을 지적한다. "로크가 제시한 도덕적 논증의 경우들은 로크 자신의 규칙에 따르더라도 하찮은 명제를 낳을 뿐이다."

한다는 로크의 주장에 의해서 더욱 확대된다. 우리가 구성한 도덕 관념들이 우리에게 신의 의지를 알려 준다는 근거는 과연 무엇인가? 신이 어떤 복합적인 도덕 관념을 구성했는데 이를 무시할 경우 우리가 위험에 처할지도 모른다는 로크의 말은 이런 도덕 관념이 무엇인지 우리 스스로 결정할 수 없다면 아무 쓸모도 없다. 그리고 최소한 《인간지성론》에서 로크는 이를 결정할 방법을 말하거나 보여 주지 않는다. [21]

로크의 도덕심리학은 이런 모든 어려움을 뒤섞어 더욱 혼란스럽게 만든다. 그의 견해에 따르면 우리가 다른 사람과 무관한 다양한 것을 추구하고 성취함으로써 자신의 행복을 추구하는 일이 가능한 것처럼 다른 사람의 복지에 관심을 갖는 일 또한 가능하다. 하지만 그는 "어떤 지적인 존재가 다른 사람의 행위를 통제하기 위한 규칙을 정하는 일은 그런 규칙에 따랐을 때 적절히 보상할 능력이 없다면 헛된 것이 되고 만다"고(II. XXVIII: 351~352면) 강력하게 주장했다. 이 같은 주장은, 그가 좁은 의미의 동기에 관해서 자기중심적 견해가 모든 사람은 아닐지라도 대부분의 사람에게 정확하게 적용된다고 생각하는 듯 보이도록 한다. 어떤 구속도 받지 않은 통치자가 이기적인 국민에게 임의로 아무 명령이나 내리는 모습은 사실 신과 인간 사이의 도덕적 관계를 그대로 드러내는 듯하다. 로크는 물체도

(*Philosophical Commentaries*, in *Works* I, no. 691) 하지만 이는 논쟁의 여지가 있다.

21) 또한 로크는 그렇게 할 수도 없었다. 신의 정신은 로크의 경험주의에 따라 인간의 정신이 작용하는 방식대로 작용할 수 없다. 따라서 신의 정신은 근본적으로 우리가 전혀 인식할 수 없는 무언가임에 틀림없다.

생각할 수 있을지 모르다고 주장한 것으로 악명 높은데(Ⅳ. Ⅲ. 6: 540~541면) 만일 이런 주장을 허용한다면 로크가 사람들을 신의 법칙에 따르도록 유도하는 데 반드시 필요하다고 생각하는, 사후 영혼의 불멸성을 어떻게 확실히 확보할 수 있는가 하는 문제가 여전히 남게 된다.

5. 도덕에서 계시와 이성

로크가 《기독교의 합리성》(The Reasonableness of Christianity, 1695)에서 언급한 몇몇 내용은 《인간지성론》에서 제시된 도덕에 대한 다소 엄격한 시각을 더욱 강화한다.[22] 여기서는 또한 《인간지성론》에서 논의되지 않은 채로 남았던 중요한 질문, 즉 모든 사람이 신의 법칙을 손쉽게 인식할 수 있는가 하는 질문에 대한 로크 자신의 대답도 등장한다. 기독교는 신자들에게 그리스도가 메시아(Messiah) 또는 구세주라는 최소한의 교리적 믿음만을 요구한다는 점을 논의하던 중, 로크는 "구세주가 무슨 필요가 있는가? **예수 그리스도**를 통해서 우리는 무슨 이익을 얻는가?"라는 질문을 던진다(56면). 이런 질문을 던진 까닭은 로크가 유대교와 기독교의 계시를 통해서 종교적 진리의 결정적 기본 내용을 전달받지 못한 사람들조차도 이성을 통해서 이를 배울 수 있으리라고 주장했기 때문이다. 예를 들면 이성

---

22) 이 절에서 《기독교의 합리성》에 대한 인용 표시는 Ramsey가 편집한 축약판의 페이지에 따랐다. 로크의 종교 사상에 관해서는 Marshall (1994), 8~10장 참조.

을 통해서 우리는 자연법이 적을 용서할 것을 요구한다는 점을 깨닫는다. 따라서 이성은 우리가 만일 저지른 죄를 회개하고 앞으로는 그러지 않으리라고 결심하면 자연법을 만든 존재가 — 이런 존재가 현존한다는 점 또한 이성을 통해서 알 수 있는데 — 우리를 용서할 것임을 가르쳐 준다. 하지만 우리가 용서받을 수 있다는 믿음은 그리스도가 구세주라는 믿음에 상당하는, 계시에 선행하는 믿음이다. 그렇다면 전자의 믿음을 받아들임으로써 이교도들도 구원받을 자격을 갖추게 되지 않는가?(54~55면). 그렇다면 왜 반드시 그리스도가 이 세상에 실제로 오실 필요가 있는가?

이에 대한 대답 중 하나는, 오직 이성만으로는 대부분의 사람에게 신이 존재한다는 점을 충분히 납득하도록 가르칠 수 없었던 반면 그리스도라는 개인의 현존은 이런 믿음을 확산할 수 있었기 때문이라는 것이다. 또 다른 대답은 인류가 도덕에 대해 지금껏 이성만으로 제시할 수 있었던 것보다 더욱 확실한 지식을 필요로 했다는 것이다. 이교도 철학자들은 자연법 전체 또는 자연법의 핵심조차도 발견하지 못했는데 로크는 그 이유가 대체로 다음과 같다고 말한다. "명확하고 신뢰할 만한 해명과 더불어 도덕의 모든 부분을 참된 기초 위에 확립하는 일은 다른 도움을 받지 않은 이성에게는 너무나 어려운 일이기 때문이다."(60면) 하지만 심지어 공자(Confucius)의 지혜까지 포함된, 기독교와 무관한 도덕적 가르침의 목록을 만들었는데 여기에 자연법이 명령하는 바가 등장한다고 가정해 보자. 그러면 어떻게 되는가? "자연법은 또한 편리함의 법칙이기도 하다." 따라서 "일부 사람들이" 그저 아름다움과 편리함을 통해 올바른 것을 발견했다 할지라도 이는 놀랄 만한 일이 아니다.[23] 하지만 이렇게 발견되고 가

330

르쳐진 교훈들은 여전히 현명한 사람들이 행복한 삶을 사는 방법에 관해 충고하고 조언하는 수준에만 그칠 뿐이다. 이런 교훈을 의무를 부과하는 법칙으로서 가르칠 수는 없다. 오직 보상과 처벌을 주재하는 입법자가 이런 교훈을 명령했다는 지식만이 이들을 도덕법칙으로 바꿀 수 있다. 그런데 이교도는 이런 지식을 제대로 소유하지 못했으며 그리스도가 가르친 바도 바로 이런 지식이다(62~65면).

그런데 이런 입장이 로크의 또 다른 견해, 즉 신이 우리에게 도덕 및 종교와 관련해 가장 중요한 것들을 발견하고 인식하기에 충분한 이성을 부여했다는 견해와 어떻게 양립할 수 있는지는 그리 명백하지 않다. 이제는 그리스도가 신이 법칙을 명령했다는 것을 분명히 하고 그 법칙의 내용이 무엇인지 말해 주었다는 그의 주장 또한 문제 해결에 별 도움이 되지 않는다. 만일 우리가 이런 법칙이 합리적이라는 점을 보일 수 있다면, 우리 스스로 이들을 발견했을 수도 있다고 생각하게 될 것이다. 하지만 설령 이성이 자연법 전체를 발견하고 증명할 수 있다 할지라도 이성적인 논증만으로는 일반인들을 도덕적으로 행위하도록 만들기에 충분하지 않다. "사람은 대부분 논증을 위한 여가와 능력을 원한다. … 아마도 일용노동자나 장사꾼, 실 뽑는 여자나 우유 짜는 여자에게 도덕법칙에 대한 증명을 가르쳐 이들을 윤리학에 정통하도록 만들기보다는 이들이 완벽한 수학자가 되기를 바라는 편이 오히려 나을지 모른다." 로크는 계속해서 다음과 같이 말한다. "그저 알기 쉬운 명령을 내리는 것이 이들을 명령에 따라 행위하도록 만드는 확실하고 유일한 방법이다. 대부분의 사람은"

---

23) 이에 관해 이보다 앞서 언급한 바는 《인간지성론》 I. III. 6: 69면 참조.

그리스도가 영광과 더불어 천상으로부터 내려온 일이 많은 사람을 자연법에 따르도록 설득하기 위해 필요하다는 것을 "알지 못한다. 그러므로 이들은 대신 그렇게 믿어야만 한다"(66~67면).

로크는 자연법을 발견하고 효과적으로 가르치는 이성의 능력을 회의하는데 이는 자연법이 일단 밝혀지기만 하면 이성을 통해서 논증할 수 있다는 그의 믿음과 상충하지 않는다. 하지만 로크가 자연법은 "모든 피조물이 쉽게 인식할 수 있다"고 말하는 대목은(《논고》II. 124: 351면) 주의 깊게 해석할 필요가 있다. 이는 자연법이 자명하다는 이성주의적 주장으로 슬쩍 넘어가려는 것이 아니다. 이는 또한 모든 사람이 동등하게 자연법을 인식할 수 있음을 의미하지도 않는다. 이것이 의미하는 바는 자연법이 충분히 평이하므로 일용노동자나 실 뽑는 여자도 한번 제대로 배우기만 하면 이에 따를 수 있다는 점이다. 하지만 그들은 왜 자연법이 우리에게 구속력을 갖는지 스스로 이해할 수는 없다. 이들은 다른 사람에게 복종함으로써 신에게도 복종하게 된다.

6. 자연법에 관한 로크의 초기 저술

젊은 시절 로크는 자연법 이론에 관한 수많은 전통적 설명을 나름대로의 방식으로 탐구했으며 이들이 일으킨 문제를 잘 알고 있었다. 24) 이 시기에 썼으나 출판되지 않았던 저작을 처음으로 번역, 출

---

24) Colman(1983)과 Marshall(1994) 참조.

판한 학자는 이 저술에 《자연법에 관한 논고》(*Essays on the Law of Nature*)라는 제목을 붙였다. 여기서 로크는 도덕 관념의 본유성, 의무라는 복합 관념을 형성하는 과정에서 옳음의 관념과 권력의 관념 사이의 관계, 충고와 의무 사이의 구별 등의 주제를 붙들고 씨름한다.[25] 그는 또한 우리가 어떻게 자연법을 인식하게 되는지와 신이 우리를 지배하는 일을 어떻게 정당화할 수 있는지에 관해서도 논의한다. 이런 점을 모두 논의할 필요는 없지만 마지막 문제에 대한 그의 견해는 지적할 만한 가치가 있다.

로크는 신이 우리에 대해 단지 권능뿐만 아니라 권위까지도 지닌다는 사실을 보여 주는 근거는 두 가지라고 생각한다. 그중 하나는 신의 지혜이다. 신은 목적을 가진 동시에 전지하므로 당연히 목적을 위한 최선의 수단을 선택한다. 우리는 신에게 조금도 간섭하거나 반박하지 못한다. 물론 이 사실만으로도 신은 단지 폭군에 지나지 않을 수 있다. 하지만 로크는 자신이 신을 폭군으로 여기지 않는다는 점을 분명히 밝힌다. 로크는 단지 어떤 왕의 권력이 두려워서 그에게 복종한다면 이는 단지 "폭군, 도적 그리고 해적들의 권력에 지나지 않을 것"이라고 지적한다(*Essays* VI: 189면). 신을 폭군으로 비난

---

25) von Leyden, ed., *Essays on the Laws of Nature*. 나는 이 저술을 *Essays* 로 약칭하고 von Leyden의 편집본 페이지에 따라 인용 표시를 했다. 이 저술에 대한 Horwitz와 Clay 그리고 Clay의 번역본도 있는데 이들은 《자연법에 관한 질문들》(*Questions concerning the Law of Nature*)라는 제목을 붙였다. 편집자 서문에서 Horwitz는 이 저술을 통해 로크가 자신이 옥스퍼드에서 가르칠 당시 여전히 유행했던 중세적인 논쟁 방식에 따라 "논쟁의 대상이 되는 질문들"을 서술했다고 주장한다. 이는 사실일지도 모르지만 나는 이 점이 이 저술을 해석하는 데 큰 의미를 지닌다는 Horwitz의 주장에(55면) 동의하지는 않는다.

하는 일을 피하기 위해 로크는 창조주가 자신이 만든 피조물을 지배할 권리를 지닌다는 원리에 호소한다. 창조주의 권리라는 원리는 로크가 평생 동안 계속 주장한 바이기도 하다.[26] 로크는 어느 누구도 신이 우리에게 법칙을 부여했다는 사실이나 "신이 자신의 피조물인 우리에게 그렇게 할 권리를 지닌다"는 사실을 부정할 수 없다고 말한다(《인간지성론》 II. XXVIII. 8: 352면). 하지만 그는 《인간지성론》에서나 다른 어디에서도 이 사실을 정당화하려는 시도를 하지는 않는다. 어쩌면 그는 이 사실이 너무나 명백하다고 생각해 정당화할 필요를 느끼지 않았는지도 모른다.[27] 하지만 그는 이후 자신의 성숙한 철학에서 어떤 자명한 도덕 원리도 허용하지 않는다.

초기 저술에서 로크는 버닛이 반대하는 것과 같은 관점을 분명히 피하려 했다. 하지만 그가 그렇게 한 이유가 그의 경험주의 때문인지는 초기든 후기든 간에 명확하지 않다. 경험주의 때문에 그는 도덕 관념에 관한 자연주의에 이르게 된다. 그리고 이 때문에 그는 현재 우리에게 익숙한 몇 가지 난점에 빠지게 된다. "자연적" 의미에서의 선과 악의 관념은 그에게 충분하지 않다. 그는 도덕적 의미에서의 선과 악을 필요로 하는데 앞서 살펴보았듯이 이는 법칙의 관념에 의존하며, 그 결과 권위와 옳음의 관념을 필요로 한다. 만일 로크가

---

26) Colman (1983) : 46면 및 Tully (1980) 에 등장하는 논의 참조.
27) 초기 저술 《자연법에 관한 논고》에서도 《인간지성론》에서와 동일한 이행 (移行), 즉 권능 있고 현명한 행위자가 세계를 창조했다는 결론으로부터 "우리가 당연히 복종해야 하는 어떤 상위의 권위가 존재한다"는 그 이상의 결론으로의 이행이 발견된다 — 그리고 똑같은 방식으로 이런 이행이 명쾌하게 제시되지 않는다(*Essays* IV: 153~155면).

내적 감각을 통해서 얻은(《인간지성론》 II. xxi. 4: 235면) 권능의 관념이 권위의 관념을 설명하는 데 충분하다고 생각한다면 그는 버닛의 우려를 정당화하는 홉스주의자가 되고 만다. 그리고 그는 우리에게 단순 관념을 제공하는 다른 어떤 감각도 인정하지 않는다. 그는 관념으로서의 권위나 옳음의 관념에 대해서도 명확하게 설명하지 않는다. 로크가 이 관념들을 설명하려 했다면 이들을 단순 권능과 구별할 필요가 있지만 오히려 자신의 의미 이론으로는 이러한 구분이 가능하지 않다는 사실을 매우 분명히 드러내고 말았을 것이다.

초기 저술 《자연법에 관한 논고》에서 로크가 오직 처벌의 두려움이 우리를 신의 자연법에 따르도록 만든다고 생각하지 않음은 매우 명백하다. 아무튼 신의 법칙이 올바르다는 사실을 인식하기만 하면 우리는 충분히 따르게 된다. 하지만 이후 성숙한 시기의 견해에 따르면 로크는 이 점에 호소할 수 없다. 앞서 설명했듯이 그의 최종 견해는 우리를 움직이는 바가 항상 (아무리 간접적이라 할지라도) 쾌락 및 고통의 예상과 연결된다는 것이다.[28] 통치자의 지배를 받는 사

---

28) 로크가 만년에 쓴 필사본은 그가 이런 문제를 인식하고 자연법에 관한 자신의 초기 견해와 유사한 어떤 것도 대응할 준비를 갖추려 한다는 사실을 드러낸다. "의지 및 그것의 결정과 관련해서 사람들을 혼란스럽게 만든 바는 또한 도덕적 청렴과 그것에 도덕적 선이라는 이름을 붙이는 일도 혼란스럽게 만들어 왔다. 한 사람이 어떤 행위 또는 그 결과를 예상하는 데서 얻는 쾌락은 의지를 움직이고 또 그렇게 하기에 적절한 자아에게 진정한 선이라 할 수 있다. 하지만 도덕적 청렴의 측면에서 쾌락은 그 자체로는 선도 악도 아니거나 의지를 전혀 움직일 수 없는 것으로 여겨지며, 쾌락과 고통은 행위 자체에 동반되거나 또는 행위의 결과로 간주된다. 신이 의지에 대한 적절한 동기로서 도덕적 청렴과 도덕적 부패에 보상과 처벌을 부과한다는 사실로부터 무엇이 분명히 드러나는가. 만일 도덕적 청렴이 그 자체로 선, 도덕적 타락이 그 자체로 악이라면 무엇이 필요 없게 되는가." 출판되지 않은

람들은 법이 무엇인지는 아는 반면 (사람 대부분이 그렇듯이) 법에 따랐을 때 어떤 선이 창출되는지는 잘 알지 못한다. 왜냐하면 법 자체가 어떤 선이 창출되는지는 알려 주지 않기 때문이다. 그렇다면 이들을 법에 따르도록 만드는 동기는 무엇인가? 이에 대한 대답은 명백하다. 바로 처벌에 대한 두려움과 보상에 대한 기대이다. 자연법에 관한 로크의 초기 저술에는 《인간지성론》에서 드러나는, 인간의 도덕적 동기에 관한 그리 달갑지 않은 견해로부터 벗어나는 데 도움이 될 만한 어떤 내용도 등장하지 않는다.

로크의 초기 저술은 또한 신이 우리에게 행하라고 명령한 바를 어떻게 인식할 수 있는지 설명하는 데도 큰 도움이 되지 않는다. 로크는 우리가 신의 명령을 직접적인 계시나 전통, 본유 관념, 일반적인 동의 등이 아니라 경험으로부터 배운다고 주장한다. 경험을 통해서 우리는 모든 것을 만든 "강력하고 현명한 창조주"가 존재함을 깨닫게 되는데(Essays IV: 153면) 우리에게는 그를 숭배하려는 본성적 성향이 있다. 이는 우리가 스스로를 보존하려는 성향을 지닌다는 점을 보여 주며 또한 우리가 사회를 형성해 살려는 성향이 있으며 언어를 가짐으로써 그렇게 할 준비를 갖추었다는 점도 보여 준다. 하지만 이로부터 정확히 어떻게 우리가 신과 자기 자신 그리고 다른 사람에 대한 의무를 규정하는 법칙을 인식하게 되는지는 분명히 드러나지 않는다. 29)

필사본의 이 대목은 Essays: 72~73면; Colman(1983): 48~49면으로부터 인용했다.

29) 로크의 초기 저술 《자연법에 관한 논고》는 푸펜도르프의 저술보다 먼저 출판되었는데 푸펜도르프 역시 로크와 유사한 논증을 사용한다. 하지만 von

7. 정의와 사랑

《정부에 관한 두 논고》에 등장하는 내용은 의무 또는 동기의 본성에 관한 로크의 이론을 상세히 밝히는 데는 별 도움이 되지 않지만 신이 우리의 삶과 사회에 가장 중요한, 혼합된 양태의 도덕 관념으로 부여한 바를 우리가 어떻게 알 수 있는가에 대한 로크의 견해를 상세히 보여 준다. 이것이 《정부에 관한 두 논고》의 핵심적인 초점은 아니지만 두 번째 논고에는 로크와 동시대 학자들에게 상당히 익숙했으리라고 생각되는 논증 방식이 등장한다. 여기서 로크는 신이 인간을 "혼자 사는 것이 별로 좋지 않은" 방식으로 창조했다고 말한다. 따라서 신은 "인간에게 강력한 필연적 의무, 문명의 이기 그리고 **사회**를 이루려는 성향을 부여했으며" 이를 가능하게 만드는 이성과 언어 또한 제공했다(《논고》 II. 77: 318~319면). 이렇게 뚜렷하게 드러나는 인간의 특징이 우리를 위한 신의 의지를 드러낸다면 우리가 신의 의지를 수행하기 위해 행하는 바 또한 신의 의지임에 틀림없을 것이다. 로크는 인간 역사의 초기 단계에서는 그렇게 다양한 도덕이 필요하지 않았을 것이라고 주장한다. 가족 구성원은 본성적으로 서로의 편리를 도모했을 것이며, 이른바 "황금시대"에는 개인적 삶과 사회적 삶이 모두 지극히 단순하고 물질적 재화도 많지 않아서 서로의 다툼이 그리 큰 문제가 되지 않았을 것이다(II. 110~111:

Leyden이 각주에서 지적하듯이(*Essays*: 159면 n. 1) 인간 본성의 두드러진 특징으로부터 우리를 위한 신의 의도를 이끌어 내려는 생각, 또는 신과 자신 그리고 다른 사람에게 의무를 지는 특성이 우리의 중요하고 두드러진 특징이라는 생각 등은 아퀴나스에게까지 거슬러 올라가는 교리이다.

341~343면). 하지만 자신의 삶과 복지의 수준을 높이려는 인간의 본성적인 성향 때문에 더욱 큰 부를 위한 경쟁을 피할 수 없게 된다. 이를 잘 해결하기 위해 우리는 정치 조직을 형성하게 된다고 로크는 주장한다.[30]

로크의 정치철학은 여기서 다룰 주제는 아니다. 하지만 이를 잠시 언급하는 이유는 신이 우리에게 원하는 복합적인 도덕 관념이 무엇인지 결정하는 문제를 해결하는 데에 그의 정치철학이 어떤 도움을 줄 수 있는지 밝히기 위해서이다.[31] 로크라면 아마 신은 우리가 본성적으로 두드러진 특징이 보여 주는 방식대로 살 수 있게 만드는, 그런 도덕 관념을 사용하기 원한다고 말할 듯하다. 즉, 우리가 사회를 이루고 점차 번영을 확대하면서 살아가기 원하는데 이런 삶은 부분적으로는 우리가 함께 살아가는 일을 어렵게 만드는 이기적인 경쟁심에 의해서 실현되기도 한다. 우리의 이성은 이런 목적을 위해 우리에게 필요한 개념을 구성하고 법칙을 발견하기에 적합하다. 따라서 넓은 의미에서 서로 연관된 정의와 소유권의 개념은 우리를 위한 신의 계획에서 분명한 위치를 차지한다.

그로티우스나 푸펜도르프와 마찬가지로 로크에서도 정의가 도덕의 전부는 아니다. 설령 인간이 처한 조건으로부터 신의 의지를 이

---

30) 푸펜도르프도 정부와 사적 소유권을 향한 역사적 진화가 일어난다는 점을 주장한다. 또 로크가 푸펜도르프에게서 몇몇 주장을 빌려왔을 가능성도 있다. Istvan Hont(1987), "The Language of Sociability and Commerce: Samuel Pufendorf and the Theoretical Foundations of the 'Four-Stages Theory'" in Pagden: 253~276면 참조.

31) 이런 흥미로운 제안은 Colman(1983)에 힘입은 바 크다.

끌어 내려는 논증이 최소한 신이 우리가 정의와 소유권의 개념을 중심으로 우리 삶을 조직하기를 원했다는 점을 보일 수 있다 할지라도 이와 유사한 논증이 "사람들 사이에 서로 사랑할 의무"의 근거를 제공할 수 있는가 하는 질문은 여전히 남게 된다. 그런데 이 의무는 로크가 근본적인 정의의 준칙 중 하나로 여긴 바이기도 하다(《논고》 II. 5: 270면). 로크는 자신이 출판한 저술들에서 자비심을 거의 언급하지 않으며, 앞서 지적했듯이 그의 심리학이 자신의 이익과 무관하게 다른 사람의 복지에 직접적인 관심을 보일 여유 공간을 허용한다 할지라도, 그는 서로 간의 사랑보다는 우리 본성에 내재한 대립의 근원을 더욱 강조한다. 자기희생을 동반한다는 관점에서 다른 사람에 대한 사랑은 우리의 구성 요소 중 그렇게 두드러진 특징이 아니다. 이는 로크가 우리의 본성 중 자비심보다는 정의를 더욱 명백하게 지적하는 데서도 드러난다. 그리고 로크는 우리가 사랑의 법칙 아래 놓여 있다는 점을 인식하도록 만들 다른 본성적인 근원을 제시하지 않는다.

8. 주의주의와 경험주의 도덕

로크는 생전에 정부에 관한 논고들을 자신이 썼음을 한 번도 인정하지 않았으며 '두 번째 논고'에 등장하는 논증이 자신의 도덕 이론을 완성하기 위한 것이라고도 결코 말하지 않았다. 그는 또한 논증적인 도덕을 완성해 발표하는 방식에 필요한 자비심의 위대한 준칙에 대한 확고한 근거를 제공하지 못한 것이 자신의 무능력 때문이라고 말하지도 않는다. 32) 우리는 버닛을 비롯한 다른 인물들로부터 로크의 저술을 읽은 독자들이 그의 도덕관보다는 다른 문제에 대해 더욱 폭넓게 우려했음을 알 수 있다. 그것은 바로 로크의 주의주의였다. 그리고 우리는 로크가 정치적 관심 때문에 주의주의 및 이와 관련된 경험주의의 방향으로 나아가지 않을 수 없었음을 알 수 있다.

로크는 도덕에 대한 회의주의적 관점뿐만 아니라 신이 영감을 부여해 도덕을 통찰할 수 있다고 주장하는 광신주의에 대항하는 데에도 큰 관심을 보였다. 33) 이런 목표는 근대의 모든 자연법 학자가 공유하는 바이기도 하다. 회의주의와 광신주의는 모두 적절하고 안정된 사회를 유지하는 데 방해가 된다. 홉스나 푸펜도르프, 그로티우스와 마찬가지로 로크도 경험에 기초한 자연주의가 논쟁을 해소하고 권위나 개인적인 선호에 호소하는 막다른 골목에서 벗어날 수 있는 유일한 과학적 대응 방법이라고 생각했다. 그리고 로크의 독자 대부분은 물론 로크 자신도 오직 신을 근거로 하여 이해한 도덕만을 받아들일 수 있다고 여겼다. 로크는 푸펜도르프와 마찬가지로 그로티우스를 그저 주지주의자로 간주하면서 그의 저술을 읽었고, 어쩌면 바르베이락처럼 그로티우스의 견해가 너무 쉽게 신을 불필요하게 만드는 쪽으로 빠져든다고 생각했는지도 모른다. 로크는 또한 신을 중요한 요소로 유지하려는 컴벌랜드의 방식도 거부했다. 앞에서 지적했듯이 컴벌랜드는 보상과 처벌을 통해서 자신을 드러내는 자

---

32) Colman (1983) : 204면.

33) 로크는 《인간지성론》의 4판(1700)에서 광신주의에 관한 장을(IV. xix) 첨가했다. 그의 일기를 보면 1681년이나 1682년경에 이미 신이 부여하는 영감에 대한 믿음을 비판하기 시작했다. King(1830) : 124~128면 참조.

비로운 창조주로서의 신에 호소함으로써 법에 반드시 필요하다고 여겨지는 보상과 처벌을 자연적인 본성으로 만들었다. 로크는 이런 식의 태도를 단호하게 거부한다. 그는 다음과 같이 말한다. "신은 행위 자체의 자연적인 과정이나 결과가 아닌 어떤 선이나 악을 통해 보상과 처벌을 행해야만 한다. 왜냐하면 자연적으로 편리하거나 불편하다는 것은 법칙이 없이 그 자체만으로도 작용할 것이기 때문이다."(《인간지성론》 II. xxviii. 6: 351~352면) 이런 컴벌랜드적인 견해는 도덕에는 어떤 법칙도 필요 없다는 점을 함축한다 ― 그리고 법칙이 없다면 법칙의 부여자도 필요하지 않게 된다. 오직 주의주의만이 신을 본질적 요소로 유지한다. 하지만 로크의 의미 이론은 오직 신의 권능만이 신을 통치자로 만든다는 주장을 강요한다. 그 외의 어떤 말도 의미가 없다.

트러헌(Thomas Traherne)은 《기독교 윤리》(*Christian Ethics*)를 1675년에 출판했는데 비록 독창적이지 않을지라도 체계적으로 도덕을 설명한 저술이었다. 사상가보다는 독실한 시인이며 따뜻한 마음을 지닌 덕의 옹호자의 태도를 보이면서도 그는 주의주의가 매우 일반적으로 불러일으킨 관심을 간결하게 요약한다. 그는 다음과 같이 말한다. "신을 폭군으로 파악하는 사람은 신을 영예롭게 하지도, 사랑하지도, 향유하지도 못한다."[34] 베이컨이라면 트러헌의 이런 지적에 사용된 문구를 교정하려 했을지 몰라도, 그의 언급은 이후 점점 더 널리 퍼져나간 태도를 잘 요약해 표현한다. 주의주의와 경험주의의 결합은 신과 인간의 관계에 대한 도덕적으로 받아들일 수 없는 견

---

34) Traherne, *Christian Ethics*: 71면.

해로 불가피하게 귀결된다고 여겨졌다. 로크가 도덕적 속성을 지니지 않는 신을 제시한다는 버닛의 비판에도 바로 이런 우려가 깔려 있다. 후에 다른 철학자들을 통해서도 이런 우려를 살펴볼 것이다.

오늘날 많은 철학자들은 로크가 윤리학에서 제시한 자연주의가 용어의 의미들을 잘못 사용했기 때문에 잘못된 방향으로 갔다고 여기는 듯하다. 트러헌의 지적은 로크의 독자들이 자연주의와 관련해 느꼈던 문제가 이와 다른 것이었음을 암시한다. 그들에게 문제는 자연주의가 신과 우리 사이의 관계에 대해 받아들일 수 없는 해석을 강요한다는 것이었다. 로크는 우리에 대한 신의 지배를 오직 창조주로서의 신의 권능과 솜씨에 의존하는 것으로 묘사하지 않을 수 없었다. 로크는 경험으로부터 이끌어 낼 수 없는 개념을 자신의 체계 안에 도입하지 않고서는 신의 지배와 자비로운 전제군주 사이의 차이를 원리상 인정할 수 없었다.

앞서 지적했듯이 로크가 논증적 윤리를 발표하지 못한 까닭은 위대한 자비심의 법칙을 증명하는 문제 때문이 아니었다. 그것은 신이 정의로운 지배자라는 것을 증명하는 것은 고사하고, 어떻게 우리가 이를 말하거나 의미할 수 있는지조차 버닛에게 만족스럽게 설명하지 못하는 자신의 무능함에 스스로 깜짝 놀랐기 때문이었다. 로크는 많은 기독교도들이 ― 그 자신도 그중 한 사람이지만 ― 신과 피조물 사이에 존재한다고 믿었던 방식의 관계를 용인할 수 없었다. [35] 이러한 로크의 실패는 이전의 경험주의 윤리학이 주장한 바에 비해 경

---

35) 푸펜도르프와 마찬가지로 로크도 영혼의 불멸성에 대한 믿음에 경험적 근거를 제공하는 데 어려움을 겪은 것으로 보이는데, 영혼의 불멸성은 법칙에 기초한 로크의 도덕에서 제재를 가능하게 하기 위해 반드시 필요하다.

험주의가 낳는 도덕적 결과에 더욱 주목하도록 만들었다. 홉스는 윤리학을 구성하는 경험주의적 요소들을 인정했지만 그의 인식론은 격렬한 논쟁의 대상이 되었던 정치적 견해에 파묻혀 거의 빛을 발하지 못했으며 종교에 관한 그의 견해 또한 엄청난 비난에 휩싸였다. 따라서 그의 저술은 경험주의와 주의주의의 연결이 불러일으킬 수 있는 것보다도 훨씬 더 절박한 문제들을 일으켰다. 푸펜도르프는 경험론자이기는 하지만 경험으로부터 개념들을 도출하는 일반 이론을 전개하지는 않았다. 그는 실정법을 제정하는 데 사용할 수 있는 자연법의 상세한 조항을 발전시키는 일에 집중했다. 설령 그에게 신은 정의롭다는 주장의 의미와 관련해 문제가 있었다 할지라도 독자들은 이를 무시하고 그의 자연법 조항들을 여전히 수용했을 것이다.

로크가 처한 상황은 이와 달랐다. 로크는 자연법의 조항을 상세히 밝히기보다는 자연법을 인식하는 문제에 더 큰 관심이 있었다. 그 결과 주의주의와 경험주의의 연결은 윤리학에 관한 푸펜도르프의 견해에서보다 로크의 견해에서 비록 단편적이기는 하지만 더욱 뚜렷하게 드러났다. 로크의 독자들은 로크처럼 도덕적 개념에 관한 자연주의적 경험주의를 받아들인다면 — 신을 도덕에서 완전히 배제하지 않는 한 — 반드시 주의주의로 나아가야 한다는 점을 인식하지 않을 수 없었을 듯하다. 푸펜도르프의 주의주의와 마찬가지로 로크의 주의주의 또한 종교적 동기에서 등장했다는 점은 의심의 여지가 없다. 하지만 로크의 저술이 초래한 의도하지 않은 결과 중 하나는 만일 강력한 주의주의가 낳는 도덕적 결과 때문에 그것을 받아들일 수 없다면 경험주의 또한 수용할 수 없다는 사실을 홉스보다도 더욱 확실하게 보여 주었다는 점이다. [36)]

9. 토마지우스: 주의주의의 거부

토마지우스(Christian Thomasius, 1655~1728)는 오늘날 거의 무시되지만 독일 학자들은 그를 독일 계몽주의의 선구자로 여긴다.[37] 그는 마녀 사냥을 비롯해 자신이 미신이라고 여긴 많은 관행에 강력하게 반대했다. 그는 라틴어가 아닌 독일어로 철학에 관해 강의하거나 저술하는 첫 발걸음을 대담히 내디뎠으며 이를 통해 수많은 독일어 철학 용어를 처음 만들어 내었다. 그는 이를 포함한 여러 방법을 통해 교육 받은 일반인들을 위한 예절 및 도덕을 발전시키고 궁정과 귀족을 중심으로 확립된 것과는 다른 형태의 사회적 예법을 보급했다. 그는 흔히 진보적이라고 여겨진 다른 여러 명분을 선호했고 또 이들을 위해 노력했다. 그리고 그는 자신의 노력에 기초를 제공하는 최선의 철학을 발견하기 위해 철학에 관한 생각을 계속 바꾸어 나갔다. 1688년 자연법에 관해 푸펜도르프와 유사한 견해를 드러내는 상당히 긴 라틴어 저술을 출판한 후, 1692년 토마지우스는 비교적 짧은 《윤리학 입문》(Introduction to Ethics)을 독일어로 출판하는데 이 책에는 '합리적으로 덕을 갖추고 사랑하는 기술에 관해'(On the Art of Loving Reasonably and Virtuously)라는 부제를 달았다. 뒤이어 그는 이 기술의 적용에 관한 책도 썼다. 폭넓게 읽힌 이 두 저서에

---

36) 제9장 4절에서 데카르트의 주의주의에 관해 논의할 것이다. 물론 그의 주의주의는 그 어떤 경험주의적 견해의 결과도 아니었다.

37) 그에 관한 중요한 연구로 Schneiders(1971)을 들 수 있다. 또한 Wundt (1964) 1장; Beck(1969): 247~256면; Bloch(1986) 26장; Barnard (1971) 참조.

깔린 원칙은 그가 처음 썼던 책의 것과는 전혀 달랐다. 1705년 그가 마지막으로 출판한 라틴어 저술은 《자연법과 국가법의 기초》(*Fundamenta Juris Naturae et Gentium*)였는데 여기서도 그는 다시 한 번 근본적으로 변화한 견해를 드러낸다. 토마지우스의 견해가 변화하고 수정된 과정을 모두 추적할 필요는 없지만, 그의 마지막 견해가 포함하는 몇 가지 측면을 간단히 살펴보는 일은 큰 도움이 되므로 반드시 필요하다.

사랑을 다룬 토마지우스의 두 저술은 그가 사랑을 중심으로 도덕을 구성하고 치료를 시도하려는 오랜 전통을 이어받았음을 드러낸다 — 그런데 여기서의 사랑은 기독교적인 사랑(그리스어 *agape*나 라틴어 *caritas*로 표현되는)이 아니라 신의 은총을 통해서 설명할 필요가 없는 순전히 인간적인 현상을 의미한다. 컴벌랜드도 사랑을 이와 유사한 방식으로 다루어 도덕의 핵심에 사랑이 놓여 있음을 보이기 위한 자연법 이론을 구성했다. 그는 또한 주의주의에서 벗어나려 했다. 그리고 이 두 임무를 서로 아름답게 조화시켰다. 주의주의를 대신할 논리로 그는 사랑의 법칙, 즉 우리의 본성적인 선을 극대화해야 한다는 법칙을 요구했다. 그리고 만일 이것이 도덕법칙이라면 신의 명령이 임의적이지 않고 우리가 이해할 수 있는 방법으로 정당화될 수 있음을 드러내는 분명한 방법을 얻는 것이라고 그는 생각했다. 토마지우스는 푸펜도르프의 충실한 추종자로서 출발했지만 결국 주의주의를 거부하면서 최소한 컴벌랜드와 유사할 정도로 공리주의에 다가간다. "모든 행위의 보편적인 규범은 다음과 같다. 즉, 인간의 삶을 연장하고 행복하게 만드는 데 얼마나 기여하는지가 바로 그것이다."(《기초》 I. 6. 21)

토마지우스는 푸펜도르프를 거부할 때조차도 그로티우스의 문제의식을 당연한 것으로 여겼다. 그가 근대 자연법 이론에 반대했다는 사실이 특별히 관심을 끄는 까닭은 앞서 이를 지지한 뒤에 내린 결론이기 때문이다. 토마지우스가 제기한 여러 반박은 트러헌과 같은 태도가 세부적인 것을 구체화할 경우 어떤 결과에 이르는지 보여 준다. 컴벌랜드의 저술 《자연법에 관해》의 개정판은 독일에서 1683년에 출판되었기 때문에 토마지우스가 이를 알았을 가능성이 매우 높다. 그리고 토마지우스의 유고를 보면 그가 로크의 《인간지성론》을 읽었으며 자연법에 관한 언급 대부분을 여기에서 인용했음을 알 수 있다.[38] 할레(Halle)에 새로 세워진 대학의 수장으로서, 토마지우스는 독일의 지성계를 지휘하는 위치에 올랐다. 그가 푸펜도르프의 사상과 결별한 것은 자연법 이론을 주도하는 저술에 대한 매우 중요한 반응이었다.

토마지우스는 자신의 저서 앞부분의 등장하는 정념에 관한 장에서 푸펜도르프와 결별한 주된 근거를 암시한다. 그의 언급에 따르면 적절한 종교적 감정은 신에 대한 합리적 기대와 두려움으로 정의되며 이는 또한 아이 같은 순수한 두려움으로 불리기도 한다. 신에 대한 비합리적 두려움은 미신이다. 이는 노예 같이 비굴한 두려움이다 (I. 2. 32). 뒤이어 "아버지로서의 신이라는 개념과 표상은 어린이 같

---

38) Wundt (1964) : 31면 주 1과 Schneiders (1971) : 301면 주 1에서는 《자연법과 국가법의 기초》에서 드러나는 경험주의가 로크적이 아니라 아리스토텔레스적이라는 주장이 제기된다. 토마지우스가 로크의 저술을 읽기 전부터 경험주의자였을지도 모른다. 하지만 Wundt는 토마지우스가 1700년에 출판된 《인간지성론》의 프랑스어 번역본을 가지고 있었으며 이로부터 영향을 받아 이후 자연법에 관한 자신의 생각을 형성할 충분한 시간이 있었다고 말한다.

은 두려움에 근거하지만 절대 군주로서의 신이라는 개념과 표상은 노예 같은 두려움에 근거한다"고 언급한 것은 전혀 놀랍지 않다. 오직 바보들만이 신을 폭군으로 상상한다.

> 설령 어떤 현명한 사람이 인간을 통치하는 존재로서의 신을 상상한다 할지라도 그는 신을 통치자라기보다는 아버지로 여길 것이다. 왜냐하면 폭군과 같은 방식으로 인간의 마음에 각인한 법칙을 통해 신 자신의 이익을 추구하기보다는 인간을 위한 최선을 추구하는 것이 신의 완전성에 더욱 어울리는 일이기 때문이다(I. 5. 41~43).

여기서 주의주의에 대한 거부는 신이 최대의 선을 추구한다는 생각과 직접 연결된다. 토마지우스는 만일 신을 "처벌을 통해 외견상 인간을 구속하는, 폭군과 같은 입법자로" 여긴다면 우리는 또한 신의 의지가 없이는 어떤 행위도 명예롭거나 수치스럽다고 생각해서는 안 된다고 덧붙인다. 그는 자신이 다른 저술에서 이런 강력한 주의주의적 주장이 거짓임을 이미 보였으므로 현재 자신의 관심은 다른 곳에 있다고 말한다(I. 5. 51). 그 관심은 푸펜도르프의 체계를 수정하려는 것이다. 그는 이전의 용어들에서 벗어날 생각이 전혀 없는 사람처럼 글을 써 내려간다. 하지만 그는 핵심적인 용어들의 의미를 이전과는 전혀 다른 것으로 바꾸어 나간다.

10. 의무와 충고

토마지우스는 신이 자신의 의지를 처벌의 위협을 통해 강요한다는 주장을 포기한다. 그는 현명한 신은 입법자보다는 교사에 가까울 것이며 우리는 두려움에 떨 때가 아니라 마음이 평화로울 때 무언가를 배울 수 있으리라고 말한다. 더욱이 신은 이성을 통해서 가르치는데 오직 이성만으로는 신이 처벌을 사용한다고 여겨야만 한다는 것을 증명할 수 없다. 사실 토마지우스는 제재를 일종의 본성으로 여기려는 컴벌랜드의 시도를 거부한 로크의 태도를 그대로 반영해, 이성은 "인간이 만든 규칙에 기인하지 않은 자연법을 어긴 사람에게 뒤따르는 모든 처벌이 자연적이며 따라서 처벌이라고 부르는 것이 적절하지 않음을 지각한다"고 말한다. 정의상 처벌에는 의도적으로 자연의 진행에 개입함으로써 고통을 주려는 행동이 포함된다. 그렇기에 처벌은 순전히 인간이 만든 제도이다. 우리는 자연법으로부터 오직 어떤 사람이 처벌받아야 마땅하다는 결론만을 이끌어 낼 수 있을 뿐 어떤 처벌이 마땅하다는 결론은 내릴 수 없다(I. 5. 37~40, 53).

처벌을 통해 우리를 위협하는 존재로서의 신을 생각할 수 없다면 전통적인 자연법에 속하는 견해 대부분은 폐기되어야 한다. 자신의 저서 서문에서 토마지우스는 이전에는 자신도 그로티우스나 푸펜도르프와 마찬가지로 '법'이라는 용어가 지닌 다양한 의미를 구별하지 못했다고 말한다. 처벌은 "법이 지닌 탁월한 능력이다". 만일 신이 처벌하지 않는다면 신의 명령은 인간이 만든 법과 같은 의미의 법이 아니다. 신의 법과 인간의 법은 사실 같은 유형에 속한다고 할 수 없다. '법'이라는 용어는 "오직 무척 넓은 의미에서만" 신의 명령에 적용된다(pref. 8~10).

자연법 중에 조언 또는 충고를 하는 것과 의무를 부과하는 것이 있다는 표준적인 구별 또한 수정되어야 한다. 누군가에게 의무를 부과하려면 입법자는 위협을 통해 그가 의무를 반드시 따르도록 만들 수 있는 권력을 가져야만 한다. 토마지우스는 자연법 중에 교사가 충고를 하는 유형의 것과 상위의 존재가 명령을 내리는 유형의 것이 있다는 표준적인 구별을 유지한다. 하지만 그는 더 이상 후자의 유형이 우리에게 의무를 부과한다고 말하지 않는다. 상위의 존재는 통치할 뿐이다. 토마지우스는 무엇보다도 신의 명령 또한 충고로 여겨야 한다고 말한다. 신은 아버지이므로 "신의 명령은 규칙이라기보다 충고에 가깝다"(I. 5. 41). 신은 우리에게 우리의 선을 명령하며 우리는 그 명령이 무엇인지 이해할 수 있다. 표준적 구별의 용어로 표현하자면 토마지우스는 신의 명령을 수용할지 거부할지는 우리에게 달려 있다고 말하는 셈이다. 복종은 신과 우리 간의 기본적인 관계가 아니다.

이런 수정은 계속 이어진다. 토마지우스는 의무의 관념 자체를 부정하지는 않으며, 의무에 대해 거의 홉스와 같은 방식으로 설명한다. 또한 그는 푸펜도르프의 자유의지론과 결별하면서 우리는 필연적으로 자신의 바람과 두려움에 의해 움직인다고 주장한다.[39] 위협

---

39) *Fundamenta*의 첫머리에서 토마지우스는 자신이 이전의 저술에서 자유의지론을 받아들이는 심각한 잘못을 저질렀다고 고백한다(pref. 6). 그리고 이 책 전반에 걸쳐 여러 대목에서 그는 새로 제시한 자신의 결정론을 강하게 드러내면서 이로부터 거의 운명론적인, 명백히 암울한 일련의 결론을 이끌어 낸다. 이 문제는 Schneiders(1971) 5장에서 상세히 논의된다. 토마지우스는 "의지의 내적인 자유를 내세우는 이론이 선행을 통해 영원한 구원을 얻

할 줄밖에 모르는 바보는 그저 강력한 힘을 과시할 뿐이다. 현명한 사람이 신중하게 드러내는 바람과 두려움은 의무를 형성한다. "규칙뿐만이 아니라 충고도 두려움을 불러일으키므로" 둘 모두가 의지를 강제한다. "따라서 충고는 사람들에게 의무를 부과할(*vim obligandi*) 힘이 없다는, 흔히 들을 수 있는 말은 거짓이거나 제대로 된 설명이 아니다."(I. iv. 58~60) 충고는 논의 대상이 되는 행위와 필연적으로 연결된 바에서 오는 "내재적인" 힘을 충고를 받는 사람에게 드러냄으로써 그를 구속한다.[40] 규칙은 단지 인간이 선택하는 행위와 연결된 외재적인 또는 외부적인 힘을 통해서만 인간을 구속한다. 토마지우스는 "현명한 사람은 내적인 의무를 더욱 상위의 것으로 여기며" 항상 충고에 따라 움직인다고 말한다. 반면 바보는 항상 규칙의 지배를 받는다(I. iv. 62~65).[41]

　토마지우스는 로크와 마찬가지로 우리가 "거의 합의에 이르지 못하며 수많은 사항에서 불일치와 다툼, 대립을 일으키는 의지"를 가

　게 된다는 가톨릭 교리의 핵심적 가르침"이라고 주장한다(I. 3. 1, 각주).

40) 내재적인 힘은 규칙이나 상위의 존재로부터가 아니라 행위 자체로부터 생겨나는데 푸펜도르프 또한 이 점을 분명히 하고자 했다.

41) 토마지우스의 저서 전반에 걸쳐 바보와 현명한 사람이 서로 대비된다. 이런 용어 사용은 스토아학파까지 거슬러 올라가지만 토마지우스는 홉스가 생각한 바보, 즉 어떤 정의(正義)도 존재하지 않는다고 마음속으로 생각하는 바보를(《리바이어던》 I. 15. 4) 염두에 두는 듯하다. 여기에 함축된 엘리트주의(*elitism*)는 자연법 사상에서 흔히 발견되는 것이지만 토마지우스가 현명한 사람과 바보의 의지를 서로 대비한다는 점은 상당히 중요하다 — 그의 저서에서 제시된 도덕심리학의 결과로 지성이 아니라 의지가 인간의 행위를 결정하는 요소로 부각된다. 어쩌면 토마지우스는 이성적인 의지작용과 비이성적인 의지작용을 구별하려 한다고도 말할 수 있을 듯하다.

지는 경향이 있다고 주장한다(I. 1. 102). 자연 상태는 완전한 전쟁 상태는 아니지만 평화보다는 전쟁 상태에 가까운 "혼란 상태"이다 (I. 1. 104; I. 3. 54). 따라서 사회가 존속하기 위해서는 어떤 규범을 공유할 필요가 있다(I. 1. 102). 여기서는 그로티우스의 문제의식과 유사한 요소가 발견된다. 토마지우스는 의무와 제재가 중요하지 않다고는 생각하지 않는다. 그의 목표는 이들과 도덕 사이의 관계를 새로운 방식으로 기술하는 것이다.

11. 법과 도덕의 분리

토마지우스가 완전한 의무와 불완전한 의무 사이의 구별을 수정한 내용은 그가 이런 수정 작업을 어떻게 해나갔는지 잘 보여 준다. 그는 그로티우스의 구별이 "전적으로 옳지는 않다"고 말한다(I. v. 23). 그의 수정 작업이 얼마나 철저한지 설명하고자 우선 그의 기본적이고 적극적인 견해를 설명하려 한다. 이 절의 제목에서 암시되듯이 그의 목표는 자연법 이론을 발전시키기 위해 명예로움, 정의로움 그리고 합당함 또는 적절함이라는 세 요소를 구별하는 것이다.[42]

　　토마지우스에 따르면 정의는 사람들이 서로에게 심각한 피해를 입혀 사회가 더 이상 지속될 수 없는 일을 방지하는 문제와 관련된다. 정의의 규칙은 오직 공개적으로 관찰될 수 있는, 다른 사람에 대

---

42) 이 셋은 라틴어로는 *honestum*, *justum*, *decorum*으로 표현된다. 이에 대한 독일어 번역은 *ehrlich*, *gerecht*, *anständig*이다.

한 행위에만 적용된다. 정의가 문제시되는 까닭은 평화를 방해하는 성향이 있어 반드시 통제되어야 하는 사악한 사람들이 있기 때문이다. 이와는 대조적으로 명예로움은 오직 사람의 내적인 삶과 관련된다. 명예로운 사람은 정념과 욕구를 통제해 수치스러운 일을 행하지 않는다. 합당함 또는 적절함은 정의와 마찬가지로 타인과의 관계에 속하는 문제이다. 이는 타인을 돕거나 자신의 내적인 상태를 향상시켜 다른 이들에게 손해를 끼치지 않는 방식과 관련된다. 명예로운 사람이 가장 존경할 만하다면 정의롭지 못한 사람은 최악이라고 할 수 있다. 합당하게 행하는 사람은 중간 위치를 차지한다(I. iv. 87~90). 현명한 사람은 이 세 종류의 선을 한데 결합하여 가질 것이다 (I. iv. 91). 하지만 토마지우스는 이들 셋 각각에 대해 서로 다른 규칙을 제시한다. 명예의 원리는 "네가 다른 사람들이 행하기 원하는 바를 네 스스로 행하라"는 것이다. 합당함의 원리는 "다른 사람들이 네게 행하기 원하는 바를 너도 다른 사람에게 행하라"이다. 그리고 정의의 원리는 "다른 사람들이 네게 행하기 원하지 않는 바를 너도 다른 사람에게 행하지 말라"이다(I. vi. 40~42). 43)

정의의 규칙은 처벌의 위협을 근거로 삼아 적절하게 유지될 수 있다. 하지만 다른 두 영역의 규칙은 그럴 수 없다. 44) 명예로움은 순

---

43) 라이프니츠 또한 세 단계의 정의를 구별하고 각각에 대한 준칙을 제시했다. 제 12장 3절 참조. 하지만 라이프니츠가 토마지우스에게 어느 정도의 영향을 미쳤는지 나는 알지 못한다.

44) 이런 견해로의 접근은 사랑에 관한 초기 저술에서도 드러난다. 거기서 토마지우스는 "인간성의 의무와 선한 행위 사이에는 일종의 유사성"이 성립한다고 말한다. "이들은 모두 자기 자신에 대한 것도, 다른 사람에 대한 것도 아니다. 또한 감사를 받기 위한 것도 아니며 어느 누구에게도 강요될 수 없

전히 내적인 문제이므로 강요할 수 있는 범위를 넘어선다. 토마지우스는 합당함에 대해 매우 분명한 태도를 취한다. "합당함의 규칙이 우리와 다른 사람과의 관계를 언급한다는 사실은 명백하다. 하지만 어느 누구도 합당함을 강요할 수는 없으며 일단 누군가가 강요한다면 그것은 더 이상 합당함이 아니다."(I. v. 21) 여기서 토마지우스는 불완전한 의무에 대한 푸펜도르프의 설명에서 드러나는 치명적인 모순점을 지적한다. 우리는 불완전한 의무를 올바른 정신에 따라, 즉 사랑 또는 직접적인 관심이라는 정신에 따라 수행해야 한다. 하지만 의무는 오직 우리가 강요받을 경우에만 성립하는데 우리는 사랑이나 감사 또는 동정심을 느끼라고 강요받을 수는 없다.

앞서 토마지우스가 자연스럽게 인식할 수 있는 처벌은 오직 인간이 부과하는 처벌뿐이라고 생각한다는 점을 지적했다. 따라서 그가 이해하는 정의는 순전히 인간이 만든 법체계에 속하는 문제임에 틀림없다. 그는 또한 명예와 합당함이 요구하는 바가 제재를 통해서 강요될 수는 없지만 이들은 의무를 부과한다고 주장한다. 여기서 의무로 부과되거나 우리를 구속하는 바는 내적인 강요로서 — 명예를 누리는 마음의 평화, 합당함과 반드시 연결되는 다른 이들의 좋은 평판 등으로서 — 현명한 사람은 단지 정의의 영역에서 규정되는 외

다. 사실 누군가가 다른 사람에게 친절과 자비(*Gutäthigkeit*), 감사를 강요한다면 (통치자가 존재하는 사회에서는 통치자가 기회나 상황에 따라 피통치자들에게 어느 정도 이런 덕들을 행하라고 강요하는 일이 일어나기도 하지만) 이런 행위들은 강요에 의해 행해지면서 곧바로 친절과 자비, 감사라는 이름을 잃게 되고 만다. 그 까닭은 다만 이들이 자유롭게 행해진 것이 아니라 강요에 의한 것이기 때문이다." *Einleitung* V. 26. 여기서 토마지우스가 궁정에서 행해지는 바를 거부했다는 점은 눈여겨 볼 만하다.

부적인 의무보다는 이들을 더욱 중요시한다.

토마지우스가 생각한 합당함 또는 적절함의 영역은 푸펜도르프의 체계에서 불완전한 의무의 영역과 매우 유사하다(앞의 제7장 4절 참조). 정의 또는 완전한 의무의 행위와는 달리 불완전한 의무에 속하는 행위는 사회의 유지 자체를 보장하기 위해 필요하지는 않지만 우리가 살아가는 공동의 삶을 크게 개선한다. 토마지우스는 적절한 행위가 타인의 친절함을 일깨운다고 말하는데 이는 불완전한 의무를 행함으로써 감사를 받고 사회적 연대감도 신장할 수 있다는 푸펜도르프의 말과 일맥상통한다. 토마지우스는 그로티우스의 구별이 부적절하다고 주장한 후에 다음과 같이 말함으로써 자신이 합당함과 불완전한 의무를 동일시한다는 점을 암시한다. "불완전한 권리는 내가 정의가 아니라 합당함의 규칙에 따라 다른 사람에게 요구하는 바의 범위 이상으로 확장되지 않는다."(I. v. 23) 하지만 그는 곧바로 의무에 전적으로 구속된 상태 아니면 의무가 전혀 없는 상태만 존재한다고 주장함으로써 완전함과 불완전함이라는 용어 자체를 거부한다. 더욱이 명예와 합당함의 의무는 정의의 의무보다 더욱 진정한 의무이고 현명한 사람은 합당함의 의무에 더욱 큰 비중을 두므로 이들은 중요한 의미에서 더 상위의 또는 "더욱 완전한" 의무이며 따라서 이들을 불완전한 의무라고 부르는 것은 어리석은 일이다.

이로부터 어떤 사람이 내적인 의무에서 그리고 명예와 합당함의 규칙에 따라 행위하는 바는 덕(*virtute* 또는 *Tugend*)[45]에 의해서 인도된다는 사

---

45) 〔옮긴이주〕 *virtute*는 '덕'(*virtue*)에 해당하는 라틴어이며, *Tugend*는 이에

실이 도출된다. 따라서 이 사람은 정의로운 사람이 아니라 덕이 있는 사람으로 불린다. 하지만 어떤 사람이 정의의 규칙에 따라 또는 외적인 의무로부터 행위하는 바는 정의의 지배를 받으며 이렇게 행위하는 사람은 정의롭다고(*justus* 또는 *gerecht*) 불린다(I. v. 24~25).

푸펜도르프의 불완전한 의무는 외부적 제재가 없더라도 의무를 수행할 동기를 부여할 수 있는 힘을 가진 법칙의 영역으로 변화했다. 이 영역에서 우리는 신의 지배나 재판관의 지배도 받지 않는다. 내적인 의무는 다른 사람에게서 기인할 수 없으므로 여기서 우리는 "자신에 대한 의무를 지며 스스로 법칙을 형성한다고(예를 들면 맹세를 통해)" 말할 수 있다(I. 5. 18). 이런 의무는 그저 제재에 의해서 강요되는 외적인 의무보다 더욱 상위에 속하며 더 중요하다. 외적인 의무는 법의 영역이라고 부르기에 적절한, 인간이 만든 법의 영역을 형성한다. 반면 내적인 의무는 이제 진정한 도덕의 영역이라고 인정할 수 있는 영역을 구성하는 데에 매우 가깝게 다가간다. 이 영역에서 우리는 스스로를 규율한다.

토마지우스는 자신이 경험주의자라고 선언하며(I. 23), 어떤 본유관념도 존재하지 않는다는 로크의 견해에 동의한다(I. iv. 16n). 하지만 토마지우스는 자신의 경험주의가 푸펜도르프나 로크의 주의주의를 수정하려는 시도와 어떻게 조화되는지 전혀 설명하지 않는다. 그로 하여금 저술 활동을 하도록 이끈 추진력은 인식론이나 의미론에

해당하는 독일어이다. 바로 다음에 등장하는 *justus*와 *gerecht* 또한 '정의로운'(*just*)에 대한 라틴어와 독일어이다.

대한 관심이 아니다. 그는 개인이 도덕적 능력을 지닌다는 사실을 주장하려는 관심, 다른 사람에의 복종을 자기규율과 자기입법으로 대체하는 법과 도덕 이론을 제시하려는 관심에서 저술을 남겼다. 그는 자신의 수정 작업에 걸맞게 인식론과 의미론을 변형하는 문제에 대해서는 침묵했을지 몰라도 도덕의 언어는 철저히 변화시킨다.

그는 자신이 외적인 의무가 유일한 종류의 의무가 아니며 내적인 의무가 오히려 "더욱 탁월한 종류의 의무"임을 보인 최초의 인물이라고 생각한다. 그는 스스로가 이전에는 여러 종류의 법이 존재하며 덕은 결코 법의 일부가 아니라는 점을 깨닫지 못했다고 말한다. 사람 사이의 공적인 정의와 질서는 오직 한 종류의 법만을 요구하는데 도덕은 이와는 다른 것을 필요로 한다. 토마지우스는 푸펜도르프가 "자연법과 윤리 이론(*doctrinam ethicam*)을 서로 뒤섞어 버렸다"고 불평한다. 동시에 그는 "내가 올바른 근거에 기초해 이들을 제대로 배열한 최초의 인물"이라고(pref. 11~12, 16) 자랑스럽게 말하는데 그럴 만한 근거가 충분하다.

찾아보기

용어

ㄱ~ㅁ

경건주의자   3권 35, 36, 39, 40

계몽주의   1권 41

공감   2권 404, 453

공통 관념   2권 32, 39, 45

공화정   1권 105, 106, 107, 108,
    109

관용   2권 242, 243, 3권 75

구원   1권 78, 83, 84, 85, 87

권리   1권 183, 184, 185, 186,
    188, 189, 190, 290, 291, 292

규율   3권 170

기회원인론   2권 131, 132

낙관주의   2권 158, 160

덕   1권 63, 178, 179, 180, 181,
    182, 183

도덕심리학   1권 45

도덕철학   1권 33, 34, 35, 36,

3권 245, 256

무관심성   2권 53, 54, 215

무신론   3권 76

ㅂ~ㅇ

변신론   3권 136, 153

분배   2권 257, 258

비르투   1권 102, 103

사회계약   3권 99

선택 능력   3권 26

스토아학파   1권 58, 59, 198,
    199, 2권 19, 21, 27, 28, 51

시인과 부인   2권 389, 396, 399,
    401, 452, 455, 516, 517

신   1권 39, 45, 61, 62, 147, 151

십계명   1권 66, 70, 93

양심   2권 365, 372, 3권 51, 52,
    105, 106

예정조화설　2권 155

완성주의　1권 49, 2권 15, 28, 43, 63, 151

완전성　2권 121, 171, 174, 3권 22, 30, 53, 201, 202

은총　1권 78, 79, 94, 97

의무　1권 288, 302, 3권 30, 32, 51, 58, 202, 205

이기주의　1권 199, 201

이신론　2권 36

일반 의지　3권 101, 104

ㅈ～ㅎ

자기규율　1권 33, 47, 217, 2권 46

자기보존　1권 195, 207, 2권 114, 123

자기애　2권 374, 376, 481, 482

자기완성　1권 49

자비심　1권 239, 240, 246, 2권 304, 305, 343, 377, 378

자연 상태　1권 207, 208, 3권 95, 98

자연법　1권 58, 61, 151, 155, 207

자유　1권 32, 206, 2권 298, 301, 3권 47, 50, 146, 152

자유의지　2권 24, 99, 105, 163, 164, 3권 47, 48, 126, 127

자율　1권 31, 3권 119, 169, 179, 180

잠정 도덕　2권 48, 49, 126

정념　2권 388, 393

정의　2권 256, 258, 406, 412

종교개혁　1권 39

주의주의　1권 43, 45, 175, 177, 217, 219, 324, 328

주지주의　1권 43, 45

직관　2권 439, 442, 444

쾌락　2권 209, 212, 271, 274, 3권 79, 80

평화　1권 207, 208

표상　3권 21, 22

필연성　1권 251, 252, 필연성 2권 24, 26

회의주의　1권 110, 119

인물

ㄱ～ㅁ

가상디　2권 203, 218

게이　2권 483, 486

그로티우스　1권 159, 168, 174, 178, 183, 190

니콜　2권 227, 233

데카르트　2권 44, 64

돌바크　2권 507, 512

둔스 스코투스　1권 67, 68, 69,
　　70, 71, 72, 73, 74, 75
뒤 베르　2권 18, 22
디드로　3권 83, 93
라메트리　3권 76, 83
라이프니츠　2권 151, 198
로크　1권 308, 310, 313, 320,
　　324, 329, 332, 337, 339, 343
루소　3권 93, 117
루터　1권 76, 88
리드　2권 465, 480
립시우스　2권 18, 27
마키아벨리　1권 99, 100, 105,
　　109, 114
말브랑슈　2권 130, 150
맨더빌　2권 320, 333
모어　2권 83, 89, 101, 104
몽테뉴　1권 114, 120, 126, 131

ㅂ～ㅇ
바르베이락　1권 159, 162, 175,
　　2권 180, 198
바울로　1권 60, 91
버틀러　2권 359, 381
베이컨　1권 307, 308
벤담　2권 512, 521
벨　2권 233, 243
볼테르　3권 67, 76
볼프　3권 15, 40
브라운　2권 490, 491
사드　2권 521, 528

샤롱　1권 131, 139
샤프츠버리　2권 264, 291
섹스투스 엠피리쿠스　1권 110,
　　113
소크라테스　3권 217, 221
수아레스　1권 145, 151, 156, 159
슈페너　3권 35, 36
스미스, 아담　2권 450, 465
스미스, 존　2권 77, 82
스피노자　2권 110, 130
아리스토텔레스　1권 63, 89, 122
아우구스티누스　1권 80
아퀴나스　1권 61, 66
안셀무스　1권 67
엘베시우스　2권 502, 507
오캄　1권 73, 75
위치코트　2권 69, 76

ㅈ～ㅎ
카마이클　2권 337, 341
칸트　1권 31, 33, 3권 119, 211
칼뱅　1권 88, 97
커드워스　2권 89, 99, 104, 107
컴벌랜드　1권 229, 261
크루지우스　3권 40, 63
클라크　2권 294, 320
키케로　1권 59, 104
토마지우스　1권 344, 356
파스칼　2권 220, 226
펠라기우스　1권 84
푸펜도르프　1권 263, 306, 2권

180, 198

프라이스   2권 434, 449

프랑케   3권 35, 36

피론   1권 110, 111

피타고라스   3권 221, 234

하틀리   2권 487, 489

해링턴   2권 254, 264

허버트   2권 29, 44

허치슨   2권 341, 358

홉스   1권 191, 228

후커   1권 143, 144

흄   2권 383, 428

제롬 B. 슈니윈드 Jerome B. Schneewind, 1930~

1930년 뉴욕주 마운트버넌에서 태어났다. 코넬대를 졸업한 후 프린스턴대에서 석사 및 박사학위를 받았으며 시카고대, 프린스턴대, 피츠버그대, 스탠퍼드대 및 헬싱키대 등에서 철학을 가르쳤다. 1981년부터 존스홉킨스대에 재직하다 2003년에 은퇴, 현재는 명예교수로서 연구에 전념하고 있다. 1973년부터 1978년까지는 미국철학협회 회장직을 맡았으며 구겐하임재단 및 멜론재단 등에서 특별연구원직을 맡기도 하였다.

대표 저서로는 《영국 빅토리아 문학의 배경》(1970), 《시지윅의 윤리학과 빅토리아 도덕철학》(1977), 《근대 도덕철학의 역사: 자율의 발명》(1998), 《도덕철학사 에세이》(2009), 편저로는 《기부: 자선에 관한 서구 철학》(1996), 《칸트 윤리학 강의》(2001), 《도덕철학, 몽테뉴에서 칸트까지》(2003) 등이 있다.

슈니윈드는 도덕철학사와 윤리학 이론, 칸트, 영국 경험주의 분야의 탁월한 연구자로 평가받는다. 근대 도덕철학사에 관한 그의 연구는 오늘날의 철학 연구에 깊은 영향을 미쳤다. 특히 《자율의 발명》은 칸트의 문제의식을 상세히 추적하면서 방대하고도 치밀한 윤리학사를 완성함으로써 서양 근대 윤리학을 다룬 저술 중에서도 독보적 위치를 차지한다.

김성호 金聖昊

고려대 철학과를 졸업하고 같은 대학원에서 칸트 윤리학 연구로 철학박사 학위를 받았다. 서양근대철학회장, 한남대 연구원 등을 역임하였으며, 현재는 고려대, 강원대에서 철학사와 윤리학을 가르친다. 철학서 번역에 큰 관심을 갖고 여러 책을 지속적으로 번역 중이다. 대표적인 번역서로는 애링턴의 《서양 윤리학사》(서광사, 2003), 케니의 《고대철학》(서광사, 2008), 《중세철학》(서광사, 2010), 《근대철학》(서광사, 2014), 웨스트의 《밀의 공리주의 입문》(서광사, 2015) 등이 있다.